JN117684

The foundation of
labor unionism

労働組合**の基礎**

働く人の未来をつくる

仁田道夫　中村圭介　野川忍

（編）

日本評論社

はしがき：労働組合発見の旅

　この本は、労働組合について、その組織や活動のあり方を説明した書物である。働く人たちが、この本をガイドに、労働組合発見の旅にでかけてほしいと著者たちは願っている。

　労働組合というと、どこか古い印象があり、その活動も、春闘のように、毎年決まった時期に決まった活動をしていて新味がないように思える。この本の著者たちは、いま、労働組合について、改めて取り上げ、考えてみることが、この社会に暮らす多くの働く人たちにとって大事な課題になっていると考えている。グローバル化する社会で、技術革新を起動力とする変化が次々と起こり、市場でも企業組織でも、働く人たちは、そうした変化に対応することを求められている。しかし、激しい変化の流れは、人々が立っていた足場そのものを洗い、働く人たちは、先行きの見えない頼りなさを感じながら、日々の仕事をこなしていかざるをえなくなっているように見える。このような状況のなかで、どうすれば、一人一人が自分なりの判断で行動していくことができるのか、その方法を模索している人々に、一つの手がかりを提供できるのではないかというのが著者たちの目論見である。

　労働組合は、さまざま存在する組織の一つである。株式会社も組織であり、学校も組織である。なかには、公益財団法人（たとえば日本相撲協会が該当する）などというすぐにはイメージの湧きにくい組織もある。NPO（特定非営利活動）法人は、新しい種類の組織である。法人でない組織、いわゆる任意団体も多数活動している。現代社会では、組織の役割が大きく、個人は、さまざまな組織に加わることによって、経済活動やその他の社会活動に参画することが多い。労働組合は、そのなかで、歴史の古い組織である。労働組合の母国と呼ばれるイギリスでは、19世紀の前半期には、労働組合の活動が広がり始めていた。1868年明治維新後、急速に資本主義的経済発展を遂げた日本でも、1897年には

労働組合期成会が作られて労働組合結成を呼びかけ、同年中に最初の労働組合である鉄工組合が結成されている。日本の労働組合は、120年以上の歴史を有していることになる。

　もちろん、古い組織には歴史的経験が積み重なっており、活動スタイルや行動原則が比較的確立している反面、新しい状況に対応して、新しい活動を展開することに制約が生じることも少なくない。労働組合法という法律がその行動原則を導いており、そこから逸脱することは、法改正を前提としなければ難しい。しかし、労働組合法は、基本的には、組織当事者の行動を強く拘束するタイプの法律ではなく、創意工夫を凝らして新しい活動を展開する自由度は高い。日本の労働組合組織は、いわゆる企業別組合が基本となっているが、法律の規制によってそうなっているわけではない。管理監督の地位にある者をメンバーにしている組合は法の保護を受けられないというような制約はあるが、組合の組織形態は自由に選ぶことができ、また、一つの企業の従業員が複数の労働組合に分かれて所属することも可能である。

　企業別組合を基本とし、その産業別連合体や、そのまた全国連合体であるナショナルセンターによる組織体制が確立した1960年前後から、そうした本流とやや異なった流れで展開されるようになった運動として、合同労組と呼ばれる個人加盟を原則とし、必ずしも企業別組合を前提としない組織が活動を広げるようになった。これは、中小企業など、企業別組合の自立的活動に制約が大きい分野での運動などに成果を上げた。さらに、近年では、こうした組織の流れの中からコミュニティ・ユニオンと通称される純然たる個人加盟の組織が個別的労働紛争増加という傾向を背景にして、活動を広げるようになっている。こうした動きは、労働組合運動におけるイノベーションの一つといえる。合同労組にしても、コミュニティ・ユニオンにしても、本流である企業別組合を基礎とする労働組合組織と関連があり、その初期の展開には、ナショナルセンターがオルガナイザーの人件費を負担するなどの支援を行っている。また、近年では、ナショナルセンターの地域組織がさまざまな形で、労働相談や個別労働紛争への支援活動などを行うようになっている。

　このように、労働組合運動の本流からややはずれた分野で起きたイノベーションの延長線上に、今日、労働組合法の対象外と思われていたコンビニ・フランチャイジーの店主たちが集まって労働組合を結成し、大手フランチャイザー

に団体交渉を求める動きがあらわれて社会的注目を集めている。こうした動き
への労働委員会や裁判所の判断は、確定していないが、コンビニ業界にとって
も、また労働組合運動にとっても、重要な動きである。その背景には、いわゆ
る雇用類似の自営業的働き方が増える社会的傾向があり、雇用でなく委任や請
負で働く人々の利益擁護や発言の仕組みをどのように確立していくかという社
会的課題が存在しているからである。

　もちろん、本流の労働組合組織も活動をやめたわけではなく、毎年の賃上げ
や労働時間短縮などの要求を実現するための運動を展開しているが、比較的世
間の目に触れにくいのが、経営対策活動と呼ばれている企業別組合による活動
である。これは、変動する経済に対応して企業が実施するさまざまな経営活動
に関して、労働組合が情報提供を求め、また、それが組合員とその家族にとっ
て不利益をもたらさないかをチェックし、むしろ、プラスにつながるように提
案していくといった活動である。経営が順調に展開されているときには、それ
ほど重大な課題は発生しないが、経営環境の大きな変動が発生しやすい状況で
は、労働組合の経営対策活動の重要性が高まり、時には、緊迫した局面を迎え
る場合がある。

　近年においては、会社法改正の影響もあり、企業の合併や分割などをともな
う企業組織の抜本的な再編成が行われる例が増えている。このような再編成
（リストラクチャリング）は、雇用削減という意味で使われている「リストラ」
につながりやすい。従業員の利益を守るために、労働組合の役割がとくに大き
くなる。実際にどのような活動を行っているかについては、呉学殊『企業組織
再編の実像：労使関係の最前線』（労働政策研究・研修機構、2019年刊）に詳しい
事例研究が報告されている。会社法制も、こうした企業組織再編の際に、労働
組合が積極的な役割を果たすことを想定し、前提としている。しかし、どの企
業にも労働組合が組織されているわけではない。大規模な企業組織再編が行わ
れるのは、ある程度の規模の企業の場合が多く、企業規模が大きいほど労働組
合組織率も高いから、労働組合が当事者として登場している場合が多いことは
確かであろう。しかし、労働組合がない企業で、こうした企業組織再編が行わ
れる例もあるに違いない。そのような事例では、再編成に際して従業員の利益
の衡量が十分に行われないことも起こりがちであろう。大きなリストラが起き
てから、急遽労働組合が組織される例もある。しかし、経営対策活動は、日ご

ろからの活動と情報の蓄積が重要であり、急場しのぎの労働組合では、充分な
対策を取れないことになりがちである。

　歴史をひもとくと、労働組合の活動が産業の基本的組織構造に影響を及ぼし
たこともある。生命保険業界がその例である。1948年9月結成されたばかりの
富国生命外務従業員組合の委員長と副委員長が解雇された。当時、生命保険会
社の営業職員は、外交員とか外務員などと呼ばれており、歩合制の給与体系が
とられていて、内勤職員とは大きく異なった処遇を受けていた。そこで、多く
の生命保険会社で外務員組合が独自に組織され、利益擁護活動を行っていた。
しかし、富国生命は、これら営業職員を雇用契約ではなく、委任契約とし、労
働者ではないから、労働組合をつくることはできないとして、組合リーダーを
解雇したものである。組合は、東京都地方労働委員会に、当時の労働組合法
(1949年改正前のいわゆる旧労組法)第11条(労働組合員であることの故をもって解雇、
その他の不利益を与えることを禁止していた)違反として提訴した。この事案の背
景事情として、当時日本を占領統治していた連合国軍最高司令官総司令部の保
険監督官が外務員をアメリカ方式の代理店契約に切り替えるべきだと示唆して
いたことがあった。当時の占領軍当局者は、それぞれの管轄する分野で、ほと
んど絶対的な権力者であったから、会社側の言い分を覆すことは大変難しかっ
た。しかし、都労委は、「雇用契約が委任契約に変わっても労働者の地位に変
化はない」という中間裁定を出し、これに基づいて労使が協定を結ぶことに合
意し、委員長・副委員長は復職することになった(仁田道夫「企業別組合に何が
できるか――歴史から学ぶ」『日本労働研究雑誌』2009年10月号)。もし、この時点で、
当該外務員組合が会社の言い分をそのまま受け入れていたら、他の保険会社も
同様の制度転換を行った可能性が高いから、その後の生命保険業界の組織構造
は、大きく異なったものとなっていたかもしれない。

　労働組合は、通常考えられている以上に、いろいろな可能性を備えた組織で
あり、その活動が一人一人の働く人たちの暮らしに影響を及ぼしうる組織であ
る。この本で、日本以外のいくつかの国における労働運動について、その特徴
的なあり方を紹介しているが、それは、それらの国々での労働組合の組織や活
動の中に、自分たちの課題を考える上で参考になるものがあると著者たちが考
えているからである。

　この本で示されている知識を活用・応用するには、それぞれの働く場の事情

に応じた創意工夫が必要になるだろう。120年前に、最初の労働組合組織化運動が起こされたときに、「労働は神聖なり」という標語が掲げられ、働く人たちを鼓舞したのだが、今日の社会では、この言葉は、いま一つしっくりこない感じがある。しかし、「社会を成り立たせているのは、少数のスーパースターや、エリートではなく、普通の働く人たちの働きであり、それを適切に組織化して豊な社会を実現し、働く人たちが日々やりがいをもって暮らせるようにすることが一番大事だ」ということを言っていると考えてみてはどうだろう。120年前の働く人たちの気持ちを共有できるようになるのではなかろうか。本書の読者たちが、大いに創意工夫してくれることを期待したい。

　2021年5月

　　　　　　　　　　　　　　　　　　編者を代表して　　仁田道夫

労働組合の基礎
——働く人の未来をつくる
目次

第1章　労働運動の歴史

I　日本における労働運動の形成1
—戦前編

1　「労働は神聖なり、結合は勢力なり」：第一期労働組合組織化運動

　今日われわれが当然のものとして眼に見たり、またその活動に従事したりしている労働組合運動は、昔からあるものではなく、また、自然に生まれてきたものでもない。明治期に日本社会の近代化・産業化が始まって以後、雇用労働世界が広がり、その中で、多くの先人たちが、低い地位におとしめられていた労働者の福祉の向上を考え、その潜在的な力を引き出して、自らの地位を改善させるために、団結を促す運動を創りだした。多くの蹉跌を経験しながら、そうした運動を引き継ぎ、推し進めた人々の長期間にわたる血のにじむような努力の上に、今日の労働組合運動が成り立っていることを理解し、これら多くの人々が抱いた理想や希望に目を開き、そして彼らの残した成功や失敗の教訓を自らのものとすることが必要である。

　日本における組織的・目的意識的な労働組合運動は、1897年（明治30年）に、高野房太郎らが労働組合期成会を結成して、広く世の中に労働組合の結成を呼びかけたことに始まる。それまでにも、個別的な労働争議は発生していた。1886年には、山梨県で雨宮製糸場の女工争議が起きているし、1889年と1894年には、大阪天満紡績で争議が起きている。そのほかにも、労働争議の報道はされているし、報道されない事件も多数存在したに違いない。同盟罷工（罷業）という用語は、労働組合という用語より早く広まっていた。しかし、それらの争議や運動は、個別的な課題が解決されれば、そこで終了し、持続的な労働組合運動に発展するものではなかった。

　高野は、商家の子弟であったが、向学心が強く、今でいう私費留学生として、アメリカに渡航し、ボーイやレストランの店員などさまざまな仕事をしながら英語や経済学の知識を身につけた。しかし、他の多くの留学生たちが追求した学歴資格の取得には向かわず、商売を始めたり、労働運動について学んだりしていた。高野の労働運動研究は、実践的かつ本格的なもので、当時の米国労働

運動についての見聞を深め、職業別組合主義に則るアメリカ総同盟（American Federation of Labor）のリーダーであったゴンパーズと交流して、組織運営の具体的なあり方について学び、また、それと異なる包括的組織論に立つ運動を展開していた労働騎士団（Knights of Labor）の運動にも関心をもって、その有効性と限界について検討したりしている。

　1896年に帰国後、米国滞在中に得た同志らと日本における労働組合運動の組織化に取り組むが、その際に、高野が標語として掲げたのが、「労働は神聖なり、結合は勢力なり」であった。「結合は勢力」というのは、労働組合運動の基本だから、どの国の労働運動でも重要な旗印であったが、「労働は神聖なり」という標語が冒頭に掲げられていることは注目される。これは、当時の日本社会において、労働者がひとしなみに下層社会の構成員として扱われ、単に経済的に恵まれないだけでなく、その社会的地位は無きにひとしかった現状を否定し、労働者が社会で重要な役割を果たしていること、そして、それを誇りとして、自らの地位改善を要求していく根拠としていこうと呼びかける意図が込められていたと考えられる。

　高野らの主張に共鳴してこれを支援したり、共同で行動に取り組んだりする人々もあらわれた。片山潜は、アメリカ帰りのキリスト教知識人であったが、労働組合期成会の運動に加わり、『労働世界』の編集など、中心的活動家の一人となった。房太郎の弟高野岩三郎は、東京帝国大学で経済学を学び、学者としてのキャリアを歩んでいたが、彼も、雑誌への寄稿や講演などで、支援者として活動した。岩三郎以外にも、設立されたばかりの社会政策学会のメンバーは、これに同調的態度をとっていた。とくに、メンバーであった改革派経営者佐久間貞一（秀英舎―大日本印刷の前身―舎長）は、かねて職工組合結成が社会改革・経済発展に必要であるとの見識をもち、これを対外的に発表していた。労働組合期成会の活動にも積極的に参加・支援し、講演会でも弁士として熱弁をふるっている。また島田三郎（改進党系の政治家・ジャーナリスト）や、金子堅太郎（官僚・政治家）らの開明的官僚・政治家・ジャーナリストなども弁士として登場している。

　労働組合期成会の呼びかけに、予想以上に強い共感が巻き起こり、演説会には多くの労働者聴衆が集まった。その中から、最初の本格的な労働組合組織として、鉄工組合が結成されるに至る。一年程度で砲兵工廠をはじめとする東京

の機械金属工場の労働者2,000人以上が加入する労働組合が組織された。また、1897、98年頃には、印刷工の組合や主要民営鉄道会社である日本鉄道（上野・青森間）に組合が結成された。有名な日鉄機関方の争議（機関士らによるストライキで鉄道が止まる）など、多くの争議が起った。この背景には、日清戦争を契機とする経済活動の活発化や労働者数の増加などがあったと考えられるが、労働組合期成会などによる労働運動醸成の気運も働いていたであろう。

　高野は慎重な態度で運動を進め、共済活動を主体として、生協運動も側面で進めながら、まず組織を確立していく方針で、争議への関わりも、基本的に調停者として対応しようとした。決して争議激発主義ではなかった。折から問題となっていた工場法案の修正運動のような政治活動も行ったが、社会主義の主張には、距離をおいていた。労働組合運動の確立を重視し、政府からの敵視を避けることに腐心していた。

　にもかかわらず、政府、とくに治安当局は、発足したばかりの幼弱な労働運動に警戒的な態度をとり、監視・抑圧の方針をとった。活動家には尾行がつき、演説会場には、多数の警官が臨席してにらみをきかせた。平和的な運動を展開する鉄工組合や期成会に対して、直接的に刑事弾圧を加えることはできなかったが、期成会が計画した1898年4月3日の大運動会については、これを禁止した。このとき、高野の依頼で警視庁に説得におもむいた佐久間（東京市議会議員でもあった）に対する警察側の発言は、治安当局がなにをおそれていたのかを示して興味深い。応対した警視は、佐久間が「一切職工の気炎を高むる様の結果を将来に来さざらしむという保證」を与えるなら、許可しようと述べたという（二村（2008）219頁）。警察は、治安対策の観点から、民衆の街頭行動を恐れ、労働者の「気炎」が上がることを恐れていた。推測だが、治安当局が恐れていたのは、1905年9月5日におきた日露戦争講和条約反対国民大会後に発生した日比谷焼打ち事件のような事態かもしれない。死者17人、検束2,000人に及んだこの騒動は、9月6日には戒厳令を引き出すに至っている。天皇制の権威の下、圧倒的な権力をもち、盤石に見えた明治政府も、民衆の「気炎」が一定以上に上がると、「暴徒」が大量発生し、統制困難に陥るという危惧を持っていたのだろう。

　鉄工組合結成当初、比較的親和的な態度を示していた経営者が抑圧的態度に転換した背景には、こうした治安当局の意向が反映していた可能性がある。日

鉄機関方争議のように、労働組合の潜在力をみせつける動きもあったが、鉄工組合自身は、共済活動を中心として、極めて穏健な活動を展開しており、東京砲兵工廠などにとって、経営上不都合が生じるといった事態は発生していないからである。時期はまさに1904、05年の日露戦争に向かうときに当たり、もし、労働組合が争議行為を行って軍需生産を阻害したら困ったことになるという警報が警察当局から陸軍に伝えられ、軍当局の鉄工組合に対する態度が変化したとも考えられる。正確な背景事情は不明だが、1899年秋に起きた東京砲兵工廠による2名の鉄工組合活動家の解雇が転機をもたらした。中核をなす砲兵工廠の組合員脱退の動きが鉄工組合の組織基盤を動揺させた。

　鉄工組合は、内部的問題も抱えていた。共済活動は、経営側との軋轢を生まないという点では好都合だが、強固な組織態勢と、的確な経営能力を要求する事業である。きちんきちんと毎月組合費を集めなければならないし、収入と支出の見通しをたて、初歩的ではあっても保険数理に基づいて事業を実施しなければならない。結成されたばかりの鉄工組合には、そのいずれも用意されていなかった。組合費の納入確保は容易でなかったし、事務処理を担当する専従スタッフは、1人ないし2人しかいなかった。病気罹患者が増えるなどしたために、共済給付は増加した。そのため、一日二十銭という給付を十五銭に減らすなど給付削減策を取らざるを得なくなった。それでも、保険であるから、組織人員が拡大する状況であれば、さまざまな困難を解決していくことが可能だったかもしれないが、上記のような政治的環境では、それも難しかった。

　さらに、追い打ちをかけたのが1900年3月の治安警察法の公布・施行である。この法律は、1890年制定の自由民権運動取締りを念頭においた「集会及政社法」を引き継いだもので、その17条に、生まれたばかりの微弱な労働運動を取り締まる条項が設けられた。これによって、治安当局は、同盟罷業に向けて他人を誘惑・扇動することを禁固・罰金などの刑罰をもって禁圧する武器を得、その後の労働運動の展開に大きな阻害要因となった。

　1900年8月、高野は同志であった横山源之助（ジャーナリスト・『日本の下層社会』著者）に10年隠忍雌伏して将来を期すという趣旨の手紙を送って中国に去り、第一期の労働組合運動組織化の試みは、3年程度の短い期間で終わりを告げることになった。

2　第一期労働組合組織化運動の教訓

　労働組合期成会の結成をきっかけとする第一期労働組合組織化運動を、二村（2008）に依拠しながら、やや詳しく紹介してきた。この運動のなかに、その後、戦前期における労働組合運動が直面した課題がほぼすべて現れていたと考えるからである。

(1)　実践的知識人による労働組合運動の輸入

　日本における組織的な労働組合運動は、知識人高野房太郎による米国における労働組合運動の研究・習得と日本における実践というプロセスをたどった。これは、明治期に日本にさまざまな社会制度が輸入され、確立していったプロセスと類似している。郵便にせよ、警察にせよ、そのようにして確立された。前島密は郵便の父といわれ、川路利良は警察の父といわれることになった。労働組合運動がそれらと違うのは、その制度移植のプロセスに国家の助力を得ることなく、一介の私費留学生だった高野によって担われ、国家はむしろ、その実践を阻害する役割を果たしたことである。労働組合期成会がともした灯は短い期間で消え、高野は日本労働組合運動の父と呼ばれることはなかった。

　考えてみると、この第一期労働組合組織化運動は、時期尚早だったかもしれない。綿紡績業などで急激な勃興をみつつあった明治の資本主義だが、1897年時点では、なお幼年期にあったというべきであり、雇用労働者の数は限られたものであった。1895年における就業人口に関する推計では、農林業人口が三分の二を占め、鉱工業人口は、13％程度に過ぎなかった（隅谷ほか（1967）77頁表2・5）。また、1892年時点の産業別職工数として把握されている約30万人のうち、繊維工業が12万人強で、その多くは若年女子であったと考えられ、金属機械工業は7,000人程度に過ぎなかった（隅谷ほか（1967）35頁表1・10）。1899年時点の別の推計では、機械工場のうち、陸海軍工廠が2万5,000人に対して、民営工場は2万人程度となっている（隅谷ほか（1967）71頁表2・2）。

　他面からみれば、早期の労働組合組織化運動発生は、ある種の後発効果であったともいえる。他の先進諸国の経験を踏まえ、そこから学んでそれらの国よりも早くに技術や産業発展、そして制度導入を果たす現象が後発効果である。高野房太郎の労働組合運動に対する着眼は、鋭く、早かったと言えよう。ウェッブ夫妻が労働組合論の古典 *Industrial Democracy*（『産業民主制論』）を刊行し

たのは1897年である。高野はこれを読まずに、アメリカの労働組合運動の経験をフォローすることによって、包括的労働組合主義から職業別組合への流れをつかみ、それを後進国日本に導入する手順を考え出したことになる。

(2)　伝統的労働者層の不参加

　後発効果の反面は、伝統からの乖離である。先進社会の先端的事象を鋭敏な知性でとらえて輸入するのであるから、後進社会の実態からすれば、飛躍がある。高野らの運動がいま一つ広がりを欠いたとすると、それは大工や左官など伝統的産業の職人層を引き付けることに失敗したことが大きい。高野がそのことを意識していなかったわけではない。ゴンパーズとの往復書簡のなかで、東京にかなり強力な大工組合が存在することを報告している（二村（2008）147頁）。どこの国でも、大工などの建築熟練労働者は、労働運動の重要な構成員であり、日本でも江戸期以来、多数の建築関係の職人が活動していたから、彼らの賛同を得れば、力強いことは明らかである。だが、実際には、そうした動きはみられなかった。

　職人たちが組織を作ったり、争議をしたりしなかったわけではない。たとえば、大工たちは、全国各地で太子講と呼ばれる組織を作り、年に一度集まって聖徳太子像を祀り、飲食・会合を行うとともに、賃金についての取り決めを行っていたといわれる（山下2007）。これは、親方と職人が一体となった組織であり、雇われて働く立場の者の独自の組織ではなかった。また、労働組合期成会発足の5年前にあたる1892年8月、東京の深川・本所地区の仕手方（雇われて働く職人）左官たちが賃金引上げを求めてストライキを行ったことが『東京経済雑誌』に報じられている。8月5日には、諸大橋に20名程度の仲間を派遣し、出稼する職人たちを引き留めて集会場所に集め、惣代を選んで親方組合である壁職業組合に派し、賃上げを要求した。6日からは市内に人を送って就業中の職人たちにも仕事をやめさせ、数百人の争議となった。壁職業組合が要求を受け入れたので、争議は解決した（隅谷（1955）286頁）。

　このときの争議に参加した職人の回顧談が斎藤（1968）の78、79頁に収録されている。

　1877年生まれの蒔田常次郎の目撃証言によると、次のようである。「手間を三十銭から五十銭に上げてくれるまでは働かねえ、また仲間を裏切って働く奴

も許さねえ、というので、その日の朝からは（中略）下町の、橋々に見張りが
立った。私は深川からくるとどうしてもわたらなくっちゃならない鎧橋に立っ
て見てたんですが、朝の早いのにボツボツいろんな職人が来る。けれど左官は
一目でそれと分かったもんです。昔の職人はみんな半天を着てましたし、半天
の背中の大紋、衿、腰回りの字なんかでそれと分かるようになってたんです。
（中略）朝もやの中を橋にかかってくる職人を半天でそれと見分けると、木挽
町の小弥太さんなんておっかない兄イが近寄って、二三、問答をしている。と
思うともうその職人が欄干を越えて麻幹（おがら）人形のようにドンブリと河
ン中に放り込まれる。バンザイをした様に手をひろげたまんま落ちてってその
姿と、ザバーッという水音、橋の上のワーッというトキの声—そういうもの
を昨日のことのようにハッキリ覚えています。」明治の職人たちは、ピケット
ラインという言葉は知らなかっただろうが、実際には、要所に強力なピケを張
っていたわけである。その有様は、実に手慣れているという印象を与える。こ
ういうときは、こうするものだという経験や言い伝えがないと、こうはいかな
いだろう。

　その後も、1906年に横浜の左官職、1908年に東京の左官職がストをして要求
を貫徹している。ほかにも職人層のこうした運動は存在したが、彼らが労働組
合期成会に関わることはなかったし、1900年代以後労働組合の全国的組織化を
進めた友愛会・総同盟の運動にも、彼らの姿は薄い。1892年の東京の左官たち
は同盟罷工という言葉は知っていたし、自分たちがやろうとしていることがそ
れに該当することも知っていた。しかし、そうした活動を展開しようとしてい
た鉄工や印刷工に連帯の意思は表明しなかった。伝統的な職人たちにとって、
産業化に伴って社会に登場してきた工業労働者たちは、「仲間」であると思え
なかったのだろうか。鉄工たちを励まし、立ち上がらせた「労働は神聖なり」
という呼びかけも、彼らにとっては琴線に触れるものではなかったのだろうか。
当時、期成会の呼びかけに応えた鉄工や、印刷工は、社会の中では、知的素養
が高く、高野らの講演や、『労働世界』の文章を読みこなすことができる人々
であっただろう。そうした人々の展開する運動が、伝統的な職人世界のいなせ
な若い衆たちにとって、自分たちとは縁遠いものと思われていたのだろうか。
逆に、新たに登場してきた近代産業の労働者たちは、なにかというと殴り込み
をかけて大喧嘩に花を咲かせたり、背中に彫り物を背負ったり、バクチにふけ

って宵越しの金をもてなくなったりする職人たちを仲間として受け入れられなかったのだろうか。このような疑問に答えを与えるような研究は蓄積されていないので、確かなことは言えないが、どのような理由によるにせよ、こうした伝統的労働者層の不参加は、戦前期の労働運動を通ずる課題の一つであったことは確かだろう。これらの建築職人たちも、第二次大戦後は、新しい労働組合法の下で、労働組合を組織し、全建総連という大きな組織を作り上げるに至っている。何が彼らの行動を変えたのかは、興味深い労働運動史のテーマである。

(3)　開明的経営者・官僚の援助と多数派経営者・支配層の敵意

労働組合期成会にとって、佐久間や島田、金子らの開明的経営者・官僚・政治家の一群の援助が重要なものであったことは確かである。彼らは、多く外国事情に通じ、先進諸国では労働組合運動が広がっていること、そして、それらは社会で恵まれない立場にあった労働者たちの経済的立場を改善するだけでなく、破壊的な紛争や暴動を防止し、社会に安定をもたらす力を有していることを理解していた。社会的になんらの地歩ももたない期成会の活動家にとって、彼らの支援は、労働者の組織化に際して応援団の役割を果たすとともに、広く社会に運動の正当性を伝播してくれる媒体でもあった。

しかし、こうした開明的経営者や官僚の数は少なく、圧倒的多数の経営者・資本家たちは、労働者の団結を嫌い、労働組合を社会の構成員として受け入れることを拒否し続けた。

(4)　治安当局による抑圧

労働組合組織化にとって、最も困難な障害となったのは、治安当局の強い警戒心と、様々な手段をとった抑圧・弾圧であった。第一期労働組合組織化運動の成果であった幼弱な労働組合は、成長の機会を与えられることなく、治安当局の監視・抑圧・干渉のなかで消滅することになった。その後も、治安当局の労働組合運動に対する対応は、一貫して警戒的・抑圧的で、争議が発生すると、警察が介入して指導者を拘束するなどの事態は日常茶飯事であった。治安警察法だけでなく、行政執行法第1条により、公安を害するものを予防検束する、刑法第106条の騒擾罪を適用するなど、さまざまな方法により、労働運動に弾圧を加えた。大正から昭和へと時代が変わり、資本主義の発展とともに労働者

数が増え、労働運動も盛んになったので、ただ弾圧しているばかりでは治安が保てないことから、各地域の警察は工場課を置いて、労働運動の情報を収集し、争議が発生すると、自ら調停に乗り出すこともあった。

　しかし、それも、あくまで治安維持の観点からの介入であり、労働組合が潜在的・顕在的に治安を乱す恐れのある団体であるとの認識は変わらず、これを助成することはもちろん、法認して社会の構成要素として受け入れていくことにも否定的態度を貫いた。一つには、大正・昭和の労働組合運動が社会主義思想の影響を受け、政治活動において重要な組織的母体となったことが治安当局の警戒心を強めたことは確かである。だが、第一期労働組合組織化運動のように極めて穏健な労働組合主義的運動に対しても、過剰とも思える反応を示したことに見てとれるように、戦前の治安当局の労働組合観は、少なくとも潜在的に治安維持上要注意の団体であるとするものから出なかったといえよう。

⑸　運動におけるイデオロギー対立と分裂

　戦前における労働運動の発展を阻害したもう一つの要因は、運動内における激しいイデオロギー対立と組織の分裂であった。第一期労働組合組織化運動では、実質的活動期間が短かったこともあって、対立と分裂が表立って運動の阻害要因となるところまでは行かなかった。しかし、社会主義思想の紹介はすでにされつつあったし、片山潜のように、労働運動が社会主義運動と一体となって進むことが必要と考える運動家と、社会主義運動との関係を避け、労働者の経済的地位の改善に専念する労働組合運動を追求しようとした高野との間には亀裂が発生していた。運動がさらに進展した場合には、イデオロギー対立と分裂が進行するリスクを抱えていたといえよう。

　その後の労働組合運動の中では、社会主義と純粋労働組合主義の対立というよりは、社会民主主義と共産主義のイデオロギー対立が主要な争点となる。高野は、ゴンパーズに深く影響されていたこともあり、戦前の運動では珍しい純粋労働組合主義の立場から運動を進めたのであろう。友愛会・総同盟の主流を担った運動家たちは、普通選挙が施行される大正デモクラシーの時代に活動を開始し、運動の中で政治的干渉を受け続けていた。既存政党は資本家団体や地主的利害と深く結んでいたから、無産政党と呼ばれる労働者・農民の利益を代弁する政党が必要と考え、イデオロギー的には社会主義思想に親しんだことは

自然であった。しかし、第一次世界大戦中にロシア革命が発生し、その強い衝撃に基づく共産主義思想の広がりと社会主義陣営の分裂という世界的な思想状況が労働組合運動の中に持ち込まれることになり、これが総同盟の分裂につながるという不幸な事態を招いたことは、困難な社会環境のなかで苦闘していた労働運動を、一層困難な状況に追い込むことになった。

3　友愛会から総同盟へ

(1)　友愛会の発足と成長

　第二期の労働組合組織化運動は、1912年 8 月 1 日友愛会結成により始まった。呼びかけたのは、統一キリスト教会弘道会幹事で、東京帝国大学法学士の鈴木文治であった。友愛会の名称は、イギリスの Friendly Society を借りたものである。当初より、参加者の間では、労働組合運動の必要性は認められていたが、官憲の圧迫を考慮して、友誼的、共済的、研究的団体として発足したものである。三項目の綱領の一つには、「協同の力により、着実なる方法をもって」労働者の地位の改善を図ることが謳われていた。

　15人で発足した友愛会は、急速に発展した。会員数は 1 年で2,000人に達し、1916年 1 月には 1 万人を超えた。1918年第 6 周年の大会時点では、全国120支部会員 3 万人に達していた。過去 1 年に友愛会が関わった労働争議は、70件にのぼった。1919年 8 月には、友愛会 7 周年大会において名称を大日本労働総同盟友愛会と変更し、公然と労働組合を名乗って、さまざまな地域・産業・企業において労働者の声を代弁して要求を出し、労働組合の公認を勝ち取るべく、運動を展開するようになった。そして1922年には、日本労働総同盟と改称し、戦前日本労働運動の主流組織として、活動していくことになる。

　こうした急速な発展の背景には、1914年第一次世界大戦の勃発にともなう日本の資本主義の急速な発展、とくに戦時需要に促された機械金属産業の急成長と労働者数の増加があった。1907年に400万人弱であった工業就業人口は、1919年には520万人に増加した（隅谷ほか（1967）144頁表 3 ・ 9 ）。そして、製造業における金属、機械、化学といういわゆる重化学工業で働く労働者数が増えた。1909年に10万6,000人（製造業労働者の12.6％）であったこれら産業の労働者数は、44万8,000人（製造業労働者の24.7％）に増えた（隅谷ほか（1967）145頁表 3 ・10）。この時期のデータでは、官公営事業所が除かれているから、陸海軍

工廠をこれに加えれば、この数字はもっと大きなものになる。

　数が増えただけではない。労働者の学歴水準が上昇した。1905年の生産年齢人口の学歴構成に関する推計では、57.3％に上っていた不就学者（初等教育未了者）は、1925年には20.0％に減少し、初等教育終了者74.3％、中等・高等教育終了者が5.8％を数えるまでになった（隅谷ほか（1967）83頁表2・8）。新たに重化学工業に参入してきた労働者たちは、若年者が多かったから、当然学歴水準は相対的に高く、1924年の金属、機械、化学産業の男子労働者における不就学者および尋常小学校中退者の割合は、それぞれ14.4％、10.9％、19.0％に止まった。尋常小学校卒がそれぞれ39.4％、37.4％、41.3％を占める。注目されるのは、高等小学校卒業者の割合が高いことで、それぞれ32.2％、31.4％、26.4％に達する。これに高等小学校中退者を加えれば、それぞれ39.8％、39.6％、33.1％に達するから、初等教育終了者のなかでもより高度の教育を受けた層がこれらの産業で多く働くようになっていたことが分かる（隅谷ほか（1967）151頁表3・15）。

　そして、治安当局が懸念していた労働者の「気炎」は高まっていた。労働者だけでなく、日本の無産大衆の「気炎」を強く印象づけた事件は、1918年全国各地で発生した米騒動である。大戦景気が続く中、物価の上昇が著しかった。日本銀行調べによる東京の小売物価指数は、1900年を100として、1916年には155、1917年208、1918年261を記録した。とくに米価が急騰し、1月に白米1升が30銭だったものが、8月には45銭にまで上がった。政府は、外米輸入など緊急対策をとったが、米価を下げることに成功しなかった。これは、庶民の生活を直撃するもので、生活苦を訴え、米価の引き下げを求める一揆的行動が多発していくことになる。7、8月には、富山県で漁師の女房たちが米屋などにおしかける女房一揆を起こし、騒動に火をつけた。騒動は、瞬く間に他の地域に伝播し、名古屋、京都、大阪、神戸、東京というように全国に広がった。一道三府三十二県にまたがり、159件が記録され、参加人員は1,000万人に上るといわれる。全国の検挙者は、8,185人、起訴7,708人、有罪5,112人を数えた。労働者たちも、活躍しており、神戸では、三菱造船所の職工が全市的な暴動の口火を切り、山口、福岡各地の炭鉱労働者の暴動には軍隊が出動した（大河内・松尾1965年a：92-107頁）。

　米騒動は、政治的には藩閥内閣といわれた寺内内閣を倒し、そのあとに政友

会総裁原敬の政党内閣が登場して、大正デモクラシーの大きな前進が起こるとともに、労働者たちを勇気づけてその「気炎」を高め、労働運動の急激な勃興に寄与することになった。労働争議は急増し、1919年には、争議件数2,388件、総参加人員33万5,000人超、うち同盟罷業をともなうもの497件参加人員6万3,000人超を記録した（労働省（1961）118頁）。

　もう一つ、労働運動を促進した事情は、第一次大戦終了とともに、戦後世界体制の一翼として、ヴェルサイユ条約（1920年1月）に基づきILO（International Labour Organization：国際労働機関）が設立されたことである。ILOは、国際労働基準確立を目指して活動を開始するとともに、三者構成の原則によって、労働側代表組織である労働組合の社会的受容・承認を促すことになった。日本政府は、代表的労働団体の不成立を主張して、労働者代表を労働組合から選ばず、代表性の疑わしい代表者を送って、労働組合からの強い反発を招いた。ILO総会でも、労働組合が承認しない日本の労働者代表への疑義が提出され、資格認定をめぐって紛争が発生したため、日本政府も1924年第6回総会に至ってようやく方針を変更することとし、1923年7月に1,000名以上の団体員を有する労働団体を推薦母体とする選出方法を採用することを決め、総同盟の鈴木文治が代表に選出されることになった。このことは、事実上、政府が労働組合を合法的存在として認めたものと受け止められ、労働運動の拡大にとって追い風となった（労働省（1961）382頁）。

(2) 団体交渉権獲得運動と工場委員会体制

　友愛会・総同盟が主導する労働運動において、運動論上、最も重要な闘争は、1921年関西各地を中心に多発した争議である。これらの争議は、単に賃上げや解雇反対といった個別要求を掲げるだけでなく、団体交渉権獲得を中心的要求として掲げ、目的意識的に使用者に対して組合承認を求めて激しい闘いが行われた。

　1921年4月に発生した大阪電燈における争議は、複雑な経過をたどるが、団体交渉権を中心的要求に掲げ、争議解決にあたって「労働条件については、労働団体と交渉し、組合員各自とはいっさい交渉せざること」を認めさせた。一種の排他的交渉代表権を実現させた大阪電燈の従業員たちは、電気労働組合を結成し、友愛会大阪連合会に加盟した（大河内・松尾1965年a：222-225頁）。

　ついで、1921年5月には、藤永田造船所で争議が発生し、同造船所労働者の多数を組織する大阪造船労働組合の団体交渉権確認を要求に掲げていた。この争議は、団体交渉権の要求に対して会社は、工場委員会の設置を回答し、組合は、事実上自分たちの要求が実現されたとして、争議を終わらせた（大河内・松尾1965年a：225-227頁）。

　さらに6月には、住友系の3工場、住友電線製造所、住友製鋼所、住友伸銅所においてやはり団体交渉権を要求して立ち上がった。住友電線には、電線工組合、住友製鋼所には大阪機械労働組合の支部として友愛会系の労働組合があったが、住友伸銅所の伸銅工組合は、単独組合であった。その要求するところが、大阪電燈や、藤永田のように労働組合との団体交渉であるのかどうか不明確であったが、経営側が工場協議会設置を提案することによって解決している（大河内・松尾1965年a：227-228頁）。

　争議の波は、神戸に及び、6月下旬には、三菱内燃機の労働者が団体交渉権を含む嘆願書を提出し、争議を行った。7月にはいると、川崎造船所、三菱神戸造船所で争議が始まった。史上有名な川崎・三菱の大争議である。ただし、これらの争議では、団体交渉権は要求事項としては掲げられず、労働組合加入の自由と工場委員会制度を要求するにとどまっている（大河内・松尾1965年a：229-231頁）。

　この間の経緯をみると、日本の労働者たちは、団体交渉権獲得を目指して闘ったが、結果的には、工場委員会制度の確立に手を貸したことになる。工場委員会は、従業員代表制度であり、基本的に従業員代表の意見を聴取する場として設計されている。もちろん、争議時のように、多くの労働者が労働組合の下に結集して闘えば、経営側に譲歩させることは可能である。しかし、工場委員会制度の下で、実際には、労働組合が持続的に多数の労働者を組織していくことは困難であった。経営側が工場委員会制度を通じて把握した従業員の要望を、団体交渉抜きに恩恵的に一定程度実現していけば、従業員の多数派は、組合費を払って労働組合に結集する必要を感じにくい。そのような労務管理政策をとることができるのは、企業体力のある大企業に限られるから、こうした工場委員会体制を維持できたのは主として大企業である。だが、製造業を中心とするこれらの大企業は、労働運動にとっての管制高地であったから、工場委員会体制の確立は、労働運動の発展を抑え込み、経営者主導の労使関係維持に重要な

役割を果たすことになった。

　大阪電燈で要求されたように、団体交渉権とは、単に労使間で意見交換の場を設けることだけでは確立できないものであることを、日本の労働者たち、労働運動家たちは、理解していた。従業員の個別交渉を否定し、また、労働組合以外の団体による労働条件の協議を拒否して交渉権を独占することが必要であった。では、これらの労働者たち、労働運動家たちは、なぜ、あくまで自分たちの考えた団体交渉権を追求するのではなく、工場委員会を得ることで妥協したのだろうか。一つには、経営側の猛烈な抵抗があり、それを克服することが困難であったし、さらには、争議に警察が介入して、弾圧につぐ弾圧をもってし、時には軍隊までが出動するという事態のなかで、力及ばず、妥協を図るしかなかったということがあろう。だが、この団体交渉権獲得闘争と工場委員会体制の成立を詳細に研究した兵藤（1971）が強調しているのは、労働運動側の弱点、すなわち、組織率が低かったことである。藤永田造船所では、2,800人の従業員のうち、2,000人を組織していたとされるが、川崎造船所の友愛会神戸支部は624人、三菱神戸造船所の兵庫支部は110名を組織していたにすぎなかった（383頁）。このような状況では、労働組合が事業所の全従業員を代表して交渉権を全面的に掌握するというわけにはいかなかっただろう。団体交渉権獲得闘争は、戦前日本労働運動の一つの到達点を示すものであったが、事業所の労働者の大多数、あるいは、全員を組織することが重要であるという教訓を残したといえよう。

4　労働組合法案をめぐる攻防

　労働組合にとって、最大の困難は、政府、とくに治安当局の敵視政策・争議弾圧であった。政府が弱体な労働組合を助成するどころか、経営者・資本家と一体となって、場合によってはそれ以上に、暴力的弾圧を加える状況では、普通の労働者に組合員になることを勧誘することは容易ではない。勢い組合員となるのは、先進的、戦闘的な労働者に限られ、労働運動もこれら少数者の意見を前面に立てた運動になりがちである。このようなジレンマを避けるには、まずもって政府が労働組合敵視政策をやめ、労働組合を社会の合法的な構成要素として公認して欲しいという要求をもつことは自然である。

　政府や、影響力ある経営者・資本家のなかにも、現状がILOに代表される

国際的一般常識から大きく遅れていることを認識し、労働組合を公認することによって、その穏健化を促すべきではないかと考える開明的指導者が現れてきた。

　開明的経営者・資本家を代表する人物が渋沢栄一である。渋沢は、日本資本主義の生みの親ともいうべき存在であるが、「労働と資本の調和」を畢生の課題ととらえ、友愛会を後援して1917年友愛会五周年大会の園遊会に自邸を開放したりしていた。実際の活動の場として深く関わった協調会（1919年12月創設）は、労使協調をかかげて、調査研究、教育、紛争の調整などを行う機関であったが、このような団体は、労働組合化に向けて急激に変容を遂げていた友愛会の意向に沿わず、会への参加を断るだけでなく、それに批判的な態度を示した。渋沢と鈴木の蜜月も一旦終わりを告げることになったが、渋沢は、その後も、頑迷な経営者・資本家主流や政府当局者に労働組合の受け入れを働きかけつつ、労働と資本の調和のために働き続けた（大河内・松尾1965年ａ：83-84、158-159頁）。

　政府内の開明的勢力として代表的であったのは、内務省社会局（1922年11月発足）の開明派官僚たちである。ヴェルサイユ条約で労働憲章が定められ、ILOが設置されて次々と条約や勧告を出す国際情勢の下で、ソーシャル・ダンピングという西欧諸国からの攻撃を避けて輸出主導型の経済成長を図るには、労働組合を公認して、それを安定的労使関係の中に組み込むほうがよいという論理は、合理的政策思考である。国内的にみても、労働組合が組合承認を求めて起こす争議は、しばしば労使の激突を生み、治安を乱して社会不安の元になるだけでなく、反体制思想の温床となっていたから、労働者が求める自分たちの利害を代表する組織を認めて、それが着実な運動を行い、労働条件を改善していく道をつけることが必要であった。

　1920年1月ヴェルサイユ条約が批准・公布されると、同年2月には勅令をもって臨時産業調査会が設置され、労働組合法案を起草答申させることになった。ここに農商務省と内務省から提出された法案が政府の労働組合法案のはしりとなった。だが、この調査会は、法案を答申することができないまま20年11月に廃止されたから、政府として労働組合法案を提出するに至らなかった。もっとも、憲政会をはじめとする野党は、毎年のように労働組合法案を議会に提出したから、労働組合法制定問題は、政治課題として生きていたが、それらの野党提出法案は審議未了となることが予定されたものであった。

　1924年 6 月に大正デモクラシーの最高潮となる護憲運動を背景に成立した加藤高明（憲政会総裁）護憲三派内閣のもとで、普通選挙法が成立し、財産をもたない労働者階級が投票権をもつに至ることが明確になったことは、労働組合法制定の政治的条件の成熟を意味するとみられた。内務省社会局は、1925年 7 月労働組合法案立案を終え、労働争議調停法案、治安警察法改正案とともに内閣に設けられた行政調査会に付議するとともに、同年 8 月法案を公表した。

　この法案は、労働条件の維持改善を目的とする労働者10人以上の団体またはその連合体を労働組合とし、届出によって成立し、組合員たる理由で解雇すること、黄犬契約（組合員でないことを雇用条件とする）を禁じ、労働協約の効力を認め、法人たる労働組合に損害賠償規定を準用しないことで消極的に争議に対する民事免責を導入し、行政官庁による解散命令も規定しない、当時では進歩的な内容をもつものであった。しかし、日本工業倶楽部をはじめとする経営者・資本家団体は、この法案が立法されれば、労働争議がいたるところに起こり、騒擾の結果産業は委縮不振に陥るとして、猛烈な反発をしめし、全国的な反対運動を起こした。行政調査会のメンバーであった商工、農林、逓信、鉄道、陸軍、海軍などの省庁委員がこれを代弁して立案者と激しく対立した。その結果、調査会は、社会局案を大幅に後退させた案を策定しなおす事で合意し、1926年 2 月政府提出法案が議会にかけられることになった。

　この法案は、社会局案の進歩的要素をことごとくといってよいほど削除し、労働組合を官僚的統制の下に置こうとするものであったので、労働組合や世論は、労働組合取締法案と呼んだ。とくに問題であったのは、類似の職業または産業の労働者が組織する団体のみを認めるとしたこと、組合加入に対する経営者の制裁・妨害を無効としただけで、禁止する規定を削除したこと、労働協約の効力・消極的民事免責を定めた条項を削除したこと、組合の脱退に不当な条件を定めることを禁じたこと、法人化を強制したことなどである。

　社会局案に好意的反応を示していた労働組合は、法案反対に転じ、反対運動を起こすことになった。経営者・資本家団体は、その言い分をほとんどといってよいほど取り入れた政府提出法案に対してすら、あくまで反対した。なんらの禁止・制裁規定も持たない組合加入の故を以ってする解雇や黄犬契約の無効を定めた条項ですら、これを削除せよと要求したのであるから、全面否定であり、経営者・資本家による組合破壊を正当化しようとするものであった。

　このような経営者・資本家団体の強硬な反対運動を背景として、政府提出労働組合法案は、委員会で7回の審議の末、3月に審議未了で終わった。1927年2月末にほぼ同じ法案が提出されたが1回委員会審議が行われただけで再び審議未了となった（労働省（1961）412-421頁）。

　戦前における労働組合法制定の最後の機会は、1929年7月、社会政策の確立を政綱に掲げる民政党浜口雄幸内閣の成立によっておとずれたが、前回とほぼ同じ経過をたどって不成立に終わる。浜口内閣は、内閣直属の諮問機関社会政策審議会を設置して労働組合法制定について意見を求め、答申に基づいて内務省社会局が法案を立案した。その草案は、前回の政府提出法案より進歩的な内容であったが、経営者・資本家団体の猛烈な反対にあい、結局後退して、争議に伴う損害賠償免責規定などの進歩的条項を削除した前回の政府提出法案類似の法案を1931年2月に議会に提出した。16回に及ぶ委員会審議の末、衆議院本会議で可決されたが、貴族院で審議未了となり、成立することはなかった（労働省（1961）430-446頁）。与党も、経営者・資本家団体の反対をうけて、法案成立に腰が入っていなかった。社会局幹部であった北岡寿逸の回顧によれば、「政府の力をもってすればどうにでもなる貴族院で審議未了となるのを傍観」していたのである（北岡1961）。

　このような経営者・資本家団体の常軌を逸した労働組合法案反対運動と、それにひきずられる既存政党の無定見ぶりをみた労働運動・無産政党のなかに、政党政治に絶望して軍部・右翼に近づき、結果として日本政治の軍国主義化と破滅的戦争への道に加担していくものがあらわれたのも無理はないとすら思えてくる。

　なお、1926年の議会で、労働組合法案は流産に終わったが、同時に提出された労働争議調停法案と治安警察法改正案（17条削除を主眼とする）は成立した。

　労働争議調停法は、労使双方の申請により、労使当事者側委員それぞれ3、中立委員3からなる調停委員会を設けて争議調停を行おうとするものであったが、ほとんど使われなかった。かわりに、同法によって設置されることになった内務省、逓信省（船員関係）、道府県庁などの調停官吏や、警察官吏が事実調停と呼ばれる争議調査・調停を行う例が増えた。1931年を例にとると、同盟罷業・怠業をともなう争議件数998件に対して、調停が行われた件数は、423件、42.4％にのぼった。調停件数が増えるにつれて、調停官吏による調停は伸び悩

み、警察官吏による調停が増えていった（労働省（1961）474-489頁、520-532頁）。

治安警察法17条は削除されたが、これは争議権を保障したものではなく、「適当穏健」でない争議は、警察によって容赦なく弾圧された。治安警察法17条の暴行、脅迫、公然誹毀に関する部分を代替するために、1926年暴力行為等処罰に関する法律が制定された。この法律とすでに活用されていた刑法の騒擾罪や公務執行妨害、往来妨害、業務妨害などの適用により多数の検挙が行われた。争議の多かった1930年には1,498人、1931年には2,392人が検挙されている。治安当局は、治安警察法改正によって争議取締りに困難を来すことは全くなかった（労働省（1961）406-407頁、411頁）。

5　労働戦線の分裂

大正・昭和期の労働運動において、労働組合を組織化したのは、友愛会・総同盟だけでなく、その枠外でさまざまな団体が組織化を行ったが、これらを統合する動きがある一方、分裂もしばしば起こり、弱体な労働組合組織をさらに弱める結果となることも多かった。ここで労働組合の離合集散の歴史を詳しくフォローする余裕はないが、最も重要な大正末から昭和初にかけての総同盟大分裂については、その概要を説いておく必要があろう。分裂は、イデオロギー対立と、無産政党との組織関係に関わって発生した。

第一次の分裂は、1924年から25年にかけて起こった。共産主義イデオロギーに強く影響された左派労働組合グループと、これに批判的な現実主義的労働運動と社会民主主義イデオロギーを主張する主流派グループの間の分裂である。

友愛会・総同盟の指導者たち、鈴木文治、松岡駒吉（室蘭の日本製鋼所の機械工出身でクリスチャン）、西尾末広（大阪地域の機械工出身）らは、特定の政治イデオロギー、労働運動イデオロギーから出発したというより、労働組合運動を実践するなかで、経験のなかから運動の進め方について、独自の考え方を身に着けていった運動家である。もちろん、さまざまな知識、とくに欧米諸国の労働運動に関する文献や知識を受け入れ、それらを活用しつつ運動思想を確立していったであろう。

これに対して、共産主義グループは、強い政治イデオロギー主導の思想から出発し、これを実現するために、あらゆる運動を展開していくという態度をとる。共産主義思想も輸入思想であるから、これを翻訳・輸入したのはまず外国

語を使える知識人である。労働者の間にこの思想が浸透していくにつれて、労働者のなかから指導的立場にたつ者もあらわれてくる。この時期の代表的な共産主義の労働運動家の一人が渡辺政之輔（南葛労働会・東部合同労組）である。

　日本で共産党が最初に組織されたのは、1922年 7 月である。1917年のロシア革命とボリシェビキ権力確立から 5 年もたっていない。それまで、日本には、小さな社会主義サークルは存在したが、ヨーロッパ諸国にあったような社会民主党、労働党といった社会主義思想をかかげた組織的政党は存在していなかった。そこに当時最先端の政治思想といってよい共産主義思想を信奉し、これを実践しようとするグループがあらわれたのである。山川均、堺利彦、荒畑寒村ら明治期からの社会主義グループに加えて、相当数の知識人が結集した。その中には、早稲田大学教授であった佐野学や猪俣津南雄らも含まれていた。少数の労働組合運動家、渡辺政之輔、野坂参三（総同盟本部）らが加わっていた。この第一次共産党グループは、1923年 6 月一斉検挙され、29人が治安警察法28条秘密結社に加わった罪で起訴され、壊滅する（大河内・松尾1965年 a：275-278頁）。しかし、その残存部分は地下で活動を続け、国際共産主義運動（コミンテルン）の援助をうけて組織活動を継続し、1926年12月共産党が再建される。

　しかし、治安当局は、こうした動きを把握し、1928年 3 月15日の一斉検挙によって、全国で千数百人を検束した。また、 4 月10日には、秘密結社共産党の公然活動の舞台となっていた労農党（無産政党）、評議会（労働運動）、無産青年同盟（青年運動）が安寧秩序を乱すものとして、治安警察法第 8 条 2 項により結社を禁止され、解散させられた。このことは共産党の表舞台での活動の場を奪い、その運動展開にとって大きな打撃となった（大河内・松尾1965年 b：123-129頁）。さらに大きな打撃を与えたのは、1933年 6 月に、指導的党員であった佐野学、鍋山貞親が転向宣言を発して共産党運動の批判とそこからの決別を公表したことである（大河内・松尾1965年 b：260-262頁）。このあと雪崩のように転向者が続出し、共産党の組織的活動は致命的打撃を受けるが、少数の党員・シンパたちが散発的な反体制宣伝活動を続けた。次々に投獄され、また新たな活動家があらわれるといった再生と弾圧のいたちごっこを繰り返しながら、活動家を再生産していくことになる。共産党の根強い活動を支えたのは、日本の外にある国際共産主義運動の支援であったろう。理念的には、最初の労働者国家ソ連を理想化する心情が貧困や不平等、強権的弾圧や自由の抑圧に押しつ

ぶされる人々の支えとなっていたのであろう。また、組織的には、コミンテルンからさまざまなルートをたどって送り込まれる活動資金が公然活動を展開できない組織の生命を維持する役割を果たしたのであろう。

　総同盟の第一次分裂は、1924年10月関東労働組合同盟会大会における左右対立をきっかけとして、同同盟会理事会で渡辺政之輔ら6人の左派指導者が除名されたことで火ぶたを切った。除名に関する文書から、かれらが共産主義者を自称して活動していたことが分かる。前年に第一次共産党検挙事件があったばかりであるが、この事件で適用された治安警察法28条の規定は、軽禁錮1年の罰則をさだめるだけであったから、有罪とされた者も1年たてば出獄してきて活動することが可能だった。国体の変革または私有財産の否定を目的とする結社に加入したものを10年以下の懲役または禁錮に処する治安維持法が公布されるのは、1925年4月であるから、この時点では、まだ共産主義思想に立った労働運動を表舞台で展開する余地は存在していたといえる。上記除名は思想対立そのものではなく、運動過程での他派への暴力行為などを理由とするものであった。

　これ以後、紆余曲折をへるが、1925年4月には関東の左派6組合（東京東部合同労組、関東鉄工組合など）が総同盟から除名され、同年5月には総同盟革新同盟に属する刷新派23組合が除名された。本部派に残ったのは50組合だけという大分裂である（大河内・松尾1965年a：329-338頁、349-388頁）。除名された刷新派の組合は、日本労働組合評議会（略称評議会）を結成し、3年間の存続期間に共同印刷争議（1926年）、浜松日本楽器争議（1926年）両大争議をはじめ、数多くの争議を展開した（大河内・松尾1965年b：45-62頁）。

　1926年12月の総同盟第二次分裂は、無産政党結成をめぐる立場の相違に関連して発生した。1925年12月結成された最初の無産政党農民労働党は、即日解散を命じられる。1926年3月、評議会などの共産系団体を排除して成立した労農党は、蒸し返された左派系団体加入問題などを契機として分裂・脱退を引き起こしていたが、脱退した総同盟を中心として社会民主主義を標榜する社会民衆党が同年12月に結成された。ところが、この動きを批判し、左右両翼にくみしないとする労働運動（総同盟の麻生久ら）・農民運動（日農の三宅正一・浅沼稲次郎ら）の運動家が集まって日本労農党（略称日労党）を結成してしまった。これをきっかけとして、総同盟は鉱夫組合、関東合同、関東紡織などの組合を除名す

るに至り、大きく加盟人員を失うことになった（大河内・松尾1965年ｂ：73-78頁）。

　1927年現在の労働戦線の状況は、内務省社会局調べによれば、次のようであった（労働省（1961）386頁）。

　・最右翼（社会改良主義的）：海員組合・海軍連盟など13万5,000人
　・右翼（社会民主主義的だが社会改良主義に接近）：総同盟・官業労働総同盟など5万人
　・中間派（社会民主主義的ないし共産主義的）：日本労働組合同盟・東京市電自治会現実同盟など3万1,000人
　・左翼（共産主義的）：評議会・日本交通労働総連盟など3万9,000人
　・最左翼（無政府サンジカリズム的）：全国労働組合自由連合会3,000人

　困難な社会状況の中で全体として限られた勢力しか確立しえていない労働運動が、分裂によりその活動力を一層弱体化させたことは間違いないだろう。しかし、合法的な活動空間を与えられず、労働運動を通じて労働者の生活水準を着実に改善していく見通しも立たない状況のもとで、苦闘する活動家たちがいかに現実性が乏しくとも過激な左翼的言辞に引き付けられ、困難な状況の一挙的打開を求めるに至ることもありうることである。総同盟自身、一貫して社会改良主義と着実な労働組合主義に立脚した運動を展開したかといえばそうではなく、アナルコ・サンジカリズムの矯激な主張が運動の主流を席捲したり、ボルシェビズムに多くの運動家がひきつけられたりした時期があるのである。上で右翼と分類されているグループも、その指導思想を確立したのは、おそらくILOなどを通じた西欧の社会民主主義的労働運動との接触を通してではなかったかと思われる。

6　海員組合の運動

　以上のように見てくると、戦前期の日本で労働組合運動が地に足をつけて労働者の多くを組織し、その生活水準の改善に実質的な力をふるうことは、極めて困難で、ほとんど不可能ではなかったかとすら思われてくる。

　だが、そのように結論付ける前に、海上に目を転じてみよう。そこには、陸上の労働運動とは、大きく異なった光景が浮かび上がる。海員組合は、上記の内務省社会局把握になる1927年時点の組織勢力でも約7万人ととびぬけた勢力を誇り、1940年解散時には12万8,781名の組織人員を有するに至っていた。

1926年海事協同会という労使共同機関を通じて団体交渉権を確立し、1928年には社外船争議と呼ばれる産業別統一ストライキを敢行して普通船員の職業別標準賃金表を確立している。戦前の労働運動において、海員組合は、ほとんど唯一の例外として持続的な大衆的労働組合組織を成立させ、自らの力で労働者の生活改善を勝ち取ることに成功した（西巻1969）（小林1980）（経営史研究所1986）。これは、どのようにして可能になったのだろうか。

　いくつかの要因があるが、(1)色濃い伝統的労働者層の色彩をもつ普通船員たちの中から、これを組織する人材と組織論が生まれたこと、(2)終始現実主義的運動を追求し、過激な思想を受け入れることなく、慎重な運動を展開したこと、(3)高級船員（陸上ではホワイトカラー層に該当）が自ら海員協会という労働組合機能をもつ組織を確立するとともに、さまざまな局面で普通船員の組織である海員組合を助けたこと、(4)経営者・資本家は、容易に労働組合を受け入れたわけではないが、他面、ILOの場などで世界の趨勢を知り、安定的労使関係を受け入れたこと、(5)海運を管轄した逓信省が海運事業の安定的・合理的発展を目指して労働組合を一方の当事者とする労使関係の確立を支持したこと、などが重要であったと思われる。以下順次述べよう。

(1)　浜田国太郎

　浜田国太郎は、海員組合の象徴のような人物である。多くの海員を輩出した愛媛県出身で1873年生まれ。若年時より船内労働に従事した。小学校を終了しておらず、文字を読んだり書いたりすることができなかったという。火夫として当初イギリス船で働き、1893年日本郵船会社にはいり、多くの船で機関部に働き、火夫長となった。浜田は、正義感も腕力も強く、侠気と反骨のかたまりのような男であったと評される。全身に女の身体を竜が取り巻く刺青をいれていた。1906年に郵船会社の船員組織化をはじめ、船員同志会という組織を作って1912年3月に日本で最初の本格的海上ストライキを組織することになるのだが、それまでの浜田は、いわば船内ヤクザの親分であった。それが労働運動家に転換したのは何故なのか、はっきりしたことは分からない。本人の回顧によれば、そのきっかけは、日露戦争中、宇品港滞在時に郵船の戦争手当が低いことを怒り、酒の勢いも手伝い、支店長を張り飛ばして拘引されてしまう。ここまでは、ヤクザの親分でもすることだが、そこでヤクザの世界から足を洗い、

船員全体の向上を図らねばと考えて労働運動家に転換した。大きな飛躍をした
わけだが、一つには、浜田は若年時にイギリス船に乗っていたことがあり、ま
た郵船の外航船に乗って外国の港にもでかけていたから、欧米船員たちがつく
っている労働組合組織について見聞していたことが影響したのかもしれない。
1915年、浜田は鈴木文治に説得されて友愛会に加盟し、友愛会海員部の組織化
から日本海員組合の結成へと海上労働運動を代表する運動家になっていく（村
上（1966）12-17頁）（村上（2009）34-35頁）。

　船内では水火夫長が戦略的立場にいるから、かれらを組合に引き入れること
ができれば、配下の水夫や火夫もまとめて組織化できる。またボーレン（私営
有料職業紹介事業者）の団体である海洋統一協会もうまく説得して組合に取り込
んでしまった。海員組合の組織はそうした柔軟な組織戦略によって可能となっ
たものである。戦前の海員組合は、水火夫長が背骨となって形作られていた。
浜田のように、水火夫長の親玉といった格の人物が組織の中心にいることが必
要だったわけである。浜田は組合内で「親父」と呼ばれていた。

(2)　現実主義的運動

　海員組合の中にも、共産主義に影響されて刷新運動を展開するグループも現
れたが、彼らが組織内で大きな勢力となることはなかった。なんらかの理念に
影響されるというより、労働組合として、組合員の利益を追求するという現実
主義的な運動を一貫して追求した。これは、海上労働者の多数を組織化した結
果として、そのようにしなければ組織を維持できないという事情にもよってい
た。

　1921年５月７日の結成大会に来賓として演説した鈴木文治は、海員組合の綱
領が、船主や政府との協力と海運業の発展を通じて生活改善を図るとしている
ことを強く批判した。この時期総同盟友愛会は、組合化の路線転換途中であり、
サンジカリズムの影響を強くうけている時期であったから、海員組合の労使協
力主義が飽き足らなかったのであろうが、現実問題として、使用者側の一定の
理解なしに安定的労使関係を実現することは困難であった。結成直後に発生し
た神戸における川崎・三菱の大争議に際して、争議団は海員組合に支援を求め
たが、組合は、資金の支援はしたが、同情ストライキのような冒険的行動は拒
絶した。およそ同情ストライキなどは、利害関係を持たない船主との正常な労

使関係を傷つけるもので、産業レベルでの団体交渉権確立をめざす海員組合の
とるべき行動ではなかった（小林（1980）108頁）。

　1928年社外船争議によって獲得した標準賃金についても、その後、海運不況
が深刻化した際には、海運業再建のために1930年敢えて切下げを受け入れてい
る。労使共同の海運救済運動を展開し、逓信省は、この組合の動きを踏まえて
失業船員救済費を支給することとなった。組合、船主、そして政府の拠出によ
る失業船員授産施設が運営されるにいたった（経営史研究所（1986）46-48頁）。

　2代目組合長となった浜田の英断によって実現した賃金切り下げだが、組合
員たちの反発は根強く、その後に発生する海員組合分裂事件の遠因となったと
もいわれている。しかし、賃下げを甘受しても海運業の立て直しを重視した組
合の姿勢は、船主や逓信省の信頼を深めたという点で、長期的に重要な意義を
もったことは確かであろう。

　もちろん、海員組合がいつも平和で穏便な運動を展開できたわけではなく、
相手によっては、暴力的な対決を余儀なくされたこともあった。1932年の尼崎
汽船争議では、会社が暴力団を船に乗り込ませてスト中の船員を脅し、出帆さ
せようとしたので、争議団側との間で乱闘になったり、勢い余って機関をハン
マーで叩き壊したりしたので、5人が懲役刑をくらっている。この件では、船
舶停止を守りぬき、会社は組合の要求を認めざるをえなかった。それと同時に、
当該暴力団との間でも、山口組の親分の調停で手打ちを行っているから、まる
でヤクザの喧嘩であった。暴力に対して引いていたら争議は敗北してしまうの
だから、暴力をもって対抗するしかない状況であった。警察は、暴力団を抑え
なかったし、調停もしなかった（村上（1966）21-22頁）。

(3)　高級船員と海員協会

　戦前、船長以下、運転士や機関士などの高級船員たちは、独自の組織、海員
協会をもち、当初は、親睦・共済を看板としていたが、次第に会員の利益代表
を行う労働組合的機能を果たすようになった。海員協会は、高級船員の利害を
代表するだけでなく、海運業全体の利益を考え、また、普通船員の労働条件に
も関心をもって彼らの生活改善要求に同情的であった。商船学校など学校出で、
給与も高く、船内では隔絶した地位にある高級船員であったが、普通船員たち
も海上で労働と生活をともにする仲間という意識をもっていた。

　高級船員のなかでも高い地位にある立場から、1921年日本海員組合結成の際に初代組合長の任を引き受けたのが楢崎猪太郎である。三井物産との関係が深く、三井系の朝日生命保険株式会社の社長となりながら、海員協会の専務理事でもあった楢崎は、浜田をはじめ、海員組合の創立委員たちに強く望まれて、これら二つの仕事を辞して組合長を引き受ける。

　楢崎を初代組合長に据えた背景には、さまざまな思惑があったが、とくに重要であったのは、総同盟友愛会海員部をはじめ23もある団体が合同することで海員組合を結成したいきさつから、浜田のような人物を組合長とすることを避け、人格者として知られた人物をいただくことによって組織内の融和を図る必要があると考えたことであろう。また、かつて浜田が船員同志会を結成して郵船に賃上げ要求をしたときに、郵船の副社長は、「船員は三無の徒である。すなわち無教育、無統一、無財産」と言い放ったといわれる。無頼の水夫・火夫の集団というイメージを背負っていては、対船主においても、また対社会の関係でもまずいという考慮があっただろう。

　楢崎は、看板的な組合長なら断るとして、実質的な運動指導者となり、綱領の制定などにおいても自らの信念を貫くとともに、当時の金で1万8,000円という大金を組合に寄付して立ち上がり資金とし、のちには、私財13万円を投じて組合本部建物を購入して寄付した。楢崎が指導した1923年日本郵船争議では、関東大震災で被害を受けた会社が船員の航海手当半減を発表したのに対して、会社が株主配当、重役手当を減らすこともなく、船員の手当のみを削減することの不当性を社会に強く訴えて停船争議を断行し、勝利している（村上（1966）2-10頁）。

　藤村重道は、楢崎辞任後、空席となっていた海員協会専務理事を引き受けた人物である。名機関長と呼ばれ、大阪商船、日本郵船などで勤務したが、1912年船員同志会の争議の際には浜田と同船していたこともあって争議を円満に収めようと奔走し、会社から扇動者と誤解されたという。また、1919年、第1回ILO総会に官選労働代表が派遣されることに反対する運動のなかで、実力阻止のために労働代表の乗船する船を停船する計画があったが、藤村は、海運の公共性を説いて浜田に計画を断念させた。

　藤村は、海員協会の活動に私財を投じ、無給で専務理事の仕事を続けた。専務理事時代における最大の業績は、1926年の海事協同会の設立と、その実質的

な運営に携わったことである。海事協同会の会長は労使が一年交代で務めることになっていたが、海員協会から委員となっていた藤村は、1928年第二代会長となった。折から、海員組合が「最低賃金確立」を掲げて社外船争議を構え、海事協同会で協議が折り合わず、大争議が発生する。藤村は、会長としてなんとか解決するべく奔走し、協同会規約により楢崎猪太郎（組合長を降りていた）ら三人の仲裁人を指名し、その裁定によって争議を解決することに成功した。海員協会専務理事、海事協同会会長を辞任したのち、藤村は、船主協会嘱託となり、今度は使用者側として、1939年まで海事協同会の業務に携わる（村上（1966）68-76頁）。

　3人目の人物、小泉秀吉は、官立商船学校卒業後主として三井物産船舶部に勤務し、三井退職後の1933年海員協会の会長に就任した。小泉の業績は、内紛でガタガタになっていた海員協会を立て直すと同時に、やはり内紛から新旧に分裂して苦しんでいた海員組合の統一に尽力したことである。1935年頃に開始された仲介活動は、ようやく1938年12月に実を結び、新組合が解散して新旧の合同が成った。解散大会は、大阪築港会館で行われ、小泉は仲介者として切々胸をうつ挨拶をし、満場の組合員が泣いたという。

　このような経緯から、1945年戦後直後に、高級船員・普通船員を打って一丸とする新生全日本海員組合が結成されるときに、組合長として白羽の矢がたち、小泉は楢崎と同様、三井木船建造会社社長の職をなげうって引き受ける。戦後動乱期であり、1946年の海員争議と組合分裂騒ぎで苦労することになるが、強い信念をもってこの危機を乗り切ることに成功する（村上（1966）88-95頁）。

　以上、見てきたように、海員協会に拠る高級船員の先覚者たちは、海員組合の運動史の要所において重要な役割を果たし、これを確乎とした組織とすることに多大な貢献をした。そして、彼らが海員組合とともに活動していたことは、使用者側に安心感・信頼感を与え、海事協同会を軸とする安定的労使関係を維持していく上で大きな影響があったと考えられる。戦前の陸上労働運動では、知識人が個人で組合運動に加わることはあったし、俸給生活者の団体も作られたが、ホワイトカラー層が集団として、海上労働運動におけるような役割を果たしたことはない。

(4)　船主協会

　もともと主要な海運会社が労使関係について取りたてて進歩的な考えをもっていたわけではなく、1912年の船員同志会争議に際しては、郵船会社は、要求に妥協しつつ、組織に対しては解消に追い込むなど、労働組合を公認する姿勢ではなかった。しかし、産業としては、一定の競争力を有し、先進国の人種差別に悩まされつつも、国際的地歩を確立していた。このような立場から、労使関係に関する国際的潮流に関心を払い、国際社会からつまはじきにされないように注意を払う合理性を備えていたと思われる。ILO での協議にも加わり、情報収集を怠らなかった。低賃金、長時間労働、児童労働に依拠しなければ国際競争に耐えられないという主張にたつ製造業者の団体とは、毛色の違う感覚をもっていたといえよう。

　海員組合の現実主義的運動、海員協会の仲介的活動、そして後述する逓信省の支持を背景として、大手海運事業者は、陸上の経営者・資本家たちと異なり、海事協同会を軸とする集団的労使関係を受け入れ、そこから離脱する行動をとることはなかった。

(5)　海運当局

　逓信省管船局が管轄していた海運行政の労働政策方針は、ILO の場で形成された国際合意に強く影響されたものであった。最も重要であったのは、1920年ゼノアにおいて開催された第二回国際労働総会（海事総会として開かれた）において大多数の国の代表が賛成して採択された船員職業紹介条約である。この条約において、加盟国は、中央官庁の監督のもとに協同する船主・船員団体が運営する無料職業紹介所を設立することを求められ、そうした協同がない場合は、国自身がこれを運営すべきだと定めた。しかも、海運業の国際的性格から、各船は、寄港地で船員を雇用する習慣であったから、批准国は、他の批准国船員が利用できる条約適合の無料紹介事業を用意することが義務付けられたから、日本政府も、船員職業紹介制度の大幅転換を行わなければならなかった。日本では私営の有料職業紹介であるボーレンが広く活動しており、また、政府が関与して設立した海員掖済会（1898年に最初の民法による社団法人となる）が行う無料職業紹介が行われていた。逓信省は、掖済会が半官的組織であり、国からの補助金も受けていることから、これに独占的に船員職業紹介を行わせる方針で

臨んだが、海員組合は、条約違反としてこの方針を拒否し、条約の趣旨に沿った労使協同運営になる職業紹介機関の設立を強く要求した。

　そこで、逓信省は、1925年8月に至ってイギリスの National Maritime Board（全国海事協議会）に範をとり、労使合同機関として海事協同会を設立し、これに無料職業紹介を行わせることを提案するが、一方で、掖済会の職業紹介も存続を認めるとしていたことから、海員組合の受け入れるところとならなかった。結局、海上ゼネストも辞さずという組合の強い姿勢に逓信省が折れ、1926年12月海事協同会が設立されることになる。協同会では、職業紹介だけでなく、労使対等の立場で船員の待遇を協議決定すること、労使紛争の予防・調停を行うことが決定され、海上労働運動は、団体交渉権を確立することになった。また、海事協同会そのものは労使二者の団体であるが、実質的には、海運当局が背後から支える機関で、職業紹介事業には補助金を出していたから、団体交渉機関としての協同会も、政府公認という色彩を帯びることになった。微温的な労働組合法案すら成立しなかった陸上労使関係とは、全く異なる政策が労使の支持のもとで実行された（小林（1980）125-150頁）。

　逓信省の海運当局は、ILO の場での国際的圧力や、海員組合の強い圧力に押されたというだけでなく、もともと、海上労働の健全化・合理化が海運業近代化にとって重要だとの認識を強くもっていたと考えられる。ボーレンや船内賭博の横行といった前近代的労働環境を改革するには、普通船員の大多数を抱え込み、強力に統制する力をもった労働者組織が必要不可欠である。そうした認識があったからこそ、強い反組合主義モメントが働く政府部内の治安当局や産業官庁などとは異なった姿勢をとることができたのであろう。

　海員組合の経験は、上記のような条件がそろえば、戦前の過酷な環境の下でも、持続的大衆組織としての労働組合が存在する余地があったことを示している。陸上には、そのような条件がなかった。しかし、次第に条件整備を進めていく可能性がなかったわけではなかろう。条件整備の出発点は、政府による労働組合の法認であっただろう。それによって労働組合が安定的に存続することが可能になれば、運動のあり方にも影響が及んだはずである。その機会を逸したことは、戦後の労使関係、労働運動にも、長い影を引くことになる。

参考文献

二村一夫（2008）『労働は神聖なり、結合は勢力なり』岩波書店

隅谷三喜男・小林謙一・兵藤釗（1967）『日本資本主義と労働問題』東京大学出版会

山下正人（2007）「『自営的』就労と建設労働の諸課題と全建総連の取り組み」『日本労働研究雑誌』566号、9月

隅谷三喜男（1955）『日本賃労働史論』東京大学出版会

斎藤隆介（1968）『続・職人衆昔ばなし』文芸春秋

大河内一男・松尾洋（1965a）『日本労働組合物語：大正』筑摩書房

大河内一男・松尾洋（1965b）『日本労働組合物語：昭和』筑摩書房

労働省編（1961）『労働行政史 第一巻』労働法令印刷

兵藤 釗（1971）『日本における労資関係の展開』東京大学出版会

北岡寿逸（1961）「旧社会局の思い出」『労働行政史余録』非公刊

西巻敏雄（1969）『日本海上労働運動史』海文堂

小林正彬（1980）『海運業の労働問題』日本経済新聞社

経営史研究所編（1986）『全日本海員組合四十年史』全日本海員組合

村上行示（1966）『海上労働運動夜話』成山堂

村上 貢（2009）『海父・濱田国太郎』海文堂

仁田道夫（にった・みちお）
東京大学名誉教授

第1章　労働運動の歴史

Ⅱ　日本における労働運動の形成 2 ─戦後編

1　戦後民主化と第三期労働組合組織化運動

⑴　燎原の火

　1945年敗戦後に起きた第三期の労働組合組織化運動は、第一期、第二期とは全く異なった環境の下で始まった。日本政府は、占領軍の支配下におかれ、そのもとで、日本社会の民主化が大々的に進められた。占領軍が主導した5大改革の一つが労働改革で、その主眼は、労働組合の組織を拡大することであった。戦時下の抑圧ですべての労働組合が解散させられていた状況から、突然、抑圧が解消されるとともに、戦後わずか4か月で労働組合法が制定され、その3か月後には施行された。労働組合を組織することが自由になっただけでなく、民主化という至上命題の下で、強く政府によって推奨されることになった。

　組織化運動の成果も凄まじかった。組合員数は、1945年8月にゼロだったものが、11月には7万人弱、12月には38万人を超え、1946年1月には90万人、2月には153万人と急角度で増大し、労組法が施行された3月には、250万人を超えた。産別会議、総同盟という二つのナショナルセンターが結成された8月には380万人に達していた。1948年6月には660万人を超え、推定組織率も50％を超えるに至った。まさしく嵐のような組織化であり、「燎原の火」と形容される勢いで労働組合が結成されていった。このような状況では、組織する側の動きが間に合わず、現場の労働者たちが、産別と総同盟という二大組織の組織化努力とかかわりのないところで、いわば勝手に組織を作り、労働組合を名乗って活動を始めた。その中には、産別や総同盟に加わってくるものもあれば、そうした全国的結集に参加することなく、中立組合として活動をするものもあった。産別が結成時に163万の組織人員、総同盟が85万の組織人員を有しているとされているから、8月時点での二大組織のシェアは、労働組合員全体の65％に達していた計算になる。しかし、この数字には水増しがあるものと思われ、実際の組織人員が仮に三分の二で166万だったとすると、そのシェアは、44％

程度となる。どちらの数字が実態に近かったにせよ、労働運動の中では、これら二大組織に結集する労働組合が中心的役割を果たすことになった。

(2)　「企業別組合」の一般化

　この時期に組織された労働組合は、のちに「企業別組合」と呼ばれることになるが、実際には、複数事業所をもつ大規模企業では事業所単位の組織が多く、この場合、「事業所別組合」と呼ぶのが正確であった。しかし、事業所別に結成された労働組合が賃上げなどの要求を出すと、それに回答する権限は、事業所にはないことが多く、事業所別組合同士が連絡をとって要求を調整し、本社と交渉を行う必要があった。そこで、企業単位の労働組合を結成するか、あるいは、事業所単位労働組合が企業別の連合会・協議会を作って、対企業交渉を行う方法がとられることになった。『全繊同盟史』第二巻によると、前者の方式を採用した例として、日清紡、東洋紡、日紡、富士紡などの組合があり、後者の方式を採用した例として、帝人、日本レイヨン、敷紡、倉紡、大和紡、東洋レーヨン、鐘紡などの組合があった。これらの組合は、1946年2月から8月の間に結成されている。

　企業別組合という呼び方が広がったもう一つの要因は、特定企業の従業員が職種や地位を問わず、全員参加の労働組合（多くの場合に従業員組合と名乗っていた）であったことである。当初は、現場作業者層の労働組合と、職員層の労働組合が並立して作られることもあったが、この場合にも、次第に両者が統合して従業員一本の組合になることが多かった。そのような一本化があまり進まず、並立が続いたのは、炭鉱の鉱員組合と職員組合、生命保険会社の社員組合と外務員組合などに限られていた。

　これらの「企業別組合」は、多くの場合、産業別組織に参加し、その統制のもとで運動を展開したから、その組織体制の問題点は、当初、あまり意識されなかった。しかし、加盟企業別組合の産業別組織に対する独立性は高く、産業別組織の統制力は、しばしば有名無実のものとなった。「企業別組合脱皮」は、労働運動リーダーたちの共通の関心事となり、学者たちは、なぜ企業別組合がこの時期に支配的な組織形態となったのかについて、議論を戦わせることになった。産業報国会（事業所全員を単位産報に組織化していた）の裏返し説、大企業労働市場の企業封鎖性説、労働市場の半封建性説、出稼ぎ型労働力説など、さ

まざまな議論が行われた。

(3)　企業別組合と占領政策

　労働運動実践者の立場から、この問題について、強い問題意識をもって疑問を提出しているのは、日清紡労組・全繊同盟・全労・同盟と戦後労働運動を代表するリーダーの一人であった滝田実である（滝田（1972）20-22頁）。

　第一に、占領政策についての疑問である。「産業別に統一された組織でなければ、資本と対決する強い姿勢がとれない」ということを、「占領政策を推進しようとした人たちは十分承知していたはずである。『組織は産業別が基本である』そうした強い考えは、私の知るかぎり、あまり耳にはしなかったことである。外形は産業別の体裁をとりながら、その実体は従業員と企業が優先している。」

　占領軍は、日本政府に、労働民主化策として、労働組合組織化を強く指示した。それに対応した政府の労働組合法制定プロセスも後見した。そればかりでなく、政府に労働組合結成に直接関与させもした。この結果、塩沢（2004）によれば、「行政指導」で作られた「ポツダム組合」が続出した。労政事務所の職員が会社を回って歩き、「占領軍の命令なので労働組合を作るように」と社長に指示していたという。労政事務所は、戦前の警察署に置かれていた労使紛争対策部署である工場課の後身である。1939年から40年にかけて10万事業所、480万人を組織した単位産業報国会の推進者は、各地の警察であり、担当部署から言えば、工場課であったろう。つい5年前に各工場に産業報国会を作れと指示して歩いたのと同じ役所の人間が今度は占領軍の命令で労働組合を作れと指示して歩いたのであるから、人々の眼に、これら「ポツダム組合」が「産報の裏返し」と見えたのも無理からぬことと言えよう。まさか、GHQ労働課がそういう政府による上からの組合組織化を命じていたとは思えないが、地方軍政部はどうだっただろうか。あるいは、日本政府の勇み足かもしれない。ある意味で戦時中の天皇政府以上の絶対権力を握る占領軍が指示した労働組合組織化であるから、政府の下部組織では、そこまでやらなければ身が危ないと思っていたかもしれない。

　もちろん、戦前に労働運動の伝統をもつ事業所では、その経験をもつ活動家を中心にして自主的に労働組合を結成する例もあった。また、経営側主導で、

外部の干渉を受ける前に組合を結成した例もある。労働運動の経験のない労働者が労働組合のことを聞きつけて、みようみまねで組合を作った例も多い。全繊同盟史（第二巻32-33頁）に紹介されている1945-46年の小泉製麻労組の結成のいきさつは、興味深い。

「十二月に入りみんななんとかせねばと話し合っていたとき、ダンロップ労働組合が越年資金を獲得したことが新聞に大きく出ました。その記事を一様にもちよって組合作りを話し合ったのが、（中略）時の伍長（今の助手）数名であったが、組合を作ることについては仲々意見がまとまらず、越年資金要求については、時の伍長全員賛成であったので、休憩時間を利用して工員全員が地下に集まり、岩本君がダンロップの例を報告して、とにかく要求しようという話をしますが、仲々岩本君の近くにみんな寄ってきません。会社の幹部が通るたびに、サッと柱にかくれる者、一階に走る者、机の下にもぐる者、皆逃げ腰の状態でした。」その後、近所に住む総同盟の運動家に相談し、組合を結成してから要求を出すようにと指導され、紆余曲折をへて1946年 1 月25日、労働組合が結成されることになった。占領軍の民主化方針や、労働組合法制定の報道などもなされていたが、現場では、必ずしもすぐにそうした方針を理解し、信頼するに至ってはいなかったことがわかる。

日本社会を民主化し、二度と対外戦争を引き起こすようなことがないようにしようという占領軍の意図は明確に示され、至上命題となっていた。そのための 5 本柱の一つが労働民主化＝労働組合組織化であった。そのことが戦後の労働組合組織化運動に与えた影響の大きさは疑う余地がない。だが、占領軍は、どのような労働組合運動の育成を考えていたのだろうか。アメリカでの直近の経験が参照されたであろうし、アメリカ風の団体交渉を基軸とする集団的労使関係の確立を目指すのが自然な対処であろう。だが、1945年の労働組合法の制定過程において、GHQ は、基本的に日本政府が設置した労務法制審議委員会の手になる法案を受け入れ、いくつかの干渉はおこなったが、アメリカ式の労働組合法制を日本で再現しようとしたわけではなかった。ワグナー法の核心である交渉単位制も、排他的代表権も押し付けようとはしなかった。結果的に、できあがった労働組合法は、労働組合組織の在り方について、当事者の高い自由度を認める法律となった。そして、この法律の下で、海運業や建設業などを除き、企業別組合が一般的な組織形態となった。

　滝田が考えたように、占領政策として、産業別組合が労働組合本来のありかたであり、企業別組合は、御用組合に堕するおそれがあるから認めない、というような方針を示していたら、どういうことになっただろうか。絶対的権力者の指示であるから、企業別組合のかわりに産業別組合が作られ、各企業・事業所には、その支部が作られることになったのではなかろうか。

　これは荒唐無稽な想定ではない。ニューディール期アメリカの経験では、最初の労使関係法制である全国産業復興法（National Industry Recovery Act）で団体交渉権を保証したが、結果として、それ以前に存在した従業員代表制と会社組合（company union）が勢力を拡大し、たとえば鉄鋼業では、労働者の90％が従業員代表制・会社組合によってカバーされる事態となった。この事態の背後に会社側の策動があると考えたニューディール推進者は、ワグナー法によって、全国労働関係委員会（NLRB）管轄の下での多数決原理による排他的交渉代表選出という枠組みを採用した。NLRB は会社組合に対する会社の承認を取り消し、交渉代表選挙によって「真正の」労働組合、すなわち産業別組合の支部が確立されるという経過をたどった（仁田（1998））。そうしたアメリカの歴史的経験を踏まえれば、単に「労働組合を組織せよ」というだけでなく、「どのような労働組合を組織せよ」と言わなければ、一貫性がなかったという批評は十分成り立ちうる。

　戦後民主化は、軍事占領して戦争責任者を処罰するだけでなく、社会の在り方を根こそぎかえて、民主的な社会にしようという「外からの、上からの革命」であったが、肝心な「どのような労働組合か」を明らかにしない、いわば綱領なき革命であったということになるかもしれない。この不備は、1946年 2 月に来日し、7 月に報告書を提出した GHQ 労働諮問委員会によって早くも指摘されていた。同委員会の勧告の焦点は、カンパニー・ユニオン排除のために支配介入を排除し、排他的交渉代表制を採用することであった（竹前（1982）252-254頁）。この勧告は、1949年の労組法改正過程に反映されることになるが、すでに確立した企業別組合を基本とする日本の労働組合組織を抜本的に変えることにはならず、硬直的な経費援助禁止などによって、労働組合運動をやりにくくさせるという効果をもつにとどまったといえる。

⑷　企業別組合と組織者側の指導方針：総同盟の場合

　滝田のもう一つの疑問は、戦後直後期における労働運動指導者の対応に関するものである。

　「占領軍当局者がその点配慮がなかったとするなら、日本労働運動の先覚者たちが、組織はこうすれば強くなるものだと指導すれば、白紙のような労働組合は、その指導の色に染まっていったにちがいなかったとも考えられるのだ。」どうして当時の指導者たちがそうしてくれなかったのか、という思いがにじみ出ている。滝田自身、戦前の運動経験は全くなく、ただの技術屋であったのだが、1946年春のある日、日清紡本社に人事部長の紹介で来訪した松岡駒吉の話を聞いて、豁然として労働運動に目覚め、日清紡労組結成の中心人物となったのである（滝田（1972）204-206頁）。あのとき、どうして総同盟繊維労働組合日清紡支部を作れと指導してくれなかったのかと、亡き松岡に疑問を呈していることになる。

　実際、そのような組織が作られた例もある。戦前総同盟の活動家で、埼玉県で組織化活動を展開していた井堀繁雄の指導により、1945年秋に、埼玉金属労働組合川口支部が結成されている。もちろん、日清紡労組結成時点では、総同盟は結成されておらず、全繊同盟も未結成であった。とはいえ、1946年１月17日の拡大中央準備委員会（1945年10月10日発足）で、「労働組合総同盟」の名称で活動することを決定していたし、さらに1945年10月11日の第二回中央準備委員会で「全国的産業別組織」を目指すことが確認されていたから、松岡が強くそのような指導をしていてもおかしくはない。

　上記中央準備委員会で確認された組織方針は、「全国的産業別組織を究極の目標とし、その助長をはかるために」さしあたり、「一企業場一組織とする」、その場合、「原則として都道府県ごとに産業別組合名を使用し、一企業場の組織の名称は、なるべく支部の名称をつける」、「地方の組織準備委員会をなるべく都道府県単位に設置する」というものであった。上記の埼玉金属川口支部は、この組織方針に沿った組織であった。地域支部となっているのは、地域の鋳物工を糾合した組織体であったためであろう。組織化が始まる時点で、すでにして事業所単位の組織をまず作り、それを全国的産業別組織に結集していくという方針が立てられていた。（総同盟五十年史・第三巻：39頁）戦前の運動経験をもつ総同盟においても、事業所一括の組織化方針が立てられていたことが分かる。

金属関係では、それを産業別組織の県単位組織の支部という位置づけで組織する当初の方針を貫いたところもあるが、繊維関係では、事業所というより企業一括で組合を作り、これを産業別全国組織に直接結集していく方針がとられた。

　これは、大企業セクターで賃上げ交渉を行ったり、産業復興＝企業再建運動を展開していくときに、企業別結集の必要性が高かったことから、合理的組織方針であったとも言えるが、その際に、全国繊維労働組合企業別支部にして、産別本部の統制力を明確にしておくことはありえたであろう。実際、総同盟の指導者は、企業別組合組織のありかたに危機感を覚え、なんとか産業別組合主導の方向に舵を切ろうと努力した。

　1946年5月27-28日に開催された拡大中央委員会では、産別整理方針を提案し、繊維・金属・化学・炭鉱の4部門に産別組合準備会を設けることを決定した。その提案理由のなかで、「現下わが国労働組合は終戦後急速に組織化されたため、その組織形態をみても統一への動きからみても、あまりにも雑然たるものがある。すなわち自然発生的に出来上がった工場別従業員組合が多数を占めているのであるが、（中略）このような情勢の下においてはとうてい強力な運動の展開は、困難なことはいうまでもない（中略）われわれは全国的産別単一組合の組織を提唱し、積極的に、これを完成せしめんとする」（全繊同盟史第二巻：48-49頁）ことを表明した。

　続いて5月28-29日に開催された全国繊維産業労働組合同盟組織準備会でも、総同盟の繊維関係担当オルグの富田繁蔵（全繊同盟結成後、総主事に就任）は、「一工場一会社に分散的に組織せられ、あるいは組織されつつある現状は、それがいかに強力な組織とはいえ基本的労働条件をかくとくするためには、余りに微力であります。（中略）団体協約の問題にいたしましても、給与問題の解決にいたしましても各会社はある申し合わせをしていることは事実であります。（中略）資本家団体と団体協約を締結しうる組織と力を必要とするのであります。」と経過説明を行っている。だが、準備会が選んだのは、「全国的単一の産別労働組合の強力なる組織を理想とし、その方針にむかって運動を展開するが、現段階では一大飛躍であって困難な諸事情があるため暫定的措置として、連合会、連盟、協議会又は同盟の形態をとり即時結成」するという妥協的結論であった（全繊同盟史第二巻：53頁）。

　戦前以来の実績を有する総同盟の組織化運動の中では、企業別組合を産別組

合に移行させようという努力は行われたが、「諸事情」のため、実現に至らず、企業別組合の連合体として産別組織がつくられていくことになった。全繊同盟史には、諸事情の内容は、詳しく書かれていない。直接組織化に係る事情としては、鐘紡、東洋紡、敷紡など一部の大手企業の労働組合で当初全繊同盟に参加しないものがあり、1947年3月には、これら3組合で日本繊維産業労働組合連合会（日繊連）を結成するなど独自の動きをしていた。これが解散して全繊に合流したのは、1948年1月になってからであった（鐘紡労働組合（1977）2頁）。そして、より基本的な背景事情として、産別会議との組織競合があったことが最大の問題であっただろう。

(5)　企業別組合と組織者側の指導方針：産別会議の場合

　総同盟とならぶ全国組織となった産別会議の組織方針、というより、それを実質的に創出した共産党の労働組合組織方針は、やはり全国的産業別組合の結成を目標とするものであったが、「現在すすんでいる各企業別、地方別労働組合をふくめてこれを促進しつつ『一企業一組合の上にたつ全国的・単一的産業別組合の結成』を目指すものとされたから、総同盟以上に、企業別の結集を肯定的にとらえるものであった（大河内・松尾（1969）103頁）。共産党の幹部から、企業別組合の急激な組織拡大について、総同盟幹部のような危惧の念が示された例は見当たらない。下から自主的な動きとして進んでいる企業別組合結成を肯定的にとらえ、むしろこれを自らの戦列に糾合していこうという姿勢が鮮明であった。その中で、企業別組合に対する強い統制力をもった産別組合組織、ナショナルセンターを確立していこうとする姿勢は後景に退くことになる。

　総同盟関東金属労働組合の組織化に尽力していた明治以来の古参社会主義者である荒畑寒村によると（荒畑（1960）530頁）、神奈川工場代表者会議において、共産党の労対部幹部であった伊藤憲一が「総同盟は二十万の会員から毎月一円の会費を集め、この二十万円が総同盟のボスを養っている。然るに、工代会議の会費は一人十銭に過ぎない」と非難攻撃した。会議を傍聴していた総同盟の活動家が「総同盟の会費一円は、決定だけでまだ実行されていないばかりでなく、本部費はそのうちの二十銭である。だから、会員が二十万あろうと三十万あろうと、それで二十万円になる訳がない。悪口も攻撃も、事実にもとづいてやったらどうか」と抗議したという。総同盟と工場代表者会議・産別会議が企

業別組合獲得競争を行い、しかも、一方が組合費の金額を競争の道具にするような雰囲気のもとで、しっかりした財政的組織的基盤を有する産別組合・ナショナルセンター確立を強く訴えていくことは難しかったに違いない。

　1946年8月19-21日に開催された産別会議結成大会では、規約第46条により、会費は、5万人以下の組合は一人当たり20銭、5万人超10万人以下の組合は10銭、10万人超の組合は5銭と定められた。平均値がいくらになったか分からないが、おおむね上記神奈川工代会議のレベルと近かっただろう。水準が低かっただけでなく、組織規模別の会費決定ルールにも問題があった。ふつう、組織人員の多いほうが財政力が豊かであるから、この会費決定ルールは一見非合理的であり、同額にするか、傾斜をつけるなら、逆にするほうが合理的であろう。なぜこのようなルールが採用されたか、当事者による具体的な理由の説明は見当たらない。推測すると、次のようなことではないかと思われる。産別会議結成時点で、10万人以上の組合員を有する加盟組合は、6組合であったが、このうち、全逓（40万人）、国鉄東京（11万8000人）、日本教育労働組合（11万7000人）は官公労、全日通（13万人）も、それ自体が企業別組合である産業別組織であった。これらの組合は、企業別組合の連合体である民間部門の産業別組織（たとえば全日本機器や全日本化学）にくらべて組合費の徴収が容易である。後者では、傘下の企業別組合から上納金を徴収しなければならない。企業別組合は、産業別組織に納入人員の切り下げ（組合用語ではサバ読みと称する）など、納入額の抑制を求め、産業別組織は全国組織に同様の処置を依頼してくるから、実質的な一人当たり組合費負担は、これらの組織では低くなりがちである。それでは、全逓のような大組合で、それ自身企業別組合であるため徴収能力の高い組織の負担が重くなることになる。それは不公平だという全逓などの言い分をいれて、このような逆傾斜をつけた会費ルールを作ることになったのではないか。

　この推測が正しいことを裏付ける直接的証拠はない。ただ、産別会議の会費政策が甘く、加盟組織に対する統制がきかないものであったことは、規約第45条をみればわかる。そこでは、会費を完納できない場合は、理由書を提出して執行委員会の承認を得ることが定められている。このような条項を作ったら、素直に会費を完納しようと考える組合が多数を占めるはずはなかろう。実際の納入状況がどうだったかは、資料も研究もなく、よくわからない。

　財政面だけでなく、産別会議の組織設計は、全体として緩やかな連合体的性格とされ、本部の組織力・統制力が弱いものだった。

　産別会議結成時に、世界労連や米国 CIO などをモデルに、中央集権的組織としようというアイデアは、産別会議準備会を動かしていた細谷松太（戦前からの労働運動活動家で、産別会議結成後事務局次長）、聴涛克己・小林一之（ともに新聞単一）らには共有されていた。1946年6月4日に開催された第6回準備会に暫定規約案が提出されたが、その内容と、8月結成大会で可決された本規約には大きな違いがあった。組織面、財政面で、後者は、本部の統制力の弱いゆるやかな連合体、前者は、より強力な集権的組織を実現しようとするものであった。たとえば、前者では、執行機関として役員会が置かれ、議長、副議長（3人）のほか、書記局を指導する書記長というポジションが設けられることになっていたが、後者では、10名の幹事会とされ、業務執行統括者は置かず、幹事会の下に事務局を設けて、事務局長を置いたが、事務局長自身は幹事ではなかった。また、前者では、会費は、組合員一人当たり1円（月収200円未満の組合員が過半数を占める組合については、50銭）とされていたが、後者では、上に述べたように組織規模に逆比例して5銭─20銭とされた。

　これは、共産党本部の徳田書記長が産別会議を、加盟組合の自主性を尊重したゆるやかな会議体にするという方針を強く主張したためだとされる（労働省（1951）534頁）。産別会議書記局の初期主要メンバーの一人であった齋藤一郎によれば、「準備会の用意した規約草案では中央集権組織となっていたが、徳田書記長は労働組合を中央集権的な組織にするときはボスが発生し、党のいうことをきかない組織になるとして反対し、あらためさした」のだという。「党は単産あるいは単組の党グループをにぎってさえいれば、それだけで組合を指導できるものと考えた」と、齋藤は批評している（齋藤（1956）64頁）。当時の共産党組織は、労働組合の急激な組織拡大に歩調を合わせて急成長し、強大な組織となっていたから、労働組合の組織が強い統制力を持たなくても、共産党の党内統制力によってこれを代替できると考えていたのだろう。

　それと同時に、結成大会の規約審議では、しつこいほど、「加盟組合の自主性」を強調し、総同盟を念頭においた「ボス化防止」の主張がなされた。規約案審議の過程で、「産別会議は各種産業ごとに結成された産業別労働組合による全国的全産業的な共同斗争を目的とし、加盟単一組合の自主性を拘束しな

い」ことが提案者側から明らかにされた。この性格付けは、1947年7月の第2回臨時大会において、規約第2条として正式に採択されることになる。すなわち、「この組織は加盟組合の全国的・地方的全産業的に共通した利益に基いて一致の行動をとるための組織である。しかし、加盟組合の自主性は保証される。」議長には、新聞単一の聴涛克己、事務局長には電産協の佐藤泰三が就任した。実質的に産別書記局を動かす細谷は、事務局次長という肩書で活動することになった。徳田は、党組織による労働組合コントロールを確保するという観点とともに、全国に澎湃と沸き起こってきた企業別組合の代表役員たちの歓心を買い、自らの隊列に糾合していくことを最優先していた。総同盟を動かしていた戦前以来のプロの運動家の指導性に対して違和感をもつ戦後派企業別組合幹部には、こうした下部組織の自主性という呼びかけは、心地よいものであったに違いない。

　産別会議は、全国的産業別単一組合の結集体となることを原則として掲げ、産別自身の調査では、旗振り役の新聞単一をはじめ、多くの傘下組合が全国的産業別単一組合として分類されている。その中には、全逓や全日通のように単なる企業別組合をそのように名付けているだけのものもあるが、全日本炭鉱労働組合（全炭）や全日本機器労働組合準備会（機器）のように複数の企業別組合を結集した産業別組織を単一と呼んでいる例もある。だが、これらの「単一」組織の実情は、ほとんどが企業別組合の寄せ集めであって、産業別組織の「支部」という名称を与えれば、すなわち産業別単一組合が出来上がるというものではなかった。

　1946年2月9日に結成された日本新聞通信労働組合（略称新聞単一）は、個人単位の加盟を原則とし、企業別組合を産別単一の支部に組織替えしたもので、モデルケースとして注目された。新聞単一が規模が小さいにも関わらず（産別会議結成時点で3万人弱）産別会議準備会の中心組織となり、初代の産別会議議長を輩出するに至ったのも、こうした組織結成経緯によるところが大きかったと考えられる。もともと、産業別単一組織を首唱したのは、総同盟であり、新聞単一結成は、一面において、総同盟の組織方針を実現するものであった。

　新聞単一は、1946年6月に発生した読売新聞第二次争議（GHQ新聞課の介入をきっかけとする組合幹部解雇問題）への対応をめぐって組織混乱を生じ、産別組織として強力な闘いを組織することはできなかった。1946年10月には、いわ

ゆる産別会議十月闘争の一環として、読売新聞争議支援を主たる課題に掲げた新聞放送ゼネストを決議し、指令を発したが、10月5日決行直前になって主要紙の支部はいずれもスト突入を回避し、放送支部（NHK）や地方紙のストはあったが、新聞ゼネストは失敗に終わった。産別単一組織の建前だけで組合員個人の行動を統制できるわけではなく、実質的には同情ストとなる争議の必要性を組合員一人一人に納得させなければ、新聞を止めるストライキを決行することはできない。党グループのベルトを動かせば機関会議で賛成を得ることはできるかもしれないが、実際にストを実行する組合員大衆の不安感に直面したときに、大多数を納得させる組織力はなかった。朝日支部では、「個人加入の建前から言って職場だけのストに入ることも可能であるとの意見が出てきて、東京印刷局の一部だけの職場ストが計画されたが、業務局からの阻止運動によって果たさなかった。」（全日本新聞労働組合朝日支部・全朝日新聞労働組合合同誡首対策委員会（1953）12-13頁）。

　新聞ゼネストの失敗に加えて1947年2・1ゼネストの失敗により、組織動揺が起こり、1948年には新聞単一は解散し、全日本新聞労働組合（全新聞）が発足した。全新聞は、個人加盟の産別単一組織という原則を維持したが、産別脱退派の主張に配慮して産別会議には加盟しなかった。読売争議に際して刷新派を主体に結成された読売新聞の組合は参加したが、個人加盟原則を崩して団体加盟を認めるよう主張した毎日の組合（1947年3月に産別会議脱退と団体加入を主張し、新聞単一を脱退していた）は、全新聞に加入しなかった。1950年6月には新聞労連が結成され、企業別組合の連合体としての産別組織に移行し、産別単一の理想は、ここに潰えることになった。

　産別会議加盟組合のうち、産別単一組織の理念にたつ組織に移行し、産業の背景事情にも助けられて実質的に傘下組織に対する統制力をもつ産別組織を確立したのが電産（日本電気産業労働組合）である。戦争終結時の電力産業の産業組織は、電力国家管理政策のもと、民間電力会社が保有する発電設備を単一の特殊会社日本発送電に出資させ、発電を一元化するとともに、全国9配電会社により需要家に配電させる体制となっていた。電力価格は統制され、全国一律とされた。日本発送電が配電各社に売る日発料金の決定は、政策的配慮をもって行われた。戦後、1947年には、日本発送電と9配電会社の間で損益をプール計算する仕組みが確立され、電力各社の経営自主性は弱体化された。

　電力各社では、1945年中に職場ごとに労働組合結成の動きが進み、12月には企業単位の結集（単一組合または連合体）が始まった。1946年1月26日には2万人以上の組合員を組織する日発従組（日本発送電従業員組合）が結成された。配電各社でも企業単位の従業員組織が結成され、その上に立って、産業別単一組織の形成が模索された。1946年3月6-7日に開催された単一組合結成懇談会では、当面、協議会とすることが決定され、4月7日電産協（日本電気産業労働組合協議会）が結成された。電産協では、常任協議会（日発3人、配電各2人）が毎月開催され、全国に散在する組合組織を統合して共同行動させる組織運営上の要とされた。戦後賃金闘争史上有名な電産型賃金を立案し、それを前面に立てた1946年10月—11月のいわゆる電産十月闘争を遂行したのは電産協である。名称は協議会であったが、強い統制力を発揮した。

　そうした運動の実績を踏まえ、1947年5月に単一組合電産（日本電気産業労働組合）が結成された。日本発送電と配電9社の従業員からなるという組織構造の特質と、上記のような電気産業国家統制の産業組織の特徴から、統一的組織運営を成立させやすい条件を有していたとはいえ、他の産別傘下の産業別組織（公務員組合など、企業別組合＝産業別組織型の組織を除く）と比較すると、比べものにならない強力な組織を確立することに成功した。その組織力・統制力を端的に示すのは、組合財政の在り方である。

　電産の規約51条によれば、組合員の支払うべき組合費は、平均基本給の2％である。全額を中央本部の勘定に入れ（52条）、地方本部、支部、分会に配分される組合費は、本部から配当される。組合費のうち、本部費として総額の10分の3以内と定め（57条）、その中から闘争基金を積み立てることとされた。支部・分会への配分額は、地方本部が決めるものとされた（57条）。規約原案では、本部配当分が3分の1とされていたが、結成大会前の中央執行委員会で、224対223という一票差で否決され、本部5分の1（関東案）、4分の1（四国案）、10分の3（東北案）という三案のうち、東北案が採択されたのだという。河西（2007）は、「口では単一を唱えながら、組合費問題をみても、その半数近くは地方重視を考えていた」（27頁）とのコメントを残している。

　しかし、1946年12月の賃金協定で、基本給は、本人給（30歳890円）、能力給（400円）、勤続給（平均値不明）を合計したものであり、平均1200円程度になっていたはずであるから、その2％といえば、24円である。これ自体、当時の水

準でいえば、相当高い。そして％で定めているから、インフレ対応で賃金が上がれば、自動的に組合費も上がる。また、24円のうち、本部費10分の3は、7円20銭になる。これは、当時の他の産業別組織の財布にはいった組合費の水準をはるかに超えるものであった。

　他の産別「単一」組合と比較すると、電産の規約は、産別単一の会計原則を明確に定め、しかも、本部費を抜きんでて高い水準に設定しているから、内部運営においてさまざまな利害対立が存在したにしても、真正の単一組織と名乗ることができる状態であった。このような組織力をもっていたからこそ、昭和24年の労組法改正で、人件費にかかる経費援助が厳禁され、また、共産派がレッド・パージによって追放されたあとも、民同派の指導体制の下で、組織を維持し、1952年の電産炭労の賃金闘争渦中に分裂するまでは、十分な活動力を保つことができたのだと言えよう。

2　戦後直後型労働運動の展開とその解体
⑴　運動展開を支えたもの

　以上みてきたように、組織や財政における体制整備が進んでいないのに、戦後直後の労働運動が数々の大闘争を組織しえたのは、なぜだろうか。1947年2・1ゼネストは、占領軍が直接介入によってかろうじて抑え込んだが、文字通りの全国無期限ゼネスト突入寸前まで突き進んだ。

　もちろん、敗戦国に起こりがちなハイパーインフレのために、生活が困窮していたから、特段扇動や統制を行わなくとも下から運動が盛り上がり、運動指導部は、傘下単組の脱落を心配する必要がなかったという事情はある。しかし、2・1ストの前段の1946年十月闘争において、組織力不十分のために失敗した新聞ゼネスト、強力な組織に支えられた電産協の闘争成功という対照的な例がみられたように、闘争には相手があるから、いくら下からの盛り上がりがあっても、その勢いを適切な行動に組織しなければ、成果を得られない。

　経営側が占領軍の経済改革と戦争責任追及によって弱体化していたという事情もあった。経営者の組織的結集は、占領軍の意向で抑えられ、1948年になってようやく日経連（日本経営者団体連盟）の結成が認められたことに示されるように、戦後の労働攻勢に、経営者側は、組織的対抗力をもたず、一方的に押される状況であった。

　2・1ゼネストに立ち返って考えると、この闘争がもともと公務員の賃上げ
要求から始まったことが重要である。戦後の労働運動において最も戦闘力をも
ち、影響力をもっていたのは、電産を除けば、国鉄や全逓などの公務員現業組
合であった。のちの公労協の主力組合である。民間産業のように傘下企業別組
合の足並みをそろえる苦労もなく、また、政府のインフレ対策の手段としての
賃上げ抑制政策の最大の被害者であったから、闘争意欲は旺盛であった。2・
1スト中止後、占領軍主導で導入されたベース賃金方式（今日にベア＝ベースア
ップの略語で名残を残している）において、民間の業種別平均賃金算定に基づき、
公務員の平均賃金ベースがそれらの平均値に設定されたが、民間の賃金統制は、
必ずしも強力なものでなく、公務員は政府の手で硬直的に統制された。物価の
抑制には失敗し、闇市場での物価は高騰していたから、公務員が怒り心頭に発
したのは無理からぬ事態であった。

　産業は、甚大な戦争被害を受けており、戦争経済から平和経済への移行にと
もなう雇用保障闘争も重要な課題であった。ここでも、公務員、ないし公共部
門労働者は、重要な役割を果たした。戦後最初の大規模な解雇反対闘争は、
1946年の国鉄と海員の争議であったが、国鉄は公務員、海員も船舶運営会とい
う戦時期に設立された特殊法人の職員であった。闘争は、政府の関連予算カッ
トに端を発した大量解雇に反対するものであった。敗戦国政府は、到底親方日
の丸たりえない状況であった。両闘争とも、途中組合分裂が起こり、混乱する
が、産業別組織が企業別組合の統制を失うパターンではなく、内部の利害対立
（ベテラン職員と戦時徴用若手職員の対立など）と左右の運動路線対立が絡み合っ
て生じたものであり、分裂を抱えつつも、両闘争は勝利を収め、解雇を撤回さ
せることに成功した。

　そして、なんといっても強大な権力を有する占領軍が労働組合運動の保護・
拡大を重視し、時々の行きすぎにブレーキをかけはしたが、民主化の担い手で
ある労働組合をサポートする姿勢を明確にしていたから、経営側の反攻も限定
されたものであり、組合員も自分たちの運動に対する確信を失わず、攻勢を続
けることができた。

(2)　占領政策転換と戦後直後型労働運動の解体

　占領軍の方針が大きく転換したのは、1948年である。7月にはマッカーサー

書簡を発して公務員の争議権を全面的にはく奪した。この措置をめぐって、労働民主化の守護神であったGHQ経済科学局労働課のキレン課長が抗議辞任して帰国してしまったことは、占領政策転換の潮目を示すものであった。民間分野では、1948年12月に米国政府が日本経済の早期自立を求める経済九原則を占領政策の基本方針とした。労働民主化よりも、産業の秩序とインフレ経済の解消が優先されることになった。これに基づいて、1949年占領軍主導で労働組合法が改正され、人件費を中心とする使用者の労働組合に対する経費援助厳格禁止や労働協約自動更新の無効化（解雇防止のための人事同意約款が無効にされた）など、それまでの労働慣行を法律で強制的に転換する政策がとられた。労働組合は大きな打撃を受け、無協約の労使関係が広がった。

　経済政策では、1949年2月に米国の銀行家ドッジが公使として着任し、経済改革を進めた。赤字財政を禁じ、企業への補助金・公的融資を停止するなどの財政金融政策だけでなく、戦時以来の統制経済を解体して市場経済への一挙的転換、ポスト社会主義経済政策にいうショック・セラピーを断行した。経済九原則では、その一つとして「価格統制の拡大強化」がうたわれていたから、それとは全く異なる政策を実行したことになる。この結果、企業の競争条件・価格構造が激変して倒産や事業閉鎖が続出し、大量解雇が行われた。解雇は民間部門だけでなく、公共部門でも実行された。国鉄で9万5000人、郵政・電通両省で2万6500人のほか、各行政官庁、地方公共団体でも行政整理が実施された。こうした大量解雇時には、労組法の規定にも関わらず、組合役員等が狙い撃ちで解雇される事案が目立った。

　最後の打撃は、1950年6月の朝鮮戦争勃発をうけて、占領軍の指示により7月から始まったレッド・パージであった。共産党員またはその同調者に対する「企業防衛解雇」は、新聞・放送分野に始まり、全産業にひろがった。産別会議傘下だけでなく、多くの組合で中心的な左派活動家として活躍してきた共産党系の組合員たちが有無をいわせず解雇された。全国で1万人がパージされたという。

　占領政策転換によって、1946年から1948年にかけてあれほど急拡大し、大きな力を振るった労働運動がガラガラと瓦解していった。1948年6月に667万人、1949年6月にも665万を記録していた組合員数がわずか2年後の1951年6月には、568万人に激減した。戦後労働運動をけん引した産別会議の組織人員は、

1947年11月の第三回大会で公称220万人とピークを記録したのち、1948年11月120万人、1949年11月77万人、1950年末にはわずか11万人に減少し、三年間でナショナルセンターとしては、ほぼ壊滅した。

　組織人員数の減少だけでなく、残存した組織内においても、組合員の士気が減退し、労働組合への信頼感は低下して、組織の空洞化が進んだ。日本鋼管鶴見製鉄所労組の一婦人部員は、次のように当時の状況を振り返っている。「はたらく者が、はたらく場所をとられて、一体どうして生きていけばいいのだろう。組合運動に口をはさむと、いつまた、あのパージがやってきて、ひっかけられるかもしれない。パージにかかるのは、単にその職場をやめさせられるだけではなく、どんな企業からもしめだされるその頃の状態だった。私も自分の首を心配した。私は党員でもなく、まして、もしかすると一緒にやられるかもしれないといわれていた組合の活動家でもなかった。しかし、どんな人でも自分の身を心配せずにいられないような暗い空気が会社中を覆っていた。」(『鶴鉄労働運動史』267頁）産別会議の中心組合の一つとして輝かしい戦歴を残す鶴鉄労組にも組合不要論があらわれ、組合運動は幹部任せのものになっていた。そして、1952年9月第16期の組合役員選挙には、委員長に立候補しようとする者がいない状態になっていた。

⑶　抵抗と敗北、そして外からの評価

　このような占領政策転換による労働運動の抑圧に対して、日本の労働者が抵抗を示さなかったわけではない。さまざまな闘いが行われたが、そのなかで、政策転換に最も激しく抵抗したのは、1948年国鉄・全逓の職場離脱闘争であった。その口火を切ったのは、国鉄労組旭川支部新得機関区分会の青年労働者たちであった。この機関区の管内には、悪名高い狩勝トンネルがあった。旧式トンネルで、953メートルの長さをもち、また勾配が急であったので、当時の蒸気機関車でこれを乗り切ることは容易でなく、煙に巻かれて乗員が窒息することもまれでなかった。分会では、1948年4月よりトンネル改善を要求して5月3日より三割減車闘争を行っていた。ところが、マッカーサー書簡に基づく政令201号が7月31日公布され、争議行為が禁止されたので、分会はやむなく減車闘争を中止して定数車引に復した。だが、その第一列車で乗員2名の窒息が発生した。憤激した青年組合員が職場を離脱して北海道各地に飛び、オルグ活

動を行った。組合の正規の指令によらない一種の山猫ストであるが、組合が政令201号に対してなんら有効な抵抗闘争の方針を示せないなかで、北海道全土、そして全国各地に飛び火し、ひろがった。国鉄職員局調べによると、国鉄の職場離脱者数は、1489名、うち復帰者は481名に過ぎず、1002名が免職処分となり、逮捕状が出たもの1017名、検束者584名に上った。8月中の職場離脱による列車運休は、2695に上った。離脱者の多くが機関士など乗務員であったため、列車運行への影響は大きなものになった。9月2日になってようやく国労各派の指導者による会合が行われ、職場離脱防止の方針が確認されて収束に向かうが、免職者数に示されるように、大きな犠牲をともなう闘争となった（法政大学大原社会問題研究所（1971）202-205頁）。

　だが、職場離脱の闘いは、組織の総力を傾けたものではなく、一部の青年労働者たちの突出した闘いであった。犠牲は大きく、勝ち得たものは乏しかった。それに続く、1949年大規模行政整理に対する闘いについても、争議権を奪われており、また、松川事件のような奇怪な事件によって闘う気構えをそらされるということも起きたが、ほとんど抵抗行動を組織することができないまま、ずるずると敗北に追い込まれた。こうした急激な運動低落をみた外部の人々が労働運動に強い失望感を抱いたのは不思議ではない。

　代表的な労働知識人の一人で、日本における労働法研究の創始者の一人でもあり、戦後は「労働委員会の父」とも呼ばれた末弘厳太郎は、1950年刊行の『日本労働組合運動史』序論第3項「組合運動の将来」において、次のように述べる。「明治維新このかた強力に持続せしめられた絶対主義的政治のもとに、習慣づけられた日本人一般の自治能力の不足は、（中略）見逃すことのできない最も重要な因子である。日本人は敗戦に至るまで自由を与えられなかった。自由の価値を理解しないのみならず、自由の使い方も知らない。自由の原理の上に、他人との協力によって自律的社会秩序を作る能力をもっていない。彼らは一般に上からの命令によって人を動かし、また上からの指導によって動くことに慣れているから、労働者が自力で組合の内部自治を作り上げる能力をもたない」（4頁）。末弘の絶望感は、労働運動の低落だけでなく、その昂揚を作りだした共産党・産別系の運動そのものへの不信感によっても強められていた。

　もう一人の代表的労働知識人として、社会政策論の代表的研究者であった大河内一男を取り上げよう。大河内は、その著書『戦後日本の労働運動』（1955）

において、次のように述べる。

　「事実において占領政策開始の初期の数か年を通じて、労働組合活動が勧奨され、その設立や活動が保護されていた事実は否定できない。」と指摘した上で、「敗戦後の日本の労働者は、いかほど彼らがインフレに追われ、食糧危機や生活難に当面したとしても、ただそれだけの理由では、これほどまで組合運動を推進できたとは考えられない。また戦後の労働者は、戦時中の弾圧立法が取除かれたとしても、ただそれだけで、かくも躍進的な組合の活動を推し進め、これほど果敢な闘争を展開するとは考えられないことであった。むしろ占領政策が自生的には機の熟していた日本の労働運動に対して、どのような態度をとったかがすべてを左右した。」(51-53頁)と断定する。その証明は、占領政策が転換したあとの手のひらをかえすような労働運動の失速と没落であった。

　大河内は、さらに踏み込んでいう。「言葉をかえるなら、時の権力に対する抵抗力においていちじるしく卑屈である点に、日本の労働者、というより日本人自身の、特殊性格を見出すことができるのではないか。時の権力に弱いという日本人の事大思想は、労働階級の場合にも、不幸にして、色濃くあらわれている。」(54頁)

　末弘や大河内は、戦後改革のなかで、民主主義的な社会の担い手として登場してきた労働組合に大きな期待を抱き、その健全な伸張を希望していたのだが、それが打ち砕かれ、運動の指導者ばかりでなく、担い手である労働者のありようについても疑問をいだくことになった。このような労働者たちは、自らの力で労働運動を再建することができるのか、懐疑的ならざるをえなかったと言えよう。

3　日本型労働組合運動の形成：第四期労働組合（再）組織化運動

　1949年から1950年にかけて沈滞の極みに落ち込んだ労働運動の再建は、上から、そして下から動き始めた。

⑴　総評結成と産業別整理

　上からの動きは、ナショナルセンターの再編統一から始まった。二大ナショナルセンターの一方であった産別会議が壊滅したのだから、残る総同盟が旧産別会議系の組合を吸収して一大センターとなるという道筋が当然考えられた。

旧産別会議の中から反旗を翻した細谷松太をリーダーとする産別民主化同盟（通称民同）が総同盟と合流して新しいセンターの担い手になるという筋書きもありえた。実際、1949年 2 月には、総同盟、産別民同、国鉄民同が呼びかけて、全日本労働組合会議（全労会議）準備会結成大会が開かれ、日教組、全逓、炭労、私鉄総連、電産、自治労連、全日通、日放労などが参加した。大会では、前年10月の総同盟第 3 回大会で総主事に選出された高野実が経過報告を行っている。産別民同は、1949年12月全国産業別労働組合連合（通称新産別）を結成したが、組織人員は公称32万人にとどまり、それも、機関決定による加盟人員は限られていた。（ものがたり戦後労働運動史刊行委員会編（1997）265頁）

　しかし、労働戦線再編統一は、こうした上からのイニシアチブでは進まなかった。重要な動きは、主要な産別組織の側から起きた。1949年11月 1 日に、私鉄総連の提唱で、炭労、全鉱、全日通、硫労連（のち、合化労連に発展）など、総同盟にも産別会議、ないし新産別（産別民同）にもくわわっていない中立系の産別組織が集まった。

　ここで、とくに重要であったのは、炭労の動きであったと思われる。戦後直後期に、国内エネルギー資源としての石炭生産を担い、傾斜生産方式と呼ばれた経済復興政策の中でも重要な位置を与えられていた石炭業の労働運動は、統一的な産別組織をなかなか形成することができなかった。大きく分ければ、産別系の組合（当初全炭、のち全石炭）、総同盟系の日鉱、そして、どちらにも属さない三井鉱山などの大手組合グループ（炭連という組織を作った）の 3 グループに分かれ、統一行動に困難をきたしていた。これが統一に向かう実質的な動きは、1947年10月日本炭鉱労働組合同盟（略称炭労）結成に始まる。これは、炭連系と日鉱系組合が共同で立ち上げた組織で、当初18万人弱の組織であり、共産党系の全石炭と拮抗する人員数をもつだけであったが、1948年 6 月には中立系の組合の参加などにより、23万人を組織することになった。同月の第 5 回大会で名称を日本炭鉱労働組合連合会（略称は炭労）に変更し、協議体から連合体に強化された。

　他方、全石炭は、産別系の運動が失墜する状況のなかで、組織低落が続いていたが、ついに1949年 3 月には自ら解散し、北海道などの傘下単組が炭労に加盟していくことになった。この結果、炭労という組織において、実質的な産業別統一組織が実現する形勢となった。だが、上記の全労会議準備をめぐる動き

について、炭労内部での意見対立が生じ、同年9月20-24日に開催された第4回臨時大会は、流会となり、11月18日に再開された臨時大会で、総同盟系の日鉱グループが全労会議即時加盟、炭労の組織単一化反対を主張して容れられず、退場して、組織は分裂するに至った。最も重要な争点は、炭労の単一化（といっても、現実には、事業所別組合が炭労のもとに、結集するということであったが）であった。つまり、総同盟の組織としての日鉱が解散して、傘下の単組が同じ立場で、炭労に加わるということを求めるものであった。これを実行しないと、単組は、二重に上部団体費を払うことになるから、日鉱の傘下組合は、炭労会費の値上げを受け入れられない。そうすると、それ以外の単組は、炭労組織強化のために上部団体費を上げたいと思っても実現できないわけである。総同盟・日鉱は、企業別組合ないし事業所別組合を産業ごとに網羅的に結集し、その統一行動によって企業の枠を超えた労働条件の標準化を目指そうとする運動にとっての桎梏となっていた。

　折から、1949年3月以降進んでいたドッジ・ラインによる経済改革によって、石炭産業では、7月には補給金が廃止され、9月には価格統制ほか、すべての統制が撤廃され、配炭公団は廃止された。市場での自由競争の時代になったのである。この結果、生産条件の悪い弱小炭鉱の多くが市場から退出し、大手炭鉱間の競争は激化した。このような状況に対処すべく、大手炭鉱労組は、企業別連合会の組織を強化するとともに、それらが共闘することによって、労働条件を確保していく必要に迫られることになった。このような事情は、多くの産業に共通していたから、新たなナショナルセンターの構築は、「産業別整理」と並行するものとなり、総同盟を含む労働組合組織の全面的再編成をともなうものとならざるをえなかった（炭労に関する記述は、隅谷、1954年を参照した）。

　1950年7月11-12日総評結成大会が開催されるが、その前後にかけて、その後の労働運動の中心となる産業別組織が結成されている。同年4月には単一組織としての炭労（日本炭鉱労働組合）が結成された。総評結成大会後、同年12月には合化労連（合成化学産業労働組合連合会）、1951年3月には、鉄鋼労連（日本鉄鋼産業労働組合連合会）が結成された。だが、既存、新設の産業別組織の総評結集は、必ずしも順調に進んだわけではなく、主要民間産別組織のうち、炭労は結成大会に正式メンバーとして参加したが、1949年11月の統一準備会提唱組合であった私鉄総連は、1950年7月の第6回大会では総評加盟を決定できず、

11月に臨時大会を開いて、ようやく総評加盟を決定した。電産は、1950年8月
10日から民同派執行部が組合員再登録を行って、共産党系活動家を排除し、ま
た折からのレッド・パージもあって、10月末に再建大会を開き、ここで、産別
会議脱退、総評加盟促進を決定した。

　最初の労働戦線統一舞台としての総評が確立したのは、120万人の加盟人員
をもって総評結成大会に加わっていた総同盟が組織を解体し（1950年11月第5回
大会）、傘下の産別組織、企業・事業所別単組が直接総評加盟組織となること
によってであった。しかし、総同盟解体に反対する勢力もあり、総同盟解体を
認めず、少数勢力となったが総同盟の組織を継続するとした。ここに、最初の
労働戦線統一は、分裂の萌芽を残しつつ実現することになった。

　総評は、1951年3月の第二回大会で、総同盟総主事だった高野実を事務局長
に選出し、組織体制の整備も進んで、活動力を高めた。また、GHQの肝いり
で労働戦線統一を進めてきた総評だが、朝鮮半島で激戦が続く状況のなかで、
労働運動においても国際平和をめぐる対応が焦点となり、ソ連を含む交戦国と
の全面講和や、再軍備反対などを求める平和四原則が総評大会で可決されるな
ど、政治闘争方針が運動の活性化につながったが、総評結集推進勢力であった
民同・社会党内部の亀裂をも生み、ここにも労働戦線統一から分裂に向かう萌
芽が生まれることになった。

⑵　産業別統一闘争

　産業別整理の第一の目的は、企業別組合を産業別組織の指揮のもとに勢ぞろ
いさせて統一行動をとり、交渉力を高めて、労働条件を標準化しつつ押し上げ
ていくことである。

　総評結成後、最初の試金石となった本格的産業別統一闘争は、1952年秋の炭
労・電産の賃金闘争であった。この闘争は、労働損失日数が石炭産業だけで1
万1000日を超える戦後最大の労働争議であった。炭労は、63日間の無期限スト
を実行し、政府が労働関係調整法第35条の2に定める緊急調整を歴史上ただ1
度発動するに至った。緊急調整は、公益事業における労働争議が国民経済の運
行を著しく阻害し、または国民の日常生活を著しく危うくするおそれがある場
合、これを50日の間停止させるものであった。電産は、発送電のキイポイント
となる職場において部分ストを行う戦術をとり、労働損失日数は、それほど大

きくなかったが、16回440時間の電源ストを実施するなど、社会的影響の大きい争議となった。

　電産争議は、電気経営者会議との中央交渉と中労委あっせんで19％の賃上げを獲得したが、最終段階で、企業別交渉に応ずる地方組織が出たり、組合分裂が発生するなど、組織が大きく動揺し、実質的には敗北した。前年の電気事業再編成（日発解体・9地域電力会社への再編成）と、新たな電力料金規制体制のもとで、それまで全国単一賃金体系を維持していた電産の統制力が保てなくなり、争議後、企業別組合への移行が起こり、電産は、解体に向かった。9電力の企業別労組は、電力労連という連合体に結集していくことになる。

　炭労は、1950年に大手炭鉱労組を結集する産業別組織を確立したばかりだったが、よく長期ストを継続した。大手17労組のうち、脱落したのは、常磐炭鉱労組のみだった。スト資金の蓄積もない状況の長期ストであったから、組合員は、家族ぐるみでアルバイトや出稼ぎをするなど生活維持に苦闘せざるをえなかったが、炭労独特の組織である主婦会の活動などに支えられて、闘いぬいた。最終局面で、強硬に賃上げ拒否を主張していた石炭鉱業連盟の態度を崩し、中労委が7％の賃上げなどのあっせん案を出すところまでこぎつけたから、実質的には勝利といってよい結末になるところであった。だが、執行部の妥結案は、中闘で28対29の1票差で否決されてしまった。闘争継続方策に窮した執行部は、保安要員の総引き揚げを打ち出し、政府の緊急調整を引き出すことになった。だが、中山伊知郎中労委会長は、深夜の第二次あっせんで、5000円の一時金を追加した案を示したから、炭労はこれを受諾して解決することができた。電産と異なり、炭労は、常磐炭鉱労組の脱退はあったが、組織を強化しながら、闘争を終えることができた。しかし、その後、電力産業・石炭産業の争議行為を規制するスト規制法が成立するに至ったのは、保安要員引き揚げなどの強硬な争議戦術が社会に不安を与えたことが影響していただろう（炭労・電産争議については、ものがたり戦後労働運動史Ⅳを参照）。

　炭労・電産争議は、インフレが沈静するなかで、相当規模の賃上げを実力で獲得したのであるから、賃金闘争としては成功したということができるが、電産の組織崩壊という副産物の衝撃が大きく、総評労働運動にとっては、深い敗北感をともなう争議であった。これを最も深刻に受け止めたのが、総評民間のトップリーダーであった合化労連委員長の太田薫であった。1955年に八単産が

集まって産業別統一闘争を同一時期に勢ぞろいさせる春闘を提案し、引っ張ったのは太田であった。炭労、私鉄、合化がその中心であった。太田は、春闘呼びかけに際して「暗い夜道は怖いから、おててつないで歩こう」という名言を吐いたといわれている。

　春闘は、なにはともあれ、多くの産業別組織が集まって一斉に産業別賃金闘争を実施することにより、賃金闘争に勢いをつけ、単独闘争の心細さを解消しようという現実的必要に応じたものとして出発したと言えよう。産業別統一闘争で賃上げ獲得をしたいと考えていた産別組織は他にも多かったから、1956年以後、春闘に参加する労働組合は増加の一途をたどったが、不参加の組織もあり、1959年春闘に至って、ようやく鉄鋼労連・全造船が参加した。この年総評と中立労連が春闘共闘委員会を組織して統一的に運動を進める体制を整備し、闘争結果としての賃上げ水準の平準化も進んで、春闘相場を軸とする賃金決定メカニズムが確立に向かった。そして、1964年春闘に際しての太田（総評議長）・池田（首相）会談によって、官公労働者賃上げの民間準拠が確認され、また、春闘に不参加であった全労・総同盟陣営が同盟として整理統合され、春季に賃金闘争を展開するようになり、ここに全国的・全産業的な賃金決定メカニズムが確立されることになる。

(3)　職場活動・職場闘争

　ナショナルセンターが再編成されて労働戦線統一が図られ、また産業別整理によって産業別組織が確立されて産業別統一闘争実行の条件が整備されていった。設定された統一闘争の舞台に向けて企業別組合のエネルギーが吸い上げられていき、運動に活力が加わった。だが、そうした上からの動きだけで、沈滞しきった労働運動が復権に向かっていったわけではない。産業別組織を構成する企業・事業所の組合による職場からの活性化活動が重要な役割を果たした。そうした活動のなかで、職場闘争という用語が使われるようになり、導きの糸となったが、この用語は多義的で、産業や組合によって内容が異なり、時には運動に混乱をもたらすことにもなった。

　職場からの企業別組合活性化の事例として、日本鋼管鶴見製鉄所労組を取り上げよう。以下『鶴鉄労働運動史』を参照する。1952年9月の役員選挙で執行委員長への立候補者がなく、混迷が起きたことは、上述した。役員推薦委員会

の努力で、ようやく磯田一吉を委員長とする第16期執行部ができ上った。磯田
は、戦後鶴鉄労組発足当時からの組合活動家で、執行部の常連メンバーであり、
委員長経験もある人物であった。だが、第14期（1950年10月から1951年8月）、第
15期（1951年9月から1952年9月）には役員に選出されておらず、組合運動から
遠ざかっていたのを、推薦委員会が説得して復帰させたのであろう。

　磯田執行部は、定期大会で(1)闘争貯金の増額（一人月100円から300円へ）(2)ラ
ジオカー、映写機購入(3)職場常任オルグ制を提案して承認を受け、動き始めた。
主たる目標は、組合員の声を組合本部がつかむことで、そのためには、萎縮し
ていた組合員が自由に語り合える雰囲気をつくることが必要であった。まず毎
月3日間家族寮や社宅で映画会を開いた。映画は娯楽もので、組合員の家族が
もっていた「組合とはなにか大声でどなるところだ」という印象を払拭して組合
との接点を広げることを目標とした。テレビなどない時代であるから、映画
会は好評だったが、そのなかで、次第に映画だけでなく、「なぜ組合の話をし
ないのか」という意見が出されるようになっていった。

　常任オルグ制は、常任執行委員が担当支部を決めて、一週間最低12時間その
支部でオルグ活動をする、なるべく多くの組合員の意向をきく、などの方針が
定められた。もともとの機関構成からすると、常任執行委員会に対して最高議
決機関として大会（年1回の定期大会プラス必要に応じて臨時大会。大会議員定員500
人）、中間議決機関として代議員会（代議員定員約70名）があり、これに加えて
諮問機関として支部長会議があった。こうした正規の機関運営からすれば、職
場支部からの下部意見反映は、支部長会議や代議員会を通じて常任執行委員会
に上げられてくることになるが、これに加えて常任オルグ制をとることにした
のは、末端組合員の意見をより生の形で吸い上げようという執行部の意向のあ
らわれであった。代議員や支部長には、職場の上位者である職長や組長などが
多かったから、職場内の秩序と組合の職場系統が重複し、末端組合員の生の声
が伝わりにくいという事情があった。また、1949年労組法改正により、使用者
による人件費等の経費援助が禁止され、常勤組合役員の数が減少したことへの
運動上の対応という意味もあっただろう。

　職場末端からの意見反映という点では、1953年7月から、常任オルグを迎え
た職場懇談会がさかんに開かれるようになったことも、職場からの運動活性化
に結びついた。そのなかでは、たとえば、能率給配分を決める個人点数につい

ての不信感が出され、不公平な扱いをなくすために点数を公開すべきだという声が盛り上がり、これをとりあげた組合の申し入れに応じて、会社が給料袋に各自の点数を記入して渡すことになった（368頁）。組長など役付工は、一面では、人事管理の末端的な役割を果たしているので、こうした懇談会での問題提起は、職場内での役付と一般組合員との対立を起こしがちなトピックであるが、組合本部が誘導して、役付に、むしろ職場の声を会社に向けて代弁して改善していく役割を果たさせることが目指された（369頁）。

　職場懇談会で提出された問題の多くは、要員不足のために休みがとれないなど、要員がらみのもので、それらを束ね、また折から進められてきた経営合理化策への対応のために、1954年6月には、「経営合理化に関する申入れ」を行い、その一項として「職場協議会」をおくことを求めた。この要求は拒否されたが、7月に「労使協議会分科会」を設けることになり、そのなかで、作業計画や安全衛生施策、あるいは作業の能率化などについて、課単位で会社が毎月説明し、組合が質問・意見開陳を行う制度が発足した。分科会で労使の意見が一致を見ない場合は、製鉄所レベルの労使協議会に付議して解決を図る仕組みである（385-386頁）。組合は、職場懇談会から労使協議会分科会につながるこうした活動を、協約闘争として位置づけ、労働協約の実地適用と職場での仕事上のルールの確立に結びつけた。

　職場闘争と呼ばれた運動のなかには、「職場への三権委譲」という表現に示されるように、労働組合の職場組織が独自の決定権をもって現場で実質的な争議行為を行う運動が展開される例もあったが、製造業の大規模工場などで展開された職場活動は、基本的に鶴見製鉄所労組と同様、労使協議制の実質化と呼ぶべき内容の運動であったといえる。

⑷ 労働運動の再生と定着

　このように労働戦線統一と産業別整理を導きの糸として進められた第四期労働組合（再）組織化運動は、折からの日本経済の再生と高度成長に歩調を合わせて、労働組合運動を日本社会に定着させた。1950年に90万人近い大幅減少を記録した労働組合員数も、1953年より増勢に転じたが、1948年のピーク660万人台に戻り、これを超えるのは、1958年（688万人）になってからである。回復のかなりの部分は、雇用者数の増加によるものであり、組織率は、1949年の

55.7%に戻ることはなかった。

　再生プロセスは、基本的に戦後、第三期労働組合組織化運動により生み出された企業別組合リーダーたちの手によって進められた。もちろん、高野実など、戦前以来の運動家も重要な役割を果たしたが、大勢としては、太田薫や滝田実など、戦後派の運動家たちが運動の実質を作り上げていったといえる。戦後直後期に大きな影響を振るった知識人たちは、多くは後景に退き、藤田若雄や清水慎三ら学者や評論家として運動に密着してその課題について分析・発言し、影響を与えた知識人もいなかったわけではないが、基本的には、現場の運動家による創意工夫と実践により、組合員の願望をすくい上げていった自前の運動であったと評価すべきであろう。

　組合運動が沈滞し、物言えば唇寒し、という気分が職場に広がっているときにも「職場組合員ひとりひとりの心の底には、かつての鶴鉄労働者の、輝かしかった闘いの記憶が、郷愁のようにうずいてもいた。」（『鶴鉄労働運動史』270頁）あるいは、また、1951年10月に実施された京浜工業地帯の労働者50人に対する面接調査のなかで、労働者が語った言葉「組合を通じてでなければ下の者の意志を重役や社長に通じることはできない」「労務者には労働者の本拠がなければいけない」（氏原（1966）392頁）に示されるように、戦後直後期の労働組合運動を経験した労働者の間に、自分たちの意志を代弁してくれる労働組合が必要だという漠然としているが根強い感覚が共有されていたことが運動家による運動再生努力を受け止めていく土壌となっていたのだろう。そして、再生された運動は、戦後直後期の運動のように大きな社会変革への夢に彩られたそれではなく、現実的な目標を掲げ、働く人々の日常の営為のなかに位置づけられるものであった。労働戦線分裂の起こり、産業別統一闘争における企業別組合統制問題、職場闘争の位置づけをめぐる齟齬、未組織労働者組織化、官公労働者の争議権など、さまざまな課題を抱えつつも、1950年代の労働運動は、日本型労働組合運動を確立したといってよい。

参考文献

荒畑寒村（1960）『寒村自伝』論争社
氏原正治郎（1966）『日本労働問題研究』東京大学出版会
大河内一男（1955）『戦後日本の労働運動』岩波新書
大河内一男・松尾洋（1969）『日本労働組合物語・戦後Ⅰ』筑摩書房

鐘紡労働組合（1977）『鐘紡労働組合30年の歩み』鐘紡労働組合

河西宏祐（2007）『電産の興亡：一九四六年～一九五六年』早稲田大学出版部

齋藤一郎（1956）『戦後日本労働運動史(上)』三一新書

塩沢美代子（2004）『語り継ぎたいこと：年少女子労働の現場から』ドメス出版

末弘厳太郎（1950）『日本労働組合運動史』日本労働組合運動史刊行会

隅谷三喜男（1954）「第一章　石炭礦業の労働組合」大河内一男編『日本労働組合論』有斐閣刊所収

全繊同盟史編集委員会（1965）『全繊同盟史・第二巻』全国繊維産業労働組合同盟

全日本新聞労働組合朝日支部・全朝日新聞労働組合合同鹹首対策委員会（1953）『朝日新聞十月斗争史』

総同盟五十年史刊行委員会（1967）『総同盟五十年史　第三巻』総同盟五十年史刊行委員会

滝田　実（1972）『わが回想──労働運動ひとすじに』読売新聞社

竹前栄治（1982）『戦後労働改革：GHQ労働政策史』東京大学出版会

仁田道夫（1998）「第6章アメリカ的労使関係の確立」東京大学社会科学研究所編『20世紀システム2：経済成長Ⅰ基軸』東京大学出版会

日本鋼管鶴見製鉄所労働組合編（1956）『鶴鉄労働運動史』駿台社

法政大学大原社会問題研究所編（1971）『日本労働年鑑第23集・1951年版』復刻版　労働旬報社

増山太助（2008）「社会運動への証言：日本ジャーナリスト連盟と新聞単一(下)」『大原社会問題研究所雑誌』596号、3月

ものがたり戦後労働運動史刊行委員会編（1997）『ものがたり戦後労働運動史Ⅲ』教育文化協会

ものがたり戦後労働運動史刊行委員会編（1998）『ものがたり戦後労働運動史Ⅳ』教育文化協会

労働省（1951）『資料労働運動史　昭和20・21年』労務行政研究所

労働省労政局編（1948）『全国主要労働組合規約及諸規則』労働省労政局

仁田道夫（にった・みちお）
東京大学名誉教授

労働組合法

1　労働組合はなぜ必要か

　本書の読者の多くは、労働組合に関係することになったけれど、そもそも労働組合とは何のためにあるのか、どんな役割を持っているのか、などについてわからない、というとまどいがあるのではないだろうか。労働組合など、安くない組合費を取られるだけで、存在している意味があるのか、という批判も少なくない中、「実は労働組合は、絶対不可欠な存在で、できることは信じられないほど多く、また法と国家によって厚く守られているだけでなく、憲法上は会社より高い地位を与えられている」という事実を知り、その具体的な内容に熟知することの必要性はいっそう高まっていると言える。

　そこで、以下に労組法の具体的な内容を述べる前に、労働組合の基本的な位置づけと役割を簡単に記しておきたい。

　まず、労働組合はすべての先進国（わかりやすい例では、アメリカや欧州諸国などOECDに加盟する国々）で必ず特別な扱いを受け、その活動が保護されている。特に、団体交渉やストライキは労働組合の中心的な機能として認められ、実際にも経済社会の中で貴重な役割を果たしている。日本のように、ストライキはそもそもやってはいけないかのような意識が労働組合員の中でさえ珍しくないという国は国際標準からいうと異常である（フランスでは2019年末から2020年まで１か月以上にわたって延々と全国規模のストライキが行われ、大規模なデモも続き、弁護士までストに参加して訴訟も滞るという事態が生じたが、国民の70％はこのストを支持している）。

　次に、それではなぜ労働組合は、先進国ではそれほど高い位置づけを与えられているのか。まず、市場経済制度を採用している国では、雇用は契約であって、労働者と使用者が合意のうえで、労働者は「使用されて働く」ことを、使用者は「賃金を支払うこと」を契約する。これを「労働契約」という。（日本も同じなのだが、実際には具体的な仕事の内容や勤務場所についてはすべて使用者にお

まかせ、という国際的には非常に珍しい形態の契約が通常なので、あまりピンとこない
かもしれない。)

　さて、契約というのは、売買契約に典型的なように、契約する当事者は原則
として対等で平等であり、お互いが自分の利害を考えて自由に交渉して、合意
できたところで契約を結ぶので、その契約で決められたことは互いに守らなけ
ればならないということになっている。ところが、売買とか賃貸借とかといっ
た他の契約と異なり、この労働契約というのは、本質的に、常に労働者の側に
立つ方が不利な立場になる、という独特の性質を持っている。

　この理由は三つほどある。まず、労働契約を、労働者が使用者に自分の「労
働力」という商品を売る契約であると想定すると、この「労働力」という商品
は「売り惜しみができない」という不利な性質を持っている。たとえば骨董品
を売る契約であれば、売る側は、「これは200年前に作られた江戸時代の壺です
よ、200万円じゃあ売れませんなあ」と売り惜しんだ方が、「古い」ということ
が価値である骨董品の場合は有利になるであろう。ところが、労働力は、絶え
ず使っていないと劣化する商品である。つまり、失業して働く機会がないとい
う状態が続けば続くほど、再就職したいと思っても実現しにくくなる。雇う側
としては、つい最近まで働いていました、というほうが、失業して2年です、
というより価値があるからである。そうすると、労働者としては、安い賃金を
提示されても、そこで断ってまた働けない期間が延びていっそう就職しにくく
なるよりは、低賃金でもとにかく雇ってもらうほうが良い、ということになり
やすい。この点で、労働者は確かに使用者より弱い立場にある。

　第二に、労働契約というのは、使用者の指揮命令に従って働く、ということ
が労働者側の契約上の義務になるので、どうしてもそこでは人的な上下関係が
できやすい。自分の上司である課長と自分とは、会社とは関係ないところで出
会っていれば、対等な人間同士に過ぎないが、課長と部下という関係になって
しまうと、命令する側と命令に従う側、ということになるので、どうしてもそ
こには「上下関係」ができてしまう。要するに、労働者は使用者の「下に立
つ」という意識ができてしまうのである。

　第三に、これが一番重要なのだが、実は労働契約は、売買など他の一般的な
契約と違って、労働者になる側は常に「生身の個人」でしかありえないという
特質がある。たとえば売買契約なら、売るほうが会社で買う方も法人というこ

とは普通であるが、労働契約では、雇う側は通常は会社などの団体・組織だが、雇われる側は個人である。「この仕事をあの会社に委託した」ということはあり得ても、「この仕事のためにあの会社を雇った」とは決して言えない。なぜなら、労働契約において「使用されて働く」、つまりは「指揮命令に従って働く」というのは具体的には「頭と体を相手の命令に従って動かす」ということなので個人しか当てはまらないのである。そうすると、法人、会社と個人が契約を結ぶとなれば、本質的に個人が弱くなるのは当然である。読者も、就職のおり、「自分を雇う会社と自分は対等だ。では、提示された初任給は不満だから、社長を呼んでもらって交渉しよう」などとは夢にも考えなかったであろう。しかし、契約が対等平等な当事者の間で自由に交渉して合意するもの、という原則からすれば、本来はこのように行動して全く構わないのである。それができないのは、会社という組織が相手で、自分のほうは吹けば飛ぶような一介の個人であるので、雇われるときの条件は、会社の提示することをそのまま全部「ハイ、わかりました。お願いします。」と受け入れるか、いやなら就職しない、という選択肢しかないという状態になっているからである。このように、労働契約は本質的に労働者の側に立つ側が不利になるという特質がある。

　そこで、市場経済をとる国々は、労働契約も契約である、つまり当事者の自由な合意にまかせる、という原則を変えることなく、しかし本質的に労働者側が不利になってしまうという欠陥を是正するために、二つの工夫を実現した。一つは、労働契約で合意された内容のうち、労働者の命や健康や人権をも犯すような極端に低劣な労働条件は、たとえ自由な合意であっても認めない、というルールを作ることである。これが、日本で言えば最低賃金法や労働基準法などであり、労働条件は、それらの法律で定められた最低基準を下回る場合は無効とする、という仕組みであって、すべての先進国で同じような法律が必ず存在する。

　しかし、最低基準さえクリアすればいい、ということになると実際の労働条件はその最低基準に張り付いてしまう。

　コンビニやファストフードの店にはよくアルバイト募集のポスターが貼ってあるが、そこで示された時給は、951円だの874円だのと、中途半端な額が多い。それは、実は各都道府県の最低賃金をそのまま記載しているので、要するに会社は「最低賃金以上はビタ一文払わない」と言っているのである。これでは、

バイトで生活していくとすれば生きていくのにギリギリの生活しかできない。どうしても、最低基準を超えて、労働者にとってゆとりがあり、自分の人生を豊かにしていくのに十分な賃金、適正な労働条件を実現する必要がある。

　この必要を充たすために、これもすべての先進国で実施されているのが、労働組合の結成と活動を助成する法のルールである。つまり、使用者の側が強くなってしまう最も中心的な理由は、前述したように使用者側は通常会社などの団体、要するに組織であるのに対し、労働者はただの個人でしかない、というところにある。だとすれば、労働者の側も、使用者と同じように組織となって、その組織の力で労働契約について交渉すれば、交渉力の対等性が実現される。労働組合は、そのための組織であり、労働組合が結成され、労働組合が労働者を代表して会社と交渉することで、はじめて労働条件について本当に対等で自由な合意が可能となる。これによって、「市場経済とは自然な需給関係によって価格が決まるシステムであり、それを法的に保障しているのが『対等な主体による契約の自由』である」という先進国共通の原則が、労働契約という、非常に特異な性格の契約にも実現できることとなる。このように労働組合は、労働契約という契約を、市場経済のメカニズムに合うように是正するための不可欠な存在なので、全先進国でその結成と活動が保障され、助成されているのである。

2　労使関係法の基盤としての憲法28条

　日本も、労働組合は会社など問題にならないほど別格の特権的地位を、憲法によって与えられている。

　憲法28条は大変簡単な条文だが、ここには、非常に重要な原則が凝縮されている。同条は、「勤労者の団結する権利及び団体交渉その他の団体行動をする権利はこれを保障する」と規定しており、これは「労働基本権」もしくは「労働三権」を規定したものと理解されている。3つの権利の内容は、法の規定に即してそれぞれ「団結権」、「団体交渉権」、「団体行動権」と呼ばれている。

(1)　団結権

　まず団結権は、労働組合を結成し、運営する権利である。憲法は、他に21条で「結社の自由」を保障しており、私たちはこの結社の自由に基づいて、他の

憲法の規定等と衝突しない限り、自由にさまざまな団体を作ることができるので、結社の自由さえあれば、労働組合も結社の1つなのだから十分であって、何も28条で別個に団結権など保障する必要はないではないかとの考え方もありえる。しかし、ここには「自由」と「権利」の相違が端的に表れている。「結社の自由」という場合、結社を作るか作らないか、ある結社に加入するかしないかは平等に尊重される。つまり、結社を作ったり結社に入っている人がそうでない人に比べて優遇されるわけではない。それが「自由」ということの本質的な意味である。しかし、「権利」という場合は、権利を持っている人は持っていない人よりも、優位に立つ。たとえば土地の所有権を持っている人は、所有権を持たない人に対してその土地に入るな、と要求する権利があるのはその一例である。団結権についても、労働組合を作ることが保障され、労働組合に入って活動することが権利として認められているわけであり、これらの権利を行使する人は行使しない人に対して優遇される。労働組合をつくること（結成）を妨害したり、労働組合員を労働組合員でない人（非組合員）に対して差別したりすると使用者は法的制裁を加えられるが、その根拠は、団結権が「権利」であって単なる「自由」ではないという点にある。この団結権は、憲法によって保障されているので、法律で奪うことはできない。一方会社を作ることは、別に憲法によって保障されてはいないので、たとえば、「経済活動はすべて個人で行わねばならない。会社を作ることは禁止する。」という法律ができても、自動的に憲法違反ということにはならない。労働組合は、憲法上会社より上位の存在である。

(2)　団体交渉権

　団体交渉権は、労働組合が使用者に対して、労働者の処遇や労使関係のルール（組合専従制度や団体交渉の段取りなど）について交渉を申し入れる権利である。使用者からすれば、労働組合から団体交渉を要求されてきたら原則としてこれを拒否することはできないということになる。

　労働組合法は、憲法28条を受けて使用者の団交応諾義務を規定している。なお、団体交渉権はあくまでも団体交渉それ自体を要求する権利であって、団交の要求内容について使用者に同意を強制する権利ではない。したがって、使用者は団交に応じて、妥結を求めて誠実に交渉しなければならないが、組合の要

求を呑む義務はない。

(3)　団体行動権

　団体行動権が保障する団体行動とは、労働組合という「団体」が、労働組合固有の行動をする権利という意味である。そして労働組合固有の行動とは、ストライキなど、労働組合が使用者に対してその要求を呑ませるための「圧力行動」と、情宣活動など一般的な組合活動のことであると理解されている。前者の圧力行動を「争議行為」と言う。したがって、日本においてはストライキも、（厳格な条件はつくものの）憲法によって保障されているということになる。

(4)　労働三権の体系とその意義

　さて、憲法28条が規定する労働三権は無機的に羅列されているわけではなく、そこには一定の必然性（秩序）がある。憲法28条が対象としているアクターは労働組合であるが、その労働組合が法によって特別な地位を与えられている理由は、上記のように、労働組合という組織をつくって、その代表が使用者と交渉をし、労働条件について合意して、その結果が労働契約に反映するようにすれば、契約の理念型である対等平等の交渉が実現しうる、という点にある。つまり、労働組合の中心的な役割は、組合員を代表して交渉にあたることである。したがって、労働組合の最も重要な権利は、団体交渉権であると言える。団体交渉権こそが、経済システムとしては市場経済を採用しつつ、労働契約の本質的なゆがみを是正しうる手段だからである。これに対し団結権は、団体交渉権の前提となる権利である。団体交渉とは労働組合が使用者（もしくは使用者団体）と交渉をする権利であるから、労働組合の存在が前提となる。そこで憲法28条は、団結権を保障することで団体交渉が行われる前提を確保したのである。

　次に団体行動権は、団体交渉権を実質化するための武器である。

　団体交渉を要求された使用者は、交渉をする義務はあるが、労働組合の要求それ自体を受け入れる義務はない。十分交渉に応じた上で、最後まで要求を拒否してもかまわない。しかしそうなれば、おそらく団体交渉は暗礁に乗り上げ、そこから先に進まなくなってしまう。そのような硬直状態を突破することが団体行動権の最も中心的な機能である。

　たとえば、ある労働組合が使用者に対して、次の賞与は組合員について2.5

か月を支給してほしいという要求を掲げて団交を要求したと仮定しよう。使用者は2.0か月以上は無理だと主張して譲らないけれども、労働組合の目から見ると、会社にはまだ余力があって、もうひと押しすれば若干の動きが見込めると考えたとする。そこで労働組合は、ストライキを打つことを組合員に提案し、総会で承認されたとしよう。3日間、ある工場の操業を止めるストライキを企画して使用者に通告する。その段階でまず、使用者はこう考えるであろう。「ストライキを現実に打たれて損害が生じるなら、もう少し譲歩できる道を探そうか、あるいはこのまま突っぱねようか」。譲歩の道を選択するなら、そこで団体交渉は一歩進むことになる。譲歩しないなら現実にストライキに突入することになるが、そこでまた使用者として思案するのは、ストライキを受けてたつことによる影響と、若干譲歩して団体交渉の妥結に動くこととをどう秤にかけるかということである。

　このように団体行動権、特にその中心であるストライキ権は、団体交渉を妥結に向けてより実質化するための装置である。こうして、労働三権は、団体交渉権を中心としながら、その前提である団結権と、団体交渉権を補強するための団体行動権という権利によって有機的に構成されているのである。

3　労働組合の法的地位

⑴　労働組合の態様

　他の先進諸国と比べた日本の労働組合の特徴は、基本的な組織単位が企業であることと、組織率の低さとに集約される。本来、労働組合の組織形態は多様であり、伝統的には職業別組合＝クラフト・ユニオン（craft union）が主流であったが、その後同一産業の労働者を職種や企業を超えて結集する産業別組合（industrial union）が一般化し、これが国際的スタンダードである。しかし日本の労働組合の圧倒的多数は、企業別に組織された企業別組合である。企業別組合が労働組合の主流であるという事態は国際的にはきわめて珍しい。

⑵　労働組合法の特徴と労働組合の位置づけ

　憲法28条を受けて定められた労組法は、この法律が適用される労働組合や労働者の定義を規定し、不当労働行為や争議行為についてのルールを設け、労働協約についてその要件や効力を規定している。

　まず、労組法が労働組合に付与した非常に強力な特権を享受できるためには、2条に定められた要件を満たし、また5条に規定された規約をつくって労働委員会に届け出る必要がある。2条は労働組合を、「労働者が主体となって自主的に労働条件の維持改善その他経済的地位の向上を図ることを主たる目的として組織する団体又はその連合団体をいう」として労働組合と認められるための「積極的要件」を記したうえで、「ただし左の各号の一に該当するものは、この限りでない」と述べて「労働組合とは認められない要素」としての「消極的要件」を四点にわたって列挙するという複雑な構成となっている。この規定を要約すると、労働組合とは、組合員の過半数が労働者であって執行部も労働者によって構成され、会社の指示でつくられたものではなく労働者自身が自主的に結成し、その主たる目的が労働条件の改善などを通しての労働者の経済的地位の向上でなければならず、2人以上で結成できる、ということである。そして、付加的な要件として、役員や人事労務担当の管理職など使用者側に属するとみなされる者が入っていたり、活動の経費を使用者から出してもらっている場合は労働組合とは認められない。これらの要件は実際には非常に緩やかで、たとえば新入社員が二人で相談し、「ウチの会社、賃金が低すぎるよな、二人で労働組合作って交渉しようや」と合意し、「私たち労働組合つくりました」と宣言すれば、上記の要件をすべて満たした立派な労働組合ができたことになる。さらに、5条にしたがって規約をつくり、管轄の労働委員会に提出すれば、法人にもなれるし後述する不当労働行為からの救済制度も享受できる。労働組合の結成は、きわめて簡単であり、しかもいったん作れば、後述のように夢のような強力な保護を国家から与えられる。

(3)　ユニオン・ショップとチェック・オフ

(a)　ユニオン・ショップ

　労働組合は、歴史的に組織の拡大と衰退を繰り返してきたので、やがて組織力強化と効果的な組合員獲得のために、使用者に対して労働者を特定組合に加入させるよう強制する措置を求めるようになった。このような組織強制には、特定組合員のみを採用し、特定組合員でなくなった場合は解雇することを使用者に義務付けるクローズド・ショップ、労働者は当該企業に採用された場合は特定組合に加入しなければならず、特定組合の組合員でなくなった場合は使用

者は当該労働者を解雇しなければならないというユニオン・ショップ、そして
そのような制限のないオープン・ショップなどがあるが、日本ではユニオン・
ショップが通常となっている。

　日本のユニオン・ショップの一般的な形態は、労組と使用者（通常は会社）
が「ユニオン・ショップ協定（以下「ユ・シ協定」）」を締結し、その会社に採用
されれば自動的に当該組合の組合員となり、組合員資格を喪失した場合は解雇
される（ただ、実際には多くのユ・シ協定には「会社が必要と認めた場合はこの限りで
はない」などと記載され、「尻抜けユニオン」などといわれている）。ユ・シ協定は、
労働組合への加入強制を伴うので、労働者の労働組合に加入しない自由や労働
組合の選択の自由を侵害することとなる。労働組合があまりにも弱体化してい
る現在ではこのような形で組合員を確保することも致し方ないが、労働者の自
由を侵害していることは事実であるし、労働組合の自立した活動力が阻害され
る可能性も見逃せないことを踏まえると、将来的には、ユニオン・ショップ制
の必要がなくなる方向に向かうことが望ましい。なお、組合からの除名処分が
無効であった場合は、ユ・シ協定による解雇も無効になるし、ユ・シ協定を締
結している組合から脱退したり除名されたりしても、別の組合をつくったり別
の組合に加入すれば、ユ・シ協定による解雇はできない。

　(b)　チェック・オフ

　チェック・オフとは、労働組合の組合費を、使用者が組合員の賃金から天引
きして、労働組合に一括して引き渡す仕組みである。日本の多くの労働組合と
使用者との間で、これに関する協定（チェック・オフ協定）が締結されている。
しかしこの仕組みも、確かに労働組合にとっては確実に組合費を徴収できると
いう点で便利ではあるが、対立当事者である使用者に、組合運営の根幹である
組合費の徴収をまかせるというのはいかにも情けないし、賃金はその全額を払
わなければならないという労基法の原則（労基法24条 1 項）との抵触も問題とな
る。チェック・オフのような仕組みも、労働組合の自立を妨げていることは間
違いなく、将来的には解消されるべきである。

(4)　労働組合の組織変動

　労組法は、「規約で定めた解散事由が発生した場合」または「組合員または
構成団体の 4 分の 3 以上の多数による総会の決議がなされた場合」に労働組合

が解散することを定めている（10条）。法人である労働組合が解散した場合には、法人の代表者が清算人となり、現務の結了、債権の取立てと債務の弁済、残余財産の引渡しを行う（労組法13条の2、同6）。これに対して、労働組合の下部組織が決議の上で独立するという場合は、明確な法的根拠はないものの、財政や組織運営の点で実質的に独立性を有していると認められるならば、解散の場合に準じて、そのような下部組織で4分の3以上の多数による決議がなされれば独立を認めるべきであると考えられている。

　なお、労働組合の組織変動について最も解決の困難な問題とされてきたのは、「分裂」という形態である。具体的には、労働組合の内部紛争が高じて2つ以上の派が形成され、そのうちの1つの派の所属組合員が大量脱退して真正組合を標榜するような場合に、従前の組合が2つの新しい組合に「分裂」したと考えることが法的に可能かという問題として議論されてきた。しかし、団体の「分裂」という法的概念はないため、労働組合の「分裂」も、結局は大量脱退した組合員が別の組合を結成したと評価されることになる。他方で、組合財産の処理という観点からは、実質的に2つに割れてしまった組合の財産が、事実上の支配によって一方のみに独占される結果は合理的とは言えない。こうした課題につき、最高裁は、ごく限定的にではあるものの、労働組合の「分裂」がありうることを認め、「旧組合の内部対立によりその統一的な存続・活動が極めて高度かつ永続的に困難に」なって新組合の成立に至ったような場合に初めて「分裂」を法的概念としても検討する余地があるとしている（名古屋ダイハツ労組事件・最一判昭和49・9・30労判218号44頁）。この場合、分割の持分比率をどうするかは明らかではないが、一般的にはそれぞれの新しい組合の組合員数の比率に対応させることとなるであろう。

4　団体交渉

(1)　労使関係の中核としての団体交渉

　団体交渉は、労働組合と使用者もしくは使用者団体とが、労働条件または労使関係ルールについて行う交渉であり、憲法28条が国民に保障する労働基本権の中核であるとともに、実際の労使関係を展開させるための基軸となるシステムでもある。日本の団体交渉制度は基本的にはアメリカにその範をとっているが、団体交渉の結果としての労働協約に特別な効力を与えている点などは、ド

イツをはじめとする大陸ヨーロッパ諸国と共通している。その意味では、日本の団体交渉制度はかなり独特な内実を有していると言える。

(2) 団体交渉の主体・交渉事項

団体交渉を行うことができるのは、労働組合と使用者（団体）であり、労働組合の下部組織や連合体などは、それらに対して団体交渉を委ねるという労働組合の規定やそのつどの明確な意思表示がなければ団体交渉の主体とはなれない。

団体交渉の対象となる事項、つまりは労働組合から交渉を要求された場合に使用者側が応じなければならないテーマは限定される。これについては、義務的な団交事項と任意的な団交事項とを分ける必要がある。すなわち、労働協約のように書面を用いて合意内容を確認する手続とは異なり、団体交渉は「交渉そのもの」であって、使用者側が任意に応じるのであれば、基本的にどのようなテーマについても団体交渉それ自体は可能である。むしろ問題となるのは、使用者が団交に応じることを拒否できないのはどのような事項かであり、そのような事項を「義務的団交事項」と称する。

通常は、労働条件その他の労働者の処遇に関する事項と、労使関係のルールに関する事項（組合専従や組合事務所、掲示板、交渉時間、交渉場所、争議条項など）であって使用者に処分可能なものが義務的団交事項に当たる。また、非組合員の労働条件も、それが組合員の処遇に密接に関連しているとみなされれば団交事項となる。

義務的団交事項について、しばしば争いとなるのが「経営権事項」とされる諸事項である。使用者は、団交のテーマとされた問題につき、使用者が専権的に決定すべき内容を有するという意味で、「経営権事項」であるため団交義務を負わないと主張するのが通常である。この点、法的には「経営権」という明確な権利が存在するわけではないので、ある事項が義務的団交事項にあたるかどうかは、「経営権」に属するかどうかによるのではなく、具体的な内容が労働者の処遇や労使関係のルールに抵触するものであるかどうか、また団交に応じることで使用者として実質的な対応が可能かどうかという点がポイントとなる。明らかに不当なハラスメントにあたる行為を繰り返して抗議にも動じない部長を部署から放逐して教育し直してほしいという要求は、通常「経営権」の

一環と考えられている「人事」に関する事項ではあるものの、労働者の処遇・労働条件に密接に関連する内容を含んでおり、しかも使用者として対応可能な内容なので、使用者はこれをテーマとした団体交渉に応じる義務がある。また、新しい機械を工場に導入するという場合も、それで職場の労働者が削減されることが予想されるのであれば、使用者は、「新機械導入による人員削減」をテーマとした団交要求には応じなければならない。

(3) 団体交渉の態様・手続

(a) 誠実交渉義務の原則

労組法は、使用者に対し正当な理由なくして団体交渉を「拒否」してはならないと命じている（7条2号）。しかし、実際には、いっさい団交を行わないという意味の「拒否」とまでは言えないものの、実質的には、交渉により妥結点を探るという使用者側の姿勢が見られない場合もしばしばみられる。このように、実質的には団交を拒否することと同様の意味を有するような使用者の対応は、「誠実交渉義務」違反として、上記の7条2号に反するとされる。

誠実交渉義務を果たしたと言えるためには、第1に、交渉の対象となっている事項について、責任をもって応えることができる立場の者の出席が求められる。たとえば賃上げがテーマである団交に、賃金に関し全く権限のない営繕部長のみが出席することは誠実交渉義務違反となる。

第2に、使用者は、交渉を進めるに当たって必要な資料や情報を、情報保護等の理由がない限り、労働組合に対してできるだけ提供しなければならない。

第3に、交渉の名に値する最低限の質疑応答が行われなければならない。「聞き置く」というだけでは「交渉」とは言えないし、一方的に使用者側の事情を説明して一切の質疑に応じないという形態も誠実交渉義務違反となる。

(b) 団体交渉の手続

団体交渉は、所定の交渉手続を経る必要がある。そして交渉手続は、具体的に担当者や団交の日時・場所、内容などがあらかじめ決まっていることが必要である。その意味では予備折衝が重要となるが、多くの場合は団体交渉に関する労働協約があり、そこで手続や段取りについて規定されている。一方、これらは適切な団体交渉が行われるための条件であり、不合理な手続に固執することは許されない。たとえば、事前に社長と組合委員長だけで打ち合わせをした

い、といった条件に固執することは合理的理由がない限り不当労働行為にあたる。

　なお、団体交渉は、話合いによって妥結点を見出そうとするシステムであるから、暴行や脅迫など反社会的行為をともなう場合は、それら自体について法的責任が問われるだけでなく、そもそも適法な団体交渉とはみなされない。また、交渉は、実際には代表者を通じて行うのが通常であり、多くの組合員が同席して無秩序に意見を投じたり、威圧するような対応をするいわゆる「大衆交渉」を拒否しても、使用者は不当労働行為の責任を問われない。

5　労働協約

(1)　労働協約の意義

　労働協約は、労働組合と使用者もしくは使用者団体とが合意により締結する文書であり、これに対する法規制が労組法の14条から18条までに定められている。労働委員会制度に関する条文を除けばわずか18ヵ条にすぎない労働組合法においては、大変重要な位置づけを与えられているといえよう。労働協約には、後述のように規範的効力と一般的拘束力という特別な効力が付与されているが、これらの効力を享受しうる意味での労働協約を締結できる労働組合は、労組法2条の要件を満たす組合でなければならない。

　労働協約の基本的な性格は、労働組合と使用者（団体）との「契約」である。しかし、国際的にみると、契約以下の取扱いをする国も、契約以上の取扱いをする国もあるのが現状である。日本は後者の国の一つである。

(2)　労働協約の成立

　労働協約を締結できるのは、労働組合と使用者もしくは使用者団体のみである。労働組合に関しては、労組法2条の要件をすべて満たさなければ労組法上の労働協約を締結できない。労働組合自体ではなく、その支部や分会、職場組織などは、独自に労働協約を締結することはできない。使用者側については、使用者自体もしくは使用者団体が労働協約の締結主体となる。使用者側で問題となりうるのは、労使関係上の明確な使用者団体ではなく、たまたま企業が連合会などを形成しているときにその団体が労働協約の締結をするという場合であるが、この場合には、その連合会は直接の労働協約締結当事者ではなく、そ

の連合会を形成している各個別企業の労働協約を一括して締結したとみなされる。

　労組法14条によれば、労働協約は書面に記載し、両当事者が署名または記名・押印してはじめて効力を生じる。したがって、たとえば電子媒体による労働協約などは、すべて労組法上の労働協約とは認められない。DVD、メモリーなど、いかなる媒体にデータが入っていても労働協約としての効力はない。また、書面とは紙のひとまとまりを意味するので、往復書簡をあわせると1つの労働協約になるという主張も認められない（医療法人南労会事件・大阪地判平成9・5・26労判720号74頁）し、内容が明確な口頭の合意という場合も労働協約としては無効である（都南自動車教習所事件・最三判平成13・3・13民集55巻2号395頁・労判805号23頁）。

　また、組合大会の開催など、労働協約を締結できる要件が規約に記載されているのにそれが履践されなければ、結果として労働協約の効力は発生しない（中根製作所事件・最三決平成12・11・28労判797号12頁）。

　さらに労働協約は、期間を定めて締結する場合は、3年を超える期間を定めることができない（労組法15条1項）が、たとえば5年の期間を定めた労働協約はそのために無効になるのではなく、3年を定めたものとみなされる（同条2項）。したがってそのような労働協約も、3年の期間が満了することによって終了することとなる。期間を定めなかった場合は、締結当事者の一方からの解約の意思表示が通告された後、90日間の予告期間が満了することによって終了する（同条3項）。通常の契約に比べると長期間であるが、労働協約は、賃金や労働時間など基本的な労働条件をはじめとして、総合的な労働条件の体系や枠組みを定めるものである場合が多く、空白期間があることは望ましくない。解約がなされてから次の労働協約を締結するための交渉期間という意味で、90日という日数は妥当なものと言える。

(3)　労働協約の効力

(a)　規範的効力

　労組法16条は、「労働条件その他の労働者の待遇に関する基準」について労働協約に反する労働契約の部分を無効とし、無効となった部分は労働協約の基準の定めるところによるとしている。労働契約に定めのない場合も同様である。

したがって、労働協約に精勤手当が2万円と定めてあれば、労働契約で1万円と定めてあっても労働者は直接労働契約上の権利として2万円の精勤手当の請求権を有するということになり、労働契約に精勤手当の定めがない（個々の労働者と会社との間では精勤手当については何も合意していない）という場合でも、労働協約の適用を受ける労働者は、使用者に対して直接に労働協約に記載された精勤手当を請求することができる。このような効力を「規範的効力」と称し、労働協約に与えられた特別な効力である。

　規範的効力は、労働協約の「労働条件その他の労働者の待遇に関する」基準に対して付与されている。ここにいう労働条件とは、賃金、労働時間、休憩、休日、休暇、安全衛生、災害補償等であり、「その他の労働者の待遇」とは、服務規律、配転や出向、懲戒、解雇、定年制、昇進、休職、福利厚生などが含まれる。

　なお労働協約は、理念的には労働条件や労使関係のルールをめぐるテーマについて労使が互いの主張をぶつけあい、交渉して妥結することで締結されるのであり、そのプロセスのなかではさまざまな形でギブ・アンド・テイクのやりとりが行われる。すなわち、労働協約において常に労働条件が向上するとは限らないのであって、場合によっては労働組合がそれまでの労働条件を切り下げる合意を決断せざるをえないこともあろう。たとえば、翌年には一時金の増額をテーマに真剣に話合いを進めるという言質を使用者から取り付けたうえで、今年の労働協約交渉では精勤手当のカットを呑む、という選択を労働組合がしたという場合、手当をカットした労働協約の規定が規範的効力を失うというのは適切ではない。要するに、労働協約内容が結果的に労働条件を不利益に変更するというだけでは、規範的効力は失われない。もっとも、特定もしくは一部の組合員を殊更に不利益に扱うことが目的であるなど、民主的な手続により組合員全体の労働条件を向上させるという労働組合の目的を逸脱するような例外的な場合は、規範的効力が認められないことがありうる。

　また、労働協約といえども、すでに具体的権利として成立している労働者の権利を後からはく奪することはできない。たとえばある労働者の退職金請求権が確定した後に、その請求権を奪うことを内容とする労働協約を締結するという場合は、その労働協約規定に規範的効力は認められず、当該労働者は所定の退職金を請求できる。

⒝　債務的効力

　労働協約は、労働契約の内容となるという意味での「規範的効力」のほか、労働組合と使用者との通常の契約でもあるので、一般的な契約としての効力（債務的効力）を有し、これについては一般契約法理に準じて判断することになる。したがって、協約上の義務の不履行については履行請求権や損害賠償請求権が発生し、その具体的内容も、当該協約条項の解釈や不履行の結果による。規範的効力は、上記のように労働者の処遇についての規定にのみ認められるが、債務的効力は契約としての効力であるから、労働協約の規定全般に認められる。したがって、規範的効力が認められる規定には債務的効力も認められることとなる。たとえば、組合員に一定の手当を払う、という規定は、規範的効力を有するから、もちろん組合員は直接使用者に当該手当を請求する権利を行使できるが、それとは別に、債務的効力により、会社は組合に対して、「組合員に手当を払う」という義務を負っていることとなる。したがって、組合は、組合員個人とは別に、組合として、会社に対し「組合員に手当を払え」と請求する権利を有することとなる。

⑷　「一般的拘束力」について

　労組法は、17条と18条において「一般的拘束力」という労働協約の特別な効力を定めている。いずれもある要件を満たすことによってその労働協約を締結した労働組合の組合員でない者にも規範的効力をもたらす。

　まず17条は、1つの工場・事業場に就労する同種の労働者のうち4分の3以上が1つの労働協約の適用を受けるに至ったときには、他の同種の労働者もその労働協約の適用を受けると定めている。

　労働協約は労働者集団全体の統一規範として機能することが想定されており、同じ職場で働く同じ労働者が4分の3以上も1つの労働協約の適用を受けるなら、その労働協約で全体をカバーして当該職場の労働条件の統一を図るべきだというのが基本的な発想である。しかし、労働協約が、自らの意思とは関係なく非組合員に適用されてしまうというのは特殊な効力であり、この効力の適用については規範的部分にのみ及ぶ。

　一般的拘束力については、当該協約を締結した労働組合に属しない労働者らが別の労働組合を組織している場合に、その別組合の労働者にも及ぶかという

問題がある。日本では団体交渉権が労働組合の規模の大小に関わらず保障されるという原則や、一般的拘束力の適用は厳格に解すべきことを踏まえ、別組合の組合員には一般的拘束力は及ばないと考えられている。

　つぎにまた、労働条件の引き下げを定めるような労働協約規定にも一般的拘束力が認められるかという問題がある。これについて最高裁は、朝日火災海上保険（高田）事件（最三判平成 8 ・ 3 ・26民集50巻 4 号1008頁・労判691号16頁）において、一般的拘束力を認めることが「著しく不合理であると認められる特段の事情があるときは」認めないとの判断を示した。そしてこの「特段の事情」については、不利益の内容や程度、労働協約締結の経緯、適用を拒否している未組織労働者がその労働協約締結組合の組合員資格を認められているか否かなどを総合考慮して決定するとしている。

　これに対し労組法18条の地域単位の一般的拘束力は、企業別に組織されるのが通常である日本の一般的な労働組合の締結する労働協約にはほとんど適用の余地がない。これは、ある地域の常時使用される同種の労働者の大多数（実際には 4 分の 3 程度）がある労働協約の適用を受けるに至った場合には、労働委員会に申し出て、同委員会が決議すれば、都道府県知事もしくは労働局長の名前でその地域の同種の労働者すべてに労働協約が適用されることを決定することができるというものである。実際にこれが発動されたのは、愛知県尾西地区の糸染業者の組合と、ゼンセン同盟（当時）の同地区支部とが締結した労働協約とその後の改定版が 3 件あるほかは、総計でも 8 件しかない。しかし、今後労働組合の組織形態が変化して、企業別単位を超えた構成方式が普及していけば、同18条の意義もあらためて見直されるときが来るであろう。

(5)　労働協約の終了と終了後

　労働協約は、期間の定めがあればその期間の満了により、期間の定めがなければ解約によって終了する。

　期間の定めのない労働協約は90日以上の予告期間を置くことによって解約が可能であるが、仮に90日より短い予告期間しか置かなかった場合は、90日間の経過をもって解約の効果が生じる。また、労働協約は全体が一体となって意味を持つのが通常であり、その解約は一部のみについては成しえないと考えるべきであるが、非常に独立性が高い規定について一部解約もやむを得ないと認め

られる場合もある（ソニー事件・東京高決平6・10・24労判675号67頁、日本アイ・ビー・エム事件・東京高判平17・2・24労判892号29頁等）。さらに、労働協約は締結当事者が消滅した場合（会社の解散、労働組合の解散など）や、組織が変動して一体性を欠くに至った場合も終了する。

　労働協約が終了してからも、一定の条件で労働協約の内容が規範的効力を維持するという規定がドイツにはある（「余後効」（Nachwirkung））。日本にはこのような実定法上の定めはないが、退職金など重要な規定について労働協約が終了したので退職金請求権も消滅するということは考えられないため、たとえば労働協約に準ずることが予定されている就業規則の規定がある場合には、それが労働協約の定めによる退職金請求権を引き継いでいると解されている（香港上海銀行事件・最一判平成元・9・7労判546号6頁）。このようなよりどころもない場合は、関連する労働契約の解釈や慣行などを検討して合理的な解決が導かれるとされるが（鈴蘭交通事件・札幌地判平11・8・30労判779号69頁）、むしろ、労働協約の規範的効力を定めた規定は、労働契約の内容になるので、労働協約自体が失効しても、労働契約としてその内容は継続しており、当該労働契約によって請求権を行使することができると考えるのが妥当である。

6　団体行動
⑴　団体行動の意義と法規制
　ここで扱う団体行動とは、憲法28条で保障された意味での団体行動である。憲法で保障された団結権、団体交渉権、団体行動権の3つは、それぞれ有機的に結びついており、団体行動権は団体交渉を妥結に向けてより実質化するための手段という位置づけを与えることができる。団体行動は、労働組合がその固有の目的を達成するために行う積極的行動であり、通常「争議行為」と「組合活動」の2つに類型化される。このうち争議行為は、「労働組合が自らの要求を実現するために使用者に対する圧力行動として行う労務不提供とこれを補強するための行為」であり、具体的には、ストライキとそれを補強するためのピケッティングなどである。組合活動は、団体行動のうち争議行為以外のものということになる。そして団体行動権は、争議権と組合活動権の双方を包含する概念である。

　争議行為も組合活動も、「正当」なものと認められれば、刑事免責、民事免

責、不利益取扱いからの保護というきわめて厚い保護を受ける。

　たとえば、ストライキは労働組合員が一斉に仕事を放棄することで使用者の事業を停止させる行為であり、刑法上の「威力業務妨害罪」に該当して逮捕される可能性があるだけでなく、民法の「不法行為」や「債務不履行」（ここでは、働くという義務の違反を意味する）に該当して損害賠償責任を負わされる可能性もあり、また使用者にとっては重大な職場秩序の紊乱であって業務命令違反でもありうるので懲戒処分や解雇を考えるであろう。しかし、労組法は、正当なストライキであれば、刑法の適用を免れ（1条2項）、どれほど使用者に損害が生じても労働組合はビタ一文賠償する義務はなく（8条）、ストを指導し、あるいは参加した労働者に対する不利益な取扱いは、懲戒や解雇はもちろん、低査定や配転も許されない（7条1号）、としている。これほどの特権は、もちろん労働組合以外には与えられていない。労働組合ではない単なる労働者のグループが会社に反抗して徒党を組んで仕事放棄をすれば、上記のような保護は一切受けられない。

(2)　団体行動の正当性

　以上のような法的保護を受けるための条件は、「正当であること」だが、非常に重要な条件であるのに労組法にはその具体的意味が規定されておらず、判例や学説の積み重ねにまかされてきた。そこでは、この「正当性」とは、労働組合が担っている憲法上の機能を適切に果たすために必要な限りにおいて、一般には違法とされたり、抑制の対象となり得るような行為を合法化するための基準であると理解されている。

(a)　争議行為の正当性

　たとえば争議行為の場合は、「労働組合が自らの要求を通すために使用者に行う圧力行動」として正当かどうかが吟味される。具体的には、そもそも使用者の業務を阻害することが争議行為の本質なので、ストライキによって業務・事業がストップして使用者が損害を被ることや、業務に従事しろという命令に従わないことなどは、正当な行為である。しかし、暴力や暴言、使用者への誹謗・中傷をともなったり、事業場を占拠するなど使用者の財産権を犯したり、あるいは開始やスケジュールなどを通告しない「不意打ち」のストライキなどは原則として正当性を失わせる。要するに、あらかじめ組合としてスト権を確

立する（通常は規約等に記載された手続に応じて、組合大会などで決議する）ことを前提として、使用者側に通告し、当日は秩序正しく一斉に仕事を放棄し、事業場の外もしくは組合事務所などに待機して、予定されたストライキの期間が終了すれば粛々と仕事に復帰する、という形態であれば、その結果どれほど使用者に損害や打撃が生じても、組合自身も組合員も一切責任は問われず、不利益な取扱いも禁止されるということになる。

　なお、ストライキを強化・補充するための争議行為としては、一般的にピケッティングとボイコットがある。ピケッティングは、ストライキを打っている労働組合の組合員が、言論や実力行使などの手段を用いて、そのストにより停止されている業務を続行するべく就労しようとする者や入構しようとする取引先などを阻止する行為である。具体的には、工場でストライキが行われているときに、門や入り口に組合員が陣取り、会社が用意した代替要員が就労のために工場に入ろうとするのを押しとどめるための説得をするなどの行為がこれにあたる。これは、操業継続を意図する使用者側が、非組合員や応援要員を使ってこのピケを突破しようとする場合などは一触即発の事態になりかねないため、ピケが正当性を認められるのは、原則として威嚇を伴わない平和的説得に限られるというのが判例の考え方である（御國ハイヤー事件・最二判平成4・10・2判時1453号167頁・労判619号8頁）。

　これに対してボイコットは、争議行為を補強するための「使用者との取引拒否の呼びかけ」を意味する。たとえばコンビニエンスストアでストライキをする労働者が、顧客に対し、そのコンビニでの購買を控えるよう訴えるような方法である。ボイコットは、虚偽の事実を顧客に伝えたり、大音響でまくしたてたり、実力で顧客の入店を阻止するなどの行為が伴わなければ、ストライキを効果的に遂行するための付随行為として正当性を認められる（新聞購読停止の呼びかけにつき福井新聞事件・福井地判昭和43・5・15労民集19巻3号714頁）。

　(b)　組合活動の正当性

　これに対して組合活動は、もともと「争議行為以外の労働組合固有の活動」であって、情宣活動や学習活動など、使用者の業務を妨害するような契機はともなわないので、本来は正当性の問題はあまり起こらない。しかし、争議行為に至らない抗議活動などの場合には重要な問題となり得る。これまで、就業時間中に組合の主張を記載したリボンや組合バッジなどを装着すること（服装闘

争）や、事業場内で使用者が認めないビラを配布することや、会社の施設に使用者が認めないビラを貼付することなどが、正当な組合活動と言えるかどうかという観点から争われてきた。

このうち服装闘争は、労働者には就業時間中は職務に専念しなければならないという「職務専念義務」があるという前提から、原則として正当な組合活動とは認められず、使用者が組合バッジなどをはずすよう命じれば応じなければならないが、職務の遂行と矛盾なく両立できる場合は正当な組合活動であり、これに対する不利益な取扱いは認められない。またビラ配布も、事業場の所有権ないし管理権は使用者にあるので、原則としては許可なく行えば正当性を失うが、日本の労働組合のほとんどは企業別組合で、組合活動も会社の施設内で行う必要があることなどから、ビラ配布の態様が整然としていて、就業時間外に行われ、ビラの内容も過激でなく穏当であれば、使用者の許可を得ず、停止命令に背いても正当性を失うことはない。これに対しビラ貼付は、使用者の施設管理権を直接侵害するので、使用者の許可や黙認等がなければ原則として正当性を失う。しかし、コンサートや宗教活動など、他のビラの貼付は許しているのに組合のビラだけは許さないなど、使用者の権利濫用と認められるような場合は正当と認められる。

(3) 争議行為と賃金

労務提供を拒否するストライキに参加した労働者はそのストライキ中の賃金請求権を失う。これはノーワーク・ノーペイの原則によるものであり、はじめから労務提供をしない労働者に賃金請求権が生じないのは当然である。しかし日本では、特に正規従業員である労働者の賃金は多くは月給制で、労働時間と賃金とが完全に対応しておらず、また基本給に加えて各種手当が含まれていることから、不就労の場合にどの賃金項目からいくらをカットするかについてはいろいろな可能性が生じる。

たとえば歩合給の場合は、支給される対象が明確に成果に限定されていれば（たとえば生命保険の外交員が保険を1つ獲得するといくらかの歩合がつくというような場合）、ストライキのためにその歩合給が当然カットされるということはないという取扱いがありえる。また、現実の就労の有無と関係なく支給されている賃金項目については、契約の解釈としてはストライキの時間数に対応してカッ

トするということにはならないと考えることも可能である。この点最高裁は、慣行の存在を認めて、家族手当をもストライキにおける賃金カット項目に算入する取扱いを適法としている（三菱重工業長崎造船所事件（最二判昭和56・9・18民集35巻6号1028頁））が、その趣旨も、労働契約の解釈によればそうなるということである。

(4) 使用者の争議対抗行為

　争議の折の使用者側の対抗行為については、操業の継続という一般的な対応のほか、最高裁判例によってロックアウト（事業所閉鎖）という争議対抗行為が認められている。これは、ストライキの対抗手段として労働組合の組合員をいっせいに事業所から締め出し、その就労を拒否するという方法で、賃金の支払も拒否する。そうして残った非組合員と応援要員で操業を継続することで、ストライキの効果を減殺してしまう方法である。まずロックアウトは、民法の原則からすれば使用者にとってはあまり意味のない行為である。なぜならば、労働者が労務を提供しているのに使用者が故意にこれを拒否している場合は、労務不提供は使用者側の責任で生じたことになるので、労働者は賃金請求権を失わないからである（民法536条2項）。

　しかし最高裁は、非常に厳しい条件を付けたうえで、使用者が賃金支払義務を免れる場合があることを認めた（丸島水門事件・最三判昭50・4・25民集29巻4号481頁）。ロックアウトは「個々の具体的な労働争議の場において、労働者側の争議行為によりかえって労使間の均衡が破れ、使用者側が著しく不利な圧力を受ける（ような）場合には、公平の原則に照らし、使用者側においてこのような圧力を阻止し、労使間の勢力の均衡を回復するための対抗防衛手段として相当性を認められるかぎり」正当なものとして賃金支払義務を消滅させるとしたのである。

　ここでいう「対抗」とは、「先制」の対立概念であり、労働組合が争議行為に入っていないのに先制攻撃としてロックアウトを行うことはできない。また「防衛」とは「攻撃」の対立概念であり、「敗北濃厚の状態に対して均衡を回復するために行う」というものでなければ正当性は認められない（日本原子力研究所事件・最二判昭58・6・13民集37巻5号636頁・労判410号18頁）。

7　不当労働行為

　不当労働行為制度は、もともとアメリカでワグナー法（1935年）によって創設された制度であり、第二次大戦後に日本にも導入された。労働組合の結成と活動に対する使用者の一定の対応を違法として行政救済を行うことが趣旨である。公正な労使関係秩序の形成と維持という目的のために、司法による救済制度とは異なるさまざまな特徴が見られる。

(1)　不当労働行為制度の意義と仕組み

　日本において不当労働行為とされるのは、労働組合の組合員であることや労働組合を結成しようとしたこと、もしくは労働組合の正当な行為をしたこと、あるいは労働者が不当労働行為の救済申立てをしたことなどを理由として当該労働者を解雇し、または不利益な取扱いをすること（労組法7条1号および4号＝不利益取扱い）、正当な理由なく団体交渉の要求を拒否すること（同2号＝団交拒否）、労働者が労働組合を結成し、もしくは運営することを支配し、もしくはこれに介入すること（同3号＝支配介入）である。このほか、労働組合から脱退することや労働組合を結成またはこれに加入しないことを雇用条件とする黄犬契約という特殊な不当労働行為も禁止対象となっている。日本では、不当労働行為は使用者が組合に対して行うものだけを対象としており、アメリカと異なって、逆に労働組合が使用者に対して行う不適切な行為は不当労働行為制度の対象にはしていない。

　労働組合や組合員が不当労働行為を受けた場合は、各都道府県に置かれている「労働委員会」に、使用者により労組法7条に規定する不当労働行為を受けたと主張して、その救済を求めて申立てを行う。労働者や労働組合が申立人であり、不当労働行為にあたる行為をしたとされる使用者側が被申立人である。労働委員会には事務局のほか、公益委員と使用者側委員、労働側委員の三者がそれぞれ同数によって構成されている委員会があり、この委員会が調査および審問を行い、公益委員のみの合議によって不当労働行為の成否、救済命令の是非およびその内容を決定する。不当労働行為救済制度は二審制であり、初審は都道府県労働委員会が担当する。初審決定に不服な申立人ないし被申立人は、中央労働委員会に再審査を求めることができる。また、初審および再審査の決定に不服な場合は労働委員会を相手取って行政訴訟（取消訴訟）を提起するこ

ともできる（労組法27条の19）。なお、申立人たる労働組合もしくは労働者は、初審決定に不服な場合は再審査の申立てと取消訴訟の提起を併せて行うことができるが、非申立人たる使用者は、どちらかを選択しなければならない。

(2)　不当労働行為の種類と成立要件

(a)　不利益取扱い

不利益取扱いは、「労働組合員であること」、「労働組合に加入し、もしくはこれを結成しようとしたこと」または「労働組合の正当な行為をしたこと」「の故をもって」、労働者を解雇したりその他不利益な取扱いをすることを意味する（労組法7条1号）。

ここでいう「労働組合に加入し、もしくはこれを結成しようとしたこと」とは、労働組合の結成を呼びかけたり、加入について相談をしたり、労働組合の結成について問い合わせたりすることまでを含む。

「労働組合の正当な行為」とは、労組法で規定された「正当性」を確保した行為であり、正当な団体行動や団体交渉のすべてを含む。

「故をもって」とは、上記のような労働組合の正当な行為などを「理由として」、という意味であるが、実際には使用者による不利益取扱いが、確かに労働組合の正当な行為をしたことなどを理由としていると判断することは困難である。具体的には、使用者が労働組合を嫌悪しているとしても、労働組合を嫌悪するという心情それ自体は法的に問題とされることはなく、そのような嫌悪が不利益取扱いをもたらしたと言える場合に、その不利益取扱いが不当労働行為と認定されることとなる。労働委員会の審査実務では、日ごろから労働組合を嫌悪しているとみなされる行動をとっている使用者が、労働組合の組合員に対して不利益取扱いを行った場合は、この「故をもって」であると推定し、それを覆す正当な理由が使用者の側で立証されれば不当労働行為ではなくなる、との方法がとられていることが多い。

不当労働行為が成立するためには、「解雇その他の不利益な取扱いをしたこと」も要件となる。不利益取扱いの内容は非常に多様であり、採用差別にはじまり人事、賃金、表彰や制裁、日常的接触の仕方に至るまで（たとえば、労働組合の活動家には声をかけないように他の従業員を指導するなど）、さまざまな態様について不利益取扱いの不当労働行為が成立する。

　(b)　団交拒否

　団交の要求を拒否することは、正当な理由がない限り不当労働行為にあたる。正当な理由とは、団交を受けうる使用者ではないのに団交を求められた、相手が労組法上の要件を満たした労働組合ではない、団交のテーマとなっている事項が団交により解決するにそぐわない（労働者の処遇や労使関係のルールと何の関係もない）、団交の日時、場所、時間、出席者など必要な事項について何も決めないまま団交に応じろといわれている、といったことが挙げられる。また、団体交渉はお互いの主張を向け合って妥結点を探るという双方向の行為であるから、妥結に向けた努力がみられない態度は誠実交渉義務違反として団交拒否の不当労働行為となる。

　(c)　支配介入

　労働組合に対して使用者が支配したりコントロールを及ぼすこと、またその弱体化、壊滅などを目的として介入する一切の行為が「支配介入」である。

　まず、不利益取扱いとは異なり、支配介入の類型について定めた労組法 7 条 3 号は、支配介入の意思については特に規定していないため、支配介入の成立には使用者の意思は必要なく、客観的にその行為が労働組合の結成や活動に対して支配・介入となっていれば不当労働行為となり得るかが問題となる。しかし、ただでさえ広範な類型を考えることのできる支配介入について、反組合的意図がない使用者についてまで結果的に労働組合の弱体化につながったという理由で責任を問うことは妥当ではない。判例はこの問題について、使用者の主観を直接問題とすることなく、客観的に使用者の行為が組合の弱体化につながりうると認められる場合には、使用者の「反組合的意図」を推定するという方法を採用している。つまり、行為の背景に、労働組合を弱体化させたりこれをコントロールしようとする意図があると推定させるような何らかの具体的事情が認められれば不当労働行為が成立するという手法である（山岡内燃機事件・最二判昭和29・5・28民集 8 巻 5 号990頁）。

　(d)　併存組合間の差別

　日本における独特の問題として、併存する労働組合がある場合の対応が不当労働行為とみなされることがある。まず、原則として、圧倒的多数を占める組合とごく少数の組合が併存している企業においても、使用者はその双方の組合との間で団体交渉をおこない、少数派組合を無視したり、取扱いにおいて冷遇

してはならないが、これは一般に「使用者にはすべての組合に対して中立保持義務」があると言われる。

　最高裁は、さまざまな事案を通じて、この中立保持義務の具体的な判断基準を確立している。それによれば、ある企業において圧倒的多数の労働者を組織する組合と少数派組合とが併存する場合、使用者が前者との交渉の経過を重視して、可能であればその内容に即して後者との交渉も進めたいと考えること自体は合理的であり、それだけでは差別があったとは言えないが、しかしそれを超えて、使用者に少数派組合を弱体化させようとする明らかな意図が見受けられる特別な場合は、支配介入や不利益取扱いの不当労働行為が成り立ちうる、ということになる（日産自動車事件・最三判昭和60・4・23民集39巻3号730頁・労判450号23頁、日産自動車事件・最二判昭和62・5・8労判496号6頁）。

8　企業別組合脱皮への模索

　日本の労働組合法制は、第二次大戦前には存在せず、戦後にアメリカからその具体的内容の多くを導入した。この点は労働基準法とは対照的であり、曲がりなりにも「工場法」という労働者保護法制を有していたため日本側のイニシアチブをそれなりに発揮して制定できた労働基準法と比べ、労組法は不備の多い、あまり出来のよくない法律となってしまったという経緯がある。したがって、労働組合の内部問題や組織変動に関するルール、あるいは団体交渉システムの整備など重要な問題が看過されているだけでなく、複数組合をめぐる問題、管理職組合、フランチャイズ店オーナーなど労働者か否かが微妙な人々の労働組合結成の可能性など、現代的な課題にも応えられていない。この点は、労働組合といえば産業別に組織され、各産業の事業主団体と労働協約を締結することにより労働者層を全体として代表する、という他の先進諸国と異なり、日本の労働組合がいまだに企業別組合を単位としているという事情が強く影響している。各企業のそれぞれ異なる利害関係を組合も共有してしまっているため、労働者層全体を代表して経営側と対峙する、という立場をとれず、法制度の不備にも一致して対応することができない。企業変動がこれほど活発化し、一つの企業がそのままの形でいつまでも存在することはまれとなりつつある現在、労働組合も、単位組合自体が企業を越えて結成される可能性も模索せざるを得ず、そのための具体的な戦略を練ることが急務の課題と言える。

参考文献

野川　忍（2018）『労働法』日本評論社

菅野和夫（2019）『労働法　第12版』弘文堂

中窪裕也＝野田進（2019）『労働法の世界　第13版』有斐閣

西谷　敏（2012）『労働組合法　第 3 版』有斐閣

野川忍編著（2013）『レッスン労働法』　有斐閣

野川　忍（のがわ・しのぶ）
明治大学法科大学院教授

第3章　労働組合の組織と運営

I　労働組合の組織と運営

1　労働組合はどのような組織なのか。

(1)　労働組合の組織形態

　労働組合とは、労働者の自主的な組織であり、主に組合員の労働条件や生活条件の維持・向上をはかるという目的を追求し、そのための活動を行う恒常的な組織である。したがって、労働組合は自らの目的を達成するのに適した組織形態を取ることが望ましいということになる。

　では、労働組合にはどのような組織形態があるのだろうか。最も早く労働組合が結成されたイギリスを例に見てみよう（熊沢（2013）39-49頁）。労働組合の歴史を簡潔に振り返ると、イギリスにおいて最初に登場したのは職業別組合（craft union）である。職業別組合は、特定の職業を単位とする組合であり、その特徴は組合員が徒弟制度の下の訓練を受けた熟練労働者に限定される点にある。徒弟制度とは、5～7年くらいの期間、若者にさまざまな仕事を経験させ、その期間が終わった時に万能熟練工だと認める制度である。徒弟訓練期間中の賃金は一人前ではないが、その期間が終了すると、有資格の熟練工（qualified）として組合員になり、優先的に仕事を受けることができた。それができた背景には、職業別組合は熟練労働者を育成するために徒弟制度を確立するだけでなく、その供給量を制限することで特定の労働市場を独占していたことがある。これにより、職業別組合は組合規約で決定した労働条件を企業に強制すること（自治規制）で、熟練の価値を保つことができた。職業別組合とは、特定の職業の熟練労働者の利益を守るための組織である。

　その後、19世紀末の技術革新によって、生産工程が合理化され仕事が単純化され、徒弟訓練を受けた熟練労働者でなくてもできる仕事が増えると、熟練労働者への需要は低下した。職業別組合が組合員を熟練労働者に限定していたり自主規制に固執したりしていては、組合員や組合規制の及ぶ範囲が限定されることになる。その結果、職業別組合の優位性は失われることとなった。そこで、

職業別組合は、他の熟練職種、半熟練工、不熟練工、女性労働者など、熟練労働者以外にも門戸を開くようになり、産業別組合（industrial union）へと姿を変えていった。産業別組合は、職業別組合と比較をすれば、産業を単位とする労働組合であり、当該産業に従事する全ての労働者を組織する点に特徴がある。こうした職業別組合から産業別組合への発展過程は、国によって違いは見られるものの、ヨーロッパ諸国やアメリカでも認められる（例えば、仁田（1998）208-209頁）。

　また、イギリスでは、徒弟訓練を受けていない半熟練工、不熟練工、女性労働者などの一般労働者が労働組合に加入することなく貧困に苦しんでいた。一般労働者は誰でもできる仕事を担っていたため、他の労働者と代わりが利き、常に仕事が保障されているわけではなかった。こうした労働者が集まっていたのは港湾（イーストエンド）であった。イーストエンドのドックの人夫たち（港湾労働者のこと）は社会主義者の呼びかけに応じる形で、労働条件の改善を求めて、1889年に歴史的なストライキを起こした。このストライキはドックストライキと呼ばれ、1か月間も続いた。貧困に苦しむドックの人夫たちが1か月ものストライキを継続できたのは、一般市民からの支持とカンパがあったからである。この歴史的なストライキで勝利した人夫たちは、特定の熟練を持たない一般労働者であったことから、職業や産業を問わず、誰でも加入できる労働組合を結成する必要性（新組合主義）が認識されるようになった。こうして結成されたのが一般組合（general union）である。一般組合とは、職業別組合や産業別組合と比較をすれば、誰でも加入できる労働組合という点に特徴がある。イギリスでは、1920年代には、運輸一般労働組合（Transport and General Workers Union：TGWU）が結成された。この TGWU は職業別組合に加入することができなかった不熟練労働者や半熟練労働者を産業横断的に組織し、経営者団体と団体交渉を行って労働条件を規制するようになっていく。

⑵　日本の労働組合の組織的特徴

　労働組合の歴史を振り返ると、労働組合の基本的な組織として、職業別組合、産業別組合、一般組合の3つが挙げられる。ただし、日本の職業別組合と産業別組合は、イギリスと比べると、異なる点がある。

　先に見たように、イギリスの職業別組合は、特定の職業を単位とする組合で

あり、その特徴は組合員が徒弟制度の下の訓練を受けた熟練労働者に限定される点に特徴があった。しかし、日本の職業別組合は職業を単位とした組合を指すものの、徒弟訓練を行っていない。例えば、日本の職業別組合の代表例として挙げられるのは、全国建設労働組合総連合（以下、全建総連）である。全建総連には、建設現場で働く全ての建設労働者や職人（親方）が加盟する一方で、ゼネコンと呼ばれる大手建設会社の社員は加盟していない。さらに、徒弟訓練を行っていない。全建総連は、産業別組合として存在しているが、建設業に携わる全ての労働者を組織していないことから、産業別組合というより職業別組合と捉えた方が良いと考えられる。

　産業別組合にも日本の特徴が見られる。産業別組合とは産業を単位とする労働組合であり、当該産業に従事する全ての労働者を組織する組合である。2020年9月現在、日本労働組合総連合会（以下、連合）傘下の産別組織（産業別組合）は48組織あるが、上記の定義に合致するのは、全日本海員組合（以下、海員組合）のみである。海員組合は、国内外の海運・旅客船事業、水産や港湾の海事産業で働く船員と、それらの分野で働く船員以外の労働者を組織している。日本には海員組合以外にも産業別組合は存在するが、厳密にいえば、その多くは企業別組合の産業別連合体である（禹2015）。連合総合生活開発研究所編（以下、連合総研）（2020）を基に、日本の産業別組合の加盟単位を見ると、その多くは企業別組合もしくはグループ労連としており、個人を加盟単位とする海外の産業別組合や海員組合とは異なる。

　一般組合は、職業や産業を問わず、誰でも加入できる労働組合であり、日本にも存在する。日本の一般組合の代表例として、全国一般労働組合（全国一般）、コミュニティ・ユニオン、全国ユニオン、UA ゼンセンがあげられる。

　ところで、日本の労働組合の組織的特徴はどこにあるのだろうか。それは、企業別組合が主流となっている点にある。表1によると、組合数で見ても組合員数で見ても、企業別組合は全体の8〜9割を占めている。企業別組合は、①特定の企業ないしその事業所ごとに、その企業の本雇い（正社員のこと：筆者）の従業員という身分資格をもつ労働者（職員を含む）だけを組合員として成立する労働組合であり、②企業別組合はその運営上の主権をほとんど完全な形で掌握している独立の労働組合だと定義される（白井（1968）2頁）。

　この企業別組合は、1946年以降、短期間のうちに結成された。当時の労働組

表1　労働組合の組織形態の構成比（％）

	1975年		1988年		1991年		1994年		1997年	
	組合数	組合員数	組合数	組合員数	組合数	組合員数	組合数	組合員数	組合数	組合員数
合計	100.0	100.0	100.0	100.0	100.0	100.0	100.0	100.0	100.0	100.0
企業別組織	93.6	82.5	94.9	85.6	94.5	84.3	95.6	86.0	95.8	85.9
職業別組織	1.3	1.1	2.0	3.2	1.8	3.0	1.6	3.8	1.1	3.1
産業別組織	3.3	13.2	1.6	8.9	1.9	9.1	1.5	6.9	1.8	8.3
その他	1.7	3.2	1.5	2.3	1.8	3.6	1.3	3.3	1.3	2.6

出所：労働大臣官房政策調査部編（1995・1998）『日本の労働組合の現状——労働組合基礎調査報告』
（平成7年版・10年版）より作成。
注1．このデータは、厚生労働省が実施する『労働組合基礎調査』の単一労働組合の集計結果である。
注2．労働組合の組織形態の構成比については、1998年以降、調査されていない。

合の指導者たちは、海外の組合がそうであったように、企業別組合が産業別組合に結集していくのではないかと考えたが、実際はそうならなかったのである。その背景を説明することは困難であるが、少なくとも、戦後の企業別組合の結成の動きは戦前の労働運動とのつながりが弱かったこと、当時の組合結成の動機として最も多かったのは「外部からの勧奨」ではなく、「大勢に順応」であったことが指摘されている（氏原（1956）26-30頁）。つまり、日本の企業別組合の多くは、戦後直後に自然発生的に結成されたと考えるのが自然であり、現在までその姿を維持してきたと言える（仁田（2021）2頁）。以下では、企業別組合について見ていく。

(3)　誰がどのように組合に加入するのか

　企業別組合の多くは当該企業の正社員であることを加入要件としている。この要件は、当該企業の正社員であれば、職種に関係なく組合に加入することができる（工職混合組合）ことを意味する。しかし、2000年代半ばから、パートタイマーを中心に非正規労働者の組織化が進んでおり、組合員の範囲の中に非正規雇用者が含まれる可能性がある（例えば、中村2009、前浦2015）。現状に即した言い方をすれば、企業別組合の組合員資格は、特定企業の従業員（非正規雇用者を含む）となる。

　組合に加入する仕組みは、ショップ制と呼ばれ、特定企業の従業員の地位の獲得・維持と組合員資格の有無の関係を指す。主なショップ制には、クローズ

ド・ショップ、ユニオン・ショップ、エージェンシー・ショップ、オープン・
ショップの4種類がある。クローズド・ショップとは、組合員であることを雇
用の条件とするものである。これは、イギリスの職業別組合で採用されていた
もので、基本的には組合員であることを特定職種の仕事に就くことができる条
件とするものである。ユニオン・ショップとは、労働者の採用に当たって使用
者は非組合員を自由に雇い入れることはできるが、採用直後または一定期間後
に従業員は組合加入を義務づけられるものである。クローズド・ショップとユ
ニオン・ショップは、組合員でなくなれば解雇されることになるという点は共
通するが、事前に採用者を組合員に限定するか否かという違いがある。エージ
ェンシー・ショップとは、組合に加入することを強制しないが、労働者に組合
費相当分を支払う義務を負わせるものである。オープン・ショップとは、使用
者が労働者との雇用関係について組合の規制を受けないものであり、上記のい
ずれのショップ制を採らない状態を指す。つまり、労働者は組合に加入しても
しなくても良いことになる。日本において、オープン・ショップ制を採る労働
組合の代表例として、公務員や公営企業、独立行政法人などを含む公的部門の
組合が挙げられる。日本の公的部門については、国家公務員法や地方公務員法
等によって、労働組合に加入する権利と加入しない権利を有すると定められて
おり、ユニオン・ショップ協定やクローズド・ショップ協定を締結することは
できない。このため、日本の公的部門ではオープン・ショップ制が採られてい
るが、それにも関わらず日本の公的部門の推定組織率は高い。

　日本の組合加入の方法の特徴を見たい。その特徴は、ユニオン・ショップ協
定が結ばれることが多い点にある。2018年の労使関係総合調査（労働組合活動
等に関する実態調査）によると、ユニオン・ショップ協定を締結している組合
（単位組合）は66.2%、締結していない組合は32.5%、不明が1.3%である。ユ
ニオン・ショップ協定の定義に従えば、その協定が締結されている企業では、
従業員になってから一定期間後に当該企業の組合に加入することになり、組合
員資格を喪失した場合は解雇されることになる。ただし、ユニオン・ショップ
協定に、「会社が必要であると認めた場合はこの限りではない」等の記載があ
り、実際には、組合員資格を喪失した場合に解雇されないケースがある（野川
（2020）5頁）。それを許してしまう組合は「尻抜けユニオン」と呼ばれ、日本
にはそうした組合が存在する。

(4)　労働組合運動の担い手

　日本の労働組合の役員は、組合員の中から選ばれるため、その担い手は特定企業の従業員（非正規雇用者を含む）となる。日本の組合役員の特徴は2点ある。

　1つは、企業別組合の役員が産業別組合やナショナルセンター（連合など）の役員に就任した時の人件費の負担先である。企業別組合の役員が専従者（企業の仕事を離れ、組合活動に専念する組合役員のこと）の場合、その役員の人件費は出身単組（企業別組合）が負担する。日本の特徴は、その組合役員が産業別組合やナショナルセンターの役員に就任する場合、その役員の人件費を出身単組や出身産別が負担するケースがあることである。連合総研編（2020）では、産業別組合の三役（委員長、副委員長、書記長など）の人件費の主な負担先を調べている。これによると、産業別組合の三役の人件費の主な負担先は、委員長については、33組織中、産業別組合本部が23組織、加盟組合（企業別組合、以下同じ）が7組織、不明が4組織、副委員長については、18組織中、産業別組合本部が10組織、加盟組織が6組織、不明が2組織、書記長については、34組織中、産業別組合本部が25組織、加盟組織が5組織、不明が4組織である。

　2つは、産業別組合やナショナルセンターのスタッフ（以下、書記）が組合役員に就けない組織があることである。連合総研編（2020）によると、書記のいる産業別組合33組織のうち、書記から本部執行委員と本部三役のいずれかに選ばれる組織は17組織ある。その内訳は、本部執行委員と本部三役の両方を選択したのは14組織、本部執行委員のみを選択したのは1組織、本部三役のみを選択したのは2組織である。実際に、書記が産業別組合の役員に就いている組織がどのくらいあるのかは不明であるが、書記が役員に就くことのできる産業別組合もあれば、就くことができない産業別組合もある。

2　労働組合はどのように運営されているか

　ここでは、企業別組合の運営について、企業別組合の意思決定と財政から見ていく。そして、企業別組合の運営面の独自性を検証するために、産業別組合との関係にも着目する。

(1)　意思決定

労働組合は労働者のために活動する任意の団体であるから、組織運営の基本

原則は組合民主主義となる。その基本原則が意味することは、組合の主権は組合員にあり、組合の意思決定には多くの組合員の合意が必要になるということである。結論を先に言えば、日本の組合の意思決定の特徴として、民主主義的な考え方が強い点が挙げられる。これは、原始民主主義と呼ばれ、組合の意思決定に組合員全員の参加を求めたり、組合役員を持ち回りで担当したりするといった平等主義的な考え方を指す。こうした考え方が企業別組合の意思決定について、どのような影響を及ぼすのかを見ていく。

　労働組合の意思決定機関として議決機関がある。議決機関には、規約、規則などのルールをつくる立法的機能と、それらのルールの解釈を行うとともに、具体的な問題に適用する司法的機能が委ねられている。労働組合の最高議決機関は組合大会であり、これは年1回以上開催されるが、この他に大会と大会をつなぐ中間議決機関がある。この中間議決機関の開催頻度や名称は組合によって異なるが、その機能と目的は組合大会と同じである。具体的には、代議制度を通じて組合員の意思を確かめ、執行部の政策や行動に対する支持と信任を求めることにある。この中間議決機関の討議を通じて、組合員は組合の諸決定に参画することができ、組合の執行部は大会決定に次ぐ議決機関の決議を獲得することができる。このように、日本の労働組合の意思決定の特徴は、議決機関の開催回数が多いこと、言い方を変えれば、組合員が組合の意思決定に参画する機会が多いという点にある。ここに原始民主主義が垣間見られる。

(2)　財政

　組合活動の源泉である財政について見よう。ここでは、組合の主な収入源である組合費に焦点を当てる。通常、労使関係の構造は、国レベル、産業レベル、企業レベルの3層構造であるが、日本では、組合費の徴収は企業レベルで行われ、その一部が産業別組合やナショナルセンターに上部団体費として納められる。組合員1人が支払っている組合費の1割程度が上部団体費となっている（岩崎（2015）60-62頁）。このことから、企業別組合が徴収する組合費の多くは当該組合の諸活動に充てられることになる。以下では、これを前提に組合費の決定方法、徴収方法、支出という流れで見ていく。

　組合費の決定方法には、定率、定額、定率と定額の併用等がある。連合・連合総研が実施した『第19回労働組合費に関する調査報告』（2018）（以下、連合・

連合総研編（2018））によると、組合費の決定方法は、定率が58.2％、定率と定額の併用が32.4％、定額が5.1％であった。また、正社員組合員1人当たりの月額の平均組合費は5,000円を超えており、月給に占める組合費の割合は1.65％となっている。組合費の徴収方法を見ると、日本の特徴は労使協定によって組合費を賃金から天引きする制度（チェック・オフ）がかなり普及していることにある。2018年の労使関係総合調査（労働組合活動等に関する実態調査）によると、チェック・オフを行っている組合は90.2％に上る。組合員個人が企業別組合に直接納入するよりも、チェック・オフの方が手間暇をかけずに安定的に組合費を徴収することができる。独自の財政で活動を行う企業別組合にとって、チェック・オフによるメリットは大きいと言える。

　次に、支出を取り上げる。企業別組合の支出で多くを占めるのは、人件費（在籍専従役員の人件費等）と産業別組合等に納める上部団体費である。在籍専従役員の人件費負担については、すでに指摘したため、上部団体費とスト資金について見ていく。連合総研編（2020）によると、加盟組合が産業別組合本部に納める上部団体費は定額方式で納入されるケースが最も多い。回答した40組織中37組織で採用されている。定額方式を採用する産業別組合が多い理由として、定率方式にする場合、個々人の賃金額を把握しなくてはならないため、定額方式の方が上部団体費を納めやすいことが考えられる。

　スト資金についても触れておく。ストライキを起こす場合、その期間中、ストライキに参加した労働者の賃金はカットされるため、組合は組合員の賃金を補填する資金（スト資金）を積み立てておく必要がある。連合・連合総研編（2018）によると、スト資金を積み立てている単組（企業別組合）は45.8％、産別組織（産業別組合）では22.2％にとどまる。

(3)　企業別組合と産業別組合の関係

　最後に、産業別組合と企業別組合の関係から、企業別組合が自らの組織運営について、どの程度、独自性を有しているかを確認したい。そこで、産業別統一闘争における産業別組合の統制力を取り上げる。産業別組合の統制力が強ければ、当該産業別組合に加盟する企業別組合が判断して活動を行う余地が少なくなり、逆に統制力が弱ければ、加盟する企業別組合が判断して活動を行う余地が増えると考えられるからである。

表 2　産業別組合の類型

類型	定義	産業別組合
I	・産業中分類主義 ・市場支配力有り ・組織人員10万人以上	自治労、自動車総連、電機連合、基幹労連、生保労連、電力総連、情報労連、運輸労連、私鉄総連、フード連合の10組織。
II	・産業中分類 ・市場支配力有り ・組織人員10万人未満	損保労連、サービス連合、ゴム連合、航空連合、紙パ連合、全電線の6組織。
III	・中産別を組織範囲とする企業別組合の連合体 ・市場支配力無し	JP労組、日教組、国公連合、JR連合、JR総連、交通労連、全国ガス、印刷労連、全銀連合、全水道、メディア労連、全労金、森林労連、労供労連、全印刷、労済労連、自治労連、全造幣、日建協、日高教の20組織。
IV	・大産別主義	UAゼンセン、JAM、JEC連合、全国ユニオンの4組織。

出所：連合総研編（2020）39頁より。

　表2は、産業別組合の類型を示している。タイプIは組織範囲を産業中分類とし、市場支配力を有し、組織人員10万人以上の10組織である（自動車総連や電機連合などの10組織）。タイプIIはタイプIと同様に、組織範囲を産業中分類とし、市場支配力も有しているが、組織人員が10万人に満たない6組織である（損保労連などの6組織）。タイプIIIには2つのタイプが混在する。1つのタイプは、産業中分類を組織範囲とする企業別組合の連合体であるが、市場支配力を持たない産業別組合であり、もう1つのタイプは、JP労組、全印刷、全造幣といった公共企業体が民営化された組合か、あるいは国営企業が独立法人化された事業体の労働組合である（計20組織）。タイプIVには大産別主義を組織方針とするJAM、JEC連合、事実上の一般組合主義の組織となっているUAゼンセン、一般組合主義のコミュニティ・ユニオンの連合体である全国ユニオンの4組織が含まれる。

　表3には、「月例給与」を例として、産業別統一闘争における要求水準、闘争の範囲、妥結条件を示している。要求水準については、最も統制力が強いと考えられる統一要求から最も統制力が弱いと考えられる要求目標といった具合に、要求水準における統制力の程度が示されている。要求水準については、統一要求、統一要求基準に着目する。

　統一要求と統一要求基準を見ると、タイプIの産業別組合に多いことがわかる。タイプIは10組織で構成されるが、その内、9組織がいずれかに該当する。

表3　産業別統一闘争における要求水準、闘争範囲、妥結条件

タイプ	計	要求水準						闘争の範囲			妥結条件		
		統一要求	統一要求基準	統一要求目標	要求基準	要求目標	取り組んでいない	全加盟組織	特定の加盟組織	加盟組織に一任	承認が必要	承認は不要	その他
タイプI	10	1	8	0	1	0	0	10	0	0	1	6	3
タイプII	6	0	2	0	0	1	1	2	0	1	1	2	0
タイプIII	20	4	1	2	4	4	1	6	0	4	1	13	0
タイプIV	4	0	1	0	2	1	0	1	0	3	1	3	0

出所：連合総研編（2020）19頁より。

　また、タイプIの全ての産業別組合は闘争の範囲を全加盟組織としている。妥結条件について見ると、産業別組合の承認を必要とする組織はどの類型にも1つずつ存在する。その組合は、タイプIでは私鉄総連、タイプIIでは損保労連、タイプIIIではJP労組、タイプIVではUAゼンセンである。この4組織の闘争の範囲は全加盟組織である。

　このように、タイプIに属する産業別組合は統制力が強いこと、妥結の際に産業別組合の承認を必要とする4組織の内、企業別組合であるJP労組を除く、私鉄総連、損保労連、UAゼンセンの統制力は強いことが考えられる。

3　企業別組合の変化

　本稿では、日本の労働組合の組織的特徴である企業別組合の組織と運営を取り上げてきた。この組織的特徴は今も昔も変わらない。しかし、企業別組合の定義とその実態とを照らし合わせると、2つの離齬が見られる。

　第1に、組合員資格と組合役員の担い手の変化である。企業別組合の組合員と組合役員は、特定企業の正社員だと理解されてきた。しかし、非正規労働者の増加に伴い、彼（彼女）らを組織化する労働組合が増えてきた。さらに、執行委員や職場委員を正社員以外の組合員が担当するケースも見られるようになった。組合員資格と組合役員の担い手を特定企業の正社員に限定すると、企業別組合とその活動を理解するのは困難となる。

　第2に、企業別組合の組織運営における独自性である。企業別組合は自ら意

思決定を行い、それに基づいて独自の財政を使って組合活動を行うことができると理解されてきた。企業別組合は、組合員が意思決定に参画する機会を確保しており、また組合費の多くを自組織の活動に活用することができる。しかし、産業別組合と企業別組合の関係を見ると、強い統制力を発揮する産業別組合が存在する。こうした産業別組合に加盟する企業別組合は、組織運営面で制約を受けると考えられる。他方で、統制力が比較的緩やかな産業別組合もあり、こうした産業別組合に加盟する企業別組合は独自に判断して活動を行う余地は大きいと言える。

参考文献

岩崎　馨（2015）『日本の労働組合　改訂増補第4版──戦後の歩みとその特徴』公益財団法人　日本生産性本部生産性労働情報センター

禹　宗杬（2015）「産業別組合と産業別連合体」『日本労働研究雑誌』657号

氏原正治郎（1956）「戦後における労働組合の結成」大河内一男編『労働組合の生成と組織──戦後労働組合の実態』東京大学出版会

熊沢　誠（2013）『労働組合運動とはなにか──絆のある働き方をもとめて』岩波書店

白井泰四郎（1968）『企業別組合』中央公論社

中村圭介（2009）『壁を壊す』第一書林

仁田道夫（1998）「アメリカ的労使関係の確立」東京大学社会科学研究所編『20世紀システム2　経済成長I基軸』東京大学出版会

仁田道夫（2021）「日本における労働運動の形成2──戦後編」UAゼンセン『UAゼンセンコンパス』冬号

日本労働組合総連合会・連合総合生活開発研究所編（2018）『第19回労働組合費に関する調査報告』公益財団法人　連合総合生活開発研究所

野川　忍（2020）「労働組合法」UAゼンセン『UAゼンセンコンパス』夏号

前浦穂高（2015）『非正規労働者の組織化の胎動と展開──産業別組合を中心に』JILPT Discussion Paper 15-01

連合総合生活開発研究所編（2020）『産業別労働組合の機能・役割の現状と課題に関する調査研究報告書』公益財団法人　連合総合生活開発研究所

前浦穂高（まえうら・ほたか）
労働政策研究・研修機構副主任研究員

第3章　労働組合の組織と運営

Ⅱ　組織拡大

1　組合員数の変動要因

⑴　4つのルート

　労働組合員数の変動は日本の場合、次のように生じる。第1に労働組合とユニオン・ショップ協定（以下ユ・シ協定）を締結している企業の従業員が経営状況等に応じて増減し、結果として組合員数が変動する。ユ・シ協定とは労働者が企業に採用された後、一定期間内に一定の労働組合に加入せねばならず、当該組合からの脱退または除名により組合員資格を失った時には解雇されるという協定のことである。厚生労働省『平成30年　労働組合活動等に関する実態調査』によれば民間部門でユ・シ協定を締結している労働組合は66.2%である。

　第2に労働組合が企業とユ・シ協定を締結しておらず、組合加入が労働者の自由意志に任されるケースで（これをオープン・ショップと言う）、労働組合が新たに組合員を獲得した、あるいは失った結果、組合員数が変動する。

　第3に組合員範囲を変更した結果、組合員数が変動する。ユ・シ協定を締結している労働組合であれば、企業と交渉して組合員範囲を改訂する必要がある。オープン・ショップの場合であれば、労働組合が組合規約を変えた上で、新規に組合員を獲得することによって組合員数は増える。

　第4に新たに労働組合が結成されて組合員数が増加する、あるいは既存の労働組合が解散した結果、組合員数が減少する。

　組織拡大とは、普通、これらのうち、第2、第3、第4のルートで組合員数が増加することを指す。

⑵　要因別の変動状況

　この3つのルートによる組織拡大がそれぞれどの程度あるかを明確に示すデータはない。ただ第4の組織拡大、すなわち労働組合の結成による組合員数の増加は、厚生労働省の労働組合基礎調査から得ることができる。この調査では

図1　組合員総数の変動の内訳

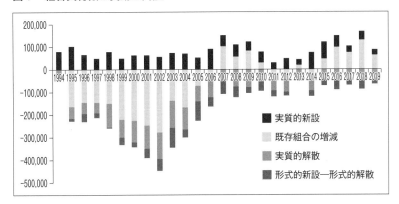

資料出所：厚生労働省『労働組合基礎調査報告』平成6年版から令和元年版より作成

第4の変動を示す実質的新設、実質的解散を調べている。また組織形態の変化
（支部の新設・廃止など）や既存組合の統合・分裂も調べており、これを形式的
新設、形式的解散と呼んでいる。労働組合基礎調査を利用すると、日本におけ
る毎年の組合員総数の変動は次のように分解することができる。

組合員総数の変動＝実質的新設－実質的解散＋（形式的新設－形式的解散）＋既
存組合の組合員数の変動

　労働組合基礎調査で直接、得ることのできないデータは最後の「既存組合の
組合員数の変動」である。ここに、上述の第1、第2、第3のルートによる組
合員数の変動すべてが含まれる。図1は労働組合基礎調査を利用して、1994年
から2019年までの25年間の毎年の組合員総数の変動の内訳を示したものである。

　一番上の棒グラフが労働組合新設によって増えた組合員数を示す。第4のル
ートによる組織拡大である。多い年には10万人、少ない年でも2万人超である。
25年間の年平均で5.6万人となり、未組織企業の組織化は意外に進んでいるよ
うに見える。ただ、1960年から75年までの年平均は19.2万人、1976年から93年
までのそれは8.9万人となるので、未組織企業の組織化の勢いは落ちている。

　二番目の棒グラフは既存組合の組合員数の増減を示す。1995年から2006年ま
では、棒グラフは原点の下に伸びている、すなわち既存組合の組合員数は純減
であった。主として第1のルートによる組合員数の減少である。特に1999年か

表1 非正規従業員への組合員資格の付与状況

		2003	2008	2013	2016	2018
パートタイム労働者	加入資格がある	16.6	23.0	32.6	32.3	35.6
	（うち実際に組合員がいる）	(10.9)	(17.4)	(20.5)	(22.0)	(28.6)
有期契約労働者	加入資格がある	15.0	23.3	38.9	35.6	39.9
	（うち実際に組合員がいる）	(6.5)	(15.0)	(25.5)	(24.3)	(31.1)
嘱託労働者	加入資格がある	—	30.0	34.0	30.7	35.6
	（うち実際に組合員がいる）	—	(22.5)	(22.0)	(20.9)	(29.2)

資料出所：厚生労働省『労働組合活動実態調査』平成15年版、20年版、同『労働組合活動等に関する
　　　　　実態調査』平成25年版、28年版、30年版より。
注）2003年には嘱託労働者は調査されていない。2003年、2008年では有期契約労働者は契約労働者と
　　呼ばれている。いずれも当該労働者がいる事業所の労働組合の回答である。

ら2002年までが大きく、組合員数は毎年20万人以上も減っている。だが、2007
年以降、様相が変化しつつある。純減になった年もあるが、その数はわずかで、
純増の年が多い。2007年以降では年平均4.4万人の純増を記録している。これ
は上述の第1、第2、第3のルートのいずれかによって組合員数が大きく増加
したことを意味する。ただ、この25年間で組織企業の従業員数が大幅に増加し
たとは考えにくい。第2のオープン・ショップにおける新規組合員獲得、第3
の組合員範囲の見直しの成果だとみなしうる。特に後者の影響が大きいだろう。
いわゆる非正規従業員の組織化である。

　三番目の棒グラフは解散した労働組合の組合員数（解散する前の年の組合員数）
である。第4のルートによる組合員数の減少である。1998年から2006年までは
事業所閉鎖、倒産などの結果、組合員数は毎年10万人減少した。

　戦後、最多の1,270万人を記録した1994年から始まった組合員総数の長期減
少トレンドは2014年に止まった。2015年以降は純増であり、最近5年間で年平
均4.7万人増えている。組織拡大の3つのルートについて第3、第2、第4の
ルートの順で見ていこう。

2　既存組合における組織拡大
⑴　非正規従業員の組織化状況

　非正規従業員の大半を占めるパートタイム労働者で労働組合に加入している
者は、2000年の258,860人から2019年の1,333,205人まで19年間連続で増え続け、

年平均56,492人増、年率8.99％増を記録した。表１は2003年から15年間における労働組合による非正規従業員の組織化の取り組みを示している。

　2010年代になると、１／３近くの労働組合がパートタイム労働者、有期契約労働者、嘱託労働者の組織化に取り組むようになった。表には示していないが、産業でみると①パートタイム労働者では卸小売、医療福祉、宿泊飲食サービス、金融保険などで、②有期契約労働者では医療福祉、金融保険、教育学習支援、情報通信、運輸郵便などで、③嘱託労働者では医療福祉、教育学習支援、電気ガス熱供給水道、運輸郵便などで、組織化に取り組む労働組合が多い。５割から６割、あるいはそれを超える労働組合が組織化に取り組んでいる。企業規模ではいずれの場合も5,000人以上で多く、５割から６割の労働組合が組織化に取り組んでいる。

(2)　集団的発言メカニズムと代表性の危機

　これらの非正規従業員の組織化は上述の第３のルート、つまり組合員範囲の変更による組織拡大である。正規従業員だけからなる普通の企業別組合が非正規の組織化に乗り出したきっかけ、背景に関して、中村（2018）は表２に示した10の事例に関する調査研究結果から、次のような結論を仮説として導き出している。

　10の事例のいずれにおいても職場が非正規従業員に侵食されている。これが出発点である。だが、自らの組織が非正規に侵食されつつあるからといって、ただちに非正規の組織化に乗り出すわけではない。ユニオン・リーダーたちは、次のようなことを契機に、非正規の組織化の必要性を強く感じとった。きっかけとしては、①経営の先行きに対する不安、②職場が停滞、混乱しているとの認知、③労働者代表としての地位が揺らぎつつあるとの自覚の３つのどれかである。必要性を感じとったのは、侵食をこのまま放置しておけば、自らの組織が危機に陥ると気づいたからである。危機とは集団的発言メカニズムの機能不全と代表性の揺らぎである。

　集団的発言メカニズムとは、労働者が労働組合を通じて労働条件、仕事のやり方、経営方針、経営体質などについての不満、意見、要望などを経営側に伝えるメカニズムのことである（フリーマン＝メドフ　1987）。このメカニズムがうまく機能していれば、労働者が不満を募らせて会社を辞めることが減る、つま

表2　10単組の組織概要

業種	名前	労働者総数	組合員総数
製造業	日本ハム	正規＝1,840人、非正規＝1,750人	正規＝1,740人、非正規＝1,420人
	矢崎総業[1]	正規＝10,454人、非正規＝2,097人	正規＝5,910人、非正規＝1,116人
	クノールブレムゼジャパン[2]	正規＝157人、非正規＝派遣＝33人	正規＝131人．派遣労働者14人を正規に
卸売・小売・飲食	イオンリテール	正規＝18,000人、非正規＝89,000人	正規15,800人、非正規＝64,800人
	小田急百貨店	正規＝1,574人、非正規＝1,047人	正規＝1,248人、非正規＝840人
	ケンウッド・ジオビット[3]	134人．正規＝30%、非正規＝70%	113人．正規＝20%、非正規＝80%
	サンデーサン[4]	正規＝500人、非正規＝7,000人	正規＝420人、非正規＝3,500人
鉄道	広島電鉄	正規＝1,060人、非正規＝368人	正規＝1,023人、非正規＝125人
公務	八王子市	正規＝3,000人、非正規＝1,000人	非正規のみで321人
	市川市保育園	正規＝408人、非正規＝305人	非正規のみで88人

資料出所：中村（2018）27頁。
注：正規とはいわゆる正社員を指し、非正規は正社員以外の労働者を指している.
　　1）矢崎総業にはこの他に派遣労働者が4,200人いる.
　　2）自動車部品・付属品製造業で、主として商用車のブレーキシステムを製造している.
　　3）携帯電話回線の販売を行う、いわゆる携帯ショップである.
　　4）レストラン・チェーンを展開する外食産業である.

り離職率が低下する。それは、さまざまな費用を抑えることにつながる．新しい労働者を募集、採用する費用、突発的な離職によって生じる職場の一時的混乱が招く費用、新しく仕事を覚えさせるための訓練費用などである。また辞めてしまった労働者の技能を高めるためにかかった教育訓練費用が無駄になることを防ぐ。

　労働組合を通ずる集団的発言は離職率を低下させるだけではない。仕事や人事管理などに対する不満、要求を経営側に伝えることによって、経営、人事管理などの合理化、制度化を促す。さらに、日本の企業別組合の行動を虚心にながめれば、集団的発言は職場で起こっている、しかし、経営側の気がつかない重要な問題の発見、解決に大きく寄与している。労働組合による職場からの経営参加である。

　離職にともなうさまざまな費用の低減、管理の合理化、制度化、職場からの経営参加、これらはいずれも生産性の向上につながる。日本の労働組合の1つの重要な機能である。

　だが、非正規従業員に侵食されつつある職場ではこの集団的発言メカニズム

は十分には機能しない。職場を構成する従業員の多くが集団的発言メカニズムの外に置かれているからである。非正規労働者は労働条件、仕事のやり方などに不満を持っても、あるいは意見や要望を持っていたとしても、それを経営側に伝えるルートはない。彼らは職場を去るか、または不満を持ったまま働くことになる。その結果、集団的発言メカニズムの機能は低下する。

　ところで、非正規従業員が正規従業員の集団に包摂されずに、不満、意見、要望を経営側に伝える方法はある。自分たちだけで独立の組合をつくるか、あるいは仲間を過半数代表者に選べばよい。後者について説明しよう。

　労働基準法は会社が就業規則の制定・変更を行う際には過半数代表者の意見を聴くこと（90条1項）、1週40時間、1日8時間、週休1日という法規制を超えて時間外労働を会社が命じる際には過半数代表者との間で協定を締結すること（36条1項）を求めている。この他にも過半数代表者と労使協定を結ぶことを求めている事項は多い。

　非正規従業員が過半数を占めるようになった事業所で、仕事や労働条件に不満を持った非正規従業員が自分たちの仲間を過半数代表者に選ぶことは可能である。正規従業員にとってみれば過半数代表者としての自らの地位が揺らぐ。非正規従業員が自分たちの不満を、たとえば三六協定をおとりにして解消しようと試みてもおかしくはない。三六協定締結と引き換えに賃金の引き上げを求めることも可能である。

　経営の先行きに対する不安などをきっかけとして、この2つの危機の1つ、または両方をユニオン・リーダーが察知する。それで初めて非正規の組織化の必要性を強く感じるようになる。こうして危機を察知したリーダーに率いられた企業別組合が自らの危機を乗り越えるために、非正規従業員の組織化に乗り出す。わかりやすい言葉で言えば「かわいそうな非正規労働者を助けるために組合に入れてあげるのではなく、自らを危機から救うために非正規労働者に組合に入ってもらう」。

　非正規の組織化に取り組んでいる労働組合は上述のように第三次産業、大企業では多いが、全体でみれば依然として少数派であり、2／3の労働組合は行動を起こしていない。非正規の組織化に取り組んでいない労働組合の多くが2つの危機とは無縁であるとは思えない。確実に非正規による侵食は進んでいるからである。危機を察知できないユニオン・リーダーが依然として多数を占め

ていると考えられる。

(3) オープン・ショップでの組織拡大

ユ・シ協定を締結していない労働組合は民間部門で32.5％である。また、国家公務員、地方公務員の労働組合は法律によってユ・シ協定を締結することができない。

オープン・ショップの職場で労働組合が自助努力で新規組合員を獲得する、すなわち第2のルートの組織拡大がどの程度、生じているのかを示すデータはない。ただ、この組織拡大のプロセスに関して興味深い仮説を提示する研究が2つある。

槙（2018）は14の地方自治体における新規採用職員の組織化事例から、第2のルートの組織拡大を活発化する方法について論じている。1つは、自治体当局主催の新規採用職員向けオリエンテーションにおいて「組合の時間を設定する」ことを認めさせる。普段から良好な労使関係を築き上げておくことがその前提となる。2つは、その場で組合とは何かを説明し組合加入を勧誘する役割を、新入職員と年代が近い若手の非専従職場役員に担わせる。そのためには若手の非専従の職場委員をリクルートし、育てる仕組みを作り上げておくことが必要となる。

西尾（2020）はある私立大学の教職員組合の調査から、次のような結論を仮説的に提示する。同じ大学における組織率の高い職場と組織率の低い職場を比較した上で、組織率の違いをもたらすのは、①組合活動が活発であり、充実しているかどうかではなく（新入職員は入社当時にそれらを比較考量し、評価することは極めて難しい）、②入社時あるいは職場配属時に、職場の非専従役員に誘われるかどうか、③そしてその際に、組合に入るのがさも当然のように誘われるかどうかである。

3　新規組合結成

次に第4のルートによる組織拡大がどのようなプロセスで生じるのかを見てみよう。調査時期はやや古いが、東京都立労働研究所が1996年に行った『労働組合の結成・活動と地域組織に関する調査』（サンプル数187組合）を再集計した中村（2005）による。

　この調査によると未組織労働者が組合結成を決断する直接の契機は、労働諸条件に対する不満（67.9％）、経営体質への不満（44.4％）が募ることであることが多い（複数回答）。労働諸条件への不満としては長時間労働、残業手当不払い、休日・休暇が取りにくい、休憩時間が取りにくいなど労働時間関係、経営体質への不満としては経営情報が開示されない、社長のワンマン体質などが指摘される。

　これに対して外部のオルガナイザーの働きかけで、組合結成に踏み切るのは10.7％（20組合）、親企業組合からの働きかけも10.7％（20組合）である。外部のオルグと親企業組合の働きかけは重複しない。この二つの外部からの働きかけ、さらに経営側からの働きかけの4.3％（4組合）を除く74.3％（143組合）は、外部からの働きかけなしで、労働諸条件や経営体質への不満などをきっかけに独力で組合結成を決断し、行動を起こす。

　普通、組合結成の決断はまずは少数のメンバーで行われる。中心人物はだいたい数名である。彼らはその後、支持者を拡大していき、同時に、組合の組織や活動についても学んでいく必要が出てくる。その過程で外部の支援が必要となる。外部の支援を受けた組合は73.8％（138組合）である。仲間たちの同意を得たかどうかを見ると、管理職の支持を取り付けた組合は52.4％、監督職が64.7％、一般職が87.7％となる。

　組合結成においては、できる限り、多くの支持を集めることが重要である。だが、必ずしも、当初のねらいが達成されるとは限らない。組合結成直後に80％以上を組織しているのは29.9％にすぎない。時の経過とともに、この比率が上がっていくわけではなく、むしろやや下がる。とすれば組合結成時にどれほど多くの支持者を集められるかが、その後の企業内組織率、組合の交渉力に極めて大きな影響を持つ。外部からの適切な支援がまさに必要とされる場面である。

4　産業別組織とコミュニティ・ユニオン

　第4のルートの組織拡大において、外部から手を差し伸べるのは産業別組織、あるいはコミュニティ・ユニオン、地域ユニオン、ローカル・ユニオンである。

⑴　産業別組織による組織拡大

　連合に加盟する40の産業別組織の組織と活動を調べた連合総合生活開発研究所（2020）によると次のことがわかる。40の産業別組織の中で、単一組合である全造幣と全印刷を除く38組織はなんらかの組織化方針を持っている。組織拡大のための専従オルグの配置、財政措置を取っている産業別組織は40組織中17組織である。専従オルグ配置と財政措置の両方を持つのは UA ゼンセン、自治労、自動車総連、電機連合、JAM、日教組、運輸労連、フード連合、森林労連の9組織、専従オルグだけが情報労連の1組織、財政措置だけが基幹労連、電力総連、私鉄総連、JP 労組、交通労連、サービス連合、全電線の7組織である。

　2017年10月から1年間の組織拡大（組織範囲分野の未組織企業の組織化だけに限らない）の成果を見よう。40組織中、組織拡大があったのは28組織である。正規従業員が59,619人、有期契約・短時間労働者が76,211人、合計135,830人である。その半分近くが UA ゼンセンによる組織化であり、正規従業員が11,123人、有期契約・短時間労働者が52,058人、合計63,181人が新たに組織化された。UA ゼンセン以外で3,000人以上を組織化した産業別組織は、日教組（正規9,724人、有期契約・短時間6,522人、合計16,246人、以下同じ）、JP 労組（5,195人、8,845人、14,040人）、情報労連（7,242人、3,849人、11,091人）、電機連合（正規のみ5,615人）、国公連合（正規のみ4,081人）、自動車総連（3,264人、445人、3,709人）、JAM（3,270人、267人、3,537人）、基幹労連（正規のみ3,258人）、生保労連（有期契約・短時間のみ3,028人）の9組織ある。

⑵　UA ゼンセンの特徴

　UA ゼンセンの組織拡大成果は突出している。本部にいる組織拡大専任オルグと47都道府県支部にいる職員が組織拡大の最前線に立つが、ゼンセン同盟の組織拡大活動の実態を調べた中村（1988b）によると特徴は次の3点にある。

　ゼンセン同盟の組織化には次の4タイプがある。

⒜　訪問説得組織化型

　オルグが未組織企業を訪問し、当該企業の従業員、場合によっては経営者を説得して組合を結成させる。これには次のサブタイプがある。

　個別企業訪問型：個別に未組織企業を訪問し、組織化を図る

集団組織化型：業種別の協同組合などの使用者団体に接触し、そこを通じて、団体加盟の複数の未組織企業をまとめて組織化する。

(b)　自主結成援助型

未組織企業の従業員の一部に組合結成の機運が盛り上がり、オルグが支援し、組合結成にいたる。

(c)　関連企業組織化型

ゼンセン加盟組合のある企業の関連企業を組織化する。

(d)　既成組合加盟型

それまでどこの産業別組織にも属していなかった純中立組合、または、別の産業別組織に属していた組合をゼンセン同盟に加盟させる。

ゼンセン同盟の組織拡大では訪問説得組織化型が多い。このタイプの組織拡大活動では、オルグ自らが未組織企業に出向くことから始まる。見知らぬ人に組合結成の必要性を説くのである。自主結成援助型であったとしても、オルグは受動的にその機会を待っているわけではない。従業員が決断する前に、幾度となく組合結成を呼び掛けていることが多い。このように、オルグが積極的に未組織労働者に組合結成を呼び掛ける。これこそが UA ゼンセンの組織拡大活動の大きな特徴の 1 つである。

　2 つめの特徴は柔軟であることである。ここで「柔軟」とは、組合結成という目的を達成するためには、むやみに経営者と衝突を起こさないということである。もちろん、経営者とまったく衝突を起こさないというのではない。臨機応変に対応するということである。組合結成後に激しい労使間の対立が起こるケースもある。そこでは敢然と立ち向かう。なにしろ近江絹糸争議を闘った組合である。

経営者との無意味な衝突を避けるために経営者を説得しようとする。3 つめの特徴である。説得にあたっては、組合が企業経営にとってメリットを強調する。オルグへのインタビューによると、必要なことは「経営者に組合ができた方が企業経営が健全になりますよということを理解させることです。組合ができれば従業員の士気も上がるし、定着率もよくなりますよ。生産性の向上にも組合の立場で協力して、分け前を得ようという考えですよ。また会社の方針の徹底も簡単になりますよ。もちろん、要求はきちっとしますが、企業の健全性と安定性は組合にとっても重要だから、ムチャなことはしませんよ。ほってお

くと、ヘンな組合ができてしまいますよ。こういって経営者にゼンセンの組合の良さを理解させるのです」（中村（1988b）231頁）。前出の集団的発言メカニズム効果の強調である。

(3)　コミュニティ・ユニオンの組織状況

　第4のルートによる組合結成に外部から手を差し伸べるもう一つの組織としてコミュニティ・ユニオン、地域ユニオン、ローカル・ユニオンがある。

　コミュニティ・ユニオン研究会（1988）によれば、コミュニティ・ユニオンは総評の地評、地区労などに支えられて1980年代半ば以降結成されていった組合である。連合結成、総評解散に伴いコミュニティ・ユニオンをそれまで支えてきた「総評、県評、地区労の後ろ盾がなくなっていったが、90年代には地区労運動の伝統を継承しようとする地区労センターなどの支援を受けながらも、コミュニティ・ユニオンの多くは自立的な道を歩むことになる」（小畑（2003）43頁）。多くはコミュニティ・ユニオン全国ネットワークに参加している。地域ユニオンは地方連合会が結成している労働組合であり、ローカル・ユニオンは全労連の都道府県組織が結成している労働組合である。

　これらユニオンは、地域で暮らし働く労働者、特に小零細企業で働く労働者たち——非正規労働者も含まれる——を企業、産業、職業、雇用形態に関わらずに組織する、いわゆる一般組合主義に基づく労働組合である。加盟方式としては労働者個人が1人で加盟することもあるし（この場合は第2のルートによる組織拡大になる）、小さな企業別組合ごと加盟することもある（この場合は第4のルートによる組織拡大になる）。

　呉（2010）によれば、コミュニティ・ユニオン全国ネットワークの組合員数は1.5万人、連合の地域ユニオンの組合員数は1.5万人、全労連のローカル・ユニオンの組合員数は1万人で、合計すると4万人である。この数字は、未組織企業の組織化実績である前出5.6万人（最近25年間の年平均）と比べると、少ない。毎年、コミュニティ・ユニオン、地域ユニオン、ローカル・ユニオンの組合員数の合計以上の未組織労働者が産業別組織によって組織化されている。その意味では、組織拡大それ自体にとっての貢献はさほど大きくはない。はるかに重要なことは、地域で暮らし働く労働者たちに貴重なセイフティネットを提供していることである。

参考文献

コミュニティ・ユニオン研究会（1988）『コミュニティ・ユニオン宣言——やさしい心のネットワーク』第一書林

小畑精武（2003）「コミュニティ・ユニオン運動の到達点と課題（上）」労働法律旬報No.1560、41-45頁

呉　学殊（2010）「合同労組の現状と存在意義——個別労働紛争解決に関連して」日本労働研究雑誌604号47-65頁

中村圭介（1988a）「労働組合は役に立っているのか」中村圭介・佐藤博樹・神谷拓平『労働組合は本当に役に立っているのか』総合労働研究所所収8-21頁

中村圭介（1988b）「いかに組織化をすすめるか——ゼンセン同盟では」中村圭介・佐藤博樹・神谷拓平『労働組合は本当に役に立っているのか』総合労働研究所所収216-256頁

中村圭介（2005）「縮む労働組合」中村圭介＝連合総合生活開発研究所編『衰退か再生か：労働組合活性化への道』勁草書房所収27-46頁

中村圭介（2018）『壁を壊す——非正規を仲間に　新装版』教育文化協会

西尾　力（2020）「労働組合へ加入する要因は何か？——オープンショップ制労組の事例研究より」日本労働研究雑誌715号84-92頁

フリーマン,R.B.・メドフ,J.L.（島田晴雄・岸智子訳）（1987）『労働組合の活路』日本生産性本部

槇　一樹（2018）「労働組合の組織率減少に歯止めをかけるために——若手非専従役員に注目して」法政大学大学院連帯社会インスティテュート『連帯社会』2号所収54-77頁

連合総合生活開発研究所（2020）『産業別労働組合の機能・役割の現状と課題に関する調査研究報告書』連合総合生活開発研究所

中村圭介（なかむら・けいすけ）
法政大学大学院連帯社会インスティテュート教授

第3章　労働組合の組織と運営

Ⅲ　労働者の自主福祉活動

1　労働者の自主福祉活動のはじまり

⑴　生協のはじまり

　労働運動の初期においては、労働者は劣悪な労働条件と生活条件を改善するために自助・共助のための組織を作ったが、そこでは失業給付や労災補償、私傷病補償が中心的な活動であった。日本における生協の歴史は19世紀後半までさかのぼることができる。明治維新の直後、現代経済学とともに生協に関する知識が輸入された。1878年、馬場武義は、郵便報知新聞にイギリスのロッチデール公正先駆者組合を紹介する記事を掲載した。ロッチデール方式に基づく最初の生協は、1879年から1880年にかけて東京、大阪、神戸で設立された。これらの先駆的な生協は、官僚などのエリートによって支援されていたが、労働者などの広い社会的背景が欠如していたために数年で姿を消した。

　世紀の変わり目に、工業化の過程で労働者階級が生み出され、労働者組織を作るための試行錯誤が行われた。1897年に高野房太郎らによって設立された労働組合期成会の影響のもとで機械工および鉄道労働者による鉄工組合が組織化され、労働組合の一環として共働店が開設された。1900年、政治活動や労働運動を規制する治安警察法が可決されるとともに、ドイツの農村信用組合のライファイゼン・モデルに基づいて産業組合法が制定された。労働組合は警察によって抑圧されたが、容認された共働店は1920年代に労働者生協に引き継がれた。さらに、工場や鉱山の所有者によって職域生協が作成され、公務員や教師などの中流階級の人々によって市民生協が組織された。このように、労働運動に関連する労働者生協、従業員に商品やサービスを提供する企業・工場付属生協、および中流階級が組織する市民生協という3種類の生協が出現した。これらの潮流は、社会主義、家父長主義および自由主義という異なるイデオロギーによって分断されていた。当時、賀川豊彦はキリスト教の立場から神戸のスラム街に入って貧民のための救済活動に従事していたが、後に「救貧から防貧へ」と

いう思想に導かれて、労働組合、農民組合、協同組合など幅広い社会運動の創始者となった。しかし、戦時総動員体制のもとで労働組合は労使一体の産業報国会に転換され、生協は解散させられるか、あるいは事業権を取り上げられ、壊滅に追い込まれた。

(2)　第2次世界大戦直後の生協と労働組合

　第2次世界大戦直後の混乱期に、戦後民主化政策の一環として1945年に労働組合法が制定され、勤労者が労働組合を組織することが可能となった。労働組合はハイパーインフレーションや緊縮財政政策に伴うデフレーション、賃金遅配や大量の失業等の課題に際し声を上げることができるようになり、急速に全国各地に広がった。新たに設立された生協は労働組合とともに隠匿物資の摘発と公正な配布、日用品の民主的な管理を求める請願を通じて食糧不足に対処しようとした。希少な食料を調達することを目的とした多くの小さな生協が町内会や職場を単位として設立された。これらの「買出し組合」は急速に拡散し、1948年には6,500組合に達し、生協運動は第1の高揚期を迎えた。1945年にあらゆる種類の協同組合を受け入れることをめざして、さまざまな思想的背景を持つ協同組合指導者によって日本協同組合同盟（日協同盟）が設立され、賀川豊彦が初代会長となった。戦後民主化のもう一つの柱であった農地改革の結果として生まれた多数の小規模農を保護するために1947年農業協同組合法が制定され、その後、産業政策に沿って各種協同組合法が制定された。1948年には消費生活協同組合法（生協法）が制定され、これに基づいて1951年に日協同盟を引き継いで日本生活協同組合連合会（日本生協連）が設立された。

2　労働金庫、労済、労福協の形成と展開

　1950年代に労働組合運動は大きく伸長し、労使関係における団体交渉という主な機能を補完するために、労働者福祉事業または労働組合の福祉事業を支援する役割を引き受けた。労働組合と生協は、労働金庫（労金）、労働者共済生協（労済）および労働者住宅生協などの労働者指向の協同組合を設立するために協力し、生協運動の第2の高揚期がもたらされた。

(1)　労働金庫のはじまり

　戦後も労働者は銀行から借りることができず、高利貸しや質屋から借りるほかなかった。1949年に日本労働組合総同盟は勤労者による自律的な保険と銀行の設立を目指す運動を開始し、翌年に日本労働組合総評議会（総評）がその発足会議において、ストライキのために資金を集める勤労者のための銀行を設立する方針を決議した。このような状況下において、岡山県生協連合会と兵庫県労働組合総同盟はそれぞれ勤労者のための銀行を設立する取組みを始め、1950年に初めて岡山県に一行、続いて兵庫県に一行、勤労者のための銀行が設立された。その後、労働省（現在は厚生労働省）の旗振りのもと、地方自治体の労政事務所が好意的であったこともあり、その他の県でも労働組合によって労働者銀行が設立された。生協も生協法によって信用事業が認められなかったことから労金の設立を支援した。

　これらの労働者銀行は当初中小企業等協同組合法に則り、信用組合として設立された。1951年に6つの労働者銀行が業界団体である全国労働金庫協会（労金協会）を設立し、より適切な法整備を求めていくこととなった。日本生協連は法案準備並びにその採択に協力した。その結果、労働金庫法が1953年に制定され、その後、当初信用組合として設立された労働者銀行は労働金庫になった。また、1955年には全国労働金庫連合会（労金連合会）が設立され、労働金庫の中央銀行の役割を果たすことになった。1966年までに、労金は47都道府県すべてに設立された。

(2)　労働者共済のはじまり

　勤労者を様々なリスク（老齢、貧困、疾病、障害、死亡、事故等）から守ることを目指し、1951年に福対協（後述）が保険協同組合の設立推進を決議した。日本生協連は協同組合保険に関するガイドラインを提案した。これを受けて労働組合は労済を組織し始め、1954年、大阪で火災共済を目的とした初めての労済生協が設立された。設立当初の労済は、被災者に支払う共済金の原資を十分集めきれていなかったにもかかわらず、大火事に見舞われるという苦難を克服しなければならなかった。新潟労済は1955年に新潟大火に直面したが、開始からわずか5か月で共済金を支払うための資金を累積していなかった。そこで県内の主要な労働組合の保証をもとに新潟労金は緊急融資を提供し、労済は被災者

に共済金を支払うことができた。このような連帯行動は労済を破産から救い、その信用力を高めた。翌年誕生した富山労済は魚津大火に際して所定の共済金の半額で支払いを打ち切らざるを得なかった。このような出来事により、リスクに備えて原資を拡充する必要性が明確になり、1957年に労済の全国連合会（労済連）が再保険機関として設立された。労済連は各都道府県で労済の結成を加速し、1964年には米国統治下にあった沖縄県を除く全都道府県で労済を結成し、1971年には沖縄県にも労済が設立され全国展開が完了した。その後、1976年に労済連は40の都道府県労済と運動方針、事業、損益、運営を統合して全労済と改称した。

　一方、1950年代からゼンセン同盟、金属同盟などの産別組織も共済事業を開始し、1960年に総評が産別共済設立の方針を打ち出したことから、国労、私鉄総連、日教組などの組合も産別共済事業を展開した。1974年に発足した単産共済連合会は1987年に再共済事業を開始することから「全労済再共済連」と改称した（2006年4月「日本再共済連」へと名称を変更）。

(3)　労福協の結成

　労働組合と生協の間の共同行動を促進するために、1949年に労務者用物資対策中央連絡協議会、翌年に労働組合福祉対策中央協議会（福対協、1964年に労働者福祉中央協議会と改称）が3つの労働組合ナショナルセンター、産別組織と日協同盟によって設立された。単産の福祉活動の調整、相互扶助機能の活性化による福祉の強化、社会保障制度の確立、労働者の生活問題を解決するための公共政策の推進を目的として、1951年から53年にかけて都道府県の福対協が全国で組織された。このネットワーク組織は労働組合の福祉活動について「福祉は一つ」としてナショナルセンターを超えて協同し、相互扶助の機能を強め、勤労者のための社会保障制度の確立を目指して活動した。

(4)　地域勤労者生協の不振

　この間、1950年代に地区労働組合評議会の後援の下で、多くの場合地方自治体の労政事務所の支援を受けて地域勤労者生協が設立された。これらの生協は労働者のさまざまのニーズを満たすための経済活動に着手し、当時の一般的な小規模小売業者と比較して比較的大きな店舗を運営し、地方都市で多種多様な

食品や消費財を提供した。1957年頃には21県で30を超える地域勤労者生協が活動していた。彼らは労働組合員を生協組合員として自動的に登録し、幅広い消費者を引き付けることで急速な成功を収め、小売業者からの強い反発を引き起こし、それが激しい反生協キャンペーンにつながった。しかし、これらの生協の成功は、経営能力と組合員教育の不足のために短命に終わった。特に、1960年代に進歩的な小売業者によって導入された新興のスーパーマーケットとの競争が激化するなかで多くの地域勤労者生協が経営不振に陥った。

3　労働組合の自主福祉活動と企業内福祉、国家の社会保障の関係

⑴　労働組合の自主福祉活動と企業内福祉の関係

　労働組合の自主福祉活動と企業がすすめる企業内福祉は一面で協調、一面で競争の関係にあった。大企業の雇用主は急成長する経済に伴う労働力の需要が高いときに労働力を囲い込むために、従業員にさまざまの優遇措置を提供した。企業への帰属意識の強化、労使関係の安定、労働生産性の向上を目的として、社宅の提供、社員食堂や売店の設置、または高金利預金や低金利ローンなどの特別なベネフィットを提供した。労働組合は企業ベースの恩恵的な福祉に対して職域生協の設立について協調するとともに、労働者による労働者のための労働者の自主的な福祉活動を対置した。例えば、炭鉱の所有者は、従業員用に社宅（炭住）、社員食堂または売店を設置したが、炭鉱労働組合はこれらの取り決めを低賃金に基づく二重の搾取である「トラックシステム」として反対し、炭鉱労働者の協同組合に変える「購買会奪還闘争」を展開した。その結果、それらの食堂や店舗の大部分は炭鉱生協が所有および運営する施設に転換された。

⑵　労働組合の自主福祉活動と国家の社会保障の関係

　労働者は年金、健康保険、雇用保険などの共済の仕組みを創設したが、その一部は国の社会保障として制度化されていった。労働組合はこの動きをメンバー間の「小さな連帯」から全勤労者・国民の「大きな連帯」への移行として歓迎したが、その過程で労働者の共済は明暗を分けた。イギリスでは税金による国民保健サービス（NHS）が始まると友愛組合の共済事業は大きく後退したが、フランスでは公的健康保険における自己負担分の3割について共済が引き受けることによって今日まで大きなシェアを保っている。社会保障制度は国民の生

活保障の根幹をなす仕組みとして維持する必要があるが、労働者や消費者の共済はそれを補完する役割を果たすことが期待されている。この点に、公的保障の削減をめざす民間の保険会社と公的保障の充実をめざす共済の違いがある。

(3)　福祉供給の三角形

　ペストフは福祉混合（ウエルフェア・ミックス）あるいは福祉供給の三角形（ウエルフェア・トライアングル）におけるサードセクターの位置づけを試みている（図1参照）。彼は本質的な社会的次元が公共対民間、公式対非公式、営利対非営利の3つからなり、これが政府（国家機関）、市場（民間企業）、コミュニティ（世帯、家族など）という3つの社会秩序の境界を画し、お互いから、さらにサードセクターや理念型としてのアソシエーションから区別するのに役立つとしている。とりわけ、ペストフは現実世界における対人社会サービスの供給をめぐる概念としてサードセクター論を提起している。なお、サードセクターというと官民共同出資会社（第三セクター）をイメージするが、これは日本特有の表現で、国際的には国家、市場、コミュニティを媒介するセクターとしてサードセクターを位置付けている。

　サードセクターは理念型としてのアソシエーションの領域を越えて広がり、国家、市場、コミュニティの領域にまで広がっている。協同組合、労働者福祉事業はサードセクターの有力な構成部分であり、社会保障は国家セクター、企業内福祉は民間企業セクターに属する。また、家族や近隣での助け合いや市場での取引による自助、生活保護などの国家による公助との関係で考えると、労働者福祉事業は組合員の助け合いである共助のための組織であると考えることができる。

4　労働組合と生活協同組合の関係
(1)　労働運動の構成部分として労働組合と協同組合

　ヨーロッパでは産業革命のなかで労働者は劣悪な労働条件や悲惨な生活状態を改善するために自助・共助による相互扶助活動を始めたが、そのなかから広義の労働運動の構成部分として労働組合、協同組合、友愛組合（共済）、労働者政党が生まれた。イギリスの歴史家 G.D.H.コールは『イギリス労働運動史』において、労働組合、協同組合および政治組織を「労働階級運動の3大部門」

図1 ペストフの福祉供給のトライアングルにおけるサードセクター

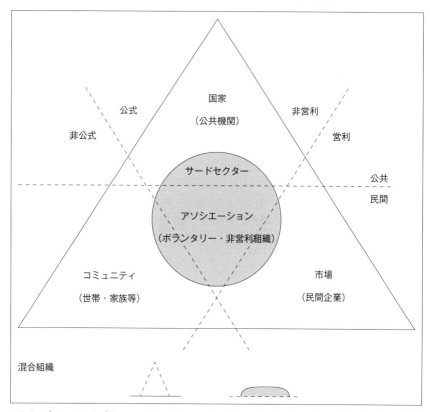

これらは各セクターが重なっている領域を示している（国家と市場が重なる「第3セクター」、市場とサードセクターが重なる「生協」など）。
出所：Pestoff, 1992.

と呼び、これが「実はただ一つの努力の3つの面であり、共通の必要と共通の感動からその力を汲み取るものであり、その途は時に異なることがあっても、共通の目的に向かって進むものであるという真理」を強調している。日本においても上述のように労働組合と生協は協力して労金や労済、職域生協をつくるなど、様々の分野で連携してきた。

(2)　高度成長後の異なる発展経路

　しかし、1960年代以降経済の高度成長、消費革命と流通革命、公害問題の激化のなかで両者は異なる経路をたどり、さらにリーダーの世代交代によって組織間の交流が低下してきた。労働組合はブルーカラーとホワイトカラーを包含する企業別組合として組織され、終身雇用や年功序列とともに日本的経営の一翼を担ってきた。産別組織（産業別労働組合）は一般的に企業に関わらず同じ産業の労働者が横断的に組織する労働組合を指すが、日本では企業別労働組合が産業別に連合したものを指している。労働組合は勤続給や家族給を通じて成人男性が家族（妻や子どもなど）を養うに足る賃金を得ることをめざした。他方、生協は地域における主婦たちの「10円牛乳運動」など消費者運動、環境運動から生まれ、市民生協、地域生協として発展してきた。地域勤労者生協の一部は、消費者指向の政策を採用することにより市民生協に転換した。たとえば、鶴岡生協はセルフサービスの利用方法を広めるために1956年に班（隣近所の数人の組合員のグループ）による主婦の組織化を開始したが、この方式が全国に広がり生協運動の第3の高揚期がもたらされた。

　このような労働組合と生協の組織化のあり方の違いから異なる組織文化が発展した。労働組合は男性のリーダーが中心となってトップダウンの組織となったが、生協は女性リーダーが中心となってボトムアップの組織となった。これは男性稼ぎ主と専業主婦が主流となった時代における性的役割分担を反映しており、勤労者家庭のなかで夫は勤労者として労働組合に参加し、妻は地域の生協で活動するというパターンが広がった。グローバル化、情報通信革命の進展による産業構造の変化の中で労働組合の組織率は低下してきたが、市民生協の世帯加入率は上昇してきた（図2）。

(3)　橋渡しとしての労金、労済、労福協

　このように労働組合と生協は異なる発展経路をたどり、両者の関係は疎遠になったが、労金、労済、労福協には橋渡しの役割を果たすことが期待される。これらの労働者自主福祉活動を行う組織は創立の時点から今日にいたるまで両者の接点としての存在してきたからである。1995年の阪神・淡路大震災で被災したコープこうべは積極的な被災者支援策を政府に要求し、日本生協連、全労済、連合などとともに「地震災害等に対する国民的保障制度を求める署名推進

図 2　組織率の変化（％）

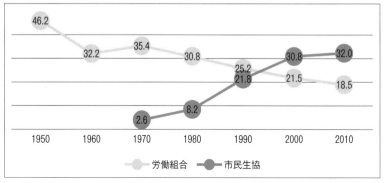

＊労働組合組織率は全雇用者に対する労働組合員の比率、市民生協組織率は全世帯数に対す
　る地域生協組合員の比率。

運動」を開始し、全国で約2,400万人の署名を集めた。その結果、1998年に議員立法で被災者生活再建支援法が制定された。また、全国労金協会、全労済は日本生協連とともに国際協同組合同盟（ICA）に加盟し、2018年 4 月に発足した日本協同組合連携機構（JCA）の主要構成メンバーである。中央労福協も700万人の労働者を擁する最大の労働組合ナショナルセンターである連合と2,900万人近い消費者を組織する最大の NGO である日本生協連を包含するネットワーク組織であり、持続可能な社会経済システムを確立するうえで大きな貢献をする潜在力をもっている。

5　労働者自主福祉活動の現状と課題

　労働者自主福祉活動を行う組織には労働組合のほかに、労働金庫、共済生協、購買生協、住宅生協、医療生協、労働者協同組合などが含まれるが、ここでは労金、労済、職域生協、労福協について現状と課題を紹介することにしたい。

(1)　労金

　労金には 5 つの都道府県単位の金庫と 8 つの地域単位の金庫があり、全国労金連合会が中央銀行の役割を果たし、全国労金協会が連絡・調整・指導機関として活動している。2018年 3 月末時点で、労働金庫には全国で627の支店があ

る。労働金庫の会員は民間労働組合、生協とその連合会、公務員の団体とその連合会、その他の労働者団体とその連合会という４種類からなる。労働組合は、法人格を取得していなくてもよく、また、単組でもナショナルセンターの傘下にあってもよい。生協の場合は、法人格を取得し、生協として登記されていなければならない。公務員の団体には、労働組合、健康保険組合、共済組合およびその連合会が含まれる。その他の労働者団体とその連合会とは、福祉活動を通じて勤労者の経済的地位の向上を目指す組織を指し、構成員の大半が勤労者でなければならない。この中には、中小企業の共済会あるいは互助会、退職した勤労者のための友の会がある。この４つのカテゴリーに加え、労働金庫の営業地区内に住所を有する勤労者、あるいは地区内に存在する事業場に勤める勤労者は個人として会員になれるが、議決権を持たない。会員の構成比については民間労働組合が59％を占め、その他の労働者団体は23％でその割合は増加している。官公庁労働組合と生協は、17％と１％を占めている。出資比率においても民間労働組合が57％と突出しており、官公庁労働組合が23％、その他の労働者団体が12％、生協が５％程度となっている。

　労金は、労働組合などの勤労者関連団体が出資している組織である。労働組合に加入している勤労者、生協に加盟している消費者は間接構成員とされている。しかし、労働金庫の金融サービスのうち、特に融資に関しては99.5％が勤労者や消費者個人を対象にしたものであるのに対し、生協や公益法人、非営利法人等を対象にしたものは0.5％である。このような組織体制は、個人（住民、中小企業者、農業従事者等）によって構成されている他の協同組織金融機関とは異なっている。労金は「団体」により出資を受け、運営されているということを表す「団体主義」という特徴をもっている。労金の理事会が労働組合の代表で構成されているほか、「会員推進機構」を通じた労働組合との連携がはかられ、また未組織労働者の組織化に向けて労働組合と協力している。しかし、労金は近年のマイナス金利政策や競争の激化に苦しんでおり、また労働組合の組織率の低下、若年層の組合離れという問題に直面している。

⑵　**労済**

　全労済は47の都道府県共済と８つの産別共済、３つの生協連合会を会員とする全国連合会であるとともに、すべての都道府県共済、４つの産別共済と事業

統合している。都道府県共済は労働組合を基盤とする共済生協としてスタート
したが、1983年に地域向けの共済商品として「こくみん共済」を導入し、1997
年には自賠責共済を開始した。2019年には全労済は60周年記念事業の一環とし
て「こくみん共済coop」という愛称を採用した。全労済は現在「こくみん共
済」（生命、医療、介護、年金）、「住マイル共済」（火災、自然災害）、「マイカー共
済」（自賠責、交通災害）など幅広い共済商品を提供している。

　産別共済は都道府県の区域を越えて設立された産別組織を基盤とする共済生
協である。生協法による交運共済、JP共済、電通共済、教職員共済、森林労
連共済、全たばこ共済、自治労共済、全水道共済は全労済の会員であるが、前
者の4共済が独立して事業を行い、全労済に再共済を行っているのに対して、
後者の4共済は運動方針、事業、損益、運営を全労済と一本化している。この
他、産別共済には労働組合法によるUAゼンセン共済、JAM共済、電機連合
共済などがある。形態は異なっても産別共済の活動内容はほぼ共通している。
他に協同組合共済として都道府県民共済、コープ共済などがある。共済も「イ
コール・フッティング論」による制度改編の動き、保険会社との競争の激化に
直面している。

(3)　職域生協

　職域生協は職域で活動する購買生協であるが、多くは職場で働く労働者のた
めの労働組合の福祉活動として作られ、また企業内福祉の一環として店舗の設
置・運営への会社の支援を受けて作られた。職場職域生協は職場を活動の場と
する生協で、職場単位の共同購入（配達）が主な事業であるが、職場内で店舗
や食堂を運営する場合もある。居住地地域生協はもともと職域生協であったも
のが近隣住民の店舗利用のニーズに応えて一部の地域を活動の場としている生
協である。職域生協は民間企業労働者、市町村・都道府県・国のレベルの公務
員、小中学校の教師、船員などによって設立され、労働組合の支援を受けて各
地で活動している。地域生協と比べると供給高は3％程度と規模は小さいが、
最大のトヨタ生協は組合員27万人、総事業高566億円をもつ全国11番目の生協
である。

表1　労働者福祉事業組織と労働組合を結ぶ労福協

単位	労働者福祉事業組織	労福協	労働組合
全国	労金協会、全労済、日本生協連、医療福祉生協連、住宅生協連等	中央労福協	連合、産業別労働組合連合会
都道府県	都道府県単位の組織等	都道府県労福協	都道府県単位の地方連合会
地方	協同組合等	地方・地区労福協	地方協議会、労働組合

⑷　労福協

　労福協は労働者福祉事業団体と労働組合の橋渡し役を担っており、その目的は公的福祉、企業内福祉と関連させつつ共助による労働者福祉を促進することにある。会員は労働金庫、労働者共済、消費生協、医療福祉生協、住宅生協、ワーカーズコープ等を含む労働者福祉組織と労働組合から構成されている。労働組合の場合、連合に加盟している組合もあれば、非加盟の組合もある。このような組織・団体が全国・都道府県・地方単位の労福協に加盟している。中央労福協は、全国連合会と都道府県単位の労福協で構成されている（表1）。

　　労福協は以下の機能を担っている。

- 社会的排除の問題の解決に向けた関連団体との調整
- 労働者福祉に関する政策提言
- 労働者のワンストップの相談窓口となる「ライフ・サポート・センター」の運営
- 労働者福祉事業団体間の協働の促進
- 労働組合・協同組合リーダーの教育・研修、経験の共有化
- 月刊のニューズレターおよび特別なキャンペーンを通じた広報活動

6　労働者の自主福祉活動の現代的役割：共益から公益へ

　グローバル化と情報通信革命の進展、少子高齢化と人口減少によって日本の経済社会は大きな転換期を迎えている。バブル経済崩壊後の平成の「失われた30年」を経て、勤労者の所得は伸び悩み、非正規労働者が4割を占めるまでに増加し、地方経済の疲弊、限界集落化が進行している。労働者の自主福祉事業はメンバーである勤労者の生活向上と権利擁護のために共助の活動をしてきたが、近年は共益の枠を超えて多くの人々の利益（公益）のために活動すること

が求められている。労金、労福協は、消費者金融業者の勧誘による多重債務問題に対する取り組みに参加し、その活動が最大貸出金利を引き下げる2006年の貸金業法の改正につながった。また、若年層と高齢者を標的に詐欺まがいの手法で高額商品を売りつける割賦販売をやめさせる消費者キャンペーンに取組み、2008年の割賦販売法の改正につなげた。また、奨学金融資の制度改善にも取組み、労金は奨学金ローンの利用者に対し低金利のローンへの借り換え活動を行っている。このような取組みを通じて労働者の自主福祉事業は国連の「持続可能な開発目標（SDGs)」の達成に貢献することが求められている。

参考文献

栗本昭・小関隆志（2019）『労働金庫：日本において70年にわたり勤労者の金融アクセスを強化することで、包摂的な社会を構築してきた取組み』ILO ワーキングペーパー No.76
高木郁朗編著（2016）『共助と連帯』明石書店
中村圭介（2019）『連帯社会の可能性』全労済協会
労働者福祉中央協議会（2014）『連帯・協同でつくる安心・共生の福祉社会へ』
Pestoff（1992）"Third Sector and Co-Operative Services —An Alternative to Privatization" Journal of Consumer Policy

栗本　昭（くりもと・あきら）
連帯社会研究交流センター・特別参与

第4章　雇用・労働条件闘争

I　団体交渉と労使協議

1　産業民主主義と経営参加

(1)　産業民主主義・経済民主主義・共同決定

　広義の労使協議（集団的労使交渉）は、産業民主主義、あるいは職場民主主義という観点から論じられることがある。真の民主主義は政治的な場だけではない。経済的次元での民主主義も重要である。それには、国家レベル・産業レベル・企業レベル・職場レベル・地域レベルなど多様なレベルがある。ウェッブ夫妻の名著『産業民主制論』は、労働組合活動を意味していた。ウェッブはつぎのようにいう。「今日のアングロサクソン世界において、労働組合は民主制組織（democracies）である。それらの内部構成はすべて『人民のための人民による統治（government）』の原則に基づいている」と。つまり、産業民主主義（Industrial Democracy、産業民主制）とは、労働組合活動そのものを意味しているのである。それらは、政治的統治体（political governments）との比較において、論じられている。

　もっとも、一般的には「産業民主主義（産業民主制）」という用語は「政治的民主主義（政治的民主制）」に対する用語として、企業内・あるいは産業内での労働者の民主的な雇用関係の獲得という意味合いで使われるのがふつうである。英米的感覚でいえば、「団体交渉（Collective Bargaining、集団的売買交渉）」がそれにあたる。形式的だけでなく実質的にも対等な当事者（労働組合と使用者あるいは使用者団体）による集団的な交渉、つまり団体交渉こそが産業民主主義（産業民主制）を支える基本的な労使交渉なのである。こうした産業的領域を意味するindustrialという用法から、労働組合と、それと対置する使用者やその上部団体との関係を示す用語として、industrial relations、直訳すれば「産業関係」、日本では通常「労使関係」と訳す用語が一般的に使われることになった。

　他方、ドイツにはもともと「経済民主主義」という言葉がある。これも「政治的民主主義」に対応する概念であり、経済分野での民主主義を実現するため

に、労働組合が国家レベル・産業レベル・企業レベル・職場レベルでの意思決定にそれぞれ関与することが必要であるとする考え方である。現在では、国政への関与ならびに賃金・労働時間などの基本的労働条件については労働組合と使用者団体との社会的パートナーシップ（Sozialpartnerschaft）に基づく社会対話や労使自治（Tarifautonomie、協約自治）の考え方が重視されており、企業レベル・職場レベルの経済民主主義は「共同決定」（Mitbestimmung）として理解されている。

　人々が日々働く企業あるいは職場での民主主義を実現することが民主主義社会には不可欠である。英米的な感覚では、企業レベル・職場レベルでの産業民主主義の実現は団体交渉を通じておこなうのが本筋であるが、団体交渉以外の方法を用いて実現することも産業民主主義・経済民主主義の実現にはきわめて有用であり、これを「経営参加」と呼ぶことも多い。労働組合や労働者集団は、企業での発言力を確保することによってこれを実現しようとするのである。

　ドイツの大企業では、「最高経営会議」（Aufsichtsrat、監査役会という訳もある）での労使同数参加制度がある。CEO以下の取締役を選出したり企業の経営基本計画などを審議するこの会議は、従業員や労働組合の被用者代表と株主代表とが同数で構成される。一般的には、この仕組みは「労使協議」とはいわずに、経営参加制度あるいは「企業レベルの共同決定」というが、広い意味では労使協議制度と言えなくもない。事情を知らない人には、経営者の選出に被用者代表が関与することが法的に保障されているドイツの現実は奇妙に映るかもしれない。

　ドイツでは、企業の外部にある労働組合と使用者あるいは使用者団体が労働協約を締結するのが団体交渉（Tarifverhandlung、労働協約交渉）であり、従業員が選出する事業所委員会（Betreibsrat）が個別企業と事業所協定（Betriebsvereinbarung）などを締結したり協議したりすることが事業所レベルの労使協議（Betriebliche Mitbestimmung、事業所レベルの共同決定）となる。これを「事業所・職場レベルの経営参加」と呼ぶこともある。ここでは、団体交渉と労使協議は明確に区別される。賃金や労働時間の基本的な事項は団体交渉で決定されるが、職場での具体的な運用については事業所委員会と使用者との労使協議で決められる。この事業所委員会の活動・権限については、細かく法律で定められている。たとえば採用・配転・格付け変更・解雇に当たっての人選基準の策

定には事業所委員会の同意が必要である（事業所組織法第95条）。しかし、実際の人事権の行使については、その人選基準や法律に反しない限りは使用者が決定することができる。

　また、事業所委員会委員（専従を含む）の人数も従業員数ごとに細かく法律で規定されている。彼ら彼女らの人件費や活動費は全額企業が負担する。たとえば、従業員数1,000名の事業所では、事業所委員会委員（従業員代表）13名、うち、専従者（会社の業務はせず、事業所委員会の仕事のみをする）は3名とされている。

　ドイツ以外でも従業員代表法制をもつ諸国では、同様の区別ができる。ヨーロッパでは法律に基づく労使協議制がある国が多い。これは労働組合が企業外部にある産業別組合、あるいはその支部であるため、企業内の労使（従業員と経営者）で話し合う場と権限を法律で定める必要があったからである。その場合、従業員代表を労働組合の当該支部あるいは複数の労働組合の企業内支部の連合体とするか、労働組合とは別に従業員代表を選出し、従業員代表組織とするかは国によって異なる。労働者の代表が労働組合であるということは、ストライキ権を背景とした交渉ができるということを意味している。多くの団体交渉はスト権を行使しうるのに対して、労働組合以外の代表組織はこうした権利を持っていない。

　このように民主主義社会を実現するには政治的民主主義だけでは不十分であって経済的民主主義も必要であり、その主体として労働組合や従業員代表制が存在しているのである。とくに、労働組合は単なる組合員たちの利益団体ではなく、社会的に公正な、経済面の民主主義を担う主体として理解されているのである。

　もちろん、アメリカでは「ビジネス・ユニオニズム」と呼ばれるように、経済自由主義イデオロギーの強さからあくまで労働組合を労働者の利益団体として捉え、組合員の経済的な便益拡大のみを追求する組織として理解されてきた。しかし、最近ではアメリカでも社会的に公正な社会の実現を求める「ソーシャル・ユニオニズム」の流れが現れている。

　なお、「労使関係」は法律という形、たとえば従業員代表制や労働法の締結という意味では、政労使関係であり、株主の発言力が強くなってから、使資関係もまた重要となっている。その意味で労使資関係でもある（コーポレートガバ

ナンス論との接点)。つまり「労使関係」は「政労使資関係」といってもよい。もちろん「資」は株主・所有者の意味である。

(2) 労使交渉における対等性

　雇用契約の締結は使用者と労働者個人の対等な契約行為である。しかし、その結果生まれる雇用関係は対等とは言い難い。使用者の指揮命令権があり、それに従わねばならない。それは本質的にマスター・サーバント関係である。もちろん雇用契約を破棄することは可能であり、その意味で対等である。包括的な雇用契約そのものは対等であるが、その契約の内容が指揮命令権であり、多くの具体的な使用者の労働給付の要求に労働者は服さねばならないのである。この具体的な労働給付の取引そのものは対等とはいえないだろう。労働組合の存在が法認されているのは、そこでの実質的な対等性を担保するためである。個人としてではなく集団として使用者と交渉する権利を労働組合は持っているのである。つまり、すべての労働条件は団体交渉事項であり、これをめぐる労使交渉はすべて団体交渉である。しかし、労働組合が労働協約などで使用者の決定権を認めている場合は、その枠組をどう設定するのかという交渉は対等である（これは団体交渉である）が、設定された枠組みでの具体的な労働条件の決定についてはしばしば対等ではない、といってよいだろう。その決定権の程度には多くの段階があり、労働組合が同意しなければ行使できないものから、労働組合に事後通知すればよいものまである。

　もちろん、使用者には不当労働行為は認められていないから、誠実に団体交渉に応じる義務があるが、労働協約の締結義務まではないから、使用者が同意しなければ使用者が専決する。それは個々人の雇用契約締結の対等性によって正当化されている。もちろん、それに労働組合が反対して争議を起こしたり、労働委員会などに斡旋・調停・仲裁などを求めたりすることはできる。ただ、企業の存続の危機は自らの雇用の危機につながりかねないから、行動は慎重にならざるを得ない。

2　日本の現状
(1) 労使協議と団体交渉

　労働者集団と使用者（集団）との話し合いは多様である。労働組合が要求し

て使用者が対応するもの、使用者が労働組合に要求してその了解をえるもの、話し合いはするが労働組合が反対しても使用者が決められるもの、使用者が一方的に決めて事後通告する場合などがある。労使が交渉・協議・意思疎通を図ることを「労使協議」（広義）といえなくもない。しかし、以下では、労働組合がストライキ権を背景としておこなうものを「団体交渉」とし、ストライキ権を背景としない労使の協議を「労使協議」（狭義）としよう。

　日本で主として問題となるのは、狭義の労使協議と団体交渉との区分である。区分の仕方によって、3つのタイプがあるといわれてきた。①分離型……テーマによって団体交渉事項（労使交渉事項）と労使協議事項（労使協議事項）を分けるもの、②連結型……団体交渉事項も労使協議を前置して、労使協議を経て団体交渉に移行するもの、③一体型……労使協議と団体交渉を区別せず、いわばすべてを団体交渉あるいは労使協議としておこなうものである。

　②は①と③の混合型である。団体交渉事項も労使協議事項と同じようにまず取り扱い、そのうえで分離するわけである。団体交渉の前段としての労使協議は本質的には団体交渉の一部とみるべきであろう。団体交渉的権利義務関係を前提としての労使協議だからである。仮にそれが労使協議の段階で妥結したとしても、たとえ「労使協議機関」で交渉したとしても経営側の一方的な意思決定・行使はできないからである。つまり、「一体型」であっても経営側の一方的な意思決定・行使ができないものが団体交渉事項であり、できるのが狭義の労使協議事項である。もっとも、賃金交渉でもそうだが、交渉が決裂した場合には、経営側は労働協約・賃金協約を締結しないことができるため、多くの場合労働組合は経営側の決定に従わざるを得ないのではないかという批判が起こりうる。

(2)　近年の調査から

　最近の調査（厚生労働省「労使間の交渉等に関する実態調査」）では、「団体交渉」については定義がないが、団体交渉と労使協議の区別を常設的機関の有無でしているようにみえる。図表1は近年における実際の労使交渉（広義の労使協議）の状況をみたものである。「団体交渉」とは、労使協議機関を用いずに、あるいは区別して（団体交渉に切り替えて）おこなうことを示しているように思われる。ただ、「一体型」の場合は主観的な認識がどうか必ずしも明らかではない。

図表1　過去3年間の労使間の交渉状況別労働組合の割合（単位：%）

	労使間の交渉があった[1]	労使間の交渉形態（複数回答）					労使間の交渉がなかった
		使用者側と話合いが持たれた[2]			労働争議が生じた	使用者側から一方的に説明・報告・通知等がなされた[3]	
		計	団体交渉が行われた	労使協議機関での話合い			
賃金・退職給付に関する事項	73.9	71.5	48.9	36.9	0.7	4.0	26.1
労働時間・休日・休暇に関する事項	72.2	68.7	33.4	37.7	0.4	4.0	27.8
雇用・人事に関する事項	60.2	56.6	23.2	31.7	0.4	7.9	39.8
職場環境に関する事項	60.7	57.1	16.3	30.9	0.1	2.4	39.3
健康管理に関する事項	51.4	47.2	12.9	26.6	0.0	3.5	48.6
経営に関する事項	36.7	32.7	9.9	20.5	0.0	4.0	63.3
教育訓練に関する事項	27.7	24.7	6.1	13.8	0.0	1.6	72.3
福利厚生に関する事項	43.4	41.0	14.2	22.5	0.0	1.1	56.6
男女の均等取扱いに関する事項	20.4	18.1	5.3	10.6	0.0	1.4	79.6
労働協約の解釈・疑義に関する事項	17.6	15.9	5.4	9.4	0.1	0.8	82.4

注：過去3年間とは、平成26年7月1日から平成29年6月30日までをいう。
　　1）話合いは持たれなかったが使用者側が労働組合に対して意見聴取を行った場合や、労働組合が
　　　　要求書等を提出したが話合いは持たれなかった場合を含む。
　　2）団体交渉、労使協議機関での労使協議、その他非公式な場での話合いなどをいう。
　　3）使用者側から労働組合に対し当該事項の実施・改定等について一方的に説明・報告・通知等が
　　　　なされただけで意見聴取は行わなかった場合をいう。
出所：厚生労働省「平成29年　労使間の交渉等に関する実態調査」より筆者作成

　分離型と同様に団体交渉も労使協議機関での話し合いもおこなわれたとしているのかもしれないが、どちらか一方のみとしている可能性も高い。両方していると認識している組合は少ないからである。

　賃金・一時金の金額決定については、確かに団体交渉の方が多いが、労使協議機関による話し合いも少なくない。労働時間や休日などついてはやや労使協議機関の方が多い。雇用・人事に関する事項では労使協議機関でおこなう方が多く、それ以外の項目ではその傾向は一層顕著である。つまり、日本では賃金・一時金こそ団体交渉する（と認識する）ことが一般的だが、それ以外では労使協議機関で話し合う方が多いのである。

　ところで、賃金・退職給付について、労使の交渉が3年間全くなかった労働組合が、26.1%存在している。組合の企業内組織率の低い組合の多くがこれにあたるかもしれない。使用者から完全に無視されている労働組合といってよい

図表2　一般組合員の人事的事項についての関与度（単位組合）（単位：%）

人事的項目	関与している							全く関与せず	不明
	計	同意	協議	意見聴取	事前通知	事後通知	その他の関与		
昇格	41.1	4.2	2.1	2.9	14.8	14.9	2.2	49.5	9.4
解雇	56.3	10.0	15.3	5.7	14.3	7.3	3.6	33.3	10.4
懲戒処分	57.0	8.6	16.7	6.3	13.3	8.5	3.7	32.8	10.3
配置転換	49.0	3.9	5.7	5.0	19.7	11.8	2.9	40.8	10.2
出向	46.3	5.6	5.7	3.8	19.1	10.0	2.1	44.0	9.7
海外勤務	33.6	3.2	2.7	2.8	15.0	8.0	1.9	56.5	9.9
正社員の採用計画	45.7	3.3	5.3	4.6	19.2	8.7	4.7	43.3	11.0
正社員以外の社員の採用計画	35.1	2.9	3.1	3.6	12.1	8.9	4.4	52.2	12.7

出所：図表1と同じ

だろう。

　図表2は人事的事項について、関与の程度を調べたものである。人事的事項について団体交渉の結果として、狭義の労使協議をしている労働組合の関与の程度は「同意」という最も強い関与度から事後通知まで幅広いことがわかる。この関与の程度を高める努力も組合の交渉力にかかっている。もちろん、より直接的な労働条件である賃金や労働時間では、団体交渉として労使交渉をしている場合が多いであろうことは先の図表1が示すとおりである。

3　労使交渉・協議の仕組みの形成と変遷

　アメリカのように職場レベルの労使交渉も団体交渉という形をとる国もあれば、ドイツのように従業員代表制というかたちで労使協議を定義し、労働組合を主体とする団体交渉と明確に区別する国もある。

　日本の労使関係の特徴は自生的な労使協議制にある。それは、ヨーロッパ諸国と異なり法律に基づくものではなく、労使関係の現実から作り出されたものであり、自生的なものである。労働法制とは直接的な関係はない。労使協議で最も大きなテーマは雇用保障であった。他方、異動や労働時間については優先順位がやや下がっていた。一般組合員にとって深刻な問題は何よりも雇用問題だったからである。日本では、労使協議の深化は、賃金・一時金など本来、団体交渉で扱うべきとされる事項まで労使協議の枠組のなかで扱うという傾向を

助長した。ここでは、そうした仕組みの形成と変遷についてみておくことにしたい。

(1)　労使協議制生成期（1945-60年）

　1945年の敗戦から、7年間は戦後混乱期と呼んでよいだろう。戦後混乱期は、わずか7年程度であるが、歴史的には1945-46年と47年から52年2つの時期に分けることができる。前半は労働組合からすれば「解放期」であり、後半は「弾圧期」である。マッカーサー連合軍最高司令官による1947年の2・1ゼネスト禁止命令以後、労働運動は後退を余儀なくされる。

　日本の労働者の観点からすれば、敗戦は労働運動にとって少なくとも当初は「解放」を意味していた。労働組合運動は国家への「反逆」活動から新しい民主主義国家のための「建設」活動となった。アメリカを中心とする連合国占領軍は当初労働運動の保護と育成を図ろうとした。多くの大企業の経営者は占領軍にとってみれば、戦争犯罪人であり、排除されるべき人々であった。そのため、敗戦直後は、労働組合優位の労使関係状況にあった。

　しかし、東西冷戦の始まりとともに、連合軍の態度は一変する。急進化する労働運動に対して、抑圧的な占領政策がとられ、大企業でも労働者の大量解雇がかなり素朴な形で実践されていくようになる。労使における相互不信の時代であったといってよい。本節で論じることはできないが、当時の世界的な政治状況を理解することなしに、この時期の労使関係を理解することは不可能である。

　さて、1948年の連合軍マッカーサーの指示により公務員の争議行為が禁止され、1949年には労働組合法改正により、使用者による経費援助に強い規制がかけられ、労働協約の自動延長条項が無効化された。これらの事態は、労働組合にとって対経営者交渉力の著しい低下を意味していた。また、1949から50年にかけてはいわゆるドッジ・ラインの実施により、公務員部門とともに大企業でも大規模な解雇が広範囲におこなわれた（公務部門だけで約16万人が人員整理された）。労働省が把握しただけでも1949年だけで44万人近く、実際には100万人前後の労働者が解雇されたといわれている。ここでは、日立争議と日鋼室蘭争議をとりあげる。日立は「日本的雇用慣行」の代表例とされることが多いし、日鋼室蘭の労働組合は、もともと「労使協調的な」労働組合であったからである。

（a）　日立争議

　1950年4月5日に賃上げ要求を日立の労働組合が会社に対しておこなった。この交渉過程のなか1か月後の5月8日（5回目）に至って、会社側が突然人員削減を提案した。約2割にあたる5,555人の指名解雇であった。選考基準は実に14項目におよび、「業務能率が低く成績の上がらない者、経営に不要と思われる者、職場の秩序または風紀をみだす者、上司同僚間の融和協力の程度の低い者、身体虚弱者、離職しても生活に影響する所が比較的少ない者」など、完全に企業経営判断によるものであった。また、退職金も「事業上の解雇」による退職金と解雇予告手当30日分と法的に定められた最低基準であった。

　組合は要求と全く異なる指名解雇提案に驚き、受け取りを拒否した。これに対して、会社側は13日に19日までに交渉をしたいと組合に申し入れた。組合は回答を保留し18日の中央代議員会で20日の交渉開始を会社に申し入れた。ところが、20日早朝に会社側は5,555人の人員整理に関する希望退職の募集を掲示した。20日午後の団体交渉はきわめて緊張し、翌21日午前に会社側の退場によって打ち切られた。

　会社は組合の団体交渉要求に応じず24日に解雇者氏名の載った印刷物を配布・掲示したが、組合は直ちにそれを撤去した。しかし、会社は24日から25日にかけて整理該当者に「解雇通知書」を封書で送りつけた。内容は27日付で解雇するので、27日までに（つまり通知書を受け取ってから2、3日以内に）依願退職すれば特別餞別金（基本給の4か月分）を支給するというものであった。ちなみに、大河内／松尾（1969、387頁）によれば、組合側が郵便物の受け取り拒否を組合員に指令したため、会社は数千枚の解雇者名簿を市内にばらまくことで、被解雇者の氏名を従業員や市民に知らせたという。

　こうした会社側の行動が示すように、労働組合と協議して慎重な人員削減をおこなうという意識は、当時の多くの大企業にはなかったといってよい。指名解雇の提示から実施まで非常に短期間であり、現代の大企業労使関係では考えられないようなものであった。それだけに労働組合の、というよりも従業員の怒りには激しいものがあった。多くの工場で職制のつるしあげが頻発した。会社は解雇者の工場への立ち入り禁止をおこない、組合側は全員出勤操業という態度で臨んだ。これに対して、会社側はロックアウトで対抗した。

　労使とも、法廷闘争を展開する。労働組合側は身分保障の仮処分を求め、会

社側は「解雇者の工場立ち入り戦術」に対する立ち入り禁止の仮処分や、組合員の部課長に対する暴力行為の告訴などが工場ごとに数多くなされた。

　労働争議は約2か月続いた。争議の長期化によって組合員の生活困窮、組合の闘争資金の枯渇が深刻化しただけでなく、当初組合は解雇通知の一括返上・受領拒否によって被解雇者と残留者の区分を不明確にすることに成功していたが、被解雇者の氏名が明らかになるにつれて、団結にひびがはいっていった。指名解雇を逃れた者にとっては争議を一刻も早く終了することが個人の利益にかなっているからである。

　こうして組合の闘争力が弱まるにつれて退職金の受領者も増えていった。かくして、7月20日に団体交渉が再開され、27日に日立の争議は終結した。5月8日の会社案を組合は全面的に受け入れたうえで、終結時点で退職を申し入れた者に対しては5月27日付退職した者として特別選別金（家族持ちは基本給の3か月分、単身者は2か月分）を支給することとなった。組合の全面敗北であり、会社の全面勝利であるが、この争議の残した傷跡は会社にとっても大きかった。

　こうした事態は、当時の日本の大企業においては通例であった。たとえば、穏健な労使関係で知られたトヨタ自動車でさえ、1950年には従業員の2割の指名解雇を中心とした大規模な人員削減を実施し、深刻な労働争議を経験している。自動車産業では、日産争議が有名である。東京帝国大学卒の益田哲夫に指導された日産争議の激しさは第二組合（後述）を生んだ。さらに、戦闘的な指導部の第一組合を弱体化させた第二組合と経営陣はその後協調関係を続けた。日産自動車が苦境に至った1970年代後半に、塩路委員長の指導する発言力の強い日産労働組合は経営陣と軋轢を生み、塩路委員長の失脚によって終息した。なお、トヨタ争議については、当時人事部職員としてその内実を見事に描いたものとして、（上坂1981）がある。

　⒝　日鋼室蘭争議

　当時、日本製鋼所室蘭製作所（日鋼室蘭）は、4,000人近い従業員を有する同社の主力事業所であった。朝鮮戦争特需の終了に伴う需要の急減により、1954年同社は大幅な赤字に陥り、大規模な人員整理に踏み切った。室蘭製作所だけで同年6月に915人を指名解雇した。ここの労働組合は決して戦闘的な組合ではなくきわめて穏健な組合であった。1949年の日本製鋼所のほかの複数事業所での大量整理解雇の場合も、組合間の連帯感をみせず、他の事業所の組合から

は「企業べったりの労働組合」とみられていた。それだけに1949年の大量人員削減にともない争議を経験した日本製鋼所のほかの事業所の労働組合が日鋼室蘭労組をみる目は厳しかった。

　したがって、指名解雇の発表に対しても、組合は「赤字解消のための合理化を行うことには全面的に賛意を表するが、人件費の節約即首切りには反対である。但し組合としては乏しきを分ち合うという立場に立って、現在6割に達する基準外賃金を規正して基準内のみの賃金として二交替制を三交替制、週休を完全に実施すれば、人件費の節約は勿論、首切りを行うことは不要である」と主張した。大幅な賃金カットやワークシェアリングの考えを示し、それによって整理解雇に対抗しようとした。ところが、このきわめて穏健派とみられていた組合提案に対して、経営側はこれを一蹴し、過剰人員をすべて解雇するとして企業体力を強化する必要を主張した。

　交渉にほとんど応じず解雇を強行しようとする企業の姿勢に対して、組合は急激に態度を硬化させ、組合員たちは地域ぐるみの闘争を喚起し、全国的に大きな関心をよんだ。争議は会社側の強固な姿勢もあり紛糾し、従業員の約3分の1が第二組合を結成するなど激しさを増し、従業員間の対立まで引き起こし深刻な事態となっていく。ここで、第二組合とは、戦闘的な労働組合の活動に反発する従業員たちが経営側の支援を受けながら組織化した労働組合である。このケースでは、もともと組合指導部は穏健であったが経営側の対応によって組合内の強硬派が主導権をとることとなり、闘争が激化していったのである。激しい労働運動が戦わされた企業ではしばしば組合分裂の結果、第二組合が結成された。

　こうした第二組合、あるいは第二組合的な組合方針をとる組合執行部の成立により、わが国大企業の労働組合では労使協調的な組合活動派が主導権を握ることになる。経営者としても第二組合的労働組合に一定の配慮をすることが第一組合的労働運動を押さえるために必要であった。それは、企業内労使協議制度を経営側が重視していく背景ともなっていた。

　さて、日鋼室蘭争議に話をもどすと、最終的には中央労働委員会の調停により、解雇者を662名とすることやわずかな補償金の獲得などで終結した。争議は実に224日間に及んだ。結果だけをみれば、労働組合の敗北であり、経営側の勝利であったが、争議の企業経営者たちに与えた影響は実に大きかった。尼

鋼の場合には労働組合が当初から戦闘的であったが、日鋼室蘭の組合は労使協調的であり穏健派の労働組合であった。にもかかわらず、一方的な会社側の指名解雇は実に激しい労働争議を引き起こしたのであった。三井財閥に属す日本製鋼所は倒産することはなかったが、その時の経営側の経済的損失は実に大きかった。ちなみに、尼鋼争議は、企業倒産による全員解雇という形で終結している。

　こうした歴史的な経験を通じて、企業経営者にとって、法律通りに整理解雇することは賢い経営でないことがあきらかになった。その後、高度経済成長に入ったのちもこの種の争議はときどき発生したが、いつも同じような結果であった。つまり、日本企業の経営者たちは「解雇」をすることが、企業経営にとって非常に大きなコストであることを学んだ。そのため、雇用保障を重視するようになっていった。折しも時代は高度経済成長に入っていった。つまり、企業にとって雇用保障を重視することは一方では従業員の定着への魅力アップであるとともに、整理解雇の必要が少なくて済む時代であり雇用保障コストはあまりかからなくなっていった。この真価が問われるのは、高度経済成長期ではなく、それが終わったのちであった。だが、その話に進む前に、高度成長期における労使関係の変化に大きな影響を与えた生産性3原則に触れる必要がある。

　⒞　生産性3原則

　現代では日本の労使関係は安定的であると考えられている。しかし、それに至るには「生産性向上運動」が大きな役割を果たした。これは1つの歴史的妥協であるといってよい。そもそも、「労働生産性の向上」が労使関係で意味することは、人員削減あるいは人員増加の抑制である。したがって、どこの国でも労働生産性向上はとくに人員削減を意味するときに労使紛争の種となる。それはしばしば「合理化」として批判されてきた。「合理化」は文字通りであれば、経済活動上当然のことであるが、それが意味するのがしばしば「労働強化」や「人員削減」を意味していることがよくある。経営者のいう「合理化」＝「労働強化」という図式である。近年でいえば、事業再構築を意味する「Restructuring」が人員削減を意味する「リストラ」と呼ばれているのと近い。

　したがって、労働生産性の向上に「合理化」という言葉を使うことはタブーであった。そこで使われた言葉が「生産性向上」である。生産性向上運動は、1947年に西ヨーロッパの共産主義化阻止と経済復興をめざして開始された「マ

ーシャル・プラン」の一環として生まれたものである。これは、アメリカの進んだ技術と管理システムを導入して生産性を上げ、その成果を国民全体に適切に配分することによって政治的経済的安定を図ろうとするものであった。日本では、労働運動右派と協調的労使関係を作ろうとした経営者たちとの協働作業により、1955年3月に経営者、労働者、および学識経験者の3者構成で「国民経済の生産性の向上を図る」ことを目的として日本生産性本部が設立された。その際、「生産性3原則」を掲げ、協調的労使関係の確立をめざして活動することになる。その3原則とは次のようなものであり、それは現在まで受け継がれている。

「①雇用の維持・拡大……生産性の向上は、究極において雇用を増大するものであるが、過渡的な過剰人員に対しては、国民経済的観点に立って能う限り配置転換その他により、失業を防止するよう官民協力して適切な措置を講ずるものとする。

②労使の協力と協議……生産性向上のための具体的な方法については、各企業の実情に即し、労使が協力してこれを研究し、協議するものとする。

③成果の公正配分……生産性向上の諸成果は、経営者、労働者および消費者に、国民経済の実情に応じて公正に分配されるものとする。」

第1原則である「雇用の維持・拡大」は、生産性向上が人員削減を意味するものではないことを宣言している。配置転換などによる解雇回避の宣言である。第2原則は団体交渉よりも日常的な労使協議を重視するものであり、労使関係上の諸課題を労使協議中心に解決を図ることを目指している。第3原則は、生産性向上の成果は企業や経営者だけが独り占めにするのではなく、労働者に適切に配分されねばならないことを示唆している。これらの原則は広く社会全体に適用されるべき原則であるが、企業内ではこの3原則に基づく労使関係がつくられていったという歴史からみれば、現在でも重要な原則であるといってよい。もちろん、この生産性3原則を過大評価すべきではないが、革命的な労働運動論やそれに基づく労働組合運動が衰退する中にあって、相互信頼に基づく労使関係の方針を示したという意味で、その労使関係上の意義は大きい。

さて、この第2原則にある労使協議が徐々に広がっていった。労使協議制（経営協議会）は敗戦直後から存在していたが、それはしばしば対立的な労使交渉の場にすぎなかった。とくに定期的におこなわれる協議だけでなく、日常的

な労使協議が徐々に実践されていくようになっていったのである。

(2)　高度成長期から安定成長期での変化……連続性と断続性
(a)　雇用調整の実践

　景気変動による人員削減の必要は資本主義社会では不可避の現象である。これに対して、解雇をできるだけ回避し、指名解雇を発生させずに労働者が納得できる雇用調整のシステムは高度経済成長期の実践のなかにみることができる。

　1つは、企業規模拡大による配置転換や転勤の一般化である。高度成長期は技術革新の時期であった。品質が高い製品をつくるには技術者だけでなく、現場の技能労働者やその知恵が不可欠である。企業の規模拡大期には、そうした人材は不足しがちであった。こうした人材が他社に移ってしまわないように各種の定着策を講じた。雇用保障（徐々に「終身雇用」と呼ばれるようになっていった）はもちろん、賃金上昇や定年退職金など老齢保障にも力を注ぐことになる。そのうえで、企業はそうした人材を配置転換や転勤させたし、労働者たちもそれに応じていった。

　高度経済成長期においても繊維産業などの成熟産業では雇用調整がしばしば発生していた。その場合、企業内労使協議体制の確立とともに、こうした問題が日常的に議論され解決されることになる。配置転換や転勤にとどまらず、雇用調整手段として「出向」というメカニズムが発明され、さらには、企業間関係に基づく転社である「転籍」が徐々に普及していくのも高度成長期のことである。当初、ほかの企業で働きそこから賃金をうけとる「出向」制度については、労働者の不安も大きかった。そのため、たとえば出向は「3年後」に復帰することを前提とするとか、出向先で仕事が大幅に変わったとしても賃金水準は従来のものを保障するということなどの労使合意が深い労使協議のなかで確認されていくのである。

　事例を1つあげよう。大手化学繊維メーカーC社のケースである。C社では、1950年代後半から大量異動が頻繁になる。そこで、出向制度の整備が必要となる。出向が労使の交渉対象となるのは、1960年のことである。同年の労働協約改定時に、組合員の異動項目に出向を加えることが、会社改定案の中で示されたのである。組合は出向制度について、①本人の同意を必要とすること、②出向者は出向先での課長級以上を非組合員とすること、③出向条件を協約にする

　ことを申し入れた。これに対して、会社は、①出向条件は覚書または確認事項で明確にする。②非組合員の件は出向先の職務を考えＣ社労使で決める、③出向先でストがあったときは原則としてＣ社に引き取り、給与は保障する。④大量異動の場合と組合役員の出向は転勤と同じに扱うとした。結局同年（1960年）７月出向制度を認めることにし、「出向者に関する確認事項」として労使の調印をおこなった。

　第１次合繊不況は、この事前労使協議の深化に大きな影響をあたえた重要な事件であった。ナイロンとポリエステルの供給過剰による不振は、両製品を主力としてしたＣ社には深刻であった。1965年２月に開催された中央生産委員会で、社長が組合に協力を要請するとともに、会社は業績改善の具体策を策定し実行するための労使による特別委員会の設置を提案した。組合はこれに喜んで応じ、この委員会で、操短によって余剰となった要員の活用が最重点問題として取上げられた。対策として関係会社への応援、出向、一時休暇が実施された。

　従来から技術指導などの目的で出向はおこなわれていたが、雇用調整手段としての出向は自ずと意味が異なる。組合の基本方針は①組合員の大量応援、出向は必ず労使事前協議の対象とする。②出向者の人選に当たっては本人の納得と理解を前提とし強制しない。③賃金その他の労働条件および復社後の処遇などについては一切不利な扱いはしない、ということだった。この方針のもとに大量異動に組合は積極的に協力していく。

　この時期だけで、社内転勤、「転籍」（配置替えのこと）977名、社外への出向・応援は国内2,482名、海外18名にのぼった。主な出向・応援先は、関係会社、関連会社、プロダクションチームなどで、そのほとんどは繊維関係の業務であった。つまり、この時期は出向の量的拡大期であった。職種は同種のものに限られていた。職種をまたぐ出向は、個人としてはキャリアからみて不都合が多く、また企業としても生産性も低下するから、当時はまだほとんどおこなわれていなかったのである。とはいえ、それまでごく一部の従業員に限られていた出向や社外応援という異動が、一般組合員にまで本格的に広がったこと自体大変化であり、労働組合や組合員個人にとって、雇用やキャリアへの不安やとまどいは決して小さいものではなかった。当時の状況について、『組合史』は記す。「現在（1977年10月現在……引用者）でこそ、社外応援、出向は日常的になっているが、一部の管理者や技術者など特定の限られた人の問題として取り

扱われていた制度が、一般組合員にも適用されることになると、その対応は、当時として非常にむずかしい問題であった。」

(b) 雇用調整システムの確立・一般化

このようにして、高度成長期に生まれた雇用調整システムは、労使協議制度のなかで合意形成が図られていった。このシステムは1974年以降の安定成長期に大きな力を発揮することになる。しかし、当時このしくみが本当にうまくいくのかどうかは不明であった。高度成長期において「終身雇用」を唱えることは企業にとっては容易でありコストもかからなかった。いわば建前としての「終身雇用」であったといってよい。この建前が現実の経済的ショックによって、現実化するのかどうか当時は必ずしも明らかではなかったのである。現在からみれば、この時代は日本全体で「長期安定雇用」が建前から現実になった時代であったといってよい。

この時期においても、かつてのような指名解雇をする企業がまったくなかったわけではないが、そういう企業では争議が発生しており、多くの企業ではそれを避けるようになっていた。大規模な人員削減が大規模な労働争議の連続ということにならず、多くの場合には大きな痛みを伴いつつも労使協議のなかで解決されていくのである。

労働組合は雇用確保の観点から、きわめて冷静に大幅賃上げを断念した。賃上げの範囲は労働生産性上昇の範囲内に収めるという経営側の「生産性整合性論」を受け入れる一方で深刻化する雇用状況を踏まえて、雇用保障を強く求めたのである。その結果、繊維産業などで実践されていた「出向」制度などがオイルショック後、鉄鋼業や造船業などでも広く用いられるようになった。今までとは全く違った職場への異動やほかの企業への移動によって、原則的には賃金水準の維持と雇用保障という労働者にとって最も重要な労働条件の確保を図ることが日本の大企業労使の経営行動となった。これは当時の雇用調整給付金制度の成立などとも相まって、ほかの先進諸国で発生していた大量失業という事態の発生を防ぐとともに「終身雇用」という言葉を世界的に有名にしたのである。また、その後の良好な経済的パフォーマンスは、日本的経営ブームを世界に巻き起こしたのであった。

(3)　1997年ショック以降の労使協議

　安定的な雇用調整システムを作り上げてきた日本の労使関係であるが、それ
はバブル崩壊後もしばらくは従来の方式で対応可能であると思われていた。し
かし、1990年代半ば以降、とくに1997年の金融危機以降、雇用調整は一層深刻
度を増すことになる。大手の銀行や証券業であってもその存続がなんら保障さ
れたものではないことを、北海道拓殖銀行と山一證券の倒産、それにつづく長
期信用銀行の一時的な国有化などが世間に強く印象付けた。企業は将来展望を
大幅に転換し、多角化から「選択と集中」へ舵を切った。この時期以降、「希
望退職」が徐々に一般化することになり、「終身雇用」という言葉は徐々に使
われなくなっていった。ここでは、2000年代前半におこなわれた電機産業にお
ける企業組織再編をめぐる労使協議をみることで、21世紀初頭の状況を見てお
くことにしよう。

(a)　事前労使協議

　日本の大企業における典型的な労使協議は、人事処遇制度や雇用調整など重
要事項についての「事前労使協議」であり、公式の労使協議の前に、非公式の
労使協議がおこなわれることが少なくない。それは、公式的には「取締役会」
での決定ののちに、各種の会社提案に基づいて労使協議がおこなわれるという
のが手順であるが、それでは労使協議の範囲は大きく限定される。とくに事業
売却や事業統合などの場合、社外発表されてからでは、公式の労使協議の場は、
その報告を聞く場でしかなくなってしまう。それでは、組合や組合員の意向を
反映させることはできないか、非常にむつかしくなる。そのために、日本の労
働組合は、「事前労使協議」つまり、会社の方針が正式に決定される前に労使
協議することを要求してきた。企業としても、従業員の労働条件に多大な影響
を与える施策については、従業員の反応を確かめておきたいという思いもある。
組合と妥協点を予め探っておけば、実施後の混乱や職場のわだかまりをかなり
防ぐことができ、スムーズに施策を実施することができる。とはいえ、「事前
労使協議」は、経営者として公式には認めにくい。こうした妥協の産物として、
「事前労使協議」および「非公式の労使協議」が一般化していくのである。

　この点について、電機総研調査（電機総研（2004）「構造改革・連結経営下の労使
関係研究会報告」『調査時報』No.346、電機連合）の組合アンケート調査から労使協
議状況を事業組織再編類型別にみると図表3のようになる。全体として73.5%

図表 3　組織再編施策の類型と非公式協議の状況（単位：件数、%）

	社外発表前、公式協議に先立ち		社外発表後、公式協議に先立ち		公式協議前の非公式協議なし		NA		事例(N)	
合計	189	73.5	16	6.2	29	11.3	23	8.9	257	100.0
グループ内再編	139	74.3	11	5.9	23	12.3	14	7.5	187	100.0
グループ外企業との事業統合	19	82.6	2	8.7	1	4.3	1	4.3	23	100.0
事業売却	16	80.0			3	15.0	1	5.0	20	100.0
事業買収	5	50.0			2	20.0	3	30.0	10	100.0
その他	9	81.8	1	9.1			1	9.1	11	100.0

出所：久本（2009）27頁

　の案件で、「事業買収」を除くと、約 8 割の案件で「社外発表前に公式協議に先立って非公式協議」が実施されていた。

　事前に重要な情報を入手するという意味では、「社外発表前に公式協議に先立って」、守秘義務を求められるような情報をもとにした協議が重要である。「社外発表前に公式協議に先立って」の非公式協議をおこなったケース（189件）に限定すると、66.1%が守秘義務を求められるような協議をしており、7.4%の案件では、誓約書にサインをしている。なお、「特に気にしていない」（12.2%）は、労使の信頼関係があるため「気にしていない」と、株式非公開企業であってインサイダー規制に触れる情報がもともとないために「気にしていない」の双方があると考えられる。

　さらに、連合総研が2006年に実施した調査（「連合総研（2007）、『「労働者参加、労使コミュニケーションに関する調査」報告書』64-65頁）によれば、「公表されると株価が変動する等、社外まで影響を及ぼす可能性のある事項」について、組合に提供していない企業はわずか6.3%にすぎず、約 3 分の 2 の企業は「内容によっては提供しない情報もある」とする一方、約 4 分の 1 の企業では「組合が要求する情報ならば機密情報でも提供している」としている。とくに 1 万人以上の巨大企業では、この率は 4 割弱に上昇する。また、組合が会社側から機密情報の提供を受ける場合、その提供を受ける組合役員の範囲についてみると、圧倒的多数の企業において提供される機密情報の範囲は、「本部三役・本部執行委員」（87.4%）であるのに対し、「支部三役・支部執行委員」では6.0%にとどまっている。基本的に機密情報の提供範囲は、本部三役・執行委員に限定さ

れているとみてよい。こうした調査結果から判断すれば、一定の範囲に限られる場合も多いが機密情報を含めて事前労使協議がおこなわれているといってよいであろう。

(b)　公式の労使協議

非公式の事前労使協議が、わが国大企業の労使協議において一般的である。ただ、それはその後の公式の労使協議が不必要であるということを必ずしも意味しているわけではない。実は、しばしば非公式の労使協議のある段階で一般組合員に伝達され議論される場合もあり、どこまでが「非公式」で、どこからが「公式」であるのかは必ずしも明確ではないが、一般的にいえば、組織再編の全容が確定し、個別具体的な点について協議する段階であるといってよいだろう。

組織再編・構造改革にかかわる「公式」な労使協議は、先の電機総研調査によれば平均4.7回おこなわれている。協議「2回まで」が34.9%、「3〜5回」が32.8%で、全体の3分の2は協議5回までで終了している。協議回数「0回」が13件ある。これは、関連会社同士の統合や事業買収など組合員の雇用に直接関係ない場合や「分社化にともなう出向」など従来のルールどおりにおこなわれるからである。非公式段階で合意に達した、または了承したということであろう。

(c)　希薄化

ただ近年、経営側に労使協議を軽視する傾向が表れていることも事実である。藤村(2009)によれば、社会経済生産性本部(日本生産性本部)の労使協議制に関するアンケート調査(1985、1998、2005年)で、労使協議充実のための施策として「会社側委員の全員出席」を挙げる企業が79.8%→64.1%→60.0%と低下している。これは、経営側にとって、労使紛争を招きかねないという緊張感が薄れ、労働組合の存在感も低下してきたためである可能性が高い。

4　労使協議の制度的充実に向けて

現在、春闘を除けば団体交渉は希薄化し、あらゆることは労使協議でおこなわれているかのようである。ストライキが問題となることも少ない。本節では日本の労使協議の主体として「労働組合」を想定し、通例にしたがい日本の労使協議制を基本的には立法に基づかないものとして説明してきた。しかし、従

業員の過半数代表者がする行為も「労使協議」と言えなくもない。労働側の主体が「従業員代表」だからである。三六協定などの労使協定締結や過半数代表者への意見聴取、さらには企画型裁量労働における労使委員会なども労使協議ということになる。

　従業員の過半数代表者たる労働組合は、たとえば三六協定の交渉・締結を通じて、労使交渉する場合がある。この権利は「従業員の過半数を代表しない」労働組合には与えられていない。つまり、従業員の過半数を代表する労働組合は「従業員代表」として労使交渉をおこなっているのである。これは団体交渉とは言えない。団体交渉は労働組合が争議権を背景としておこなう集団的労使交渉だからである。しかし、三六協定の締結拒否は現在ではしばしばストライキよりも強力な交渉手段である。たとえ発議権がなく拒否権しかないとしても。このように団体交渉のほうが労使協議よりも労働組合にとって重要とは言いにくくなっているのである。この点からも、労使協議の圧倒的重要性がいえる。

　もちろん日本の「従業員の過半数代表者」の機能はきわめて薄弱であり、通常は「労使協議」に含めていない。その実体の希薄さのゆえに、日本ではこれが労使協議制度であるという理解はほとんどされていない。従業員代表がたった一人だったり、任期も定められていなかったり、「労使協議機関」の存在を想定していなかったり、その選出手続も現実にはかなりいい加減であったりと、単なる「形式」とみなされることも多い。「従業員代表」が適切に選出されているのか、彼（彼女）には、それを行使する財政的・時間的基盤が保障されているのか。そもそも、彼らは本当に「従業員代表」であるのか、などという疑念が多く浮かび上がる。日本における組合組織率の低さ、とくに中小企業での絶望的な低さをみると、多くの労働者にとって、労使協議制の制度的な充実が産業民主主義の実現のために、現実として極めて重要であることがわかる。この状況を放置してはいけないのではないか。労働組合は積極的に制度政策要求として、その法的充実に取り組む時期に来ている。

注：なお、本節3は、久本（1998、2015b）の一部を若干手直ししたものである。

参考文献

氏原正治郎（1979）「団体交渉と労使協議——わが国における経営参加の1つの問題」隅谷

　三喜男編著『現代日本労働問題』東京大学出版会

大河内一男・松尾洋（1969）『日本労働組合物語　戦後Ⅰ』筑摩書房

上坂冬子（1981）『職場の群像』中公文庫（初出は1959年）

土屋直樹（2015）「団体交渉と労使協議」『日本労働研究雑誌』 4 月号

久本憲夫（1998）『企業内労使関係と人材形成』有斐閣

久本憲夫（2015a）「労使関係と雇用関係」『日本労働研究雑誌』 4 月号

久本憲夫（2015b）「日本の労使交渉・労使協議の仕組みの形成・変遷、そして課題」『日本労働研究雑誌』 8 月号

久本憲夫（2019）「雇用類型と労働組合の現状」『日本労働研究雑誌』 9 月号

藤村博之（2009）「企業別組合」、久本憲夫編著（2009）『労使コミュニケーション』ミネルヴァ書房

労働省『資料労働運動史』各年版

Fritz Naphtali（1928）, *Wirtschaftsdemokrtie. Ihre Wesen, Weg und Ziel,* Berlin（邦訳：フリッツ・ナフタリ編、山田高夫訳『経済民主主義——本質・方途・目標』御茶ノ水書房、1983年）

Webb, Sidney; Webb, Beatrice（1897）*Industrial Democracy*（邦訳：シドニー＆ベアトリス・ウェッブ、高野岩三郎訳『産業民主論』、法政大学出版局、1927年）

久本憲夫（ひさもと・のりお）
京都橘大学経営学部教授・京都大学名誉教授

第4章　雇用・労働条件闘争

Ⅱ　労働争議

1　労働争議をめぐる問い

　日本は1970年代まではストライキの多い国だった。しかし、現在はストライキを見たことのない世代が生まれている。民主主義社会における利害対立の解決方法には裁判と議会選挙がある。なぜ労働争議が発生し、そして、なぜストライキという実力行為が労働者の権利として認められているのであろうか？

　争議権が保障されている今日でも、スト突入を決断する労働者には大きな覚悟が必要である。2020年代を生きる労働者にとって、ストライキは有効な手段なのだろうか。そして、先人達が多くの犠牲を払いながら勝ちとり残したこの強力な武器をどのように活かしていったらよいのだろうか？

2　なぜ、労働争議は発生するのか？

　労働をめぐる当事者間の紛争は、個々の労働者と使用者の間の紛争（個別労働紛争）と労働組合ないし労働者集団と使用者の間の紛争（集団的労使紛争）に分けることができる。労働争議という場合は一般に後者を指す。

　資本主義社会における労働の多くは労働契約に基づいて行われる。「労働契約は、労働者が使用者に使用されて労働し、使用者がこれに対して賃金を支払うことについて、労働者及び使用者が合意することによって成立する」（労働契約法6条）。しかし、一定の期間継続的に行われる労働について、契約時点で全ての内容を合意することは不可能である（契約の不完備性）。契約期間中であっても環境や技術等、様々な変化に応じて、労働内容、労働条件の変更が必要となり、それは利害対立の要因となる。労働災害が発生するかもしれないし、雇用調整も問題となる。そして、使用者の指揮命令のもとに労働するという労働契約の本質には、命令する者とされる者との間に対立が生じる可能性が絶えずある。

　しかし、こうした利害対立だけでは労働争議は発生しない。争議行為の多く

は労働者集団が実行を決断するものである。その決断の際には、一定の労働者
集団が一定の利害対立を共通のものとし、その解決の手段として争議行為が法
的にも社会的にも正当であり、有効かつ適切であるとの認識が共有されなくて
はならない。そして、実際に集団として有効に行動する能力がなくてはならな
い。

3　なぜ、争議権が認められているのか？

(1)　争議権の内容

　第2章にあるとおり、日本国憲法28条により、正当な争議行為に伴う行為で
あれば、強要罪、威力業務妨害罪、住居侵入罪などに該当する行為でも刑事罰
に問われない。また、ストライキは労働契約違反であり使用者に経済的損害を
与える行為であるが、正当な争議行為であれば、使用者は労働組合とその組合
員に対して損害賠償を請求することができない。

　例えば、2014年6月18日、19日にプロ野球選手会がストライキを行い、6試
合が中止となったが、労働組合による正当な争議行為であったため、損害賠償
請求は起こされなかった。民事免責がなければ、労働組合が争議行為を実施す
るのは事実上困難となる。

(2)　イギリスにおける争議権の確立

　争議権は与えられたものではない。争議権がない時代に行われた争議行為と
それに伴う多くの労働者の犠牲の中から勝ち取られたものである。イギリスに
おいては、第5章Ⅲにあるとおり、ストライキに対する刑事免責と民事免責が
確立されたが、それは、現実のストライキに対する弾圧とそれに対抗する労働
組合運動、政治活動の作用の結果であった。

　1824年に団結禁止法を廃止する法ができたが、ストライキが共謀罪により違
法となる道を残した。また、雇用関係は主従法により規律され、労働者が契約
に従って職務に就こうとしなかったり、放棄したりした場合には、禁錮、懲役
刑を課される可能性があった。1872年にはストライキを行ったガス工場労働者
が契約違反と共謀罪に問われ12か月の重労働を課され、1873年にはストライキ
中の農業労働者の主婦ら16人が、スト破り労働者に対するピケッティングを理
由として、重労働の刑を宣告されるなどの事件がおこった。労働組合は法改正

をめざし、1874年の選挙で歴史上初めて労働組合員出身の二人の議員を当選させ、労働組合の考えを支持する自由党議員を支援し当選させた。そして、1875年には、争議行為の刑事免責が法制化されるとともに、主従法は「雇用者被雇用者法」に改正され、労働契約違反は民事損害賠償に限定されることとなった。

　その後、使用者側は民事訴訟で争議行為に対抗するようになっていった。1901年にはタッフ・ヴェイルという鉄道会社のストライキに関してピケッティングの強制撤去命令が認可され、組合に対し巨額の損害賠償を命ずる判決が出された。労働組合はこの判決はストライキ実施を事実上不可能にするものと受け止め、法による規制をもとめ議会対策を強化した。1906年の選挙において労働組合出身議員を含め労働組合推選議員29名が当選し、正式に労働党が結成された。そして、1906年に労働争議法が制定され、争議行為の民事免責が確立された。

(3)　日本における争議権の確立

　第1章にあるとおり、戦前の労働組合運動に対して政府は刑事罰をもって苛烈な弾圧を行った。例えば、1921年には神戸の三菱内燃機、川崎造船所の労働組合の承認をめぐる争議に伴うデモに対して警察が介入し1名の労働者が警官により刺殺され、賀川豊彦をはじめ指導者300余人が検束された。そして、1,300人が解雇され労働組合は壊滅した。組合活動への抑圧は続き、軍国主義が強まる中、1940年には労働組合は解体させられ、産業報国会が設立された。

　第2次世界大戦後、労働組合の結成が急速に進み、労働争議も頻発した。1946年3月には憲法に先立ち労働組合法が施行され、警察、消防および監獄の職員を除き、労働三権が認められた。同年10月に施行された労働関係調整法により非現業国家公務員の争議行為は禁止されたが、国鉄事業、郵便事業などに従事する現業の国家公務員は労働三権を有していた。

　1946年10月には解雇反対や賃金引上げなどをめぐり100件以上のストライキが発生した。電産（日本電気産業労働組合）は電産型賃金を要求する闘争の中で、停電ストを実施し、政府は労働関係調整法による強制調停を初めて実施した。1947年には公務員を中心に大幅な賃上げ等をもとめた2・1ゼネストが計画されたが、実施前日にマッカーサー連合国最高司令官の指令により中止に追い込まれた。そして、1948年7月施行された政令201号により、公務員は現業を含

めて一律に争議行為が禁止された。1952年には電産による長期におよぶ電源ストがあり、その対応として電源スト等を禁止するスト規制法が制定された。

　公務員ならびに公共企業体の労働者は争議行為を禁止されたが、現実には、三公社（国鉄、日本専売公社、日本電信電話公社）五現業（郵政、国有林野、印刷、造幣、アルコール専売）の労働組合が時間内職場集会や順法闘争等を実施し、懲戒処分や解雇処分を受ける組合員も多かった。闘争、処分、そして、処分撤回の闘争という悪循環が職場に与える悪影響も指摘された。1965年に日本は、結社の自由及び団結権の保護に関する条約（87号）を批准するが、公務員の争議権を一律に制限することは条約遵守の観点からも問題とされた。そして、1974年には争議権回復を求める「スト権スト」が8日間にわたり実行された。ほぼ全面的に国鉄がストップし、郵便物が大量に滞留するなど国民生活に大きな影響を与えた。ストはスト権に関して改善はなく中止に追い込まれ、国鉄は違法ストライキを理由に5,000人以上の懲戒処分を行い、労働組合に対して202億円の損害賠償請求を行った。公務員の争議権回復は今なお未解決のままである。

(4)　紛争の制度化としての争議権の確立

　多くの国で争議権が認められるようになったのは、資本主義社会において労働にかかわる紛争が避けがたい現実であり、労働組合と争議権を認めて、紛争処理を制度化することが有効な国家政策となったことによる。

　資本主義社会においては、労働者は使用者に対して交渉するうえで不利な立場、あるいは従属的立場にある。第一に、労働力の売り手である労働者は、買い手である使用者に比べて一般的に資力が少なく、契約交渉を続けるための耐久力が小さい。第二に、交渉のための情報収集力に関しても、一般に労働者が不利である。団体交渉権を認めるだけでは、その不利を補えず、対等な交渉とはならず、結果として紛争が適切に解決されない。

　ただし、争議権は、議論の結果というよりも、実際に発生した争議における労使の行動、それに対する国民世論の動向、その時の政治状況等々が複合的に作用した結果、確立したものであり、国によって種々の違いがあることにも留意する必要がある。

⑸ 正当な争議行為と不当な争議行為の区別による規制

正当な争議行為がルールに基づいて行われるようにし、不当とされた争議行為を抑圧することが紛争の制度化としての争議権の機能となる。正当な争議行為の判断基準は、日本における判例の積み重ねではおおよそ以下のようになる。

第一に、争議行為が団体交渉の主体によって行われることが必要である。例えば、組合員の一部集団が組合の正規の手続を経ないで実施する「山猫スト」は正当性が認められない。

第二に、争議行為の目的が団体交渉の目的であることが必要である。例えば、国または地方公共団体に対して特定の政治的主張をすることを目的として行う「政治スト」は正当性が認められない。また、労働者が自らの労働関係に関する要求を提起せずに、他の労働者の要求の実現を支援するための「同情スト」も正当性がないとされる。

第三に、争議行為の開始時期・手続による正当性が必要である。団体交渉を経ない争議行為や予告を経ない争議行為、平和義務・平和条項違反の争議行為は正当性を持たない。

そして、第四に争議行為の手段・態様が労働力の集団的な不提供としてのストライキを中心とすることが条件となる。使用者の占有を妨げ、操業を妨害するような職場占拠は正当性を持たないとされる。

なお、これらの判断には、争議権の目的を労働者の生存権の保障のための団体交渉の機能強化とするのか、自己の労働条件や経済的地位に実質的に関与するための自己決定権とするのかといった考え方の違い等により、諸説あることに注意が必要である。

4 労働者にとってストライキは有効なのか？

⑴ ストライキの理論～ヒックスのパラドックス

労働者がストライキに踏み切るためには法的、社会的な正当性だけではなく、それが有効な手段だとの確信がなくてはならない。ストライキの効果については、ヒックスの理論が参照されてきた。

労使が賃金交渉をしている場面を想定しよう。経営者はもしストライキが起これば、結果として賃金は日額10,000円で妥結するとの予想を持つとする。実際にストライキが行われれば、生産停止により経営者は損失を被るが、その損

失は賃金日額に換算すれば1,000円になるとしよう。合理的な経営者であれば、ストライキを防げるのであれば11,000円までは譲歩するだろう。

　一方、労働組合はストライキを行った場合、賃金は日額11,000円で妥結するとの予想を持つとする。労働組合が実際にストライキを行えば、労働者はスト中の賃金を失うが、その損失は賃金日額に換算すると500円だとしよう。合理的な労働組合であれば、10,500円以上であればストライキを実施しないで妥協するだろう。

　こうして労使双方がうまく交渉を行えば、10,500円超から11,000円未満の交渉範囲のどこかでストライキを実施せずに合意が成立するだろう。労働側の予想妥結賃金が経営側の予想妥結賃金を上回るにつれ、交渉範囲は狭くなり、ついにはなくなる。先の例でいえば、労働側の予想妥結賃金が11,500円超であれば交渉範囲は存在しないことになる。

　この簡単なモデルから以上のことが示唆される。第一に、ストライキが起こるのは、スト結果についての予想が労使で大きく異なる場合である。それは、双方あるいはどちらかの見込み違いによるかもしれない。交渉により労使双方の予想が修正され近づけば、ストライキの可能性は減少する。

　第二に、ストライキの実施はその間の生産停止により社会的損失となる。その分を原資として使い、交渉により解決できれば、労使双方にとってストライキ実施の場合より良い結果となる可能性が高い。したがって、ストライキを実施するのは一見不合理であり、リスクが高い行為となる。

　ただし、以上の議論は経営側がストライキに伴う損失を十分可能性のある事態として想定することが前提である。そして、それはストライキが現実に実施されている場合であろう。労働組合は交渉による結果が有利だと理解していても、しばしばストライキを実施する必要があるという一見矛盾した対応を迫られることになる。

　「僥倖にも、ストライキなしに獲得できた取決めよりもいっそう有利な取決め（組合の立場から見て）がストライキによって確保されるということがときには起こるかもしれないけれども、ストライキは組合役員の側における失敗のしるしである、と推定すべき一般的根拠があるのである。これに対しては、たしかにいくつかの例外がある。武器はそれを使用しないときにはさびるものである。そうして、ストライキをしない組合は恐るべきストライキを組織する能力

を失うかもしれず、しがたってそれのおどしの効果はいっそう少なくなるかも
しれない。もっとも有能な労働組合の指導者というものは、その機会にいっそ
う大きな利得を獲得するというよりは、むしろ彼の武器を将来の使用のために
みがいておき、雇い主をしてじゅうぶんに組合の力を意識させておく目的で、
おりおりストライキを手がけるであろう。」（ヒックス『賃金の理論』P129-130）

⑵　ストライキが効果を上げる条件

　労働組合がどれだけ効果的にスト実施できるかは、組合員の意欲、集団を統
制する力、ストライキ期間を耐える資金力（スト資金や貯蓄）、ストライキ戦略
等に左右される。そして、経営側がどの程度ストライキに抵抗するかは、業務
停止による直接的損害、顧客の失望等の間接的損害、労働条件の向上が利潤を
減少させる程度等による。そして、ヒックスはこれらの要因の作用をイギリス
の労働組合の成長に応じて以下のような歴史的段階で説明する。

　第一段階は、19世紀中葉以前、労働組合が単一企業ないしは単一市町村の少
数の企業の労働者による小さな組織であった段階である。この段階では、スト
ライキの効果には大きな限界があった。労働組合がストライキをしても、企業
は他地域から労働者を雇い入れることが容易にできた。また、企業は組合がな
い企業との競争の中で不利な条件を続けることはできず、経営の抵抗は大きか
った。

　第二段階は、19世紀中葉以降の全国規模の大組合の結成の段階である。これ
は、団結禁止法の廃止等の労働法制の改善や労働組合の組織運営手法の確立等
によるとされる。この段階にいたると組織率の向上によりスト破りは少なくな
り、大組合が少数の悪い雇い主に力を集中することにより賃金切り下げを防ぐ
力を獲得した。しかし、長期的には販売市場の競争のため、平均賃金への影響
力はなかった。

　第三段階は、第一次世界大戦後の労使中央交渉の段階である。20世紀初頭、
労働組合の個別企業に対する攻撃に対抗して雇い主の団結が起こる。そして、
第一次世界大戦後には、戦争中に混乱した賃金秩序を是正するために労使の中
央交渉が始まった。この段階にいたると同一産業の企業は同じ賃金上昇圧力に
さらされるため、経営側は賃上げを販売価格に転嫁できるようになる。また、
労使交渉はその産業全体が停止する脅威を伴うようになり、しばしば政府の干

渉を招くものとなった。そして、民主的な政府は賃下げと連想されることを望まない。これらの結果として、賃金の下方硬直性といわれる現象を生み出した。

　ヒックスの『賃金の理論』の初版は1932年であり、分析はここまでである。先のヒックスのモデルでは、ストライキの有効性は、その脅威が経営側に損失の可能性を意識させ、その損失分を原資として労働側への配分を増やすことにあった。この場合、ストライキの効果は社会的な配分を変えるだけであり、社会全体の付加価値を増やすわけではない。しかし、戦後の高度成長を見れば、労働者側への配分の増加が経済成長にプラスに働き、その後のスタグフレーションに関しては、労働者側への配分の増加がインフレを通じて国民経済の障害になったともいわれる。また、4章Iにあるとおり、日本の戦後の解雇をめぐる争議は、結果として整理解雇ルールの形成につながり、日本的雇用調整を通じて経済成長に貢献した。ストライキの有効性に関してはミクロの視点だけではなくマクロの視点も必要となる。

(3)　日本における産業別統一闘争の役割

　戦後の日本労働組合の課題の一つは、企業別組合の弱点をどのように克服するかであった。ストライキを行い企業に損失を与えることは、企業業績の悪化により雇用削減や労働条件の低下につながる恐れがある。特に、市場競争が激しい中で、企業別組合が単体でストライキを実施する場合、労働者、労働組合役員にこの不安が大きく、結果としてストライキ実施に踏み切れない、実施したとしても早期に中止せざるを得ない事態が頻発した。

　産業別労働組合は、傘下の企業別組合がストライキ権を産別本部に委譲し、戦略的にストライキを実施することにより、この弱点を克服する取り組みを行ってきた。これが産業別統一闘争である。そして、産業別統一闘争を連携してスケジュール闘争に組み上げたのが「春闘」であった。先のイギリスの展開になぞらえれば、企業別組合という組織形態のため、第二段階の個別企業に対するストライキの効果が弱く、それを、産業別統一闘争により、第三段階の中央交渉に近づける取り組みであったといえよう。毎年同時期に各産別が一斉に賃上げ交渉を行うということではさらにその先をいく面もあった。

　ただし、実際の産業別統一闘争の取り組みは苦難の連続であった。ゼンセン同盟においては、1946年の紡績産業復興会議を嚆矢とし、各業種、地域単位で

集団的な交渉の体制を作り上げ、企業別組合から産別へのスト権委譲、産別としてのスト権確立などに取り組んできたが、産別の指導に反して加盟組合がストライキを離脱し除名等の統制処分となることが幾度となくあった。そして、バブル崩壊後、集団交渉が減少し、産業別統一闘争の取り組みが後退していったことは否めない。

5　労働組合はストライキをどのように活かしていくのか？

⑴　先進諸国ではストライキは減少傾向

　西ヨーロッパはストの多い南欧諸国、ストの少ないドイツ、オーストリア、スウェーデン、オランダ、スイスなどの国、その中間にあるイギリス、ベルギー、デンマーク、フィンランドなどの国の3つのグループに分けられる。南欧諸国は労働組合が多様で団体交渉が分散化しており、労働組合は政府との社会対話を重視し、その過程で短時間の政治ストを実施することが多いという。ストの少ない国は団体交渉制度が確立しており、ストライキが起こるのは協約改定交渉時であり、頻度は少ないが長期ストになる傾向がある。

　そうした違いはあるものの、西ヨーロッパのほとんどすべての国でストライキの減少傾向が続いている（図1）。一方で、リーマンショック後の緊縮財政の中で、公共部門のストライキの増加やゼネストの増加がみられる。ただし、国ごとのストライキ規制に応じて争議権に基づくストライキの形ではなく、デモのような市民権に基づく活動の形をとる場合やその組み合わせの形をとる場合があるという。

　日本は、1970年代までは現在の南欧諸国並みにストライキの多い国であったが、オイルショックをピークにストライキは減少を続け、2000年代にはストライキは稀な現象となった（図2）。

　ストライキが減少した要因としては、ストライキの頻度が多い工業部門の労働者の減少、グローバル化による工場移転の脅威の増大等が指摘されている。イギリスでは1980年代の大きな争議の敗北という経験も大きいとされる。ヒックスの理論からは、交渉がより適切に機能するようになったことや、労働者が豊かになりリスクをとってストライキを行う意欲が低下したことも想定できる。加えて日本においては、スト権ストに表れたようなストライキに対する一般市民の反感の増加がある。さらに、いわゆる非正規雇用が増加していく中で、正

社員を中心とする組合員の労働条件向上のためのストライキに社会的共感を得ることが難しくなっていることもあるだろう。

　なお、近年、個別労働紛争が年々増加しているが、それは、集団的労使紛争による紛争処理の機能の低下の裏返しとも考えられる。

⑵　ストライキができる能力と体制の再構築

　2012年のILO総会において、使用者側委員がストライキ権はILO条約では保障されておらず、国際労働基準で認められた権利とは言えないと主張し、基準適用委員会がストライキ権に言及することを拒否するという事件が起こった。労働側の抗議活動等もあり2015年にはもとのさやに戻ったが、使用者側には経済のグローバル化が進む中で、世界各地でおこる労働争議への対抗力を強化したい意図があるという。争議権は理論的に導かれたものではなく、過去の労働者の闘争の結果、現実的妥協として確立した権利であることを再認識する必要がある。

　資本主義社会における労使の利害対立の構造は存在しており、労働者が相対的には不利な地位にあることも変わらない。労働者の生活と権利が踏みにじられるケースがしばしば現実化する。資本主義社会には資源の効率的な利用や技術革新を促進する機能があるが、結果として、それが労働者の労働と生活の豊かさに適切に結びつく保障はないし、格差が社会的に許容できる範囲に収まるとは限らない。ストライキには、労使の力の不均衡を是正するとともに、ルールに基づく紛争処理を促し、資本主義社会を労働者にとってより公正かつ豊かな社会にしていくという意義と役割がある。ストライキを実施しないで解決できることに越したことはないが、必要な時には実施できなくてはならない。

　労働者がストライキを実施するには、こうした利害対立の事実とともに、法的、社会的正当性、そして、ストライキを効果あらしめる能力と体制が必要である。法的正当性は日本においては憲法で確立している。社会的正当性に関しては、ブラック企業のような、企業が不当な行為を継続しているケースは理解が得られやすい。労働条件改善に伴う争議に関しては、いわゆる非正規雇用の労働者を組合員化するとともに、組合員の労働条件改善が社会全体にとっての公正配分につながるという理解を得ることが必要である。なお、UAゼンセンでは2016年以降の賃金闘争の妥結人数は、正社員よりパートタイマーの人数が

図1　雇用者1,000人当たり労働損失日数（国際比較）

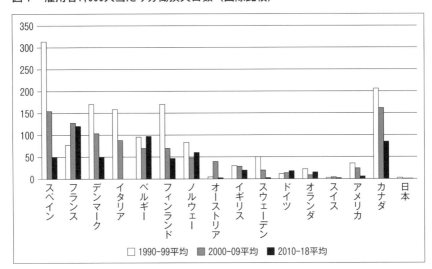

図2　雇用者1,000人当たり労働損失日数の推移（日本）

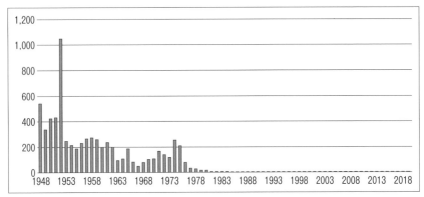

※ ETUI（https://www.etui.org/strikes-map）、ILOstat、厚生労働省「労働争議統計」、総務省「労働力調査」より作成。日本は半日以上の同盟罷業および作業所閉鎖による労働損失日数。各国の定義は異なる。

上回り、2020年闘争では正社員62万人に対しパートタイマーは77万人となっている。

　そして、産業別労働組合が主体となって、必要な場合は果断に労働争議を実施できる能力と体制を構築することが重要である。企業別組合が単独でストラ

イキを実施しても、結果として効果を発揮できないリスクが大きい。個別企業独自の問題であっても、労働争議にいたるようなケースは広く社会に影響を与えることが多い。UA ゼンセンでは、2000年以降少なくとも３つの大きな争議行為を実施した。いずれも労働組合つぶしに対する対抗措置であった。少数組合であったためストライキは実施しなかったが、UA ゼンセンが主体となり、地方労働委員会への不当労働行為の申立て等を行うとともに、地域の労働組合役員に広く応援をもとめ、事業所、店舗周辺での抗議行動等を実施し、一定の解決を見た。こうした争議行為の実績は他の企業に対しても抑止力になっている。

　労働条件改善においては、産業別統一闘争の枠組みの中で、産業の公正労働基準を下回る労働条件を要因として業績を拡大するような企業を念頭に、必要な場合は争議行為を実施できる能力と体制を再構築していくことが重要である。UA ゼンセンでは毎年統一闘争を組織し、数十の組合が事前スト権の確立、産別へのスト権委譲、交渉期間中の組合員統制、三六協定の破棄・時間外労働の拒否、争議協定の締結等の取り組みを継続している。産別、企業別組合が連携し、より現実的かつ具体的にシミュレーションを行い、体制を整備していく必要がある。

　IG メタル（ドイツ金属労組）は2018年の協約交渉において、24時間ストを３日間実施し、全国280事業所50万人の労働者が参加した。UAW（全米自動車労組）は2019年のゼネラルモーターズ社との協約交渉において40日間のストライキを実施し、48,000人の組合員が参加した。必要な場合はストを実施できる能力が交渉力の裏付けになっている。

　また、近年、団体交渉の形骸化が危惧されているが、その大きな原因は組合員の参画機会の減少にある。争議行為やその準備は、組合員個々人の行動を伴う参画という点でも重要である。先の IG メタルのストライキは、経営側に対する大きな圧力となったばかりではなく、組合員の団結力を高めるとともに、非組合員の組合への加入の増加につながったという。

(3)　社会運動とストライキ

　南欧諸国では政策課題に対してしばしばストライキが実施される。最近では、グローバルレベルでストライキの呼びかけがされるケースも出てきた。2019年の気候変動対策を求めるストライキや2020年のブラック・ライブズ・マターの

運動の中でのプロスポーツ選手や労働者のストライキ等が話題となった。ストライキという言葉が使われるがその内実は各国の制度に応じて異なる。フランスにおいては、ストライキの権利は集団的に行使されるが個人の権利とされており、実際に多くの非組合員がストライキに参加し、政治ストも頻繁に起こる。2019年年末からの年金改革に反対するストライキは2か月に及び、ゼネスト、停電ストも実施された。アングロサクソン諸国では、争議権に基づくストライキというよりも、休暇を取得してデモに参加するなど、市民的権利の行使として行うよう呼びかけられている。

　労働者の多くの課題が団体交渉だけでは解決できないことは明らかであり、日本の労働組合は1970年代以降「力と政策」を掲げ政策制度活動を強化し、1989年に結成された連合はそれを中心的な活動として取り組んできた。労働組合は民主主義社会の主要な構成要素であり、政策要請においても組合員の行動を伴う参画が重要である。日本の現在の判例のもとでは政治ストは現実的ではないが、伝統的なデモや集会等の活動に加えて、新たな活動スタイルを開発し実施していくことも必要である。

⑷　公務員の争議権の回復

　公務員の争議権の回復は、ILO の結社の自由委員会の度重なる勧告にもかからず未解決のままである。日本は ILO の中核的労働基準の8条約のうち2条約が未批准であるが、その一つである強制労働の禁止に関する条約を批准できないのは、公務員の争議行為に関して懲役刑を課していることが要因である。また、地方公務員まで含めて、全ての公務員のストライキを禁止している先進国はない。

　2008年、自民党連立政権において、国家公務員制度改革基本法が制定され、人事の柔軟化や人件費の削減などを目的とする改革の中で、協約締結権の拡大が掲げられた。その後、国家公務員の人件費削減を公約とした民主党政権において、2011年には人事院を廃止し非現業の国家公務員に協約締結権を与える国家公務員制度改革関連四法案が、2012年には同趣旨の地方公務員法等の改正案が国会に提出された。いずれも廃案となっている。その過程では、「国家公務員の労働基本権（争議権）に関する懇談会」報告が出されるなど、争議権の検討も行われた。

　スト権ストの敗北から30年がたち、ストライキが稀になった2000年代になって、皮肉なことに、政府の側から使用者権限を強める目的で争議権の議論が行われるようになった。争議権は理論上認められたものではなく、闘争の結果として確立されてきた権利である。民間の労働組合がストライキの意義を再確認し、その能力を再構築していくことが公務員の争議権回復にも欠かせない。

参考文献

G.J.Borjas（2012）Labor Economics, 5th. McGraw-Hill/Irwin

H.C.Katz, T.H.Kochan, A.J.S.Colvin（2017）An introduction to U.S. collective bargaining and labor relations, 5th. ILR Press

R.Hyman（1989）Strikes, 4th. MACMILLAN PRESS

J.R.ヒックス（1965）『賃金の理論』東洋経済新報社

ヘンリー・ペリング（1982）『新版　イギリス労働組合運動史』東洋経済新報社

久谷與四郎（2018）『日本の労働運動100年』富士社会教育センター

菅野和夫（2019）『労働法　第12版』弘文堂

千葉利雄（1998）『戦後賃金運動』日本労働研究機構

中西　洋（1998）『《賃金》《職業＝労働組合》《国家》の理論』ミネルヴァ書房

西谷　敏（2012）『労働組合法　第3版』有斐閣

連合総研（2013）「労働組合による異議申し立て行動の実態」についての調査報告書

労働争議史研究会（1991）『日本の労働争議』東京大学出版会

松井　健（まつい・たけし）
UAゼンセン副書記長

第4章 雇用・労働条件闘争

Ⅲ 賃金交渉

1 日本の賃金交渉の特徴：企業別賃金交渉と春闘

　日本で賃金交渉は主に企業別組合が交渉単位となって企業レベルで行われる。しかし、企業別賃金交渉は、春季に多くの産業別労働組合が結集して、賃上げを中心とする要求をそろえて提出し、産業別統一闘争をする、いわゆる春闘によって大枠を与えられて、調整される。春闘は、組織労働者の賃金決定だけではなく未組織労働者の賃金決定にも大きな影響を与えること、また経済的状況を反映した賃金決定が行われることから、日本の基本的賃金決定制度であると言える。

　「年に一度、春季に労使がひざを交えて、マクロの経済状況から企業の経営状況、これからの見通しまで、幅広いテーマで話し合う慣行は世界にない」（九谷（2019）40頁）と言われるように、春闘は日本特有の賃金決定制度として注目されてきた。OECDの「Employment Outlook 2017」によれば、企業別交渉が行われる国は日本以外にも多い。OECDの加盟国家のうち3分の2の国において賃金交渉は企業レベルで行われ、産業レベルなどのセクターレベルの協約は大陸ヨーロッパの国々においてのみ重要な役割を果たす。しかし、日本は、オーストリア、ドイツ、スウェーデン同様に交渉単位間の調整が強い国に含まれる。日本の春闘は企業別交渉システムのような分権化された交渉システムにおける賃金調整メカニズムであると特徴づけられる。

2 「春闘」の形成と変遷
⑴ 「春闘」の始まりと定着・発展

　春闘は、1954年12月に合化労連の太田薫委員長（1955年総評副議長、1958年～1966年総評議長を務めた）の主導で炭労、私鉄総連、合化労連、紙パ労連、電産の5単産が結成した「共闘会議」に、翌1955年の春に電機労連、全国金属、化学同盟が加わり「8単産共闘」という形で開始した。「8単産共闘」は「太

田流春闘方式」（千葉2008）の序幕であり、総評の高野実事務局長の主導する国
民運動的な政治的大衆運動路線に対し、太田委員長などが主張する新しい労働
運動方式、すなわち、労働組合は賃金闘争を中心とする経済闘争において本来
の機能を発揮すべきであるという運動路線を実践するために組んだ共闘であっ
た。その運動路線の具体的実践においては、全単産を意識的に勢ぞろいさせて、
これを総評自身の春闘として組織化して、産業別統一闘争の全国的な集中化を
図るということが「太田流春闘方式」の目指すところであった。しかし、当時
の総評の賃金闘争は、「春に集中して立ち上がりはするが、その具体的な展開
はもっぱら個別単産に委ねられていた。全て個別単産ペースでそれぞれなりに
展開をするということで、横の連携とか全体的な体系立った戦略・戦術の樹立
とか、組織的な指導といった総評自身のリーダーシップの発揮はほとんどなき
に等しいもの」であった（千葉（2008）156頁）。

　総評（1950年7月結成）初期の賃金闘争が総評の指導下で各産業別組織の連携
した組織的展開とは言えないものの、1952年発表された「総評賃金綱領」は、
賃上げに向けての大衆的な高揚を大きく組織し、賃金闘争を大衆闘争として発
展させることを目指したものであった。実際1952年と1953年の賃金闘争に大衆
闘争としての高揚と活性化が見られた。しかし、1954年の賃金闘争は、朝鮮戦
争の休戦後の不況を背景として経営側が非常に頑強な抵抗を行ったため極めて
困難な闘いを強いられ、鉄鋼労連と全造船などはベアゼロで終息を余儀なくさ
れ、「全体としてそれまで高揚していた賃闘が、不況、首切り攻勢の下で闘争
が非常に困難化し、成果を十分に上げられないという状態」（千葉（2008）154
頁）になった。

　経営側の抵抗は賃金政策、賃闘対策をもって展開された。1954年に日経連は
「物価上昇の要因となる賃上げは認めない」、「企業経理の枠を超えた賃上げは
認めない」、「労働生産性向上を伴わない賃上げは認めない」という内容の賃金
3原則を発表した（大原社研（1956）487頁）。賃金3原則に合わせて、日経連は
賃金政策の面ではベースアップ（以下、ベア）に代わる定期昇給制度の確立を
打ち出した。

　こうした日経連の賃金政策に対し労組側は、「賃金3原則と称して日経連が
賃金抑圧政策を初めて体系立った形で明らかにした」（千葉（2008）154頁）など、
「賃金ストップ政策である」と受け止め、強く反発した。

　このような背景下で8単産共闘の形でスタートした1955年春闘は、私鉄総連、炭労、合化労連の3単産が主軸となって闘争を推進したが、千葉（2008）によれば、賃闘自体としては論ずるに足りないようなささやかなものに終わったが、太田の構想に基づく最初の試みが実践に移されたというところに大きな意味があった。

　翌1956年春闘は、官公労が参加した官民こぞっての春闘、総評の新しい指導体制（前年夏の総評大会で太田副議長、岩井章事務局長の選出によって誕生した太田・岩井ライン）の下で総評が積極的に組織化した春闘となった。総評は、春季賃上げ合同闘争本部を設置して、行動方針の中でスケジュール闘争をきめ細かく打ち出した。1956年春闘にて、その後継続され定着した春闘の原型が作られたと言える。

　1957年春闘で、私鉄と炭労の回答より、いわゆる「春闘相場」が形成された。1959年春闘では、鉄鋼労連、造船関係労組が参加したことで春闘の規模が一層拡大しただけではなく、総評と中立労連との共同行動として春闘共闘委員会が発足し、総評の賃金闘争という意味合いを超えた春闘が展開されるようになった。さらに、1960年には全日本労働組合会議（同盟の前身）、全国産業別労働組合連合（新産別）が春季に賃金闘争を行うようになった。

　春闘に参加した労働者数は、1955年に73万4,000人で、当時の組織労働者の11.7％、雇用労働者全体の4.2％と極めて少なかったが、1960年には427万7,000人に増加し、組織労働者の過半数（55.8％）、全雇用労働者の2割弱（18.0％）を占めるようになった。その後も春闘参加人員は、民間部門を中心に増加し続け、1965年には634万7,000人、1970年には801万3,000人、1974年には927万人に上った。こうした春闘規模の拡大と相伴って、企業が賃金改定を行う時期も春に集中し、1973年には、労働組合の有る企業で91.1％が、また労働組合のない企業を含んだ企業全体でも74.7％が4月から6月の間に賃金改定を行うようになった（労働省『昭和49年労働白書』）。

　このように春闘は高度成長期に規模を拡大しながら未組織労働者の賃金決定にも大きな影響を与えるとともに、賃金水準の上昇および平準化に寄与した。

　1964年以降春闘賃上げ率は毎年10％を超える大幅な賃上げとなった。労働側は1963年春闘より「ヨーロッパ並みの賃金水準」を目指し大幅賃上げ要求を行ったが、結果的に大幅賃上げが行われるようになった諸要因に、1960年代に年

平均10.3%の実質経済成長率が続いたこと、設備投資の増大によって人手不足が進展し労働力需給が逼迫したこと、高成長・高収益産業の鉄鋼の回答が春闘相場を形成し高額相場の形成に大きな影響を与えたこと、等が挙げられる。

　春闘相場は産業間では鉄鋼から電機、造船へ、そして私鉄、公共企業体などへと波及した。産業内では、業界のトップ企業が産業の相場を決定し、それを他の企業が追従するという形で波及した。春闘相場の波及により、春闘賃上げ率の平準化がみられた。春闘賃上げ率の分散係数（1965-74年）は、大企業と中小企業、いずれにおいても低下していった（李（2000）36頁）。また春闘賃上げ額の平準化も進展し、単産間の賃上げ額の分散が減少しただけではなく、単産内の大手企業間の賃上げ額の分散も顕著に小さくなった（同37頁）。

　こうした春闘相場の波及は賃金水準の平準化、言い換えれば企業別賃金交渉制度の下では大きいと言われる産業間・企業規模間賃金格差の縮小に寄与した側面もあるが、限界も示した。製造業の低賃金業種（繊維、衣服、木材）と高賃金業種（石油・石炭、鉄鋼、輸送用機器）との賃金格差は1960年代と1970年代前半を通じて総じて縮小したが、企業規模間賃金格差は1960年代半ばに大きな改善が見られたものの1970年代前半にやや拡大した（同38-39頁）。春闘相場の波及効果は企業別交渉制度の下では企業規模間格差の縮小には限界があるようである。

(2)　高度成長期の春闘方式の転換

　高度成長期の春闘方式を転換させる直接の契機となったのは、1973年の第1次オイルショック後に「狂乱物価」の様相を呈した高インフレ下で展開された1974年春闘の32.9%という大幅賃上げであった。1974年に経済成長率がマイナスに転じ、日本経済はインフレと不況の併存するスタグフレーション状態に陥った。こうした状況を受け、労組側に、高い名目賃金の引き上げが行われてもインフレによって帳消しにされたのでは意味がない、実質賃金の引き上げが大事であるという認識が顕在化した。1975年春闘へ向けて、同盟は『1975年賃金白書』にて、国民的立場に立って、インフレの早期抑制を考慮した賃上げ要求をすることこそ、労働組合の社会的責任であると強調した。IMF-JC（International Metalworkers' Federation-Japan Council、現・金属労協）は『75年春闘の推進』にてインフレ対策を重視し、「完全雇用を維持し、早期にインフレを終息させ

るために、政策決定プロセスに重要な影響力を持つ話し合いの場を確立させる」必要性を主張した。同盟とIMF-JCは1975年春闘で前年を下回る要求を行った。総評と中立労連の春闘共闘委は1975年春闘ではインフレから生活を守り改善するため大幅賃上げ（30％以上）を要求したが、1976年春闘では要求額を引き下げ（20％、3万円前後）、むしろ実質賃金確保を主眼に政府に対して物価の沈静、社会保障の充実、減税を求めた。1977年春闘で、労働4団体の要求は15％を最低にすることで揃った。賃金自制と並行して、労組側は実質賃金の確保のための政策・制度要求を政府に対して行った。1976年に労働4団体は政府との統一交渉にて、未払い労働債権の立替払い制度創設、中高年者などの失業給付延長、雇用調整給付金の延長の回答を引き出した。1977年春闘では労働4団体と政策推進労組会議（1976年10月結成）が別途対政府交渉を行い、減税、社会保障費の増額、雇用安定資金について政府の回答を得るなど一定の成果を上げた。こうして始まった政策・制度要求は、今日まで春闘要求の重要な部分として位置付けられている。

　一方、日経連は1974年春闘後「大幅賃上げの行方研究委員会報告」を発表し、1975年春闘は15％以下、1976年以降は一桁のガイドポストを提示し、経営側の賃金抑制に向けての強硬な意思を表した。1975年春闘への対応として、鉄鋼、造船、電機、自動車の金属4業種の10社の社長が集まり、賃上げ回答を日経連の方針通り15％以下に抑える努力をすると申し合わせた。鉄鋼・造船の回答は共に15％を若干下回り、これが大きく影響し、民間主要大企業と中小企業の賃上げは15％以下に収まった。1976年春闘で、経営側は「賃上げか雇用の確保か」の二者択一を迫り、賃上げの抑制に拍車をかけた。金属4単産に一桁の回答が出されたことによって、全体の賃上げは一桁で落ち着いた。

　労組側の政策・制度要求を前提とした賃金自制は、1980年代以降の賃金上昇率が国民経済生産性の伸び率と乖離しない経済整合的賃金決定の実現に重要な役割を果たした（図1）。

　1976年以降労組の賃上げ要求は実質賃金・生活重視に変化したが、賃上げ要求作りの基本的考え方は1980年代前半までの「物価後追い型要求」から1980年代後半以降の「内需拡大型要求」に修正された。「物価後追い型要求」は、過年度物価上昇率、定期昇給分、実質生活向上分をプラスして要求率を決めるという要求作りである。しかし、1985年のプラザ合意以降急激な円高進行は輸出

図1　春季賃上げ率と実質 GDP 増減率

出所：厚生労働省「民間主要企業春季賃上げ要求・妥結状況」

ウェイトの高い産業に大きな打撃を与え、日本経済は円高不況に陥った。労組側は日本経済を外需主導経済から内需・外需均衡経済に転換すること、日本経済を内需拡大による中成長軌道に乗せるための賃上げ要求、すなわち「内需拡大型要求」が必要であると考えた。民間連合発足後初の春闘であった、1988年春闘で、連合は「総合的生活改善」の実現と、内需拡大に支えられた安定的な中成長軌道への定着という二つの目標を掲げ、中長期的・総合的視点に立った賃上げ要求を強調した。連合は春闘を賃上げ中心から、賃上げ、時短、政策・制度の三位一体の要求を通じて労働者の生活を総合的に改善していく「総合生活改善闘争」へと転換することを提唱した。連合は特に1991年春闘を「時短春闘」と位置づけ、目標を1993年に年間1,800時間台の達成に置くなど、90年代前半は「時短」に力点を置いた。1991年春闘で、電機と鉄鋼の労使は休日増に合意し、特に鉄鋼労使は休日二日増に加え、1993年に年間1,800時間台を目指す時短中期プログラムを確認した。1992年春闘では、自動車3社（トヨタ、日産、本田）の労使が1995年に1,800時間台達成で合意した。

　春闘方式も大きく変わった。1976年春闘で IMF-JC の4単産（鉄鋼、造船、自動車、電機）は統一回答日に集中的に回答を引き出す「金属4単産集中決戦」

方式を展開した。業績悪化の鉄鋼を金属産業全体で包むことが全体の相場引き上げにつながる、さらに経営側の結束に対抗するため大産別の結集が不可欠であるとの認識からであった。金属4単産は、統一回答日に引き出された回答をもって大体集約の方向に向かった。

金属4単産の「集中決戦」による一発回答方式は、他単産の妥結方式にも影響を与えた。一発回答による妥結方式は1976年22.4％から1996年53.3％に増加した（労働省『賃上げの実態調査』）。また一発回答方式はストを減らし、ストライキのあった企業の比率は1976年19.4％から1993年の3.9％となり（同）、ストなし春闘を定着させた。一発回答方式は、ストを挟み数次の回答を引き出しながら積み上げる方式に馴染んでいた組合員から「分かり難い」、「身近ではない」と言われたが、労使が駆け引きではなく本音を言う賃金交渉を行うようになり、労使の信頼関係の形成に寄与したと評価された。

金属4単産の「集中決戦」に対応して、経営側が金属4産業8社による連絡会議（いわゆる「8社懇」）を発足させ連携を強めるにつれて、金属産業の賃上げ相場形成に与える影響は決定的となった。金属産業のうち、特に鉄鋼回答を賃上げ相場として参考にした企業は1976年より急増し、1980年代前半までに50％以上を占めた。しかし、1980年代後半以降、鉄鋼の業績が悪化するにつれて、鉄鋼から電機や自動車へ相場形成役の交替が起きた。賃上げ決定の際参考にした産業に電機と自動車の比率が1987年以降増加し、1990年代に入り電機の比率が鉄鋼を上回るようになった（同）。ただ、相場形成役を担う産業の春闘賃上げ率の優位性は低下し、民間主要企業の賃上げ率を下回った（李2000）。相場波及効果を憂慮して、上述した8社懇のような、金属産業の賃上げを調整するメカニズムが作用したからである。

(3) 春闘の衰退と改革：いくつかの新たな取り組み

バブル経済崩壊後の平成不況の長期化、失業率の上昇による雇用状況の悪化、低成長経済への本格的移行とデフレ経済の進行、経営側の人件費抑制に向けての厳しい姿勢などは春闘に大きく影響し、主要企業の春季賃上げ率は1995年〜2001年は2％台、2002年〜2013年は1％台、2014年〜2019年は2％台にとどまっている（図1）。

経営側はベア否定論と横並び的賃金決定の見直しの主張を強めた。日経連は、

1995年版『労働問題研究委員会報告』を通じて、春闘方式の見直し、横並び、世間相場重視という賃金決定方式の再検討を主張し、「国民経済レベルで生産性の向上が見られず、物価上昇率が低下している昨今の日本経済」の状態では、賃上げの余地がないことを強調した。さらに2002版年『労働問題研究委員会報告』では、「国際競争力という観点からは、これ以上の賃金引き上げは論外である。場合によってはベア見送りにとどまらず、定昇の凍結や見直し」に踏み込むことをもほのめかし、「企業の生産性向上の成果は、まず雇用の維持・確保に振り向けられるべきである」と強調した。そして2003年にはとうとう春闘の終焉を主張した。日本経団連（2002年日経連と統合）は、2003年版『経営労働政策委員会報告』で「賃金の社会的相場形成を意図する『春闘』は終焉した。（中略）労使間の様々な課題についての話し合いを中心とした、新しい春季交渉のスタイルを労使で構築していかなければならない」と主張した。その後も、経営側は賃上げ抑制の姿勢を崩さず、労組側にベアゼロや定昇凍結・廃止を迫った。

　経営状況の悪化や経営側の攻勢に直面して、労組側にベア要求が困難になりつつあるという認識が出はじめた。連合は、雇用確保を最重視する立場から2002年春闘で初めて、ベアの統一要求目標を設定せず、ベア要求については産業別組織の自主判断にゆだねる一方、定昇を含む賃金体系維持を方針とした。IMF-JC もベア要求を見送り、賃金構造維持分の確保と雇用確保に取り組むことにした。2003年春闘でも連合はベア統一要求を断念した。大手組合の賃上げ要求は賃金構造維持分（定昇）の確保を重視した取り組みとなった。2002年以降１％台の春季賃上げ率は賃金構造維持分に相当したと言える。

　春闘を取り巻く状況が一層厳しくなる中、労組側はそれに対応するためいくつかの新たな取り組みを行った。第１は、賃上げ要求方式を平均賃上げ方式から「個別賃金方式」へ転換する動きである。連合は、1993年春闘より個別賃金による要求を重視することを表明し、1995年春闘では具体的に個別賃金方式での要求目標を高卒35歳・勤続17年・標準労働者の所定内賃金318,300円と提示した。産業別組織の中では電機連合が1993年春闘で、それまでの組合員平均賃上げ要求から、35歳の技能者ポイントの賃金引き上げを中心にした個別賃金方式に移行した。個別賃金要求方式は他の産業別組織にも拡大し、労組側の賃上げ要求は、「平均賃上げ」と「個別賃金」を並列した方式が主流となった。年

齢と職種を設定して、そのポイントでの賃金水準を明確にして要求することで、個別賃金の社会水準確保と相場形成が期待される。

　第2、春闘の要求が、賃上げ（あるいは賃金改善）以外に規模間・男女間・雇用形態間格差改善やワークライフバランスの実現（時短を含む）、ワークルールの確立、取引関係の改善などを含んだ総合労働条件改善要求へと拡大した。

　第3、連合は「格差是正、底上げ・底支え」の取り組みを強化した。2002年春闘でトヨタのベアゼロ回答は他の大手企業のベアゼロ回答に拍車をかけただけではなく、中小企業の回答にも賃金凍結や賃下げという形で暗い影を落とした。2004年春闘で、連合は、中小組合の賃金水準の低下に歯止めをかけることを目的に、「中小共闘」を立ち上げた。定昇制度のない企業が多い中小組合の場合、賃金カーブ維持分（定昇相当分）を算定しにくいことから、中小組合の賃上げ要求の目安として、初めて5,200円という具体額を示すとともに、中小・地場組合の交渉の山場を設定し、妥結基準を提示した。翌2005年春闘では、全地方連合会に「中小共闘センター」を立ち上げるなど、中小共闘を強化した。中小共闘は中小・地場組合の回答引き出しの集中化と妥結額の引き上げに一定程度寄与した（李 2014）。中小共闘は、春闘の相場形成役を担う電機や自動車の大手、特にトヨタの回答によるマイナス相場の波及を食い止めることをも狙ったと言える。中小共闘の取り組みは、「大手追従・大手準拠の構造を転換する運動」に道を開いた。

　第4、連合は、格差是正への取り組みの一環として、雇用形態間の格差拡大の流れに歯止めをかけ、均等待遇実現への道を切り開くことを狙い、「パート共闘」を2006年春闘でスタートさせた。15の産別組織が「パート共闘会議」にエントリーし、848組合がパート労働者の待遇改善に取り組んだ（田村2006）。2010年春闘では、『連合評価委員会　最終報告』（2003年）が「正社員中心主義から脱却し、すべての働く者のための組織に転換すること」を提言したことを踏まえ、連合は初めて「すべての労働者を対象にした処遇改善」を要求に掲げた。この春闘で非正規労働者に関する要求もしくは取り組みを行った組合は3,161組合となった。そのうち、パートタイム労働者の待遇改善に取り組んだ組合は2,619組合、派遣、請負労働者に関する労使協議等を行った組合は1,239組合であった（連合「2010年春季生活闘争」）。2013年春闘からは、これまでのエントリー方式ではなくすべての構成組織が参加する「非正規共闘」の形に強化

し、非正規労働者の正規化、待遇改善に向けた取り組みを推進した。かくして、非正規労働者の待遇改善は連合傘下のすべての組合において賃金交渉の一つの項目として取り扱われるようになった。

3　春闘における連合、産業別組織、企業別組合の役割
(1)　連合の役割

　春闘における連合と産業別組織の役割分担は、「連合の調整、産別組織の自力・自決」を基本とする。連合は要求水準の設定、山場の日程に関する調整を主に行い、妥結に関する調整は行わない。妥結は産業別組織が自力で自決するということである。しかし、2000年代半ば以降、先述した中小共闘や非正規共闘の取り組みのように、連合は「格差是正、底上げ・底支え」に向けて調整の役割を高めてきていると言える。

(2)　産業別組織の役割

　春闘における産業別組織の役割は、統一闘争を組織化し、傘下の企業別組合の賃金交渉を指導（支援）・調整することにある。連合の春闘方針を踏まえながら、それぞれの産業の状況や傘下組合の状況を考慮し、要求水準および要求内容の設定、要求提出・交渉時期の設定、妥結水準および妥結内容の調整に努める。産業別組織の企業別賃金交渉に対する調整の程度は産業別組織によってかなり差がある。連合総研（2020）の調査（2018年9月〜2019年1月に連合加盟産業別組織を対象に行った調査）によれば、月例賃金の要求について、自動車総連は要求水準を比較的緩やかと考えられる「要求基準」とし、妥結に「産業別組織の承認を不要」としているのに対し、UAゼンセンは要求水準を比較的強いと考えられる「統一要求基準」とし、妥結に「産業別組織の承認を必要」としている。また同調査によれば、月例賃金水準と総労働時間に関する統一闘争の考えについて、自動車総連は「各加盟組織の自主性に任せるべきである」という考えに近いが、電機連合、基幹労連、UAゼンセンは「産業別組織のイニシアチブの下、統一闘争を展開していくべきである」という考えに近い。

　さらにいくつかの産業別組織は、春闘要求をめぐって経営者団体等と交渉・協議したり、個別企業を訪問し春闘方針を説明したりすることにより、企業別組合の賃金交渉をバックアップする。私鉄総連が大手私鉄と行った中央集団交

渉は1997年以降無くなったが、私鉄総連の北海道地方労働組合は北海道地方の特定の鉄道・バス会社と集団交渉を行っている。電機連合は電機・電子・情報通信産業経営者連盟（日立、東芝、三菱電機、パナソニック、NEC、富士通の大手6社代表が出席）と「電機産業労使会議」を開催し労使協議を行っている。自動車総連は自動車メーカー11社と部品労連代表1社を自動車総連三役、当該企業の労組委員長等が訪問し、会社側（社長、労担役員）に春闘方針を説明するとともに、協力を要請している。基幹労連は「大手巡回折衝」といい、鉄鋼大手4社を基幹労連委員長と事務局長、4社の企業連委員長が一緒になって訪問し、会社側（労務担当役員）に春闘方針を説明している。造船大手に対しても巡回折衝は行われている。さらに基幹労連では、地方組織の役員や親会社の組合役員が基幹労連の要請書を持って個別企業（あるいは子会社）を訪問する「経営要請行動」を行っている。UA ゼンセンでは業種別組織の役員および地方組織の役員が個別企業を訪問し、春闘方針を説明し、折衝、協議、交渉する。

⑶　企業別組合の役割

　企業別組合は産業別組織の統一闘争の方針を踏まえながら、それぞれの企業別組合の事情を加味した要求を提出して、賃金交渉を行う。企業別組合は要求に近い回答を最大限引き出すため、産業別組織の仲間である他の企業別組合（あるいは企業別組合連合（企業連））と情報交換を綿密に行う。回答の引き出しと妥結は企業別組合の責任下で行われるが、企業別組合の妥結決定は産業別組織の妥結方針や調整によって影響される。例えば、UA ゼンセンは一部の組合を除き統一闘争に参加する組合から賃金交渉の妥結権を委譲してもらい、妥結の手続の際に UA ゼンセン会長が承認する。電機連合は、闘争行動に突入するか否かの基準となるハドメ（闘争行動回避基準）を設定し、傘下組合に決着を迫る交渉を指令する。ハドメをクリアする回答を引き出した組合は妥結することになる。

4　春闘の課題

　労働組合の組織率が低下しつつある中、未組織労働者から見て春闘はますます労働組合員だけの闘争（内向きの闘争）に見なされがちである。春闘が未組織労働者を含んだすべての雇用労働者の労働条件に影響を及ぼし、またマクロ

経済にも影響を及ぼすということを連合や産業別組織が対市民向けに広報し、春闘に関心を持ってもらうことが課題であろう。

参考文献

李　旼珍（2000）『賃金決定制度の韓日比較─企業別交渉制度の異なる実態』梓出版社

李　旼珍（2014）「韓国人研究者から見た春闘」『DIO』No.296、連合総研

太田　薫（1975）『春闘の終焉──低成長下の労働運動』中央経済社

久谷與四郎（2019）「労働組合は春闘においてどのようにかかわっているのか」『日本労働研究雑誌』No.710

田村雅宣（2006）「連合「パート共闘会議」の立ち上げ経過と課題」『労働調査』2006.7、労働調査協議会

千葉利雄（1998）『戦後賃金運動──軌跡と展望』日本労働研究機構

連合総研（2020）『産業別労働組合の機能・役割の現状と課題に関する調査研究報告書』

OECD（2017）*OECD Employment Outlook*

李　旼珍（い・みんじん）
立教大学社会学部教授

Ⅳ　最低賃金

1　最低賃金制の系譜と現代

(1)　国際動向と日本

　わが国での最低賃金の歩みは、1959（昭34）年の最低賃金法制定を起点とする。国際的には、19世紀末近くにニュージーランドやオーストラリア（初めは州）で強制仲裁制度が開始された。論者によってはそれらのなかに最低賃金（以下、最賃と略記）に関する規定が含まれたので、それが嚆矢だとみる向きもある。いずれにしても、世紀の交あたりから最賃は社会的な関心を呼び、欧米の一部の国を中心に規制が図られていった。その意味では、日本は実際の法制化が第 2 次大戦後に当たるので、上述した国際動向からすれば半世紀近い遅れのスタートであったといってよい。

　戦前の日本の労働事情に一言ふれておくと、よく知られているように基本的な労働立法が制定されるまでには至っていなかった。労働組合法が欠如するなかで、賃金・労働条件の交渉は非常に厳しく、一部の産業では低賃金や長時間労働を特徴とする「原生的労働関係」の支配が析出されたのである。2019年はILO（国際労働機関、1919年設立）が発足してから 1 世紀が経過した記念すべき年であったが、百年前の当時、日本からILOへの労働代表をめぐって意見が対立し、労働組合すら認可されていない国から労働側の代表派遣などありえないと激しく論難した高名な経済学者・福田徳三（1874-1930）の主張と行動等は、わが国の実状を照らし出す一例といえた。

　それではわが国において戦前、とくに本稿のテーマである最賃についての議論が無かったのかというと、そうではない。たとえば、現在ではほとんど知られていない安藤政吉（1902-1948）の所説等はその一つである。日本能率連合会、労働科学研究所等で活動した安藤は、1941（昭16）年に『最低賃金の基礎的研究』と題する著書を刊行している。もっとも、ここでいう安藤の最賃論はある階層を対象にした生計費維持論という性格を有するものであり、現在われわれ

がイメージする最賃とは必ずしも重なり合わないところがある。しかしながら、たとえそうした制約があるにしろ、戦前期から最賃に関する議論が厳然と存在したことは重要であろう。安藤は必要な生計費の積み上げから最賃の水準を見通すという手法を用いているが、それは今日でも引き継がれている考えの一つである。

(2)　日本における諸課題

　さて、先に戦後になってわが国での最賃制度がようやく動き始めたといったが、早いものですでに60年が経過している。これまでの軌跡をみると、最賃が労働運動の重要課題として盛り上がった時期もあれば、逆に関心が薄れ、運動も沈静化した時代があった。現在はどうかというと、後述するように極めて重要な課題が山積しており、労働者をはじめ多くの人々の関心を強く引き付けているといってよい。思い返せば、1970年代の労働運動において、「全国一律最低賃金制確立」がスローガンとして華々しく唱えられた時期以来の盛り上がりであるといっても過言ではないだろう。そこで、あえてそうした最賃をめぐる運動の盛衰、世間の注目度等によってこれまでの時期区分をすれば、最賃法制定から1980年代当初あたりまでが第1期、それ以降1990年代半ばあたりまでが第2期、そして以後今日に至るまでが第3期として区分されるのではないだろうか。

　以下では、紙幅の関係で全3期ともすべて扱うわけにはいかないので、できるだけ第3期を中心としつつも、必要に応じて1期、2期にも立ち返るという手続を採る。そのさい、地域別最賃、特定（旧産業別）最賃の順でそれぞれの特徴と問題点について論及し、これまでの二大体制といわれたその2つの関係性が今日に至って大きく方向転換しようとしていることを重視する。それは、最賃の決定方法が従来の手法から離脱しつつあるという根本的な問題が生起しているためであり、見方によっては最賃がこれまでにない大変動期に入ったともいえるからである。

2　地域別最賃の展開と現地点
(1)　地域別最賃のこれまで

　地域別最賃が実際に稼働し始めるのは1970年代に入ってからである。各都道

府県レベルでの審議会方式の体制整備が進み、70年半ばにはほぼ骨格が固まった。その後、1978（昭53）年からいわゆる引き上げ額の「目安制度」が導入されて、現在まで続くシステムして機能することになる。そして、早くも1981（昭56）年に中央最賃審議会からの答申で「地域別最低賃金が定着し、低賃金労働者の労働条件の向上に実効をもつようになってきた」との指摘がなされたことは、地域別最賃が大体10年間で曲がりなりにも一応の形を整えたのだといえよう。

　しかしながら、1980年代における日本経済の景気過熱化は、第1期に高揚した労働運動の取組みをはじめ、国民の社会的関心の高まり等に必ずしも繋がらなかったように思われる。その背景のひとつとしてよく言及されるのが、生活保護の保護率の低下である。80年代半ばから90年代半ばまで傾向的に下がり続けていくが、それはわが国で雇用機会が保障され、貧困が縮小、消滅していくかの如き印象を与えた。そうしたなかで、最賃そのものに眼が向けられることが少なくなり、結果として話題に上ることも減少した。しかし、周知のバブル経済の破綻、それ以降の大幅な景気後退、長期化する不況の深化は労働者の生活保障の問題を一気に浮上させることになったのである。90年代半ば以降、失業、リストラといった雇用面の問題が激化するなかで、先の生活保護の保護率も反転し上昇に転じた。皮肉にも、このことが最賃に再度眼を向けさせる契機になったように思われてならない。

　生活保護受給者が次第に増加しはじめていくなかで、その実態が明らかにされていく。生活保護はニーズに応じて支給されるので、全部で8種類ある扶助の組み合わせによって全体が決まる。そのなかでも生活扶助は生活費の支給であり、もっとも根幹的な部分である。場合によっては、それに家賃の補助である住宅扶助が加わる。増加し始めた生活保護受給者をみると、低賃金や雇用が不安定な人々の稼得収入よりも受給額が多いケースがあるといった批判がなされるようになる。それは、裏を返せば、本来働いて得る収入よりも、すべて公費で支給される生活保護の額の方が大きいのは納得がいかないという論理からである。2007（平19）年に最賃法の改正がなされ、生活保護との整合性が求められることになるが、趣旨はそうした逆転現象は放置できるものではないということを明言するものであった。以後、地域別最賃は生活保護を上回るという本来の軌道に戻すことが優先されていく。

(2)　地域別最賃の基本的仕組み

　ここで、地域別最賃の仕組みを確認しておこう。地域別最賃は毎年中央最賃審議会が全国の都道府県を4つのランクに分けて、それぞれの引き上げ額の目安を提示するところからスタートする。時期的には7月になるが、それを受けて公労使3者によって構成される地方最賃審議会の活動が始まるのである。正確には労働局長からの諮問を受けて審議会が最終的に答申をするというプロセスを辿る。そのために、まずは審議会のもとに専門部会が設けられ、そこで集中的に審議を行うことになる。最賃法の第9条に「地域別最低賃金の原則」の項がある。それによると、「地域における労働者の生計費及び賃金並びに通常の事業の賃金支払能力を考慮して定められなければならない」とされている。中央から目安が出されたとしても、当然のことながら地域の経済労働事情という現実を十分視野に収めなければならない。ちなみに、筆者は長年大阪で最賃の審議会公益委員を務めたが、以下では地域の内実により接近するためにその経験を取り入れながら論を進めていくことにしよう。

　先の3原則に関連させていえば、それぞれについて地域レベルでの実態把握が重要となる。大阪府を例に取ろう。「労働者の生計費」については、勤労者世帯の一世帯当たりの1か月消費支出、標準生計費、消費者物価指数、生活保護状況等を押さえなければならない。「労働者の賃金」については春季賃上げ妥結状況、事業所別きまって支給する給与額、新規学卒者の初任給額、女性パートタイム労働者の賃金等をフォローする必要がある。「通常の事業の賃金支払能力」に関しては、地域別最賃の未満率（最賃を下回っている事業所に勤務する人数の全体に対する割合）、工業生産指数、大型小売店販売状況等が参照されなければならない。これらを総合的に勘案することが重要な作業となるが、それに加えて地域の賃金に関する実態調査を行い、とくに小規模零細と分類される事業所の賃金が奈辺にあり、それらの水準が最賃と比べてどうかといったことにまで立ち入ることが求められる。実態調査に関連させていうと、最賃のラインと近接してくる賃金データ内の第1・10分位（下位の10%）、あるいは第1・20分位（最下位の5%）あたりの状況を精査することが肝要となる。

　一方で目安、他方で地域の実態という、2つを睨みながらの審議となるが、そうしたなかで生じている現在の重大な問題点について言及しておこう。それは、地域別最賃でキーとなる目安に関わることである。中央最賃審議会では賃

金改定状況調査を行い、そのなかの第4表「一般労働者及びパートタイム労働者の賃金上昇率」が重視されてきた。それが長年にわたって目安の決定に大きな影響を与えてきたといわれたが、上述した生活保護との整合性が問われるようになってからは乖離を埋めることが優先されたので、いつの間にか第4表のデータは地域によってはさほど意味を持たなくなってしまった。先の乖離は2014年頃までには全国的に一応解消されたといわれたが、踵を接する形で登場してきたのが「官製相場」と揶揄された政府の掛け声による引き上げ額のアピールである。背景にはデフレ克服のための経済活性化、低迷する消費需要の喚起等いくつかあるが、政府がリードする形で最賃の目安相場が形成され始めたのは実に大きな出来事であった。

(3)　地域別最賃の問題状況

　一時期までは引き上げ額1桁をめぐっての攻防が中心であったが、先の乖離解消によって一気に2桁台の引き上げも生じ、その後は政府介入によってさらに大きな引き上げとなっていく。その結果、後述するように特定最賃との差が著しく縮小し、都道府県によっては地域別最賃が特定最賃を上回るという逆転現象が発生している。なるほど、引き上げ額が多くなるのは働く側にとって歓迎されるべきことかもしれない。しかし、引き上げのための根拠において客観的な裏付けが不足しているのは自明である。これまで比較的景気が安定しているといわれてきた。しかし、景気に変動はつきものであり、いつ反転するかわからない。後退したときに、政府は本当に掛け声的な姿勢を持ち続けることが出来るのだろうか。景気が悪化したので、いつの間にか勇ましい掛け声も消えてしまったというのでは、あまりにも無責任である。2020年にはコロナ問題が生じたという特殊事情があったので政府の意気込みは急速に萎んでしまったが、まさに「官製相場」の弱点を一気に露呈してしまった感がある。その意味で、これまでの第4表に依拠する手法が形骸化しつつある今日、再度その是非を含めて検討すべきであろう。そして、新しい客観的データの抽出を行うのであれば、いかなる基準に基づくのかを追究し、そこに確固たる基盤を置くようにしなければならない。参考までに、2020年度の地域別最賃改定結果を表1に掲げておく。これをみると、据え置きのケースに加えて、引き上げのケースでも1〜3円の範囲に留まった。

表1　令和2年度地域別最低賃金改定状況

都道府県名	最低賃金時間額【円】		発効年月日
北海道	861	(861)	令和元年10月3日
青　森	793	(790)	令和2年10月3日
岩　手	793	(790)	令和2年10月3日
宮　城	825	(824)	令和2年10月1日
秋　田	792	(790)	令和2年10月1日
山　形	793	(790)	令和2年10月3日
福　島	800	(798)	令和2年10月2日
茨　城	851	(849)	令和2年10月1日
栃　木	854	(853)	令和2年10月1日
群　馬	837	(835)	令和2年10月3日
埼　玉	928	(926)	令和2年10月1日
千　葉	925	(923)	令和2年10月1日
東　京	1,013	(1,013)	令和元年10月1日
神奈川	1,012	(1,011)	令和2年10月1日
新　潟	831	(830)	令和2年10月1日
富　山	849	(848)	令和2年10月1日
石　川	833	(832)	令和2年10月7日
福　井	830	(829)	令和2年10月2日
山　梨	838	(837)	令和2年10月9日
長　野	849	(848)	令和2年10月1日
岐　阜	852	(851)	令和2年10月1日
静　岡	885	(885)	令和元年10月4日
愛　知	927	(926)	令和2年10月1日
三　重	874	(873)	令和2年10月1日
滋　賀	868	(866)	令和2年10月1日
京　都	909	(909)	令和元年10月1日
大　阪	964	(964)	令和元年10月1日
兵　庫	900	(899)	令和2年10月1日
奈　良	838	(837)	令和2年10月1日
和歌山	831	(830)	令和2年10月1日
鳥　取	792	(790)	令和2年10月2日
島　根	792	(790)	令和2年10月1日
岡　山	834	(833)	令和2年10月3日
広　島	871	(871)	令和元年10月1日
山　口	829	(829)	令和元年10月5日
徳　島	796	(793)	令和2年10月4日
香　川	820	(818)	令和2年10月1日
愛　媛	793	(790)	令和2年10月3日
高　知	792	(790)	令和2年10月3日

福　岡	842	(841)	令和2年10月1日
佐　賀	792	(790)	令和2年10月2日
長　崎	793	(790)	令和2年10月3日
熊　本	793	(790)	令和2年10月1日
大　分	792	(790)	令和2年10月1日
宮　崎	793	(790)	令和2年10月3日
鹿児島	793	(790)	令和2年10月3日
沖　縄	792	(790)	令和2年10月3日
全国加重平均額	902	(901)	―

出所および注：厚生労働省資料。括弧書きは、令和元年度地域別最低賃金。

3　特定最賃の展開と現地点

(1)　特定最賃のこれまで

　かつて産業別最賃と呼ばれたもうひとつの柱が現行の特定最賃であり、上述した2007年改正で名称の変更がなされた。最賃制度はもともと産業別的な形で始まっており、その後に地域別最賃が本格的に組み込まれるようになった。すでにふれたように、その大きな転機は1970年代であり、このときに地域別最賃が機能と役割を拡大することになる。言い換えれば、地域別最賃が最賃制度の土台を形成することになり、産業別は一つ上の方式というポジションを占めることになった。こうしたなかで、産業別最賃の再編が行われるのは、1980年代の半ばから後半にかけてである。このとき、これまでの産業の括りや対象労働者をはじめとしたいくつかの見直しがなされ、新しい体制へ突入することになる（いわゆる「新産別への移行」）。最初にふれた時期区分を当てはめるとすれば、第2期となる。

　こうして最賃の二本建て制が一層確立していくことになるが、1990年代に入ると使用者サイドから産業別最賃不要論がより前面に出てくる。すでに地域別最賃が相応の位置を占めたのであるから、それをベースとすべきであり、屋上屋を架する産業別最賃はもはや必要ないというのがその主張の骨子である。これに対して、労働者サイドは猛反発した。そもそも産業別最賃は公正競争の確保をはじめ、基幹的労働者の適正な賃金を保障するためのものであり、地域別最賃とは基本的に性格が異なる、その意味で産業別最賃の維持は不可欠であり、むしろその独自性を労使とも認識すべきであると強調した。もっとも、使用者サイドの不要論はこれ以降今日まで続いており、双方平行線のまま推移してき

たといってよい。しかしながら、すでに論及したように、地域別最賃の大幅な引き上げによって一部の都道府県では特定最賃を上回るケースが生じてきており、これまでになかった深刻な事態が現出するに至っている。

(2)　特定最賃の基本的仕組み

　ここで、特定最賃についてもその仕組みを確認しておこう。特定最賃は、都道府県において設置されているが、その数自体が異なる。実際は、それまでの産業別最賃の伝統を引き継いでいるところが多く、都道府県によってバラツキがみられる。特定最賃は先の地域別最賃と同じように公労使3者による審議会方式で進められるが、最初は産業ごとに分かれた労使による引き上げに向けた意向表明から始まり、徐々に審議の場に移っていく。引き上げに向けた意向表明を提出するのは基本的に労働者側であり、審議会は正式の申し出を受けて専門部会を設けその必要性の有無を問う。有であれば専門部会の下で審議が重ねられることになる。地域別最賃は中央最賃審議会からの目安提示が出発点であったが、特定最賃にそうしたものはない。産業別の審議ということで、労使委員はそれぞれの産業の事情に通じた者が代表になるケースが多い。地域別最賃と異なって「労使のイニシアチブ」発揮が重視されるので、公益委員はできるだけ労使を軸とした協議を優先することになる。

　わが国の最賃は、順序としてまず地域別が決定し、その後に特定に移る。であれば、どうしても地域別最賃の上げ幅が気になるところであるが、特定最賃は産業ごとの事情を大きく反映するので、景況、賃上げ状況等をはじめそれぞれ産業特有のデータを直視することになる。しかも、特定最賃は「地域別最低賃金において定める最低賃金額を上回るものでなければならない」（最賃法第16条）ことになっているので、長い間そうした状態が続いてきた。しかしながら、先にふれたように、地域別最賃の上げ幅が大きくなり都道府県によっては逆転現象が生じてきた。とくに、東京、神奈川はすでにそうした事態に追い込まれている。その結果、地域別最賃が特定最賃よりも上になれば、それが特定最賃に代わって適用されるという変則的な事態を生むに至っている。まさに、特定最賃が埋没してしまうというべき異常が発生しているのであり、それは全国的に浸透し始めているように思われる。

　ここで、大阪府の例をあげてみよう。表2は、2019年度に行われた改定結果

を示したものである。大阪府では、新産別に移行してから全部で8つの産業別最賃が存在してきた。そのなかで各種商品小売業は地域別最賃に追いつかれ、すでに廃止という措置が取られてしまっている。したがって、現在は7つになっているが、表2をみると7つとも逆転寸前まで追い込まれているのがわかる。とくに、3つは地域別最賃を1円だけ上回ることにより制度の維持をギリギリで図っていることが伺われる。これをみると、特定最賃においてももはや客観的データに基づいて引き上げ額を決めているとはいいがたい側面があり、形は異なるにせよ厳密な根拠を欠くという地域別最賃の引き上げ手法と類似の現象が現出しているのである。しかしながら、今後の地域別最賃の引き上げ額次第では、特定最賃が1円すら上回ることもできない可能性が出てくるであろう。否、むしろ大阪府ではもはや時間の問題であるといえる気配が濃厚だといってよいのではないか。ちなみに、2020年度の改定状況であるが、地域別最賃は据え置かれた一方で、特定最賃の非鉄金属関係、自動車小売の2つは据え置き、鉄鋼は2円、他はすべて1円の引き上げになったとのことであるが、依然逆転まぢかの状況は変わっていない。

(3)　特定最賃をめぐる問題状況

　このようにみると、特定最賃も実に大きな曲がり角に差し掛かっている。これまで述べてきたように、最賃の歩みを振り返ると全部で3期に分けられるが、その3期目にこれまで予想もしていなかった出来事が生じているのがわかる。もちろん、時代状況というものが存在する限り、従来の枠組みを超えた政策・制度へ転換するというのは起こり得るだろう。ただし、冷静な眼でみれば生活保護との整合性は以前から起こっていた問題への対処であり、また政府の掛け声的な措置はデフレ脱却という、てこ入れ的な要因が強く働いた結果である。したがって、それらは本来の最賃制度の根幹を改革するといった視点からではなく、見方によっては事後的もしくは一時的に手を打つ修復作業であったともみなされるのである。最賃の、とくに地域別最賃の上り幅が大きくなったから、それはそれでいいのではないかといった一部の評価もあるが、それは極めて表面的なものに過ぎないことを先の事実は如実に示しているといえるのではないか。その意味で、これまでの史的経過をみたとき、第2期に区分される時期の最賃論議が低調に推移したことが悔やまれてならない。

表 2　大阪府の最低賃金

最低賃金の件名		時間額	効力発生年月日
地域別最低賃金	大阪府最低賃金	964 円	令和元年10月 1 日
特定最低賃金	塗料製造業	970 円	令和元年12月 1 日
特定最低賃金	鉄鋼業	966 円	令和元年12月 1 日
特定最低賃金	非鉄金属・同合金圧延業、電線・ケーブル製造業	965 円	令和元年12月 1 日
特定最低賃金	はん用機械器具製造業、生産用機械器具製造業、業務用機械器具製造業、暖房・調理等装置、配管工事用附属品、金属線製品製造業、船舶製造・修理業、舶用機関製造業	967 円	令和元年12月 1 日
特定最低賃金	電子部品・デバイス・電子回路、電気機械器具、情報通信機械器具製造業	965 円	令和元年12月 1 日
特定最低賃金	自動車・同附属品製造業	969 円	令和元年12月 1 日
特定最低賃金	自動車小売業	965 円	令和元年12月 1 日

出所：大阪労働局資料。

4　最賃の再建にむけて

⑴　最賃決定方式のあり方

　前述のように、最賃制度はもともと外国で開始されたものであり、その起源から振り返るとすでに 1 世紀以上が経過している。現代においては多くの国々において制度化が図られており、その重要性はますます高まっているといえるであろう。最賃といえば、とかくその水準に眼が向けられがちであるが、各国ともそれぞれ事情を背負ったなかで試行錯誤してきたところがあり、一概に理想的なモデルケースを追求すればよいということにはならない。国際的な場ということであれば、先の ILO の動向を無視するわけにはいかないだろう。2019年は ILO が 1 世紀を迎えた記念すべき年であったと述べたが、そうした事実に気付いた人々は決して多くなかったように思われる。

　いうまでもなく ILO は最賃においても貴重な役割を果たしており、1928年に第26号条約を採択している。条約に盛り込まれたなかでは 3 者構成による協議を求めており、それが審議会方式に大きな影響を与えたことは重要である。思い起こせば、わが国で審議会方式に大きく舵が切られるのは1968年の最賃法改正のときであった。その改正まで規程に含まれていた業者間協定方式は協議の平等性に欠けるものがあり、そのことはまだ第26号条約を批准していなかった日本にとって大きな壁となって立ち現われていた。68年改正によって新しい

方向性が生まれ、それが結果として1971年における批准に繋がったのである。条約採択から遅れること40年以上経過していたが、以後今日に続くまで審議会方式が存続し、わが国における最賃決定に中心的な役割を果たしてきた。

　ところが、すでに述べたように、その方式が大きく揺らぎ始めている。とくに、地域別最賃においては、この 5 年ほどの間に目安づくりにおける政府の影響が著しく大きくなった。最賃に関する原理的な見方、考え方に大きな変更があり、それに基づいての動きであればともかく、実態は国の経済運営事情による施策という意味合いが強く、やや突如として出てきた感は否めない。その結果、地域別最賃の引き上げ額は非常に大きく伸び、いくつかの地域における特定最賃を上回ることになった。こうした事態が続けば、おそらく特定最賃が消滅する都道府県が増えることになるだろうが、政府によって地域別最賃に対する特定最賃の位置づけが明確に意識されたうえで行われているものでは決してない。逆にいえば、それだからこそ政府の掛け声的な路線が許されてきたのである。

(2)　最低生活保障の確立

　本稿の前半部分で最賃と生活保護との整合性に言及したが、最賃をはじめとする基本的な最低生活保障ということでは本来年金についても視野に収めておく必要がある。稼得収入のなかから保険料を拠出して受給資格を得る年金額は、一般的には稼得収入よりも低いものであると考えられてきた。年金は加入者によって給付額が異なり一律的に論じられないが、同じ地域、かつ老人一人世帯といった条件付で年金と生活保護を比較すると、年金が生活保護を下回るという事態が生じたりする。もっとも、その他のケースも多くあり一概に結論づけることはできないので、年金と生活保護の厳密な比較というのは至難である。最賃をはじめ、生活保護、年金のいずれを取ってみても最低生活保障に大きく関わる領域であるが、このうち最賃と生活保護は一応調整が図られたといえるのに対して、年金との関係性はまだ不透明な部分が残存したままである。

　現役世代にとって、稼得収入が生活の基盤であるためそれに対する関心が著しく高いのは当然であり、そのためにも最賃は決定的に重要である。それに対して生活保護とか年金は生活困難に陥ったときか、あるいは老後生活に入ってからのものだという認識がある。そのために 3 者すべてに眼を向け、包括的に

論じることはなかなかむつかしいところがあろう。しかしながら、国民の生活保障を守り抜くということであれば、先の３つすべてに目配りしなければならない。そのなかでも最大の核となる最賃のあり方を再度徹底究明し、最低生活保障全体のレベルアップに繋げていくことが急務である。

参考文献
玉井金五（2012）『共助の稜線――近現代日本社会政策論研究』法律文化社
玉井金五（2009）「大阪の最低賃金」『大阪社会労働運動史』９巻
玉井金五（2020）「福田徳三著作集の刊行と労働100年」『国際経済労働研究』1098号
「特集　最低賃金制度と生活保護制度」社会政策学会編『社会政策』２巻２号、ミネルヴァ書房、2010年。
「特集　最低賃金制度のゆくえ」『季刊労働法』254号、労働開発研究会、2016年。
「特集　第32回国際労働問題シンポジウム　ILO（国際労働機関）と日本――100年の歴史と仕事の未来」『大原社会問題研究所雑誌』743・744号、法政大学大原社会問題研究所、2020年。
労働調査会出版局編『最低賃金決定要覧（平成31年度版）』労働調査会、2019年。ほか

玉井金五（たまい・きんご）
大阪市立大学名誉教授、愛知学院大学客員教授

第 4 章　雇用・労働条件闘争

Ⅴ　労働時間短縮

1　8 時間労働制から100年…

　労働時間を 1 日 8 時間かつ 1 週48時間に制限する ILO の第 1 号条約が1919年に採択されてから100年がたった。著名な経済学者であるケインズは1930年に「孫たちの経済的可能性」と題するエッセイの中で、100年後には、せいぜい 1 日 3 時間、週15時間の労働しか残らず、人々は余暇の使い道に苦労するだろうと予想した。この100年間で労働時間の短縮は進んだが、ケインズが予想した姿にはほど遠い。日本においては残業を含めて考えれば 1 日 8 時間労働すら実現できていないのが実態である。

　これまで多くの労働者の闘争とそして犠牲の上に労働時間の短縮がなされてきた。今また、AI 等のデジタル技術革新の進展により多くの雇用が失われるため、週15時間労働を実現し雇用を分かち合うべきだとの主張もある。私たちは労働時間をどのようにとらえ、そして、どのように働くべきだろうか。

2　日本の労働時間の現状

(1)　総実労働時間の国際比較

　日本の労働時間の現状を国際比較の観点から確認しよう。OECD 加盟国で比較すると、日本の雇用労働者一人当たりの平均年間総実労働時間は1,700時間台半ばで、アメリカ、カナダ、ニュージーランドと同程度の水準にある。EU 主要国は1,300～1,500時間程度となっている。韓国、メキシコは2,000時間を超えている（表 1 ）。

　この年間総実労働時間は、パートタイム労働者を含む数値なので、雇用労働者に占めるパートタイム労働者の比率が大きな影響を及ぼす。日本はパートタイム労働者比率が高い国のグループであり、全労働者の平均労働時間が同じだとしても、フルタイム労働者の労働時間はより長いことになる。

表1 雇用者の年間総実労働時間と就業者に占めるパート労働者の割合（2016年）

	日本	アメリカ	カナダ	ニュージーランド	イギリス	ドイツ	フランス	オランダ	スウェーデン	韓国	メキシコ
年間総実労働時間	1,724	1,786	1,714	1,740	1,515	1,298	1,420	1,367	1,432	2,033	2,348
パート割合（%）	23	13	19	21	24	22	14	38	14	11	18

※ JILPT データブック国際労働比較2019より作成。パートの定義は、主たる仕事について通常の労働時間が週30時間未満の者。

(2) フルタイム労働者の労働時間

　フルタイム労働者の年間総実労働時間の国際比較データは適当なものが存在しないため、Eurofound（欧州生活労働条件改善財団）の方法を参考に、日本とEU主要国のおおよそのイメージを推計してみる（表2）。日本のフルタイム労働者の2018年の総実労働時間は2,300時間程度となり、EU15か国平均に比べて年間500時間程度、8時間換算で62労働日も長いことになる。週49時間以上労働する労働者の割合を見ても日本は多い。その要因として第1に大きいのは残業時間であり、差の75%程度を占める。第2に週所定労働時間の差で15%、第3に年次有給休暇・祝日の差で10%程度となる。

　なお、事業所統計である毎月勤労統計調査による日本のフルタイム労働者の総実労働時間は2,010時間であり、上の推計より300時間程度短くなる。事業所調査では不払い残業時間が含まれていない点等があり、個人調査より労働時間数が少なく出る傾向にある。いずれにせよ、一定の幅をもって推計値をとらえる必要がある。

3 労働時間の法規制
(1) 1日の上限労働時間

　日本とEU主要国とのフルタイム労働者の労働時間の差を生み出す要因の一つが法規制の違いである。特に以下の違いが大きな差を生み出していると考えられる。

　日本の労働基準法は1日の労働時間は8時間、1週の労働時間は40時間以内と定めているが、例外として、三六協定を締結すればその時間を超えて残業させることができると定めている。日本では1日の労働時間の上限規制はない（休憩時間1時間を差し引けば1日23時間となる）。EU指令（EU加盟国は指令にそう

表 2　推計年間総実労働時間比較（2018年）

	A	B	C	D	E	F	G	
	週所定労働時間	週実労働時間	粗年労働時間(B×52)	有給休暇日数	祝日日数	有給、祝日時間	年間総実労働時間(C-F)	49時間以上の労働者の割合(男)
フランス	35.6	39.1	2,033	25	10	274	1,760	14.0%
ドイツ	37.7	40.2	2,090	30	9	314	1,777	12.0%
オランダ	37.4	39	2,028	24.4	9	261	1,767	12.3%
イギリス	37	42	2,184	20	8	235	1,949	16.7%
EU15	37.4	40.1	2,085	24.6	10.1	278	1,807	
日本	39	49	2,548	9.3	13	219	2,329	27.3%

※ Eurofound（2019）Working time in 2017-2018より、「年間総実労働時間」＝「週通常労働時間」（一定期間において祝日、年次有給休暇、ストライキ等による休業時間がある週は除いて最頻値となる週の実労働時間）×52週－「協約年次有給休暇日数＋祝祭日の労働時間」として推計。年次有給休暇日数については協約による日数の平均値または、法定最低日数を使用している。日本の週実労働時間は、社会生活基本統計調査（2016）の週35時間以上働く労働者の週労働時間の平均値。週所定労働時間、年次有給休暇日数は、就労条件総合調査（2018）の労働者一人平均週所定労働時間、年次有給休暇取得日数の値。EU15は、2004年以前の加盟15か国平均。就業者のうち、週49時間以上の労働者の割合は JILPT 国際労働統計2019より作成。

よう国内法制を整備しなくてはならない）は24時間につき11時間の休息時間を定めているので、1日13時間（休憩時間含む）が上限となる。

⑵　月間、年間の上限労働時間

　日本では週40時間を超える残業の上限時間は月45時間、年360時間である。さらに、特別条項付きの協定を締結すれば、上限時間は月100時間（休日労働時間含む）、年720時間となる。EU 指令においては、労働時間は 4 か月平均して週48時間を超えないこととされている。週40時間を超えることができるのは、週 8 時間×48週（年次有給休暇 4 週除く）として機械的に計算すると年384時間となる。年間の上限労働時間規制に関しては、日本はおおよそ特別条項付きの三六協定による延長時間の分だけ EU 主要国より長い。

⑶　連続労働日

　日本は三六協定を締結すれば週休日の労働も可能であるが、EU 指令は、週休日は義務であり、7 日毎に連続24時間と11時間、計35時間の休息時間を定めている。なお、EU 指令には、日曜の労働について規定はないが、ドイツ、フ

ランスは国内法で例外措置はあるものの原則日曜の労働を禁止している。

(4)　年次有給休暇、病気有給休暇

年次有給休暇の日数は、EU指令は最低4週間の休暇が取れるよう定めており、付与日数は20日（5日×4週）となる。ほぼ全日数取得されているという。フランス、ドイツ等では連続取得日数を最低12日と定めている。日本は勤続年数に応じて10日～20日の付与日数であり、取得率も5割程度、しかも、細切れの取得になっている。取得時期についてフランス、ドイツでは、労働者の希望を踏まえて原則として雇用主が決定する。日本は原則、労働者の申し出による（2019年4月より使用者に最低5日の付与義務が新設された）。また、EU主要国では病気有給休暇が法制化されているが、日本では法制化されていない。

(5)　残業割増率

EU主要国では労働協約により50％の割増を定めている場合が多い。日本では法で25％（月60時間以上は50％）と定めており、協約で上乗せしているケースは少ない。日本の割増率は、年間賃金の中で大きなウェイトを占める一時金（賞与）が割増賃金の計算基礎に入っていないことを考慮するとEU主要国より実際の数字以上に低いことになる。

4　労働時間の決定体制

「労働契約は、労働者が使用者に使用されて労働し、使用者がこれに対して賃金を支払うことについて、労働者及び使用者が合意することによって成立する」（労働契約法6条）。労働者が労働契約を結び労働する際には、その労働が賃金に見合っているかが問題となる。労働の質と量は、労働内容と労働時間を主要な要素として判断されるため、賃金、労働内容、そして労働時間は相互に連関する労働契約の必須事項となる。そして、個々人の実際の労働時間の長さや編成は、法律、労働協約、就業規則、労働契約等により定められていく。

Eurofoundは、労働時間の決定体制を一定の類型に分類し、労働時間の長さや編成との関係を指摘している（表3）。調整された法決定体制と交渉決定体制は、残業が少なく実労働時間が短い傾向にあり、集団的に決定された規制の遵守度合いも大きいとされている。使用者決定体制は残業の上限もなく、長時

表3　労働時間決定体制の4類型

◎最重要制度、○関連制度

	純粋法決定体制	調整された法決定体制		交渉決定体制			使用者決定体制
法規制	◎	◎	◎	○	○	○	
業種協定		○		◎	◎	◎	○
企業協定		○	○	○	○	◎	○
個人契約			○		○	○	◎
国	ポーランド他東欧7か国	フランスギリシア他3か国	チェコアイルランドマルタ	ドイツベルギースウェーデン他7か国	オランダ	ルクセンブルク	イギリス

Eurofound（2016）Working time developments in the 21st century より作成

間労働者の割合が大きい。日本は調整された法決定体制のうち企業協定、個人契約で補足する体制に分類されると思われる。このような比較をすると、日本における産業、業種レベルでの団体交渉による規制の弱さが浮かびあがる。

5　労働時間短縮の歴史

(1)　欧米の労働時間短縮の経過

　ここでは、産業革命以降の欧米と日本の労働時間の歴史を概観しておこう。なお、産業革命以前の農民、職人の労働時間は、日照時間の制約もあり、産業革命以降の労働時間より短かったという説が多い。

　イギリスでは、工業化にともない炭鉱、工場等における女子と児童の長時間労働による健康障害、労災事故等が社会問題となり、1802年の初期工場法以降、数次にわたり規制が行われていった。1833年の繊維産業を対象とする工場法は、9歳未満の労働を禁止し、18歳未満の労働時間を1日12時間に制限し、工場監督制度を創設した。1847年の工場法は女子と18歳未満の労働時間を1日10時間に制限した。19世紀中盤以降、他の欧米諸国でも女子と児童の労働時間規制の法制化が進んでいった。

　次に、成人男性を含めた1日8時間労働制への動きが進んでいった。1856年にオーストラリアのメルボルンの建築工組合が1日8時間協約を獲得し、世界的に1日8時間労働制を求める運動が広がっていった。1886年5月1日、AFL（アメリカ労働総同盟）は全米各地で8時間労働を求めるストライキを行い、

それに対する弾圧の過程で労働者に死者が発生した（ヘイマーケット事件）。1890年からは、5月1日に8時間労働を求める運動として、世界各地でメーデーが始まった。

　欧米各国で労働運動が広がりをみせ、あわせて、男子普通選挙も実施されていく。そして、歴史上初めての国民総力戦となった第1次世界大戦により、政府はこれまで以上に労働者の声を取り込まざるを得なくなった。1917年に誕生した社会主義国ソビエト連邦が8時間労働法制を採用、第1次世界大戦後の1919年ヴェルサイユ条約に8時間労働制が盛り込まれ、ILOが8時間労働制の条約を採択、1日8時間労働制は国際労働基準として確立していった。

　その後、世界大恐慌から第2次世界大戦後の高度成長期にかけて週40時間労働制（週休2日制）への動きが続いた。1929年の世界大恐慌による高失業率が続く中、アメリカがニューディール政策の一環として1939年に公正労働基準法を定め、週40時間を超えた労働に50％の時間外割増の支払いを義務づけた。フランスにおいては1936年歴史上初めて社会党首相による人民戦線政府が成立し、週40時間が法制化される。第2次世界大戦後の経済復興の中で、労働時間はいったん拡大に転じるが、その後の高度成長の過程で週40時間労働制が確立していった。

　そして、1970年代後半オイルショック後の景気低迷、高失業の中で、さらなる労働時間の短縮が追求され始めた。1977年ETUC（欧州労連）は週35時間労働を目指す政策を決定した。フランスでは1982年社会党政権のもと週39時間が法制化され、2000年には週35時間が法制化された。ドイツでは、1984年からIGメタルが週35時間をめざして交渉を行い、1990年の協約により週35時間制（1995年実施）が確立された。このような各国の動きの中で、1993年には、EUが残業を含め週の労働時間上限48時間、24時間につき11時間の休息時間規制等を内容とする労働時間指令を定めた。2000年代以降はフルタイム労働者の労働時間の短縮に関しては大きな変化はないが、パートタイム労働者比率の上昇が見られる。

　年次有給休暇は1910年代からEU主要国の労働協約において制度化が進んだようである。1920年代初めにはソビエト連邦で法制化が進んだ。1936年にフランス人民戦線政府が年12日の年次有給休暇を法制化し、同年、ILOが年次有給休暇条約（年6日）を採択した。第2次世界大戦後、労働組合は年次有給休

暇の日数拡大に積極的に取り組み、フランスでは、1969年に年 4 週間、1982年に年 5 週間が法制化される。ドイツでは、1979年 IG メタルが鉄鋼部門において年 6 週間を獲得した。ILO においても1970年に年 3 週間以上とするよう条約が改正された。1993年の EU 指令では年 4 週間を定めた。

(2)　日本の労働時間短縮の経過

　日本においては、1911年に女子、児童の労働時間を 1 日12時間以下とする工場法が成立した。その後、ILO 条約の採択を受け、1919年に神戸の川崎造船所の争議により 8 時間労働制が導入されるなどの動きがあった。しかし、社会全体としての 8 時間労働制の導入は、第 2 次世界大戦後の1947年、1 日 8 時間、週48時間労働を定めた労働基準法の成立を待たなくてはならなかった。年次有給休暇は年 6 日であった。

　その後、1962年の ILO の週40時間への時短勧告採択などの動きをうけ、1960年代から労働組合による週40時間（週休 2 日制）を求める運動がおこり、1970年代以降、大企業を中心に徐々に週休 2 日制が普及していった。

　IMF（国際金属労連）が1979年に世界時短会議を開催し、世界的に週40時間労働制を導入し、先を行く国は週35時間制を進める時短方針を決定したことを受け、日本の金属労協が1980年に時短要求を決定した。日本の輸出拡大は長時間労働による労働ダンピングだとの欧米の批判もあり、社会的に労働時間短縮の機運が高まっていった。こうして、1980年代後半から1990年代初めにかけて年間総実労働1,800時間をめざす労働組合の時短闘争が取り組まれた。政府も1986年「前川レポート」において、貿易摩擦解消のための内需拡大策の一つとして欧米先進国なみの年間総労働時間の実現と週休二日制の早期完全実施を提言した。1987年には労働基準法を改正し、段階的に週40時間労働制に移行することが決まり、年次有給休暇の最低付与日数は10日に引き上げられた。こうして、1990年代前半に化学、ガス、鉄道などの一部の業種の大企業では総実労働時間1,800時間台を達成するなど、一定程度労働時間短縮は進んだ。

　しかし、1990年代後半以降はバブル崩壊による経済の長期低迷が続き1,800時間への取り組みは頓挫していった。そして、皮肉なことに、この頃からパートタイム労働者の比率が急上昇していき、フルタイム労働者の長時間労働は変わらないまま、労働者一人平均では2005年頃に1,800時間を達成することにな

図1　主要国の年間総実労働時間の歴史的推移

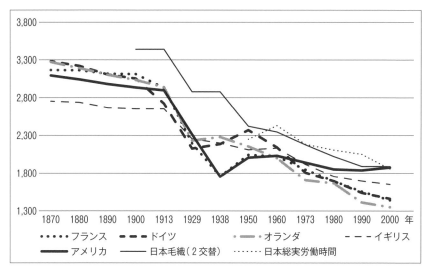

※ M. Huberman, C. Minns（2007）The times they are not changin': Days and hours of work in Old and New Worlds, 1870-2000, Explorations in Economic History 44、日本の労働時間については、松井健（2017）で記載した日本毛織㈱の2組2交替の労働者の所定内労働時間と毎月勤労統計による総実労働時間（JILPT「早わかり　グラフでみる長期労働統計」）を参考として表示した。

った。

(3)　労働時間短縮の歴史からわかること

　以上の簡単な概要から以下の点を確認しておきたい。①労働時間は労働者の健康と安全に直結するため、労働時間規制は、国内的、国際的な法規範として追求されてきた。②EU主要国においては、労働運動の成長、普通選挙実施と労働者政党の伸長、ロシア革命と国民総動員型の戦争等の動きの中で、1945年以前に現在の労働時間の基本が形作られたが、日本はそこまでにいたらなかった。③1960年代以降、日本においても労働組合の成長とともに時短闘争が一定程度進展し、週40時間体制の確立にいたるが、1990年代後半バブル崩壊後、取り組みが停滞した。日本では失業対策、ワークシェアリングとしての労働時間短縮の論議が弱かった。④日本では連続休暇としての年次有給休暇が定着せず、その日数増大の運動も弱かった。

6　労働時間に関する経済理論

(1)　市場決定モデル

　ここで、労働時間を経済理論の観点から考えてみよう。基礎的な経済理論は、労働者が、時間あたりの賃率と労働時間に応じて、得る賃金と失う余暇時間を比較衡量し、希望する労働時間数だけ労働を供給するモデルを提示している。

　一般的に、賃率が高くなるにしたがい労働者による労働供給は増加するが、企業による労働需要は低下するので、市場における労働需要量と労働供給量が等しくなる点で、賃率と労働時間が決定される。結果として決まる賃率、労働時間において、社会に問題が生じないのであれば労働時間を規制する必要はない。規制することはかえって労働者、企業の利益を害することになる。

(2)　労働時間規制の根拠

　しかし、現実には労働時間規制が行われてきた。なぜ、規制が必要になるのか、理論的にはいくつかのケースが指摘されてきた。第1に、賃率が低下した場合に、低い賃率で生活を維持するために労働者が労働時間を増やす場合である。賃率が低下して労働供給が増えれば、さらなる低賃金を招き、低賃金、長時間労働の悪循環となり、それを防止する規制が必要とされる。なお、賃率が上昇して所得が増えた場合に、余暇時間を増やすために労働供給を減らすこともありうる。長期的に労働時間短縮が進んだ理由の一つにあげられる。

　第2に、なんらかの理由で余剰労働力、失業者が継続的に存在する場合である。例えばルイスの転換点という議論がある。農業部門に最低限レベルの生計を営む農民が多く存在する場合、工業化が進む過程で農業部門等から工業部門に労働者が次々と流入し、賃金が最低限レベルの水準に固定され、長時間労働が継続する。

　第3に、雇用には採用費、雇用管理費、教育訓練費等の固定費が必要であるため、企業にとり、労働者数を増やすより一人当たりの労働時間を延ばすほうが、コストが小さくなる場合である。個別企業は長時間労働によるコスト低下と生産性の低下を比較しながら、一人当たりの労働時間を長くするよう行動する。労働者にとっても、企業特殊技能等の理由により、転職するより現職に留まるほうがより高い賃金を得られる場合には、長時間労働を受け入れる余地が大きくなる。

　現実には、労働者が労働時間数を選べる仕事は多くなく、また、労働時間短縮には経営側の反対が強く長い年月がかかってきたことを思えば、固定費の要因が大きく作用していると考えられる。そして、制度や労使の交渉力等の違いにより企業毎に労働時間に差が生じ、過度な長時間労働が発生する可能性がある。そのため公正労働基準として労働時間規制が追求されてきたと考えられる。なお、固定費や企業特殊技能が少ないパートタイム労働では、基礎的な経済理論が想定するように労働者が労働時間を選択できる余地が大きい。

7　労働時間を考える上での基本的視点
(1)　健康と安全
　以下、今後の労働時間を考える上での基本的視点を確認しておきたい。
　第1に、健康と安全の視点である。長時間労働や深夜労働等は、労働者個々人の健康と安全にとってリスクとなる。短期的にはストレスや疲労を高め、睡眠障害や喫煙、過度の飲酒、不規則な食生活、運動不足などの不健康な生活習慣を招く。長期的には、心臓疾患、胃腸や生殖器の障害、筋骨格障害、感染症、メンタル不調のリスクを高める。そして、労働災害のリスクを高める。

(2)　労働生産性と企業の持続可能性
　第2に、労働生産性と企業の持続可能性の視点である。短い労働時間、ワークライフバランスのとれる労働時間においては、労働者は早く疲労から回復し、モラールや仕事に対する注意力が高まり、欠勤率が下がる。OECD諸国のデータでは、労働時間が短い国ほど労働生産性が高いという相関関係があり、長時間労働が日本の労働生産性が国際的に低い一つの要因と指摘されている。

(3)　ワークライフバランス
　第3に、ワークライフバランスの視点である。長時間労働と深夜、週末などの非典型の労働時間の二つが特に問題であり、雇用労働と家事の両立を困難にする。先進国、開発途上国を問わず、多くの国で女性が家事やケアワークの大半を担っているため、結果として女性のパートタイム労働の増大につながる。そして、それがまた、男女の役割分業の固定化につながる。労働時間の2極化ではなく、社会の規範となるフルタイムの労働時間をワークライフバランスの

取れるものにすることが、一人ひとりが能力を発揮し、生活を充実させることにつながる。なお、ドイツでは、フルタイム労働からパートタイム労働に転換する権利に加え、パートタイムからフルタイムに復帰できる権利も保障する法改正を2019年に行っている。

(4)　柔軟化と選択権

第4に、労働時間の柔軟化と選択権の視点である。労働時間の柔軟化には、経営の都合による柔軟化と労働者の都合による柔軟化がある。かつて、労働者が熟練を保持していた時代には、労働の進め方、労働時間の編成に関して、労働者の選択権が大きかった。熟練が課業に分割され、経営による管理が可能となると、労働の裁量は小さくなり、労働時間の編成は経営の決定事項となっていった。1980年代以降、変形労働時間制や労働時間口座（残業時間等を口座に記録し一定期間内に労働者の休暇や企業都合の休業として利用できる制度）等により、経営の都合による労働時間の柔軟化が進められてきた。また、ホワイトカラーを中心に裁量労働時間制度が拡大され、過重労働等の問題を引き起こしている。

2020年、新型コロナウイルス感染拡大に際し、世界的に在宅勤務が拡大された。在宅勤務は通勤時間を削減し、職場と家庭の立地構造を変える可能性をも秘めているが、一方で労働時間の把握と管理が難しくなる。新しいICT技術の活用が進む中、労働者が適切な選択権を保持できる労働時間制度が求められている。

(5)　ワークシェアリング

第5に、ワークシェアリングの視点である。労働時間短縮が実際に新たな雇用を生み出すかについては議論がある。雇用には固定費がかかるという点、既存の労働者を完全には代替できないという点、課業の分割には技術的限界があるという点等がワークシェアリング実現の問題点として指摘されている。なお、2008年のリーマンショック時においてはドイツや日本での休業補償による雇用維持策がその後の速やかな経済回復に寄与したと評価されている。2020年の新型コロナウイルス感染防止のための経済活動休止に際しては、欧米、日本各国で休業補償制度が拡大され実施された。

8　労働時間と自由時間

　最後に、自由時間について考えてみたい。労働時間という概念は、資本主義の時代に生まれたものである。労働は、自ら目的や作業内容、方法を決定する活動ではなく、賃金と交換に使用者の指示に従う活動となった。労働時間は使用者の指揮命令のもと、労働だけを行う時間として純化し、労働時間という概念が確立していった。それに伴い、労働時間以外としての家事時間、自由時間といった概念も成立していった。資本主義以前の社会では、労働や家事、遊び、他者との交流等の活動は混然一体として営まれていたという。

　資本主義経済には労働時間を長くする誘因がある。加えて、利潤獲得の機会を増やすため、自由時間をもショッピングやレジャー等、金銭的消費を伴う活動に誘導していく。さらに、家事や家族のケアといった時間も市場経済の中に組み込んでいく。例えば、人々が家で食事をつくる時間を削減し、外食をするようになれば、利潤獲得機会は増える。家事時間を削減した分、労働時間を増やせばGDPは増える。しかし、幸福のパラドックスといわれるように、一人当たりのGDPがある水準を超えるとそれ以上は比例的に幸福度が上昇するわけではない。

　人々がより多い自由時間をもち、他者と交流したり、自分の成長に資する活動をしたりすることがより高い幸福度につながるのではないだろうか。外食を楽しむこともあれば、自分で食事をつくる活動自体の意義も感じられる社会のあり方が必要なのである。そして、自由時間の増大は、個人の自律を高め、民主主義の質を高めることにもつながる。エコフレンドリーな生活様式を促進すれば、社会の持続可能性を高めることにもつながる。

　メーデーの起源となった1886年のストライキでアメリカの労働者は「第1の8時間は仕事のために、第2の8時間は休息のために、そして残りの8時間は、おれたちの好きなことのために」と声をあげた。労働時間は人生の時間の大きな部分を占め、その中で、他者との協働や自らの社会的役割を実感することができる重要な時間である。労働している時間をいかに人間らしく豊かにするかは労働組合の変わらぬテーマである。加えて、自由時間を拡大し、充実させていくことも等しく重要なテーマである。

参考文献

Eurofound（2016）Working time developments in the 21st century

Eurofound（2019）Working time in 2017-2018

ILO（2018）Working time and the future of work

ILO（2019）Guide to developing balanced working time arrangements

S. Spiegelaere, A. Piasna（2017）The why and how of working time reduction, ETUI

JILPT（2012）「労働時間規制に係る諸外国の制度についての調査」JILPT 資料シリーズ No. 104

清水耕一（2010）『労働時間の政治経済学』名古屋大学出版会

武田晴人（2008）『仕事と日本人』筑摩書房

樋口美雄（2010）「経済学から見た労働時間政策」RIETI・ディスカッションペーパー

松井健（2017）「労働時間短縮闘争からみた日本の労働時間」日本労働研究雑誌 No.679

松井　健（まつい・たけし）
UA ゼンセン副書記長

Ⅵ　労働安全衛生

1　労働者の安全・健康を守る

(1)　事前予防と事後補償

　労働安全衛生活動は労働組合活動の基本の１つであるが、それは労働者の安全・健康を守ることが何よりも重要であるからに他ならない。労働者の安全・健康には、労働者が労働の場において負傷し、疾病にかかり、死亡するという危険から労働者を保護するという側面（事前予防）と、そのような危険が生じてしまった場合にその労働者や家族に対して補償を行う（事後補償）という側面がある。事前予防は労働安全衛生法が、事後補償は労働者災害補償保険法が、中心的役割を担っている。

　労働者の安全・健康に関わる労働法の歴史をさかのぼると、1911年制定の工場法には、女子年少者に対する危険有害業務への就業制限や、職工一般に対する危険の予防、災害扶助といった、職工の安全と健康を保護する内容がある。ここで災害「扶助」とあるのは、職工が被災した場合に工業主の負担で当該職工や遺族を扶けるものである。工場法には、労働安全衛生の側面（事前予防）と扶助の側面（事後補償ないし事後保障）を見出すことができる。

　1947年制定の労働基準法はこれらの側面を引き継ぎ、対象を職工（工場労働者）からほぼすべての労働者に拡大した。労働基準法には、事前予防として「第5章　安全及び衛生」が、事後補償として「第8章　災害補償」が規定された。労働基準法の性格からも、規制の目的は労働者の保護のための最低基準の設定にあった。

　「第5章　安全及び衛生」の内容は、1972年の労働基準法改正によって削除され、労働者の安全及び衛生に関しては、労働安全衛生法の定めるところによることとなった（労基42条）。また、「第8章　災害補償」による補償のほとんどは、労働基準法制定当初から、労働者災害補償保険法の給付によって行われている（災害補償に相当する給付が行われるべきものである場合、使用者は補償の責を

免れる。労基84条1項参照)。さらに労災保険の"ひとり歩き"とも称される労災保険独自の給付の拡充がみられる。

　このように、現在、労働者の安全・健康に関しては、労働安全衛生法と労働者災害補償保険法の2つが重要であるが、これらの基礎には労働基準法、さらには工場法がある。労働者の安全・健康を守ることが労働法、とくに労働者保護法の重大な基本的内容であることが歴史的経緯からも裏付けられる。

(2)　事前予防の拡充強化

　以下では、事前予防の役割を担う労働安全衛生法を中心に述べる。

　1972年の労働基準法改正により、労働者の安全及び衛生に関する事項は、労働基準法から独立し、労働安全衛生法として単独立法化された。この背景には高度経済成長と産業社会の進展にともない、労働者の安全・健康に対する危険が増加し、多様化したことがある。労働災害による死亡者数は1960年代に入って増加し、多発しており、労働安全衛生規制の拡充強化が必要であった。ちなみに、労働災害による死亡者数は労働安全衛生法施行後の数年間で急激に減少しており、法施行の効果が現れている。

　労働安全衛生法は労働基準法から独立することで、次のような展開を見せる。第1に、労働基準法の名宛人は使用者であるが、労働安全衛生法は事業者を対象とする。労働基準法の使用者(労基10条)と異なり、事業が責任主体である。事業経営の利益の帰属主体そのものを義務主体とすることで、事業の経営と労働安全衛生法上の責任の遂行との一体性を明らかにした。

　第2に、主たる対象は事業者であるが(なお、事業者の特例としてジョイント・ベンチャーへの適用を定めていることも特徴的である。労安衛5条参照)、労働安全衛生法は事業者以外の者にも責務を課す。機械等の設計者・製造者・輸入者、建設物の建設者・設計者(労安衛3条2項)や建設工事の注文者等(労安衛3条3項)等に及び、「第4章　労働者の危険又は健康障害を防止するための措置」には、事業者の講ずべき措置等の他に、元方事業者、特定元方事業者等、注文者、請負人、機械等貸与者等、建築物貸与者の講ずべき措置(労安衛29条以下)を定める。請負関係において安全衛生上の措置を下請企業のみで行うことには限界があるが、元請企業も措置を講じることで総合的に適切な措置をとることが可能である。また、製造・流通過程での規制は事前予防の強化につながる。

このように、労働基準法から独立したことで、労働関係の枠を超えた効果的な労働災害防止対策をとることが可能になった。

第3に、労働基準法は労働条件の最低基準を定めるものであるが（労基1条2項）、労働安全衛生法はその目的に、労働者の安全健康確保とともに快適な職場環境の形成促進を掲げ（労安衛1条）、安全健康確保のための最低基準にとどまらず、労働者により良い職場環境を実現するための措置を講じるべきとしていることが特徴的である。

第4に、労働基準法は労働条件の最低基準の確実な履行の確保のため、監督機関による監督（労基97条以下）と罰則（労基117条以下）を規定する。この点、労働安全衛生法も監督等（労安衛88条以下）と罰則（労安衛115条の3以下）を規定し、労働基準監督署長や労働基準監督官が法の施行監督（労安衛90条以下）を行う点でも、両者は共通するが、労働安全衛生法には、第3に指摘したように最低基準の設定および履行だけでない、それ以上の役割がある。そこで強行的な規制以外に、労働災害防止計画にかかる勧告または要請（労安衛9条）、安全衛生改善計画の作成指示（労安衛79条）、労働安全・労働衛生コンサルタントによる診断指導（労安衛80条）、国の援助（労安衛63条等、106条）といった、ソフトで誘導的な規制手法が取り入れられている。

第5に、安全委員会や衛生委員会の委員の半数が過半数組合もしくは過半数代表者の推薦に基づき指名される（労安衛17条4項等）ことは（後述2(3)(b)参照）、労働基準法に比べて労働者参加の仕組みが積極的に保障されていると評価できる。

(1)で述べたように労働安全衛生法は労働基準法「第5章　安全及び衛生」を基礎とし、その延長にあるが、多様な義務主体を対象とし、ソフトで誘導的な規制手法を組み合わせることにより、労働安全衛生のための総合的な法律として機能し、事前予防の拡充強化が図られている。

2　労働安全衛生法の概要

(1)　労働安全衛生法の位置づけ

労働安全衛生法は、労働基準法と相まって、労働者の安全・健康を確保する（労安衛1条）。1(2)で述べたように労働安全衛生法は労働基準法から独立した単独立法であるが、「相まって」とあるのは、労働安全衛生法と労働基準法と

が一体としての関係に立つことを意味する。労働基準法の労働憲章的部分は労働安全衛生法の施行に当たっても、その基本となる。また、労働基準法本体も労働者の安全健康確保と無縁でない。労働時間規制に関して労働者の健康確保に関する規定がおかれ（労基38条の3、38条の4、41条の2）、年少者や妊産婦等の危険有害業務等の就業制限（労基62条以下、64条の2以下）や寄宿舎の安全衛生（労基96条以下）等の規定がある。監督機関も共通する。労働安全衛生法は、労働者の安全・健康を守る要であるが、労働基準法との関係ではこのように、一体の運用が図られている。

　労働安全衛生法は1(2)で述べたように総合的な法律であり、労働安全衛生にかかる事項を広く射程とするが、その具体的内容は下位規範である労働安全衛生規則をはじめとする多くの規則（省令）に示されている。労働安全衛生に関する法律には、じん肺法や作業環境測定法のように、労働安全衛生法と別建ての法律もある。

(2)　法の目的、構成

　労働安全衛生法の目的は、労働者の安全健康確保と快適な職場環境の形成促進である（労安衛1条）。目的を達成するための方法として、危害防止基準の確立、責任体制の明確化と、自主的活動の促進の措置等があげられている（労安衛1条）。

　事業場における責任体制の明確化と自主的活動の促進の措置のために「第3章　安全衛生管理体制」がある。危害防止基準は、事業者が、労働者が被るおそれのある危害を防止するための措置を講ずるものであり、「第4章　労働者の危険又は健康障害を防止するための措置」に定められている。「第5章　機械等並びに危険物及び有害物に関する規制」「第6章　労働者の就業に当たっての措置」「第7章　健康の保持増進のための措置」も労働者の安全・健康への危険を防止するための規制である。第7章にみられる体育活動やレクリエーション活動への便宜供与や、「第7章の2　快適な職場環境の形成のための措置」は、自主的活動を促すものである。

　労働安全衛生法の実効確保のため、「第2章　労働災害防止計画」「第9章　事業場の安全又は衛生に関する改善措置等」「第10章　監督等」「第12章　罰則」が置かれている。

(3)　**安全衛生管理体制**

(a)　安全衛生の責任者

労働安全衛生法は、事業者に安全衛生の責任者を選任することを義務づける。選任すべき責任者は、事業場の規模と業種によって異なる。

大事業場（使用する労働者数が、建設業等は常時100人以上、製造業等は常時300人以上、その他の業種が1,000人以上）では、事業者は総括安全衛生管理者を選任しなければならない（労安衛10条、労安衛令2条）。総括安全衛生管理者は、後述の安全管理者、衛生管理者の指揮をし、事業場における安全衛生業務全般を統括する。

建設業等および製造業等の大事業場・中事業場（使用する労働者数が常時50人以上）では、事業者は安全管理者、衛生管理者、産業医を選任しなければならない（労安衛11条以下、労安衛令3条以下）。安全管理者は安全に係る技術的事項を管理する。そのため、専門的、技術的な知識と産業現場を熟知する一定の有資格者の中から選任される。衛生管理者は免許を受けた者もしくは一定の有資格者から選任され、衛生に係る技術的事項を管理する。労働者の健康管理等を行うために産業医が選任される。産業医は、医師のうち、労働者の健康管理等を行うのに必要な医学に関する知識を有する者でなければならない。

その他の業種の大事業場・中事業場では、事業者は衛生管理者および産業医を選任しなければならない。安全管理者の選任は要しないが、通達（ガイドライン）により、常時10人以上の労働者を使用する事業場の事業者は安全推進者の配置が求められている。

建設業等および製造業等の小事業場（使用する労働者数が常時10人以上）では、安全衛生推進者を、その他の業種の小事業場では衛生推進者を選任しなければならない（労安衛12条の2）。安全管理者や衛生管理者の選任が義務づけられていない小事業場の安全衛生水準の向上を図るために、安全管理者等に代えて、安全衛生推進者等が選任される。前者等の職務が「管理」であるのに対して、安全衛生推進者等の職務は「担当」であり、前者等のような高度に専門的な資格要件は課されていない（もちろん安全管理者や衛生管理者の資格がある者は安全衛生推進者等になれる）。

これらのほか、高圧室内作業等の労働災害を防止するための管理を必要とする作業に関し、作業主任者の選任が事業者に義務づけられている（労安衛14条）。

　建設業等の請負関係では複数の事業者の労働者が同じ場所で就労することがあるため、一般の労働関係とは異なる安全衛生管理体制がとられている（労安衛15条以下）。

(b)　安全衛生の委員会

　建設業等および製造業等の大事業場・中事業場（使用する労働者数が常時50人以上）は、安全委員会（ただし一定の業種については100人以上）と衛生委員会の設置が義務づけられる（労安衛17条以下、労安衛令8条以下）。その他の業種の大事業場・中事業場では、衛生委員会の設置が義務づけられる（労安衛18条）。なお、安全委員会と衛生委員会の双方を設置する義務がある事業場においては安全衛生委員会の設置に代えることができる（労安衛19条）。

　安全委員会および衛生委員会は、労働者の安全衛生に係る所定の事項を調査審議し、事業者に対して意見を述べる役割がある。事業者は、(a)で述べた安全衛生の責任者の中から、また、安全衛生に関する経験を有する者から委員を指名するが、統括管理者（総括安全衛生管理者等で、原則として委員会の議長を務める）以外の委員の半数を、事業場の過半数組合もしくは過半数代表者の推薦に基づいて指名しなければならない。ただし、当該事業場の過半数組合との労働協約で別段の定めがあるときは、労働協約の定めによる（労安衛17条5項）。安全衛生の委員会の委員は事業者により指名されるが、事業者単独で指名しうるのでなく、労働者代表の関与が規定され、これにより委員会への労働者参加が実質的に保障されている。

　委員会の設置義務を負わない事業者は、安全衛生上の問題に対処するため、安全衛生に関する事項について関係労働者の意見聴取の機会を設けるようにしなければならない（労安衛則23条の2）。

(4)　危害防止の措置・規制

(a)　事業者等に対する規制

　事業者は、労働者の危険または健康障害を防止するために必要な措置を講じなければならない（労安衛20条以下）。危険の内容として、機械等、爆発性の物等、電気等のエネルギー、掘削、採石、墜落、土砂崩壊等が、健康障害を及ぼすものとして原材料、ガス、粉じん等があげられている。また、事業者は、労働災害発生の急迫した危険があるときは、直ちに作業を中止し、労働者を作業

から退避させる等必要な措置を講じなければならない（労安衛25条）。講ずべき措置の具体的内容は厚生労働省令に委任され（労安衛27条）、労働安全衛生規則、ボイラー及び圧力容器安全規則、有機溶剤中毒予防規則等の省令に詳細に定められている。

　労働安全衛生法は機械等の製造や流通について製造者や輸入者等に許可や検査の方法で規制を行い（労安衛37条以下）、危険物や有害物の製造や流通について、重度の健康障害を生ずる一定の物質の製造等を禁止、あるいは許可制とし、所定の内容を容器または包装に表示することや文書の交付（危険・有害性等情報の通知）を譲渡者や提供者に義務づける（労安衛55条以下）。機械等や危険物を使用する段階だけでなく、製造・流通過程から規制をすることで、確実な危害防止となる。

　(b)　**労働者の義務**

　労働安全衛生法における労働災害防止の主たる名宛人は事業者であるが、労働者も労働災害防止の当事者である（労安衛4条参照）。事業者が講ずる措置（労安衛20条～25条の2）に応じて、労働者は必要な事項を守らなければならない（労安衛26条）。

(5)　就業上の措置、健康管理

　(a)　**就業上の措置**

　事業者は、労働者の雇入時および作業内容変更時に安全衛生教育を、危険または有害な業務に従事する者に特別の安全衛生教育を行わなければならない（労安衛59条）。

　クレーンの運転等一定の業務については、免許や技能講習を修了した者でなければ就かせてはならない（労安衛61条）。

　(b)　**健康管理**

　労働者の健康を確保するために、作業環境測定（労安衛65条）、作業管理（労安衛65条の3）、健康管理（労安衛66条以下）が行われる。

　健康管理の中心となるのが健康診断である。健康診断には、一般健康診断（雇入時の健康診断、定期健康診断等）、一定の有害業務に従事する労働者に対して一般健康診断に加えて行われる特殊健康診断、臨時の健康診断がある。事業者は労働者に対して健康診断を行う義務を負い（労安衛66条1項）、労働者は健

康診断を受診する義務がある（同5項）。労働者は事業者が指定した以外の医師
による健康診断を受診してもよい。事業者の健康診断不実施には罰則があるが
（労安衛120条1号）、労働者の健康診断不受診には罰則がない。もっとも健康診
断受診義務が労働契約の内容になっていれば、労働者は労働契約上健康診断を
受診する義務を負う。これとは別に、深夜業に従事する労働者は自発的に健康
診断を受診し、その結果を事業者に提出することができる（労安衛66条の2）。

　健康診断（深夜業従事労働者の自発的健康診断を含む）の結果、医師の意見を勘
案し、必要があるときは、事業者は当該労働者の実情を考慮して、就業場所の
変更、作業の転換、労働時間の短縮、深夜業の回数の減少等の措置、作業環境
測定の実施、施設または設備の設置または整備、当該意見の衛生委員会等への
報告その他適切な措置を講じなければならない（労安衛66条の5）。措置の決定
にあたっては、あらかじめ当該労働者の意見を聴き、十分な話し合いを通じて
労働者の了解が得られるよう努めることが適当である。また、必要に応じて産
業医の同席が望まれる。措置不実施について労働安全衛生法上の罰則はないが、
労働契約上安全配慮義務違反となる可能性がある。

　面接指導は労働時間の状況等に基づき、行われる。長時間労働は労働者に疲
労の蓄積をもたらし、脳・心臓疾患発症の危険を増大させる。そこで、週法定
労働時間を超える労働時間（時間外・休日労働時間）が月80時間を超え、かつ、
疲労の蓄積が認められる労働者について、事業者は医師による面接指導を行う
ことが義務づけられる（労安衛66条の8、労安衛則52条の2）。面接指導は要件に
該当する労働者の申出により行われるが、産業医は労働者に対して申出をする
よう勧奨できる（労安衛則52条の3）。対象労働者が面接指導を受けなければな
らないこと、事業者が指定した以外の医師から面接指導を受けてもよいこと、
面接指導の結果に基づき、必要な措置を事業者が講じなければならないことは、
健康診断の場合と同様である。面接指導はそのほか、時間外労働時間上限規制
（労基36条3項以下）が適用されない研究開発業務に従事する労働者（労基36条11
項。労安衛66条の8の2。時間外・休日労働時間が月100時間を超える者で、当該労働者
の申出がなくても行わなければならない）、労働時間規制の適用が除外される高度
プロフェッショナル制度適用者（労安衛66条の8の4。週法定労働時間を超える健
康管理時間が月100時間を超える者について実施）に対しても実施される。

　心理的な負担の程度を把握するための検査（ストレスチェック）は常時使用す

る労働者すべてを対象に行われる（労安衛66条の10）。事業者は、1年以内ごとに1回、定期に、ストレスチェックを行わなければならない（労安衛則52条の9）。職場における当該労働者の心理的な負担の原因に関する項目、当該労働者の心理的な負担による心身の自覚症状に関する項目、職場における他の労働者による当該労働者の支援に関する項目によって心理的負荷が計られ、それが点数化されて評価される。ストレスチェックの不実施について事業者の罰則はなく、労働者の受検義務もない。これはメンタルヘルス不調者で受検の負担が大きい者に受検を強要しないとの趣旨であり、それ以外の労働者は基本的にストレスチェックを受検すべきである。ストレスチェックの結果、心理的な負担の程度が高く面接指導が必要な者については、医師による面接指導が行われる。面接指導の結果に基づき、必要な措置を事業者が講じなければならないことは、健康診断等の場合と同様である。ストレスチェック結果は集団的に集計・分析され、事業者はその結果を踏まえて適切な措置を講じることが求められる（労安衛則52条の14）。努力義務であるが、ストレスチェックに特徴的な職場環境改善の手法である。

3　労働安全衛生の展開と進展

⑴　後追いの安全＋先取りの安全

　過去の労働災害は労働安全衛生の教訓となる。認識していなかった危険を知り、今後はその危険が生じないよう基準を引き上げる等の規制を強化することで、同様の労働災害が繰り返されることを防止できる。これはいわば「後追いの安全」である。

　2001年にILOは「労働安全衛生マネジメントシステムに関するガイドライン」を策定した。労働安全衛生マネジメントシステムとは、労働安全衛生活動の組織的体系化である。個人の経験と能力に依存して労働安全衛生活動を行うのでなく、危険性または有害性等を調査し、目標を設定し、リスクの見積もりおよびリスクを低減させる措置をとり、点検し、改善するという仕組みを、組織的かつ体系的に実施する。

　このような仕組みは労働安全衛生法にも見られる。事業者の行う危険性または有害性等の調査（リスクアセスメント）である（労安衛28条の2、57条の3）。労働災害が発生してリスクが顕在化してから、リスクを認識するのでなく、あら

かじめリスクを調査し、特定し、リスクを見積もり、措置を講じる。これは事業者に「先取りの安全」を促すものである。

　「後追いの安全」の重要性は失われていないが、避けることが可能なリスクを回避する、低減するといった「先取りの安全」も行うことで、労働者の安全がより守られる。事業場において労使が協力して、組織的体系的に「先取りの安全」に取り組むことが今後いっそう重要である。

(2)　業務上の過重負荷、心理的な負担

　労働安全衛生の最重要課題は死亡災害の減少である。危険性の高い機械を使用する作業、高所での作業や解体工事、伐木作業等、産業特有の重大な危険が日常の作業に付随している。製造業や建設業、林業等の特定の産業においては重点的な取り組みがなされている。

　産業を超えた危険も存在する。長時間労働等による過重負荷や心理的な負担は産業特有の危険でないが、これらも死亡や重大な災害の原因となる。この問題は年々重要性を増している。労働安全衛生法は面接指導やストレスチェックの仕組みにより、これらの危険にさらされて対処が必要な労働者に対して医師の面接指導を受けさせ、事業者に必要な措置を講じることを義務づける。労働安全衛生法上の仕組みを機能させることに加え、脳・心臓疾患のリスクが高い労働者に自己保健を促すことや自覚がないメンタルヘルス不調者に休養や受診・面接指導を勧めることも重要である。さらにいえば、長時間労働をさせない／しない、ストレスを与えない／溜め込まない働き方ができる職場環境づくりに、労使が協力して取り組むことが重要である。

(3)　ハイリスクアプローチ＋ポピュレーションアプローチ

　労働安全衛生ならびに産業における危害防止策の推進、産業構造の変化、経営・就業の変化、労働者像の多様化等のさまざまな要因により、労働災害も、必要な労働安全衛生のための措置も、変化し、多様化している。製造業や建設業、林業では従来型の労働災害も少なからず発生しているが、介護現場における腰痛や高年齢労働者の転倒等の災害の増加は近年の重大な特徴ともいえる。従来型の労働災害には安全の観点からの対応が重要であるのに対し、後者は健康確保の観点からの対応も考えられる。

　労働者の健康保持増進については、生活習慣上の課題を有する労働者を主な対象として、運動指導や保健指導が行われてきた。これはいわばハイリスクアプローチである。近年、高年齢労働者が増加しているが、今後さらなる活用が見込まれる状況をふまえれば、高年齢世代の労働者全般の健康保持につながる健康づくりへの取り組みが集団的に行われること、いわばポピュレーションアプローチが重要性を増すであろう。

　労働者の健康や健康づくりは私生活上の問題でもある。一般論として運動をすることや運動習慣を身につけることが望ましいとしても、労働関係において使用者が、あるいは労働安全衛生法上の事業者が、それを労働者に強制することはできない。しかし、健康や健康づくりに無関心な労働者に健康への関心を持たせることや健康づくりへの活動意欲を喚起することは可能であろう。それらを通して、健康であることが労働災害の予防につながることを、労働者に意識させることが重要である。このような取り組みは事業者でなく、労働者の仲間（労働組合）が行った方が効果的かもしれない。

⑷　自主的・主体的な労働安全衛生活動へ

　⑴で述べたリスクアセスメントや労働安全衛生マネジメントの実践は事業者に委ねられる。「先取りの安全」では事業者や事業場の自主的な取り組みと主体性が重要である。⑶で述べたポピュレーションアプローチは、労働安全衛生の問題が、危険な作業に従事する者や生活習慣上の課題を有するハイリスク労働者の問題にとどまるのでなく、事業場内のすべての労働者の問題であることを認識させるであろう。労働者の安全・健康をより高い水準で確保するためには、各事業場が自主的・主体的に労働安全衛生活動に取り組むことが重要であると考える。その主要な当事者として労働組合の役割が強く期待される。

参考文献
小畑史子（1995）「労働安全衛生法規の法的性質⑴」法学協会雑誌112巻2号
小畑史子（2000）「労働安全衛生法の課題」日本労働法学会編『講座21世紀の労働法第7巻　健康・安全と家庭生活』有斐閣
厚生労働省労働基準局編（2011）『平成22年版労働基準法下（労働法コンメンタール3）』労務行政
日本労働法学会編（1983）『現代労働法講座第12巻　労働災害・安全衛生』総合労働研究所

野川　忍（2018）『労働法』日本評論社
畠中信夫（2019）『労働安全衛生法のはなし』中央労働災害防止協会
水島郁子（2007）「労働者の安全・健康と国の役割」日本労働法学会誌109号
労務行政研究所編（2017）『労働安全衛生法（労働法コンメンタール10）』労務行政
三柴丈典ほか（2020）『厚生労働科学研究費補助金労働安全衛生総合研究事業　労働安全衛生法の改正に向けた法学的視点からの調査研究　令和元年度研究報告書』

水島郁子（みずしま・いくこ）
大阪大学大学院高等司法研究科教授

第4章　雇用・労働条件闘争

Ⅶ　女性と労働運動

1　変わらない男女格差

　労働組合は男性中心的な組織だと言われてきた。しかし、その歴史を振り返ると、女性を対象とした労働運動は幾多にも積み重ねられ、多くのワークルールが作られてきた。かつて組合員に占める女性比率が相対的に高かったUAゼンセン、日教組（日本教職員組合）、全電通（全国電気通信労働組合、現在のNTT労働組合）などで様々な運動成果が蓄積されている。これらの職場で労働協約として生まれたワークルールは、その後一国の法律、制度、政策となり、すべての労働者が享受する権利となってきた。

　他方で、男女間の賃金格差はあまり変わっていない。フルタイムで働く男女格差は縮小してきたが、パートタイムなど非正規雇用で働く女性が増大し、雇用者全体の男女格差はほとんど変化していない。男女雇用機会均等法が成立した1985年、「決まって支給する現金給与額（所定内給与＋所定外給与）」の男女差は、『賃金センサス』（厚生労働省）の一般労働者で100：56.1（男性：女性）、『毎月勤労統計』（厚生労働省）の常用労働者で100：52.9だった。2019年現在、前者は100：71.8、後者は100：55.5である。前者は短時間労働者以外のデータであり、後者には短時間労働者も含む。つまり、短時間労働者を含む賃金格差は、過去30年以上驚くほど変わっていない。

　労働運動により働く環境が整備されてきたにもかかわらず、なぜ男女間賃金格差は変化しないのだろうか。本節では、女性保護規定と男性稼ぎ主モデルの視角から、女性に関する組合運動を長期にわたり考察し、その意義と課題を論じる。

2　女性保護を求めた時代

(1)　深夜勤務の廃止

　資本主義経済が生成された初期、大量に雇用されたのは女性と児童だった。

先進諸国に共通して、当時の労働者は1日12時間以上の就労を強いられ、貧困と劣悪な衛生状況により伝染病が流行し生命の保持さえ危ぶまれる環境で働いていた。次第に、労働者保護を求める声が大きくなり、保護施策がとられる。産業革命が起きたイギリスでは、1802年に労働時間を規制する工場法が制定された。当初の工場法は、女性と児童のみを対象としており、それが成人男性に拡張されるまで約70年を要した。

　日本において工業化が急速に進行した明治時代、主要産業は繊維産業だった。製糸工場や紡績工場では、農村から出稼ぎにきた女工たちが寄宿舎で生活しながら、1日13〜16時間の交代勤務をおこなっていた。労働者保護の必要性が叫ばれ、1911年に工場法が成立し16年に施行された。それにより女性と児童は、1日12時間を超える就業、午後10時から午前4時までの深夜業が禁止された。ただし昼夜連続作業を必要とする場合などの夜業禁止は、業界団体から強い反発があったため、15年間の猶予措置が取られた。それゆえ労働組合は、女性の深夜業禁止を求め続けた。繊維産業の労働組合は、非民主的な寄宿舎制度も問題視し、深夜業を廃止しなければ寄宿舎も廃止できないと、両者の撤廃を求めた（ゼンセン同盟（1996）34頁）。

　戦後、工場法の内容は労働基準法（以下、労基法と略す）のなかの「女性保護規定」に引き継がれた。労基法では、女性保護規定のほかに、母性保護規定として産前産後休業の保障、妊娠中の軽易業務転換、危険有害業務の就業制限なども定められた。

　1950-60年代、女性労働者に関わる労働運動の中心はこれら保護の拡充だった。当時は、母体を保護するためには女性労働者一般を保護しなければならないと認識されていた。また、家事・育児などの家庭責任を実態として女性がもっぱら担っていたことも、女性を保護する理由となっていた。

　女性保護の主眼は、深夜業務の廃止だった。戦後、保護規定により女性は午後10時以降の深夜業務を禁じられていたが、繊維産業では除外申請をすることにより午後10時〜10時半まで勤務に就くことが可能だった。全繊同盟は、深夜勤務の撤廃と労働時間短縮（拘束8時間闘争）の二本立てで運動を展開した。深夜勤務の撤廃は、当初男女両性を対象にしていたものの、男性が多い化繊業種では3交替制が取られていたため、男性の深夜業撤廃は困難と判断され、女性のみを対象とする運動に集約されていった。運動の結果、全繊同盟が女性の深

夜業を全面的に撤廃させたのが57年である。同時に、男性の労働時間短縮も獲得した。

　全繊同盟は、寄宿舎の民主化運動も継続しておこなった。代表的な争議に54年の近江絹糸争議がある。当時の寄宿舎は、大部屋の雑居生活で、会社による私生活への干渉が当たり前に行われていた。組合は、労働の場と私生活の場の分離、自主管理、全寮制の廃止、給食の改善などを要求し、寄宿舎の近代化を推し進めた。

(2)　母性保護の拡充

　もう一つの運動の柱が、母性保護の拡充だった。主なものは、産前産後休業の延長、つわり休暇・通院休暇・育児休職制度の創設、生理休暇の賃金補償などだ。例えば、当時の労基法では産前産後休暇として産前4週・産後6週を定めていたが、組合は産前産後に各8週の休暇が必要だと考え、延長を要求するとともに、その間の所得補填を求めた。多くの組合が労働協約のなかで産前産後8週の休暇を確保していった。運動の盛り上がりを受けて、86年には労基法が改正され、産後休業期間は6週から8週に変更された。さらに日教組では、産休代替教員の制度化を求める運動が起き、61年に産休代替法により代替教員の配置が義務化された。

　日本の母性保護運動に特有なのが、生理休暇である。田口（2003）によれば、生理休暇および類似制度は、それが制定された時点では、国際条約にも他国の労働法にも例がなく、日本国内で独自に発展してきた。

　生理休暇は、1910年前後に女性教員の要求が始まりだったとされる。当時の女性教員は、男性教員と同等の仕事を担っていながらも賃金が低く、その理由に「生理的故障」ゆえに不適格性があると考えられていた。そのなかで女性教員は、産前産後の体操授業の免除を求めるとともに、月経時にも同様の措置を要求した。その動きが他労組に伝わり、27年に労働組合評議会婦人部が「月経時における特別保護の獲得」を掲げた。その翌年には市電の女性車掌らが生理休暇を要求にあげ、次第に全国の労組に伝播していった。当時は、月経時の労働が婦人病、流産、死産、不妊症などを招くと考えられていた。

　こうして労働協約として確立した生理休暇を戦後の労基法に制定するかは意見が分かれた。GHQ は「男女平等の原則」を主張し、生理休暇の規定制定に

反対の姿勢を示していた。対して、総同盟婦人部長であり参議院議員であった赤松常子らは、生理休暇を労働法規のなかに明文化することを労組とともに陳情してまわった。さらに労働省の婦人少年局初代局長だった山川菊栄、課長の谷野せつが尽力し、生理休暇は母性保護の一つとして法制化された。その後、労働組合は生理休暇を取得しやすくするために有給化を要求し、女性組合員に権利を行使するよう呼びかけた。その結果、生理休暇の取得は、広く社会に普及していった。

　当時は、育児休職制度も母性保護の一環として捉えられていた。育児休職を最初に労働協約として締結したのは、全電通だった。当時の電電公社（NTTグループの前身）には、電話交換手として働く女性が多数いた。だが、女性は男性よりも勤続年数が短く、それゆえに男女間賃金格差が生じていた。労組は、女性の離職を問題視していたものの、この頃の保育所は3歳未満の入所を認めていないところが多く、産後休暇後に仕事に復帰するのは至難だった。そこで全電通の女性役員らが議論を重ね、「公社に社員の籍だけ置いてもらって、復職する」というアイデアを生み出した（萩原2008）。「育児休職」協約は61年に提起され、4年にわたり組織内で議論され、64年に要求化、65年に締結された。

　その後、育児休職は他労組に広がった。74年には、ゼンセン同盟が「母性保護統一闘争」を展開し、育児休職の協約化を推進した。日教組も女性教員の育児休職を求め、75年に教職員・看護師・保育士の女性を対象とした育児休業法が成立した。すべての男女労働者の取得が法的に保障されたのは、92年の育児・介護休業法が施行された後である。

　60年代は大企業を中心に女性を対象とした結婚退職制度や若年退職制度の慣行が存在していた。子供を持つ女性労働者に育児休業等の対応と保護を求めたILO第123号勧告が採択されたのは65年である。つまりこの時代、国内はもちろん国際的にも、育児を理由とした休職を認めることは極めて珍しかった。そのなかで組合活動が、社会に存在していない制度を編み出していった。

　育児休職制度のみならず、育児中の短時間勤務制度、看護休暇制度、介護休業制度などはいずれも、社会制度として制定される前に複数の職場で労使協定として誕生した。女性組合員の声をもとに、労使協定が結ばれ、職場に定着し、後に社会全体に拡張されていった。すなわち、かつて労働運動は社会を牽引していた。

3　保護と平等をめぐる攻防

(1)　平等の前進と保護の廃止

　だが、労働組合が要求し、権利として確立させた女性保護と母性保護は、その後揺らいでいく。それは男女平等を求める過程で起きた。

　国連は、女性の地位向上を目指して75年を「国際女性年」とし、その後の10年間を「国連女性の10年」とした。そして79年に女性差別撤廃条約を採択した。労働組合は、雇用の場における男女平等を定めた法律を目指し、路線を超えた共闘が組まれた。単組レベルでは、初任給や定年年齢の男女差を是正させる動きが進んだ。

　日本政府は、女性差別撤廃条約の批准を目指し、雇用の場での男女平等法制の成立に向けて準備を進めた。だが、男女平等法制を制定する上で問題となったのが、女性保護規定だった。

　経営者団体は、60年代後半から女性保護規定の廃止を提案していた。労働省は、69年に労働基準法研究会を設置し、78年に「労働基準法研究会報告（女子報告）」を出した。報告書には、男女間賃金格差、採用、配置などの男女差が根強く残っているため、男女平等法が必要であると指摘されたが、同時に「男女平等を徹底するためには、できるだけ男女が同じ基盤にたって就業しうるようにすることが必要である。したがって、女子に対する特別措置は、母性機能等男女の生理的機能の差から規制が最小限必要とされるものに限ることとし、それ以外の特別措置については基本的には解消を図るべきである」と記された。すなわち、女性一般保護は男女平等の実現のために廃止すべきであり、母性保護は母性機能に限定して残し、それ以外は廃止すべきだと述べられた。

　これに対し、労働組合は「保護ヌキ平等だ」と強く反発を示した。組合は、保護と平等が対立するとは捉えておらず、女性保護を男性にも拡張して男女共通規制を設けることで、男女平等を実現できると考えていた。男女不平等の原因は、保護規定ではなく雇用慣行や社会慣行にあると指摘し、保護廃止の動きを強く非難した。

　労使間で激論が交わされたが、最終的に折り合いはつかなかった。結果的に、女性保護規定は部分的に緩和されたが、原則として維持された。男女雇用機会均等法が85年に成立したものの、それは組合が求めてきた男女平等法とは内容がかけ離れていた。女性を優遇することを容認し、募集・採用・配置・昇進に

関する均等は努力義務とされた。法的効力に懸念が示され、女性労働者内で分断が進むとの声があがった。労働組合のなかには、保護も守れず平等も達成できなかったとして「敗北」と受け止める人もいた（浅倉他2018）。

　だが、不十分ではあったものの、均等法は女性の職域拡大につながった。ちょうどバブル景気に向かう好景気であったことも作用し、それまで男性に限定されてきた職種で男女募集が始まった。組合もそれを後押しした。例えば、全電通の女性部は、公社幹部と交渉して、大卒女性の採用を開始すること、女性配置の拡大、女性管理職の増員計画について要求を出した。同様に多くの組合が、均等法の施行に合わせて指針を作成し、周知徹底をはかった。

　均等法は、施行後10年が経過した段階で見直すことが予定されており、90年代半ばから改正に向けた議論が始まった。保護と平等をめぐる論議が再燃したが、連合が男女共通の法的規制の強化を前提に、均等法改正のために女性保護規定の撤廃を容認することを決定した。それにより、女性保護の廃止と均等法の強化の流れは加速し、97年に均等法が改正され、翌年に女性保護規定は廃止された。ただし、連合内の意見は割れていた。自動車産業や電機産業の産別労組が、保護規定廃止に賛成の意向を示したのに対し、ゼンセン同盟からは強い反発の声が上がっていた。連合としては苦渋の決断だった。

　均等法改正により、それまで努力義務だった項目が禁止規定となり、女性を優遇することも禁じられた（ただし、男女間格差の解消を目的とした女性優遇措置は特例として認められている）。労基法改正により、一般女性に対する保護規定は廃止され、生理休暇も生理日の就業が著しく困難な女性のみに適用されるものとなった。今日、生理休暇制度は形骸化している。97年には育児・介護休業法も改正され、家族的責任をもつ男女労働者を対象に、深夜業や時間外労働の免除請求権が創設された。従来、女性保護規定に存在してきた権利の一部は、ここに引き継がれた（ただし激変緩和措置により、当初、男性労働者の時間外労働の免除申請は認められなかった）。

　連合が保護廃止の前提とした「男女共通の法的規制の強化」は、その後実現されなかった。かつて組合が主張していた女性保護を男性に広げていくことは、いつの間にか忘れ去られ、男女共通の残業時間の上限規制が成立したのは2018年だった。

⑵　女性保護に反対した人々

　そもそも労働組合の活動は、労働条件の維持・向上を目的に、同じ職場で働く人々を組織し、会社と交渉してルールを作ることにある。ルールは職場レベル、産業別レベル、国レベルと多段階に設定される。労働者は、同じ職場（もしくは産業や職業）で働く者すべてに等しいルールが適用されることで、労働条件のダンピングを防ぎ、自身の労働環境を守ることができる。

　以上でみた通り、組合は女性に関するルール形成にも努めてきた。だが、女性については、男女の差異を強調して女性特有のルールを要求してきた面がある。そのため、女性に適用されたルールはもっぱら女性のみに適用され、男性は除外されてきた。

　男女間で適用されるルールが異なることは、男女の境界線となる。例えば、女性が深夜勤務を免除されることは、女性の働く環境を整え、女性の就労を促し、女性の就労継続を支えたものの、他方で深夜勤務を伴う職場では女性は採用されず、性別による職域の分離を形成した。その意味において、女性保護規定は性差別を許容し、男女の待遇差に合理性を与え、不平等を作り出してきた面がある。

　ゆえに、女性たちが一様に保護政策を歓迎していたわけでもない。イギリスで工場法が成立した時、女性の組合運動に強い影響力を持っていたエマ・パターソンは、女性のみ労働時間を制限すれば女性の雇用機会が減少すると制定に反対した。むろんあまりに過酷な労働環境ゆえに、工場法を擁護する意見が多かったものの、女性のみを保護することは一人前の労働者としての女性を否定することだとの声も上がった。

　同じようなことは、日本でも起きた。GHQ は、戦後の労基法に女性一般保護を制定することに明確に反対していたし、生理休暇についてアメリカ側の女性担当者は「こういうのをあんまり使うと女子の条件が悪くなるかもしれない」と言及している（田口（2003）169頁）。女性労働者自身が、保護の撤廃を求めたケースもある。例えば、戦時期に鉄道の駅務や車掌として勤務した女性たちは、戦後、深夜勤務を担えないことを理由に解雇された。鉄道員に復員した男性に職場を奪われることを恐れた女性たちは、血判状をつくり、保護規定制定に反対した。

(3)　平等を求めた裁判闘争

　男性との平等を求めた女性たちは、訴訟という形で運動を展開した。50-60年代、大手企業を中心に女性を結婚や出産等で退職させる制度や慣行が存在していた。女性は、入社時に結婚や出産で退職する念書に署名させられ、結婚や出産を理由に解雇された。その解雇の撤回を求めた裁判が60年代からたびたび起きた。70年代に入ると賃金の男女差を訴える裁判が起き、80年代には昇進における男女差別の是正を求める裁判、90年代にはセクハラ訴訟、2010年代には妊娠時の降格の是非を争う訴訟が起きた。

　これらの裁判闘争は、労働組合の支援を受けたものもあった。しかし、訴訟の大半に（とくに連合傘下の）組合は関わってこなかった。むしろ訴訟のなかで、組合が男女不平等な制度や慣行を容認していたことも指摘されてきた。例えば、結婚等退職制度は、労働組合のある職場で導入率が高かった。組合は同制度を撤廃するよりも、結婚等で退職する女性を対象に、退職金の優遇施策に取り組んでいたことが記録として残っている（大森2016）。

4　男性稼ぎ主モデルの形成と崩壊
(1)　労働組合が考えた標準家族

　女性を保護の対象と捉えることは、女性に妻や母親としての役割を期待していたことの表れでもある。逆に男性には、一家の稼ぎ手となり、妻子を養う役割が期待された。男性が主たる稼ぎ手となり、女性は家事・育児・介護に従事するような家庭を標準的な労働者世帯とする考え方は、「男性稼ぎ主モデル」「メール・ブレッド・ウィナー・モデル」と呼ばれる。

　こうした性別役割分業に特徴づけられる家族は、近代以降に成立した。それ以前、女性は結婚後も家事・育児を担いながら、男性と同じように働いていた。例えば、明治時代初期、農民はもちろんのこと、紡績工場などでは既婚女性が監督的業務についていた。工場には、乳幼児を抱える女工のために保育所も設置されていた。

　しかし明治後期になると、産業の発展とともに中流階級が誕生する。中流階級では、既婚女性の有業率が下がり、妻や母となった女性は労働市場から退出した。その後、社会階層間の平準化が進展し、工場労働者にも中流階級の家族形態が広がっていく。それ以前の女性たちが仕事と家事・育児の両方を担って

いたことを考えると、性別役割分業が形成されたことは、女性を二重の負担から解放した側面もある（千本1990）。

　ただし、女性が家庭に入りもっぱら家事・育児を担うには、男性が妻子を養うだけの賃金を獲得しなければならない。千本（1990）は、家計調査により「夫の収入だけで生計費が賄える」状況を、夫の収入を実支出で除したものが１を超えていることと定義し、それがいつ達成されたのかを検証した。その結果、所得格差はあるものの、昭和初期には工場労働者を含むどの社会階層でも、実支出に対する夫収入比は１を超えてくる。

　そして戦後、とくに55年から75年にかけて近代家族は一般化した。戦後しばらくは夫の収入を実支出で除した値は１を割り込むが、60年代後半に再び１を超え上昇を続け、75年には1.1に近づきピークとなる（総務省『家計調査』）。他方、女性の有業率をみると、戦後最も低くなるのも、ちょうど70年代半ばである（総務省『就業構造基本調査』）。すなわち、70年代半ばに男性の所得向上とともに性別役割分業が最も強化された。

　妻子を養える賃金は、「家族賃金」と呼ばれる。それは長年にわたって労働組合が要求してきた内容と重なる。日本の賃金は、年功賃金を特徴としてきたが、その原型とされるのが電力産業の労働組合が実現した電産型賃金（日本電気産業労働組合協議会と日本発送電株式会社が1946年に交渉して取り決めた賃金体系）である。これは生計費調査に基づく「科学的な」制度として称賛され、その後他産業にも波及していった。だが、この賃金の約８割を占める生活保障給は、男性を基準とする「年齢」と女性を考慮外とした「家族員数」を要素としており、男性稼ぎ主モデルに基づいた賃金体系だと指摘されてきた（山田1997）。

　男性稼ぎ主モデルの考え方は、「家族賃金」に限らず、労働時間、企業内教育、転勤制度、雇用保障など雇用慣行全体、さらには社会保障制度、税制などの社会制度においても基軸となってきた。例えば、組合は男性正社員の雇用を守ることを最優先課題とし、非正社員や女性労働者を雇用の調整弁としながら、雇用安定を図ってきた。そこには非正社員や女性は被扶養者であるという認識があったと考えられる。

　しかし、労働者の賃金は、バブル崩壊後の不景気のなかで上昇しなくなり、2000年代に入ると緩やかに下降をみせるようになった。夫の収入を実支出で除した値は、2010年以降は１をわずかに超える程度で推移しており、今日「家族

賃金」は不確実なものとなりつつある。2010年以降、年収階級別にみると5分位のうち第1分位だけでなく、第2分位でも1を下回る。つまり、勤労者世帯の下位5分の2はもはや男性一人で妻子を養う賃金を獲得できていない。

　各世帯はそうした変化を敏感に感じ取ったように、雇用者共働き世帯数は増加を続け、男性雇用者と無業妻からなる世帯（専業主婦世帯数）は減少してきた。現在では、共働き世帯数（約1,200万世帯）は専業主婦世帯数（約640万世帯）の倍近い。しかしながら、共働き世帯の多くは、フルタイム正規雇用で働く男性と、非正規雇用で働く女性によって構成されている。性別役割分業を前提に、男性が主たる稼ぎ主となり、女性が家事・育児を中心に担うという意味では、性別役割分業は残存している。

(2)　個別人事管理制度とワークライフバランス

　「家族賃金」の解消に、組合が寄与した面もある。70-80年代、それ以前に存在していた初任給の男女差、賃上げ配分の男女差の是正を組合は求めてきた。女性世帯主に男性世帯主と同じ手当を支給させることを求めた運動もあった。90年代には、男女間賃金格差の是正に取り組むなかで、家族手当を廃止し、ジェンダー視点から賃金体系の見直しをはかった労組も複数あげられる。つまり労働組合は、男性稼ぎ主モデルで一枚岩だったわけではない。組合内部でも意見の対立がみられ、男性稼ぎ主モデルに基づく雇用慣行は揺れ動き、変容してきた。

　同時に大きな影響を与えたのが、90年代後半に普及した個別人事管理制度である。男女ともに成果や業績によって処遇を決める働き方が広がり、昇進や賃金の格差は個人の能力や成果の差であるとの認識が労働者の間でも組合内部でも強まっていく。

　均等法の施行・改正により男女の機会均等が前進し、かつ個別人事管理制度が普及したことにより、女性であっても平均男性と同等もしくはそれ以上の昇進や賃金を獲得する層が誕生するようになる。同時に、男性であっても皆がキャリアを積み、高賃金を得られるわけではなくなった。職務や成果を重視した賃金体系により、従来通り低賃金層を形成する女性たちが残存する一方で、相対的に高い賃金を得る女性たちも出現するようになった。賃金、昇進、雇用形態の男女間格差はいまだに根強く残されているものの、低賃金、低熟練、浅い

昇進などの劣位な労働条件は、もはや女性労働者全体の、また女性労働者だけの特徴ではない。

　こうした変化により、各職場では労働条件上の男女格差を単純に性差別に求めにくくなり、ジェンダー平等を希求する声も次第に小さくなっていった。組織内に長らく存在してきた女性部は90年代後半以降解散する動きが目立ち、女性のみを対象とした運動は減少していった。

　2000年代に入り、労働組合が取り組みはじめた課題は、非正社員の組織化とワークライフバランスの実現である。育児休業制度を法定基準以上に充実させ、短時間勤務制度や在宅勤務制度を導入するなど、多様な施策が急速にすすめられてきた。これらは男女両性を対象とした取り組みであり、育児や介護を男女両性で担うように呼びかけ、男性の労働時間の短縮にも重点が置かれている。このようなファミリーフレンドリー施策の充実には、労働組合の発言効果があることが実証されてきた（脇坂（2005）7-13頁）。だが、各企業におけるこうした取り組みは、労働組合が主導したというよりは、将来的な労働力不足を理由に女性「活用」を迫られたことや、政府が少子化対策を呼びかけたことの影響が大きいと考えられる。

　ワークライフバランス施策は、女性の就労継続を促すが、これを推進している組合が、男性稼ぎ主モデルからの脱却を意識しているとは限らない。例えば、今日の育児休業制度や短時間勤務制度は、主に正社員を対象としており、非正社員は、制度上除外されているか、除外されていなくともきわめて取得しにくい状況にある。にもかかわらず、正社員以外の労働者のワークライフバランスに取り組んでいる組合はごく少ない。それは、非正社員で働く労働者を世帯主の扶養下にあると位置づけているためと推測される。正社員についても、育児休業制度の「充実」を名目に、休業期間を長期化すれば復職が難しくなるし、短時間勤務の期間が長引けばキャリアの遅れは甚だしい。男女ともに、生涯にわたって仕事と生活を両立させることを念頭において、諸制度が構築されているのか疑問が残る。

5　女性労働者に関わるルールづくり

　労働組合は、長らく女性を平等よりも保護の対象として位置づけてきた。それは、資本主義の初期から1990年代末まで続いた。むろん時代的制約があるた

め、現代の社会経済状況をもとに、過去を批判的に考察することは建設的な論議でない。戦前の労働は肉体的負荷が高く、平均的にみて体力筋力が劣る女性に男性以上の保護が必要な側面があったことも否めない。家族賃金や男性稼ぎ主モデルは、かつて労働者階級の憧れであり理想だった。ゆえに、労働組合はその実現を求めて運動してきた。

　しかし、こうした運動は、職場における男女格差の是正にはつながりにくかった。ルールを作ること、作ったルールを守らせること、ルールを維持することは、労働組合の活動の根幹である。組合は、女性のためにいくつものルールを作り、政策につなげてきた。数々のルールが、女性の働きやすさを作り、働く環境を守ってきた。しかし、それらルールが女性差別の根拠にもなってきたのが、女性をめぐる労働運動の歴史だった。

参考文献

浅倉むつ子・萩原久美子・押尾真知子・井上久美枝・連合総合生活開発研究所編著（2018）『労働運動を切り拓く：女性たちによる闘いの軌跡』旬報社

大森真紀（2016）「結婚等退職制の推移：労働省婦人少年局による実態把握と政策的対応 1950年代-80年代」『早稲田社会科学総合研究』16巻2-3合併号1-26頁

ゼンセン同盟（1996）『ゼンセン女性運動史：寄宿舎民主化から男女平等雇用へ』ゼンセン同盟

田口亜紗（2003）『生理休暇の誕生』青弓社

千本暁子（1990）「日本における性別役割分業の形成：家計調査をとおして」荻野美穂他『制度としての〈女〉：性・産・家族の比較社会史』平凡社

荻原久美子（2008）『「育児休職」協約の成立：高度成長期と家族的責任』勁草書房

山田和代（1997）「電産賃金体系における『年齢』と『家族』：ジェンダー視点からの分析」『大原社会問題研究所雑誌』461号28-45頁

脇坂　明（2005）「労働組合の女性施策に対する効果：女性施策に労働組合は有効か」『電機総研レポート』310号7-13頁

首藤若菜（しゅとう・わかな）
立教大学経済学部教授

Ⅷ　雇用形態間格差是正

1　非正規問題の歴史的位置づけ

⑴　戦前から高度成長期の「会社身分制」

　雇用形態間格差とは、何を指すのか。まず、戦前の大会社において身分制にも似た大きな待遇格差があった、との指摘から考えてみたい。そうした会社内の身分は、学歴と性別によって仕切られ（社員、準社員、工員、女性）、それぞれの間には大きな待遇格差があった（野村（2007）17頁）。

　待遇格差の是正へ向けた試みは、1930年頃の「臨時工」問題にみることができる。常備工・本職工（本工）と対置される直用の臨時工、そして当時は人夫とよばれた社外工たちは、雇用が不安定で、かりに長期間就労して熟練の技量を身につけても、低い処遇のまま据え置かれた。こうした採用方式の違いだけで不安定雇用や低賃金に甘んじなければならない状況は、深刻な社会問題として認識され、本工に準じた解雇手当を求める裁判もおきた。日本労働組合会議や日本労働組合全国評議会などの労働組合も、臨時工の廃止や常用化を求めていった。その背景には、臨時工の多数が成人男性であり、低賃金や不安定雇用が生活問題として真剣に受け止められた事実が指摘されている（濱口（2007）6頁）。

　戦後は朝鮮戦争特需によって、とくに製造業の大企業において、企業内で養成される本工と、大量に採用された臨時工との格差問題が問題となった。労働組合は、1950年代から60年代にかけて、臨時工の本工化闘争と社外工の組織化に取り組んだ。後者は社外工自身の組合への反発もあって大きな成果がなかったものの、造船業や鉄鋼業などで本工化は進んだ。

　また、戦前に厳然と存在した職員（社員）と工員の処遇格差（工職格差）は、戦時体制のなかで縮小し、かつ戦後直後の労働組合による工職格差撤廃闘争によって、企業内でほぼ同じ賃金制度が適用されるほどに近づいていった（二村（2000）350頁）。しかしながら、目に見える待遇格差は廃止されても、学歴・性

別に仕切られた経営秩序という本質的部分は、戦後も資格制度という形で存続していったとされる（野村（2007）189頁）。男性が学歴によって選別後、いわゆる年功制によって処遇されていく一方で、女性の高学歴は採用を狭める方向に働き、職域も昇進ラインも限られていた。雇用形態間格差は、社会の性別役割分業意識にもとづく男女の職域分離とも、分かちがたく結びついていたのである。

(2)　高度成長期以降の「パート」の位置づけ

　高度経済成長期には、人手不足によって臨時工そのものが減少していく。それにつれて、新たな非正規類型として増加したのがパートタイマー、とくに家庭の主婦を中心とする主婦パートであった。そのなかには、学校卒業後、労働市場に参加してもすぐに離脱せざるを得なかった女性も相当に含まれていた。戦後の日本では、地方から都市への労働力の流入、核家族化の進展、雇用労働者の増大といった変化が加速したが、それらの変化は性別役割分業意識とあいまって、高度経済成長期には稼ぎ手の父親、専業主婦、子ども2人という標準家族モデルに収斂していった。そのなかでの主婦パートは、労働市場にフルコミットする父親とは別のスタンスで、あくまでも家庭に軸足をおきながら労働市場にも参加するという位置づけであった。核家族であれば自ら家事・育児時間を確保する必要が生じ、パートタイムでの就労を選択するのは必然にもみえる。ただ、その後「フルタイムパート」という呼称さえ生まれたように、「パート（一部分）」という呼称は、フルタイムに対置されるパートタイム、つまり労働時間の長短に直結するものではなかった。労働市場へのコミットが部分的・限定的なことを含意しているとみることもできる。

　このような、生活を支える必要がない労働者という前提は、パートの低処遇や雇用保障の弱さを当然視する姿勢につながっていく。主婦パートは配偶者の扶養の範囲内で働くことを前提としていたため、男性正社員中心の企業別労働組合は、彼らに家族の生活を支える処遇を保障することに関心を向けた。そこにはかつて臨時工にもったような問題意識はなく、同じ職場の労働者として平等な処遇を追求する発想はほとんどみられない。

　1973年の第一次石油ショックによる高度経済成長終焉後、女性の労働市場参加率はさらに上昇する。そして1980年代には、主婦パートが基幹化し、産業に

よっては不可欠の労働力となっていく現象もおきる。そして、こうした「常用パート」から「ふつうの社員」を区別するための呼び方として80年代以降に定着していったのが、「正社員」である（久本（2010）19頁）。実はこの時期まで、「正社員」という概念自体がなかったのである。いわば「非正規」の裏返しとして定義された「ふつう」とは、いったい何だったのだろうか。

(3)　「正社員」と生活給

　現在の日本の正社員の処遇は、高度経済成長期頃の働き方とセットになって確立したといわれる。この時期に、正社員の働き方を特徴づける「異動のフレキシビリティ」（日常的な職場内移動、転居を伴う配転、職種転換を伴う配転、出向の日常化）が広がった。工職身分格差撤廃をめぐる闘争を経た労使の認識や、雇用状況の好転、成長期の技術革新への対応・高技能化の要請などを背景に、雇用契約の包括性が高まり、正社員にとって最も本質的な処遇である長期安定雇用慣行も広がっていった（久本（2010）26頁）。この、中長期的処遇と中長期的働き方の組みあわせ――終身雇用ともよばれた長期安定雇用と、定期査定・定期昇給という賃金カーブの保障が、日常的な残業と定期的な人事異動という働き方に対する見返りとして一体化していること――こそが、「正社員」を形作る要素である。

　男性世帯主に家族を養うための賃金を支払うべく、中高年期に高まる賃金カーブを形成する生活給の発想は、戦前から提唱され、戦時中の賃金統制を経て、年齢と家族の考慮を給与の根幹とする考え方が広まっていた。戦後に電産が推し進めた電産型賃金体系もその影響を強く受け、賃金の約67％が年齢と家族状況で決まる、生活保障型の賃金体系であった（笹島（2011）44頁）。1960年代には日経連によって年功賃金から職務給への転換が試みられたが、職務給を導入した企業においても、基本給には年功的処遇の要素が残った。1965年以降は、有能な人材の確保に加え、従業員の能力開発の動機づけを与える賃金体系として、職能給制度が広まっていく。職能給制度は、職能給の年功給化によって、実質的には電産型賃金体系と大きく変わらなかった。家族を含めた生活保障（生活給）を本質とする職能給制度は、全繊同盟や電機連合、自動車総連など、多くの労働組合が求めて勝ち取ったものでもあった。

⑷　雇用形態格差に対する司法の立場

　正社員の中長期的働き方と中長期的処遇のセットは、当時の婚姻率の高さを前提に、家庭内での正社員（稼ぎ手男性）と非正規（主婦パート）というもう一つのセットとともに考えたときには、ある程度合理的な解であったかもしれない。

　ただ、家庭で唯一の稼ぎ手に中高年期の高賃金を保障することは、住宅費用や子どもの教育費をまかなうことを可能とした一方で、家計補助者への低処遇を正当化し、住宅・教育費用負担を社会政策として考える視点を後退させる副作用もあった。しかし、1970年代に一億総中流意識が定着し、安定的な中間所得層が構築されていくなかで、雇用形態間の処遇格差に対する強い問題意識が労働組合一般にあったようにはみえない。

　コアな労働者でないという想定の下での女性労働者の低処遇は公然と広まり、1980年代以降、同一雇用形態の男女間で基本給や手当に差をつけることの違法性を争う訴訟が頻発した。男女別コース制の下での賃金差別が争われた事件では、当初は違法性が否定されたが、1999年の男女雇用機会均等法改正によって男女別コース制自体が違法となった。

　これに対して、雇用形態による賃金格差が正面から争われたメルクマール的な事件が、丸子警報器事件（長野地上田支判平成 8 ・ 3 ・15労判690号32頁）である。正社員と同様の仕事をし、勤務時間・勤務日数も変わらず、長くは25年以上働いてきた臨時社員が、低処遇を不当な賃金差別として不法行為にもとづく損害賠償を求めた事案である。裁判では、いわゆる同一労働同一賃金原則の法規範性も争われた。裁判所は、同一（価値）労働同一賃金の原則は、労働関係を規律する一般的な法規範とは認められないが、その根底にある均等待遇の理念は、賃金格差の違法性判断において重要な判断要素として考慮されるべきだと述べた。そして、正社員の賃金の 8 割を下回る部分につき、許容される賃金格差の範囲を明らかに超えるとして、公序良俗違反による損害賠償請求を認容した。裁判所が使用者側の裁量を根拠に 2 割までの格差を許容するかのような判断をしたことに批判はあるが、そこには、労使がともに確立してきた年功的処遇を否定することへの躊躇が読みとれる。強行法規に違反しない限り、賃金は契約当事者である労使が決定することが法的な原則である。そして、性別のように個人の意思で変更できない属性とは異なり、当事者が契約で認定した雇用形態

は「社会的身分」（労基法3条）として差別的取扱い禁止の対象となるものでは
ないと考えられるからである。その後の裁判例においても、長期雇用が予定さ
れる正社員と短期的な需要で雇用される非正規社員とでは採用方法や教育方針、
将来の期待などが異なるとして、契約自由の範疇として賃金格差の違法性が否
定される状況が続いた。

　しかし、労使自らが作り上げたゆえに労使自治の観点から否定しにくい正社
員の年功的処遇と、家計補助者であることを前提に形作られた非正規社員の低
処遇との格差の正当性は、1990年代以降に大きく揺らぐ。とくにバブル経済崩
壊以降、パートだけでなく有期契約労働者、派遣労働者など非正規労働者が多
様化し、数も増えた。非正規労働者は生活に困らない家庭の主婦ばかりでなく
なり、非婚化も進んだ。2008年のリーマンショック後の年越し派遣村で顕在化
したように、生活を支える世帯主の非正規化、すなわち非正規の男性問題化が
おきることで、非正規の低処遇がふたたび深刻な社会問題として浮上したので
ある。

　深刻化する非正規格差問題に対して、2007年改正パート法は、正社員と同じ
ように働くパート労働者に対する差別禁止規制を導入した（旧9条）。ただし、
その対象は極少数で、実効性に疑問符がついたことから、同一労働を前提とせ
ずに不合理な労働条件の相違を禁止する規制が導入されるに至った（有期に関
して2012年改正労働契約法旧20条、パートに関して2014年改正パート法8条）。これ以
降、裁判では格差の不合理性が焦点となっていく。

(5)　労働組合の取り組み

　全労働者の約4割を非正規労働者が占める現在、雇用形態差別の問題に対し
て労働組合の担う役割とは何だろうか。

　もともと、正社員（男性）主体の企業別組合では、（女性が多くを占める）非正
規労働者の組織化は遅れていた。総合スーパーを中心とする組織化が進み、
2000年代半ばには非正規労働者の組織率が伸びたものの、いまだに全組合員の
2割に満たない。それでも、非正規労働者の組織化が進んだ組織では、処遇改
善と雇用維持の双方の取り組みが進むことが報告されている（前浦（2018）59
頁）。処遇改善には、いくつかの方法がみられる。主な手法は、正社員化、雇
用区分ないし賃金体系の変更による格差是正、企業内最賃協定による底上げな

どである。いわゆる「同一労働同一賃金」が政策課題として挙がった2016年以降、正社員・非正規間の処遇格差是正の機運も高まっている。

　非正規労働者の処遇問題に関して、連合では労働契約法18条に関連した正社員への転換ルールの明確化・導入も推進している。正社員で働くことを望みながら非正規職にしか就けていない不本意非正規労働者、とくに雇用の安定を望む有期契約労働者については、正社員化の後押しが有効となる。一方で、厚労省の「平成28年パートタイム労働者総合実態調査」では、パートタイム労働者は「自分の都合の良い時間（日）に働きたいから」パートを選んだとする者が最も多く、パートで仕事を続けたい労働者は7割を超える。しかしたとえば、核家族で家事や育児といったケア労働が必要な場合、共働きのパートナー双方が無限定な働き方をすることは難しい。そういった場合には、どちらかに働き方への強い制約がかからざるをえない。つまり、希望しているのは「（限定的な）働き方」であって、「（生活できないような）低処遇」に満足しているわけではない可能性は排除できない。

　なお、使用者がパートを雇用する理由のトップは、「1日の忙しい時間帯に対処するため」と「人件費が割安なため（労務コストの効率化）」という2つの理由が拮抗している。正社員と職務が同じであってもパートの基本賃金が低い場合もあるが、その理由は、勤務時間の融通が利き、残業の時間数・回数が少ないから、そういった契約でパートが納得しているから、だと説明されている。ここからも、使用者と労働者の双方に、正社員の無限定な働き方と高処遇のセットが強固な前提となっていることがわかる。勤務地や勤務時間に制約があり、無限定な働き方ができない以上、正社員の高処遇は望めないと納得せざるを得ない構図ともみえる。そうだとすれば、労働組合が単なる正社員化だけでなく、働き方への一定の制約を前提としながらも処遇の低下をその制約に見合った範囲にとどめる正社員の多様化（短時間正社員、地域限定正社員など）を推進することは、理に適っている。

　それでも、正社員化されない非正規の低処遇の問題は残る。労働契約法20条（2013年4月施行）を根拠として有期契約労働者の不合理な格差是正を求める訴訟も相次ぎ、2020年4月以降は、その内容を受け継いでパートにもその対象を拡大した「短時間労働者及び有期雇用労働者の雇用管理の改善等に関する法律」（パート有期法）が施行された（中小企業は1年後施行）。同時に、同様の改正

が労働者派遣法にも加わった。これらの法改正は「同一労働同一賃金」という政治的スローガンの下に、非正規3類型に関する処遇格差を是正しようとするものであり、労働組合の関わり方にも変化を迫るものとなっている。労働者派遣は三者関係特有の問題を含むため、以下ではパート・有期に絞って検討する。

2　改正パート有期法・派遣法

(1)　法規制の枠組み

パート有期法は、「同一労働同一賃金」を導入した法改正と説明されることが多く、語感からしばしば「同一価値の労働には同一の賃金を支払わなければならない」という賃金の決め方の規制であって、労働（の価値）の同一性の判定が最も重要な問題だと誤解されている。しかし、同法に関する行政ガイドライン（告示第430号）では、「我が国が目指す同一労働同一賃金」とは「通常の労働者と短時間・有期雇用労働者との間の不合理と認められる待遇の相違及び差別的取扱いの解消…を目指すもの」だと説明されている。つまり、この法改正は、通常の労働者（正社員）との不合理な待遇格差と差別的取扱いを禁止するものである。

後者の差別的取扱いについて、パート有期法9条は、事業主は、職務の内容が通常の労働者と同一の短時間・有期雇用労働者（＊「職務内容同一短時間・有期雇用労働者」）であって、当該事業所における慣行その他の事情からみて、当該事業主との雇用関係が終了するまでの全期間において、その職務の内容及び配置が当該通常の労働者の職務の内容及び配置の変更の範囲と同一の範囲で変更されることが見込まれるもの（＊「通常の労働者と同視すべき短時間・有期雇用労働者」）については、短時間・有期雇用労働者であることを理由として、基本給、賞与その他の待遇のそれぞれについて、差別的取扱いをしてはならないとする。すなわち、①職務の内容、②（全雇用期間における）職務の内容と配置の変更の範囲、の2つが正社員と同一のパート・有期労働者については、同一待遇が求められる。効果から見れば非常に強い規制といえるが、実際に①②の要件を満たす労働者は少ない。パートでも2％未満と推計されており、有期契約労働者ではより少ないと考えられる。

そこで、実際には「不合理な待遇の禁止」（同法8条）が争われる場面が多くなるだろう。同条は、事業主は、その雇用する短時間・有期雇用労働者の基本

給、賞与その他の待遇のそれぞれについて、当該待遇に対応する通常の労働者の待遇との間において、当該短時間・有期雇用労働者及び通常の労働者の業務の内容及び当該業務に伴う責任の程度（＊「職務の内容」）、当該職務の内容及び配置の変更の範囲その他の事情のうち、当該待遇の性質及び当該待遇を行う目的に照らして適切と認められるものを考慮して、不合理と認められる相違を設けてはならないとする。その特徴は、まずは基本給や各種手当、賞与、休暇といった個別の待遇ごとに、その性質や目的を確認する必要がある点にある。そして、確認した待遇の性質・目的に応じて、不合理性を判断するための考慮要素（①職務の内容、②職務の内容及び配置の変更の範囲、③その他の事情）を選択し、その考慮要素の違いに応じて不合理性を判断するという仕組みとなっている。たとえば、ある会社の通勤手当の性質が、通勤に実際かかった交通費の補填であるとすれば、①職務内容には関係なく、②変更範囲（将来の転勤や昇進の可能性）とも無関係なため、③その他の事情（基本給に上乗せされているなど）がないかぎり、不合理と判断されて損害賠償請求が認められる可能性が高くなる。

(2)　中長期的働き方の評価

　このような規制枠組みのなかで、正規・非正規処遇格差の根源にある「中長期的働き方」と「中長期的処遇」のセットは見直しを迫られているのだろうか。それについては、不合理な待遇の禁止においても、差別的取扱いの禁止においても、考慮要素の2つめに「職務の内容・配置の変更の範囲」が入ることに注意が必要である。現在の職務だけでなく、将来にわたる職務・配置の変更の可能性は、まさに中長期的働き方そのものである。実際に、前身である労働契約法旧20条（有期契約労働者に対する不合理な労働条件格差の禁止）をめぐる裁判では、現時点の職務に関する手当（通勤手当、皆勤手当、作業手当など）や生活保障に関する手当（住宅手当、扶養手当）は差をつけることが不合理と判断されやすい（ハマキョウレックス事件・最判平成30・6・1民集72巻2号88頁、長澤運輸事件・最判平成30・6・1民集72巻2号202頁のほか、日本郵便（佐賀・東京・大阪）事件・最判令和2・10・15労判1229号5頁、58頁、67頁）など）。その一方で、中長期的働き方の評価と関係が深い労働条件（基本給、賞与、退職金など）は、差があっても不合理と判断されにくい傾向がある。労契法20条をめぐる裁判例は多数にのぼるが、基本給の格差の不合理性が認められたのは、30年以上雇用継続された臨時職員

をめぐる産業医科大学事件（福岡高判平成30・11・29労判1198号63頁）など数件の下級審判決が出されているにすぎない。令和2年10月13日に最高裁が出した大阪医科大学事件、メトロコマース事件の両判決（最判令和2・10・13労判1229号77頁、同90頁）においても、結論としてそれぞれ賞与と退職金の不合理性が否定されている。

　したがって、無限定な働き方が肯定的に評価され続ける限り、法改正後も待遇差の是正が困難な状況は変わらない。もともと、非正規労働者の多くは固定的な職務に対応することが想定され、労働力を提供した時間と市場相場で賃金が決まる時給制が適用されるのに対し、正社員の職務は限定されず、変化へ対応する能力が評価される職能給制度がとられていた。つまり、基本給に関しては、適用される制度自体が異なる場合が多い。そして、行政ガイドラインにおいても、基本給の制度が異なる場合には直接の対象とならないことを注記している。つまり、労使が「働き方」の評価を見直さない限り、真の「処遇」改善につながってはいかない。その意味で、一連の法改正が「働き方改革」という旗印のもとになされたことは、非常に示唆的である。

3　労働組合の取り組み課題

⑴　働き方と処遇の再検討

　非正規労働者の処遇改善の取り組みとして、たとえば連合では、2010年以降、各職場で非正規の実態把握や組織化を進め、直接対話集会を行って組織化・処遇改善の好事例をフィードバックするなどしながら、「均等待遇」原則の法制化を訴えてきた。今後は、どこまで正規・非正規の格差を縮めるか、ゴールをどこに設定するかが問題となる。

　賃金構造基本統計調査などの統計には、正社員は右肩上がりの賃金カーブとなっているのに対し、正社員以外は30代以降も横ばいという明らかな違いがあらわれている。とくに40-50代の中高年期の賃金格差は著しい。そして、正社員の年齢に応じた賃金カーブの立ち上がりは、とくに40歳以降の年齢層において、組合の存在が明らかな影響を及ぼしているという（鈴木（2020）67頁）。したがって、正社員の生活給としての高カーブ部分との均衡を問題とするならば、組合自身が勝ち取ってきた年功的処遇とどう折り合いをつけるかが、最大の内在的課題となる。

　実際の取り組みでは、まずは手当や一時金、休暇、福利厚生に関する均等・均衡処遇に効果があがっている（たとえば UA ゼンセン「2019労働条件闘争　均等・均衡処遇の取り組み　改善事例」）。基本給に関しては、賃上げ率でみれば短時間組合員が正社員を上回る率で妥結する状況も続いている。しかし、時給制と職能給制といった違いを考えれば、今後は根本的な昇給のルールや基準について、その明確化や見直しが必要になってくる。

　そうすると、正社員の働き方と処遇のあり方も再検討が不可避である。正社員の労働条件の不利益変更は合理的でなければ許されないが、賃金原資が限られる中で、企業内での不合理な格差是正のためとして合理的だと判断される余地が大きくなる可能性もある。また、高年齢者雇用安定法の改正によって70歳までの就業機会の確保が企業の努力義務となり、労働人生は長期化する見込みである。さらに、世界的なコロナショックが労働市場に及ぼす悪影響は否定できない。いずれも、賃金カーブの下振れ要因となり得る。これまで正社員の賃金カーブがまかなってきた、家族を含めた生活費用負担を今後どのように考えていくか。性別役割分業を前提に、ひとりの賃金で家族全員の生活を保障する前提は、もはや維持できなくなっているだろう。守るべきものを見定め、社会保障制度との連携も視野に入れて、あらためて持続可能なありかたを探っていかなければならない。

⑵　労使自治のさらなる充実

　今後のあるべき賃金体系を模索するにあたっては、当事者の意見をどれほど広く拾い上げて反映させられるかが重要である。この点、パート有期法14条によって、労働者の待遇に関する説明義務が拡大されたことが重要である。事業主は雇入れ時に雇用管理上の措置の内容、待遇決定の考慮要素を説明しなければならないほか、労働者から求めがあった場合には随時、正社員の待遇差の内容と理由を説明する義務を負うことになる。使用者がこの義務を履行しなければ、訴訟となった場合に不合理性を判断する一事情とされる。各企業においては、明確な理由もないまま正社員だけに支給されている手当などがないか、支給基準や運用の乖離、歴史的背景などを洗い出す再検討の契機ともなる。労働組合としては、その再検討に積極的に関わることが求められる。

　また、訴訟上、不合理性判断の考慮要素である「その他の事情」として、労

使協議や団体交渉の経緯、その結果などが重視されている。本来的な労使自治回復への、後押しとなる契機である。労働組合としては、交渉の形式を整えるだけではなく、非正規労働者の意見を実質的に反映させ、説得力を高めることが重要である。

　多様な労働者の声の取り込みは、訴訟の場面に限らず、内発的な改革の契機にもなる。労働組合は、これまでの処遇を固守するという視点にとらわれず、働き方と処遇のベストバランスを柔軟に探っていかなければならない。正社員にばかり働き方の無限定性がのしかかることについては、すでに、長時間労働、生活の浸食、パートナーのキャリアダウンといった弊害が指摘されている。管理職の女性割合が世界でもかなり低い背景にも、生活時間の確保が難しい働き方が壁となっていると考えられる。図らずも、新型コロナウイルスの影響によって、さまざまな働き方の工夫が試行された。その経験を共有し、生かすべきときであろう。

　どのような改革が改善につながるかは、具体的な企業の状況によって異なる。さまざまな働き手が当事者となって自らの待遇決定への自律性を確保できることこそ、その道をひらく鍵になるはずである。

参考文献
笹島芳雄（2011）「生活給——生活給の源流と発展」日本労働研究雑誌609号
鈴木恭子（2020）「労働組合の存在と正規雇用の賃金との関連」大原社会問題研究所雑誌738号
野村正實（2007）『日本的雇用慣行』ミネルヴァ書房
濱口桂一郎（2017）「非正規雇用の歴史と賃金思想」大原社会問題研究所雑誌699号
久本憲夫（2010）「正社員の意味と起源」季刊政策・経営研究2010年2号
二村一夫（2000）「工員・職員の身分格差撤廃」『辞典・労働の世界』日本労働研究機構
前浦穂高（2018）「非正規雇用者の組織化と発言効果——事例調査とアンケート調査による分析」日本労働研究雑誌691号

神吉知郁子（かんき・ちかこ）
東京大学大学院法学政治学研究科准教授

第4章　雇用・労働条件闘争

Ⅸ　企業規模間格差是正

1　日本の規模間格差と是正への障壁

(1)　規模間格差

　本節では、現代日本における代表的な格差問題の一つである企業規模間格差に対する労働組合の取り組みを整理する。

　日本の規模間賃金格差は好況期に縮小し不況期に拡大する傾向があること、アメリカよりも日本の方が大きいことなどが指摘されている（大竹2005）。賃金構造基本統計調査を用いて、日本の規模間格差の推移を見てみよう。ここでは企業規模間格差が現れやすく、また非正規労働者の少ない50歳から54歳階層の男性のデータを用いる。従業員1000人以上の大企業を100とすれば、1989年には中企業（100～999人）で80％、小企業（～99人）で67％、30年後の2019年でも中企業で81％、小企業で68％となっており、近年には大きな変化はないことが確認できる。

　このような中小企業労働者の相対的低賃金は、まずは経営問題であり、取引相手に対する価格交渉力を高めるような経営施策が必要であろう。ただし、日本の中小企業は、いわゆる下請けと呼ばれるような特定大企業との長期相対取引関係の下にあることが多い。それが収奪であるのか成長機会であるのかについては長い論争があるが、いずれにしても、こうした非市場的側面を多く含んだ取引関係を改善するためには、個別の中小企業の経営努力に期待するだけではなく、政策的関与の可能性を考える必要があるだろう。

　その際、独占禁止や公正取引に関わる立法・政策だけではなく、むしろそれ以上に最低賃金制が重要である。最低賃金制は、中小企業における労務費削減を通じた価格競争に一定の歯止めをかけることができるからである（氏原1968）。ただし、地域別最賃は、実態としては、初任給、あるいは非正規労働者の賃金水準を規制するものであって、基幹的労働者の賃金水準を維持するためには、特定最賃、あるいは労働者の銘柄を指定した賃上げ交渉（年齢別最低保障給な

ど）が必要となる。最賃制、年齢別生活保障給などは、日本の労働組合が取り組んできたテーマでもある。

　そこで次に労働組合の組織率を見てみよう。中小企業労働者の組織化が遅れていることは良く知られている通りである。『令和元年度労働組合基礎調査』によれば、推定組織率は、規模計で15.8％、1,000人以上企業で40.8％、100〜999人企業で11.4％、99人以下企業で0.8％となっている。中小企業、なかでも小規模企業の組織率が低いことがわかる。

　氏原（1960）は、日本の未組織労働者の中には、①前近代的な家族経営の中に埋没する労働者、②職人的結合の中に労働と生活の場所を見出しながら全体として窮乏化しつつある労働者が含まれている点を指摘した。これはすなわち、それが単に組織化の努力が足りないというだけではなく、集団的労使関係が浸透しにくい社会的要因があるということを示唆している。現在においても、なぜ小規模企業の組織化が進まないのかということについては、その社会的要因も含めて考察する必要があろう。

　以上の簡単な記述からも分かる通り、規模間格差は広い領域に関わっている。また、次に見るように、労働組合運動それ自体としても容易な課題ではないのである。

(2)　連帯の経済理論

　中小企業では、一般的に、人的・財政的基盤が貧弱であるために単独で専従者を置くことも難しく、組織運営における一定の困難がある。そのため、現実的には何らかの形での企業を超えた連帯が必要になる。そこでまずは、基礎理論から議論を始めよう。

　企業を超えて労働者を連帯させる最も基本的な経済メカニズムは、労働市場や製品市場における競争関係と関わっている。

　労働市場について言えば、熟練労働者を独占し、さらに会社とクローズド・ショップ協定を結ぶことによって、強い交渉力を発揮する職業別組合の例をあげることができる。また、そこまで強力なものでなくても、労働組合は、移動が想定される地域や業界の労働者を組織化することで、リテンションに関心を持つ企業に対して、労働条件交渉を有利に進めることができる。

　製品市場における競争に関して言えば、企業は他社の低賃金戦略を抑制し、

労務費削減競争を回避したいという意向を持つために、労働組合は競争関係にある企業労働者との統一的な労働条件交渉を行うことが可能となる。これはいわゆる「公正競争」の問題に関わる。

　もちろんこの2つの競争関係は労働条件を平準化する契機となるが、どの水準に平準化されるのかは、労働組合の交渉戦術や労使のパワーバランスによる。

　この2つのメカニズムに照らし合わせれば、日本の労働者の連帯については次のことが指摘できる。第一に、日本に限らず、現代の先進諸国の大企業セクターにおいては、労働市場が内部化されている。ただし、中小企業セクターにおいては労働市場の内部化の程度が比較的弱いし、また1990年代後半以降は、とくに若年層の流動性が高まっている。そこには、労働組合が影響力を拡大する可能性があるように見える。

　第二に、現在の日本企業の製品競争は国際的に展開している。それは最終消費財をつくる大企業だけではなく、中小企業も海外のサプライヤーとの競争を強いられている。このような国際競争の時代においては、国内的な連帯に基づく競争制限的な労働組合の施策が機能しづらい。もちろん、それに対応して、労働組合も国際的な連帯を構築すればよいのであるが、それは容易ではない。近年、労働組合の国際的連携は広がっているものの、主には企業グループ内での連携であり、国際産別組織の活動は ILO 中核的労働基準の普及が中心となっている（首藤2017）。

　次に、上述の基礎理論をさらに進めて、大企業労働者と中小企業労働者との連帯について考えてみたい。その関係性は、企業間関係によって正反対になりうるということが重要である。第一に、大企業と中小企業が同じ商品市場で競合する場合には、双方の労働者には利害の共有がある。中小企業が低賃金によって価格競争力を持てば、大企業の利益を減じさせ、けっきょく大企業労働者の賃金を下落させるのであるから、連帯して労働条件を引き上げさせたほうが良い。これは、上で述べた「公正競争」の問題である。

　第二に、大企業と中小企業とが取引関係にある場合には、利害対立が問題となる。通常は、交渉力の弱い中小企業の低賃金が大企業労働者の高い処遇を支えることになるのであり、大企業労働者には、中小企業労働者と連帯してその労働条件を引き上げる経済的動機は働かない。これはいわゆる「公正取引」に関わる問題であり、企業間関係がそのまま労働者間関係に持ち込まれているの

である。

　第三に、系列化や長期相対取引を通じて、大企業と中小企業とが双方独占関係に入った場合には、双方の労働者には利害の共有と対立とが混在することになる。取引関係である以上、利益配分をめぐる対立的関係が基礎にあるものの、中小企業の生産性が大企業の利益に影響を与えるのであるから、中小企業の労働条件が、優秀な人材を確保し、労使関係を安定させられるものであることが大企業労働者の利益にもつながる。日本のとくに金属産業では、1950年代から寡占体制が強化され、さらに高度成長期には系列化が進展したといわれる。中小企業は大企業の事業の一部に組み込まれ、あるいは大企業と異なる市場に特化していった。こうした中小企業の事業領域のあり方は、大企業労働者との連帯をつくりあげることにおいて、摩擦あるいは複雑さをもたらすものであった。

　以上、規模間格差の問題は労働組合運動の経済理論からみれば多くの困難や複雑さを抱えているし、そもそも労働組合運動の領域を超える広がりを持つ問題でもある。しかし、実際の労働運動は、狭義の経済的関係のみによって規定されているわけではないし、次に見るように、日本の戦後労働運動史においては、規模間格差問題に関わるいくつかの重要な取り組みがあった。

2　規模間格差是正運動の概観

　ここでは、戦後日本の規模間格差是正に関わる労働組合運動において、重要と考えられるトピックを列挙しておきたい。

　第一。戦後日本には中小企業労働者が大きな割合を占める産業別組合が長期にわたって存続している。それらには、大産別主義でかつその中に業種別組織を持っていること、地方組織の活動を重視し、プロ幹部（企業別組合の籍を持たない役員）を比較的多く配置していることなどの共通点が見られる（東京都立労働研究所1983）。また、中小労働者を多く組織する産別組合の多くが旧総同盟に歴史的淵源を持っているという共通性もあり、こうした労組の運動を歴史的視点を持って検討することは、興味深いテーマである。

　第二。地域を基盤とした労働組合運動が広がりを見せた歴史がある。その一つは、1950年代から60年代半ばの間に広がった合同労組である。合同労組には、職種、産業などのまとまりを持ったもの、あるいは個人加盟が中心のものなどの多様なかたちがあり、厳格な定義は難しいが、広く共通していることは一定

の地域を基盤とした労働組合であるという点である（合同労組の機能や組織に関しては呉（2010）を参照）。合同労組の広がりには当時の総評の組織化によるところが大きい。総評は、1955年、その地方組織に中小企業労働者の組織化のための中対オルグを配置することを決め、さらに合同労組の全国組織である全国一般合同労組連絡協議会（全国一般）を結成した。全国一般は、1965年には10万人を超え、一定の成果をあげる。しかし、こうした組織化の動きは長続きせず、1970年代には沈滞化する。他方、1980年代に入ると、コミュニティ・ユニオンと呼ばれる地域に根差した労働組合が広がる。この労働組合の活動は非正規労働者への取り組みが中心とはなっているが、こうした地域に基盤を持つ労働運動の歴史は、規模間格差の問題と深く重なるテーマである。

　第三。日本の産業別組合の賃金政策のなかには、年齢別最低保障に関する方針が掲げられることが多い。初期の最もまとまった生活保障要求は電産型賃金であり、1960年代以降は各産別の長期賃金政策のなかで広く取り上げられるようになる。これは処遇の底上げを図ろうとするものであり、中央最低賃金審議会の目安審議にも影響を与えるし、あるいは企業内の最低賃金に関する労働協約・労使協定は特定最低賃金の基礎ともなる。ただし、2007年以降の地域別最賃は、生活保護との逆転解消や政府の経済政策などの要因によって、小規模企業の年間平均賃金上昇率を超えて上昇している。

　第四。1960年代以降に、大企業労組やそれが中核を占める産業別組合によって系列あるいは請負会社労働者の組織化あるいはそれとの共闘が進められている。このような運動には賛否両論があるが、上述のとおり、双方の労働者間には利害の対立と共有の両面があり、その評価は個別の事例の綿密な分析を通じて慎重になされなければならない。また、日本における系列関係の広がりを鑑みれば、こうした組織化のあり方の評価は、中小労働組合運動にとって重要な位置を占めている。

　そこで、以下では、この第四の点に関して鉄鋼業の事例を対象に詳しく検討する。

3　鉄鋼業における関連労働者の組織化

　鉄鋼業では、1960年代から請負会社を「関連会社」と呼ぶようになる。本章でも両者を区別せずに使う。なお、鉄鋼業においては、「中小」とは特殊鋼や

電炉メーカーなどを指す言葉であり、規模としては大企業も含まれる企業もある。

⑴　組織化のはじまり

　鉄鋼業では、戦前から、荷役、運搬、清掃・くず処理などの職場において、幅広く労働者供給事業が活用されていたが、1947年の職業安定法改正によって労働者供給事業が禁止されたことで、臨時工あるいは請負会社に置き換えられていく。臨時工ないし請負会社における労働組合の設立は、1950年前後から散見される。その組織率は1960年代前半にかけて上昇しているが、終戦直後に急激に組織率を拡大した高炉メーカーの本工労働者と比較すると大幅に遅れていた。

　請負労働者と本工労組との連携の必要性が認識されるきっかけとなったのは、1957年の賃金ストであった。スト期間中の収入がなくなったことに対して、請負労働者から本工労組への厳しい批判が起きたのである（青木編2014）。鉄鋼労連では、その翌年の1958年度における４大闘争方針の一つに「臨時工・下請労働者の組織化とその労働条件の改善」をあげ、その中で、地協、単組、鉄鋼労連本部に請負労働者（および臨時工）の対策担当を設けることが決定されている。ただし、当時の本工労働者と請負労働者の労働条件の格差は大きかったので、本部ではなく地協への加盟を促進することとされていた。また、八幡製鉄所労組は、ストによる収入減の問題を受けて、1960年には、請負労組34組合に呼び掛けて下請労組懇談会を作っている（日本鉄鋼産業労働組合連合会九州地方協議会1958）。

⑵　製鉄所関連協の広がり：1960年代から70年代

　1960年９月における鉄鋼労連大会において、本工組合内にオルグ担当者を配置し、製鉄所単位で関連会社の協議会（関連協）を作らせる方針が確認される。さらに翌1961年12月の下請担当者会議では、地方組織（当時は地協、後に地方本部）が関連労働者の組織化の支援を中心的に担うことが提案された。このように製鉄所を単位として関連労組の組織体制が整えられていく。その背景には、関連会社との請負契約が本社ではなく製鉄所によって行われており、予算管理も製鉄所に決定権が与えられているということがある。以上の鉄鋼労連の組織

化政策と本工労組の支援を受けて、1960年代から70年代にかけて、関連協の設立と地方組織への加盟が実現する。

(3)　50万人構想と組織化の進展：1970年代半ば

　1974年に開かれた鉄鋼労連の第51回定期大会において、中央執行委員会の諮問機関として組織問題小委員会が設置され、そのなかで関連労働者の組織化方針が検討された。構成メンバーは、大手5社および日新、大和製鋼、特殊製鋼の企業連合会の執行委員長クラス、および鉄鋼労連本部の副委員長、書記長、プロパー職員などであり、影響力のあるメンバーが集められていることがわかる。同委員会の委員長は中村卓彦（新日鉄労連会長）、事務局は横山進（鉄鋼労連本部プロパー）であった。

　この小委員会でいくつかの重要な方針が作られる。第一に、1974年12月に開かれた第2回委員会では、鉄鋼労連を50万人規模まで拡大するという提案がなされ、請負労働者、あるいは中小企業をターゲットとした。第二に、1975年の委員会では、50万人に対応した組織体制として、大手、中小、関連をそれぞれ企業連、業種別部会、関連協議会に組織し、同時に横の連携を強めるために、中小と関連協は地本に加盟するという組織体制がつくられた。第三に、最終的には関連協は本部に直接加盟する方針が決められた。

　この時期の組織化を通じて、1960年代には20〜30％程度であった請負会社の組織率は、1977年には40％を超えている。

(4)　鉄鋼労連への準加盟：1984年

　鉄鋼労連は、50万人構想を実現するために、1979年9月の大会において3年後の本部加盟方針を決定した。1979年秋の新日鉄関連協総会では本部加盟方針を支持し、さらに短期間の2年後を目標に本部加盟できる体制を整えることを確認した。

　しかし1980年末に八幡製鉄所の経営側から、関連労組の鉄鋼労連本部加盟に対する懸念が沸き上がる。その理由は、加盟することで関連会社の現状から乖離した高い要求が出されるというものであった。具体的には、賃金の集団的・統一的交渉、スト権の鉄鋼労連本部への委譲、労働時間に関する本工との格差是正を一挙に取り組まれることなどへの不安であった。それを受けて鉄鋼労連

は、1981年9月の大会において、関連労組の本部加盟を延期することを決める。この決定の背景には、経営側の反対に加え、関連会社にとって組合費が重荷になること、各地方で関連協の活動レベルに差が大きいことなどの理由もあった。

しかしその後、組合費が半額以下で議決権を持たない準加盟制度という措置が考案され、1983年9月の大会で規約改正が行われる。1983年には、地域組織（地本）への加盟労組は、41の中小企業組合（13,717名）、16の関連協（182組合、45,880名）の合計59,597名に達していた。そのうち、12関連協31,000人の1984年1月からの本部加盟が実現する。

4 鉄鋼業における関連労組の春闘共闘
(1) 春闘共闘の浸透

ここで対象とする時期の鉄鋼労連の春闘共闘とは、主には要求額、交渉・妥結行動などを統一すること、そのために事前の情報交換を行うことなどであった。しかし、関連会社は企業規模も多様であり、賃金の地域相場の影響も受けやすく、足並みをそろえることは容易ではない。

請負会社の春闘共闘は、鉄鋼労連の地方組織の指導の下に、1960年代前半からはじまった。ただし、共闘は製鉄所を主な単位としており、その活動レベルはまばらであった。最低額や一定の幅をもって要求額を統制しようとする単組が多かったが、室蘭製鉄所の関連協は、1964年春闘において強い連帯によって統一的な回答を引き出すことに成功している。1964年2月には、鉄鋼労連は全国的な春闘要求額および最低賃金額を設定し、各製鉄所における運動に反映させようとした。

このような先進的な製鉄所の取り組みを拡大させていくために、鉄鋼労連本部によって、製鉄所を超えた関連労組の交流の場も作られた。1962年に「全国関連労組代表者交流会議」という関連労組間の情報交換会が開催されている。66年には九州と関西地区の関連協の代表者の交流会が、そして翌年からは地域ブロックごとに関連協の代表者間の交流会が開催されるようになった。

1960年代末から1970年代にかけては、賃金交渉の統制が進む。鉄鋼労連本部は1967年春闘から要求額および要求項目（退職金、諸手当の内容など）を統一する。ただし、一定のばらつきは残されており、室蘭関連協では1960年代半ばから、広畑関連協では1960年代末から要求額が統一されていたが、京浜製鉄所の

ような都心の製鉄所、あるいは全国レベルの企業などは、1980年前後になって
ようやく要求額を全体に合わせている。しかし、一定のばらつきはありながら
も、要求額は、1970年代末にかけて収斂していった（後述の図1）。その他にも、
交渉に関して次のような統一行動が見られた。第一に、1971年から、各単組に
スト権を事前に確立する事前闘争体制を整えさせた。第二に、回答時点で大手
との格差が明白となるように、大手の後に関連会社の回答日を指定した。

　1970年代からは関連労組の春闘への主体的関与が強まっていく。1970年代初
頭までは、鉄鋼労連本部が要求案を作成し、それを各地域ブロックの討論集会
で検討していたが、関連協の代表が鉄鋼労連の場に集まる「関連賃金共闘委員
会」(1975年時点では年4回開催) が1972年に設置され、さらに「全国関連討論集
会」(1975年時点では年1回開催) が1974年から開催され、より早い段階から関連
協が要求作成に関わることになった。1981年春闘からは、従来の大手同額要求
ではなく、大手との格差是正分を含んだ関連協独自の要求をするようになる。

(2)　規模間格差の縮小

　1967年から2002年までの鉄鋼労連加盟の関連会社の賃上げ額（ベアと定昇の
合計）の大手比、関連会社の要求額および賃上げ額の変動係数（図1注を参照）
を見てみよう（図1）。第一に、関連会社の賃上げ額は、大手比で70%から
80%前後の値を推移している。第二に、要求額の変動係数は、1960年代から
1977年にかけて収斂し、82年から再び差が開いている。第三に、賃上げ額も同
じ推移を示しているが、格差が開き始めたのは1992年からである。

　以上の賃上げ額の平準化の結果、賃金水準の規模間格差がどのように変化し
たのかを厳密に検証することは難しいが、いくつかの断片的なデータをつなぎ
合わせてみよう。1950年代には、関連労働者の賃金水準は、おおよそ本工労働
者の30%台だったという指摘がある（明治大学社会科学研究所1963）。『鉄鋼労働
ハンドブック』によれば、鉄鋼労連に加盟している関連労働者（作業員）の所
定内賃金は、1970年には高炉メーカー大手5社の組合員の所定内賃金の69%に
まで上昇し、残業代を含めた賃金総額では85%にまで達している。さらに
1980年代、90年代にかけては、所定内賃金はさらに、若干、接近している。

図1　関連会社の賃上げ額の変動係数と大手比

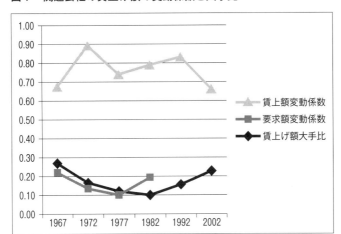

注：・変動係数とは単位の影響を除去した上での数値のばらつきの程度を意味
　　する。ここでは鉄鋼労連加盟の請負会社の賃上げ額の標準偏差をその平
　　均値で割った値である。
　　・調査対象となっている鉄鋼関連会社の数は年によって異なり、1967年55
　　社、72年71社、77年99社、82年84社、92年99社、2002年77社である。
出所：『関連労働者ハンドブック』、『鉄鋼労働ハンドブック』各年。

5　規模間格差是正運動の可能性

　規模間格差は広い領域に関わる問題であり、それを解消するための連帯と運動を作り上げることも容易ではない。中小企業労働者の組織化や処遇改善は労働組合にとって難易度の高い問題なのである。しかし冒頭に列挙した通り、日本の労働組合は規模間格差問題に関わる様々な取り組みを行ってきた歴史がある。本稿では、その一つである産業別組合による請負労働者の運動の支援を詳しくとりあげた。

　鉄鋼業においては、終戦直後から臨時工や請負労働者などの周辺的労働者の組織化が始まった。当初は、ストライキをするために請負労働者との連帯が必要になること、周辺労働者の低賃金が本工の障害となるなどの論理で運動が進められていった。1970年代に入ると鉄鋼労連の組織拡大策の中に位置づけられ、請負労働者の組織化と産別への加盟が進展した。

　そして1970年代前後に鉄鋼請負会社の賃金水準は上昇する。それは請負会社

の業務の高度化、すなわち双方独占の形成と同時に進んだので、労働組合運動だけの成果とはいえない。しかし、労働組合運動のなかった請負労働者の世界にその基礎を作り上げたこと、春闘共闘を通じて請負労組の要求額や妥結額が平準化されていったことなどを踏まえれば、この時期の鉄鋼労働運動は規模間格差縮小に寄与したと考えることができる。

　また、鉄鋼労連という産業別組合が重要な役割を果たしていたこともももう一つの重要な点である。鉄鋼労連は、企業籍を持つ単組からの派遣役員が多数であり、企業別組合の制約から自由ではない。しかし、プロ幹部が中央執行委員に選出されるという人事を行ってきた歴史もあり、とくにこの請負労働者の問題に関してはプロ幹部が重要な役割を担い、産業別組合として固有の機能を果たしてきたのである。

　中小労働運動には様々なタイプがあるが、この鉄鋼業の特徴は、長期相対取引関係、すなわち利害の共有と対立の入り混じる労組間の間での共闘が一定の範囲で実現したことにある。日本における系列関係の広がりを踏まえれば、こうした歴史的事実は中小労働運動の可能性を考察する上で重要な意義があるだろう。

　組合員の経済的利益は労働組合活動の中心的な目的の一つである。しかし、利益には短期的なものもあれば長期的なものもあり、また、企業に限定されたものもあれば、それを超えて企業グループ、産業、あるいは勤労者全体といった範囲で共有しうるものもあり、多様なとらえ方が可能である。あるいは、社会的公正やイデオロギーといった理念が運動をけん引することもある。中小労働運動というテーマを考察する上では、経済メカニズムのみならず、広く社会的文脈を視野に入れた分析が必要であろう。

参考文献
青木宏之編（2014）『横山進オーラルヒストリー』科研費研究成果報告書
氏原正治郎（1960）「労務者」『経済主体性講座4 社会Ⅱ』中央公論社
氏原正治郎（1968）『日本の労使関係』東京大学出版会
呉　学殊（2010）「合同労組の現状と存在意義——個別労働紛争解決に関連して」日本労働研究雑誌604号
大竹文雄（2005）『日本の不平等』日本経済新聞社
首藤若菜（2017）『グローバル化の中の労使関係—自動車産業の国際的再編への戦略』ミネルヴァ書房

東京都立労働研究所（1983）『中小企業分野における産業別労働組合』

日本鉄鋼産業労働組合連合会九州地方協議会（1958）『臨時工は本工の防波堤ではない』

明治大学社会科学研究所（1963）『鉄鋼業の合理化と労働』白桃書房

Aoki. H,（2019）"A Comparison of Subcontracting Work between Japanese Electrical Machinery and Steel Industries" 韓国雇用労使関係学会『産業関係研究』29巻1号

追記

＊横山進氏、呉学殊氏から鉄鋼労連の運動に関わる資料提供を受けた。また仁田道夫先生、岩崎馨様には執筆の過程で貴重なご意見をいただいた。ここに感謝の意を記したい。

＊3．に関する記述は主に横山氏提供資料に、4．に関する記述は Aoki（2018）に依拠している。

青木宏之（あおき・ひろゆき）
香川大学経済学部教授

第5章　政策闘争

Ⅰ　労働組合の政策・制度活動

1　キーワードは「力と政策」

　1989年11月、官民統一体としての労働組合全国組織（ナショナルセンター）、連合（日本労働組合総連合会）が結成された。爾来、連合は政策・制度要求を重要な使命として、その実現に努めてきた。政策要求の多くは立法や予算措置によって実現される。制度要求とは、社会保障制度や教育制度、税制など国や地方自治体の下で設計、運用される諸制度の仕組みや運用の改善を求める運動を指す。こうした取り組みは、連合の結成前から積み重ねられたものである。政策・制度要求の実践によって現在の連合が形成されたと言っても過言ではない。そのキーワードは「力と政策」であった。

　1981年6月3日に「労働戦線統一推進会」（統一推進会）が公表した「民間先行による労働戦線統一の基本構想」の「運動の基調」（理念）では、「力と政策を背景とした活動をすすめる」ことが記載された。この理念は、全民労協（全日本民間労働組合協議会）の運動に引き継がれた。

　1987年11月20日開催された「民間連合」結成大会、1989年11月21日に開催された民間連合と官公労組との統一大会で採択した「綱領」に次のように記載された。

> われわれは、つねに社会正義を追求するとともに、「力と政策」を備え、完全雇用の達成、労働基本権の確立、労働諸条件の改善、国民生活の向上を実現する。

2　労働組合の政策・制度要求の立ち位置

⑴　労働組合主義に基づくものである

　第1は、労働組合主義（トレード・ユニオニズム）に基づく運動であるということ。「労働組合とは、賃金労働者が、その労働生活の諸条件を維持または改善するための恒常的な団体である」（ウェッブ、シドニー＆ビアトリス「労働組合

運動の歴史」上巻4頁）。これは労働組合に関する古典的定義である。これに基づく運動思想が労働組合主義である。すなわち、労働組合は、雇用の安定、労働条件の維持向上と相互扶助の充実によって、働く者の経済的、社会的地位の向上を図ることを主な目的とする、自主独立の団体である。この目的を達成するための活動は、労使関係を媒体とする分野にとどまることなく、労働組合以外の政府、経済団体、NPOなどとの社会対話も行うし、政治の分野に及ぶこともある。ただし、この場合の政治行動は前記の目的を達成するための手段である。

　労働組合主義は、三つの運動の柱で成り立っている。第1は生活諸条件改善のために、経営者との団体交渉によって締結された労働協約によって獲得するもの。第2は政策・制度要求によって、政府に実現を求めるもの。第3は協同組合や共済活動によって共助の運動として実現するものである。

　政策・制度要求は、労働組合主義に基づく三つの運動の柱の一つと位置づけられる。政策・制度には大別して予算に関わるものと、直接予算に関わらないものがあるが、予算に関わるものは、納税者として、また社会保険料を負担している当事者として、その使途について発言する権利がある。また税や社会保険には所得再分配機能があり、そうした機能を十全に発揮させることによって格差や貧困の問題に対処することが求められる。そのことを発言するのは働く人たちを代表する労働組合の使命と言える。毎年、予算編成の時期になるとさまざまな団体が陳情活動を行うが、これらの多くは自らの利害にかかわる予算獲得行動である。労働組合の予算関連の政策・制度要求は個別利益の獲得のためではなく、広く勤労者のためのものである。

　予算に直接かかわらない政策・制度要求もある。労働法制などによってワークルールを形成することや、人権・平等政策、行政・司法制度などがそれである。いずれにも共通して言えるのは、労働組合は組織された集団ではあるが、成員のための利益追求にとどまるのではなく、組織されていない人も含む、すべての働く人たちの利益を反映する政策・要求を心がけていることである。

(2)　社会的連帯の思想を盛り込むものである

　第2は、市場経済を前提とするが、そこに社会的連帯や社会的弱者への政策的思想を盛り込むことである。2008年9月15日、米国の大手投資銀行の一つで

あるリーマン・ブラザーズが経営破綻したことに端を発して、連鎖的に世界規模の金融危機が発生した。リーマンショックである。この遠因は80年代のレーガン・サッチャー時代に象徴される新自由主義の政策思想に由来する。これが市場原理主義を台頭させ、マネー経済を肥大化させた。市場原理主義はさまざまな負の遺産をもたらした。社会的公正や安心・安全という岩盤が揺らいだ。労働分配率が低下した。社会の基盤である中間層が崩壊した。格差は拡大し、貧困が増加した。株主主権の考え方が蔓延し、企業は必要以上に株主利益への対応を求められるようになった。そのため従業員、地域社会、取引先などとのステークホルダーとの絆が弱まった。自己責任論が広まり、ゆとりのない不安と不信の社会を招来した。金融危機は収まったが、こうした負の遺産による傷跡は随所に残っている。市場原理主義的政策思想は今も根強く存在している。市場原理主義は、労働者の保護立法を含め、規制の緩和を求める政策思想である。それは格差や貧困といったさまざまな不均衡をもたらしている。

　むきだしの競争社会では人は生きていけない。「連帯と相互の支え合い」という協力原理が活かされる社会、ぬくもりのある思いやりのある社会の形成が必要である。株主主権の資本主義からステークホルダー重視の資本主義への転換をはかり、公正と連帯を重んじる社会を築く政策スタンスを持たねばならない。

⑶　労働の尊厳と社会正義を貫くものである

　第3は、労働の尊厳と社会正義を貫く政策思想である。労働の尊厳とは、働くことを通じて社会に貢献していることに自信と誇りをもつことである。その上で、産業・企業の健全な発展と生産性の向上をめざし、労働組合が主体的な役割を果たす。そのことを通じて国民経済の発展に貢献することを追求する。労働の尊厳は、ILO が掲げるディーセント・ワーク（働きがいのある人間らしい労働）の考え方につながっていく。ディーセント・ワークとは「権利が保障され、十分な収入を生み出し、適切な社会的保護が与えられる生産的な仕事で、全ての人が収入を得るのに十分な仕事があること」を指す。

　社会正義という言葉は多義的に使用されているが、ここでは「社会的に公正な世界を目指す運動の概念」として使用する。具体的には、人権尊重や平等主義を追求し、貧困、失業、不平等、格差の拡大、人間疎外といった社会の不条

理を正そうとする人間愛に基づく行動のことである。そこにはすべての個人が自由、平等で豊かな生活を送れるような社会を構築しようとする期待が込められている。社会正義の観点から、企業や社会、政治に対しても倫理的行動を求める。ILO 憲章は「普遍的にして恒久的な平和」に不可欠な基本理念として「社会正義」を掲げている。労働組合が掲げる政策・制度要求にはこうした社会正義の観点が貫かれていなければならない。

⑷　データに裏打ちされたものである

　第 4 に、労働組合の強みは、労働や生活の場に立脚していることであり、そこから得られるデータに裏打ちされた要求であることである。政府や省庁に説得力をもつ政策を示すには、政府統計への目配りは当然のこととして、これに加えて自らの調査データをもつことが重要である。実証的データによって裏打ちされた政策・制度要求には、説得力がある。

　労働調査には、働く人たちが何を求めているかをキャッチする「ニーズ調査」、今、何が職場で起こっているかを知る「問題発掘調査」、政策効果を検証する「政策評価調査」などがあるが、こうした調査を適時行うことで、政策・制度要求に活かしていくことが大切である。

　この点で重要なのは、シンクタンクの役割である。1985年11月の全民労協第 5 回総会で「シンクタンク構想検討委員会」の設置が決まり、1987年12月に連合総合生活開発研究所（連合総研）が設立された。連合総研は、毎年「経済情勢報告」を発行し、景気動向に加え、その時々の重要な政策テーマ、構造的課題について分析したものを公表することで、連合の春季生活闘争や政策・制度要求の理論的根拠を提供している。それだけではなく、経済政策、社会保障、雇用・労働政策、労働条件、労働組合・労使関係などの幅広い分野で研究成果を発表するとともに、「月刊レポート DIO」を発行し、時宜を得た政策テーマを取り上げて働く人の視点に立った分析、提言を行っている。また、「勤労者の仕事と暮らしのアンケート調査」（勤労者短観調査）は年 2 回（10月、4 月）、景気、家計消費、雇用などの主要な生活関連項目に加えて、その時々の生活・労働の問題点について調査し、政策課題の素材を提供している（https://www.rengo-soken.or.jp/）。

⑸　グローバルな視点で考える

　第5は、グローバルな視点で考えることである。グローバル化には、成長を高め人々の暮らしを向上させるという正の側面がある一方で、成長の恩恵に与る層とそれに与れない層が出てきて、貧困や格差を拡大することであるとか、有限の資源を使い尽くしてしまって持続可能な発展を阻害するといった負の側面もある。とりわけ、人権や労働、環境の問題がより深刻さを増している。

　労働組合が政策・制度要求を考える際には、こうしたグローバル化の負の側面を是正するという視点を欠いてはならない。2015年、国連総会で「持続可能な開発目標（SDGs）」が採択された。また、同じ年、気候変動に関する「パリ協定」が結ばれた。この二つの合意は、貧困ゼロ、炭素ゼロということを可能な社会にしていくことの道筋をつけたものと言えるし、これを実際の経済活動につなげていくことが求められている。加えて、新型コロナウイルスのような新たな感染症が瞬時に拡散し、世界中を混乱に陥れるといった問題にも直面している。自国中心主義ではなく、国際社会での協力・協調が欠かせない。こうした中で労働組合も重要な役割を果たさなければならない。

　そこで重要なのは国際機関の役割である。労働についての国際機関としては、100年の歴史を持つILO（国際労働機関）がある。1919年、第1次世界大戦の講和に関するヴェルサイユ条約が基礎となり、社会正義追求を通じた恒久平和実現のための組織としてILOが設立された。日本はILOの原加盟国の一つであり、第2次世界大戦の時期に一時離脱したこともあったが、日本の労働側は1966年以降、正理事を継続して務めており、国際労働基準の設定や人権救済のための活動を行っている。

　OECD（経済協力開発機構）は持続可能な経済成長への貢献、開発途上国の援助などを目的に1961年に設立された国際機関で、2021年4月現在日本を含め37か国が加盟している。OECDは経済・社会情勢の分析や政策提言を行っている。また「多国籍企業ガイドライン」を定めて多国籍企業の行動についての行動規範を定めるとともに、多国籍企業の行動で問題があった場合に提訴できる仕組みも持っている。OECDには労働組合諮問委員会（OECD-TUAC）という組織が組み込まれており、OECDの政策決定や活動に意見を反映する仕組みができあがっている。

表1　連合の2020〜2021年度「政策・制度要求と提言」の政策領域

	7つの政策の柱	具体的な政策分野
1	持続可能で健全な経済の発展	①経済政策、②税制改革、③産業政策、④地域活性化政策、⑤資源・エネルギー政策
2	雇用の安定と公正労働条件の確保	⑥雇用・労働政策
3	安心できる社会保障制度の確立	⑦社会保障の基盤に関する政策、⑧医療政策、⑨介護・高齢者福祉政策、⑩障がい者政策、⑪子ども・子育て政策、⑫年金政策、⑬被爆者援護政策
4	社会インフラの整備・促進	⑭国土・住宅政策、⑮交通・運輸政策、⑯ICT（情報通信）政策
5	くらしの安心・安全の構築	⑰環境政策、⑱食料・農林水産政策、⑲消費者政策、⑳防災・減災に関する政策
6	民主主義の基盤強化と国民の権利保障	㉑政治改革、㉒行政・司法制度改革、㉓地方分権政策、㉔人権・平等政策、㉕教育政策
7	公正なグローバル化を通じた持続可能な社会の実現	㉖国際政策
	横断的な項目	㉗男女平等政策、㉘中小企業政策、㉙非正規雇用に関わる政策

連合は、こうした国際労働運動からの分析や提言、また国際機関の会議などで得られた知見などを政策・制度要求に取り入れている。

3　政策・制度要求の領域と中期ビジョン

⑴　政策・制度要求の領域とサイクル

連合「2020〜21年度　政策・制度　要求と提言」は、2部構成になっており、第1部は東日本大震災からの復興・再生に向けた政策、第2部は連合として実現をめざす政策となっている。表1に示すように、第2部の柱だては7本、政策は分野横断的政策も含めると29本である。

連合「政策・制度　要求と提言」は2020年までは、2年サイクルで策定されてきた。これは、「要求と提言」を冊子として作成してきたため、2年毎に改定する必要があったという理由による。2020年のコロナ禍の発生を機に、連合の政策策定プロセスの見直しを進めてきた。その目的は、①不測の事態への対応としての時間と空間の平準化、②連合の政策の機動性と波及効果を高める、③限りある人的、財政的資源を政策実現行動により多く活用する、ことである。そこで、2021年度からは、「要求と提言」をデータベース化し、適宜更新する

方法に変更した（https://www.jtuc-rengo.or.jp/activity/seisaku_jitsugen/teigen/）。

　また単年度ごとに「重点政策」を策定している。これは、「要求と提言」から、予算に反映すべきこと、法案審議に関することに内容を絞ったもので、これを使って、政府や政党への要請行動を行っている。

⑵　中期ビジョンと中期政策

　上述してきた政策・制度要求は、労働組合が持つ「あるべき社会像」があってはじめて作られるものである。

　連合は、1989年の結成以来、節目ごとに「あるべき社会像」を提示してきた。1993年9月には、「日本の進路―連合からの提言」を発表し、2001年には「労働を中心とした福祉型社会」を提示した。2010年には、これを発展させて「働くことを軸とする安心社会」を示すとともに、その実現のための政策パッケージ「5つの安心の橋」を作成した。

　連合結成30周年となった2019年には、これまで運動の基軸としてきた価値観を継承し、深化させるとともに、SDGsで合意された「持続可能性」と「包摂性」を基底に置く「働くことを軸とする安心社会―まもる・つなぐ・創り出す―」（https://www.jtuc-rengo.or.jp/about_rengo/society/vision.html）を発表した。

　さらに中期的な観点で政策構想を描いた、連合「税制改革構想（第4次）」、「社会保障構想（第3次）」、「教育制度構想（第1次）」も2019年にまとめている。

4　政策・制度要求の実現手法
⑴　政府・政党への要請・協議

　政府は、毎年6月に次年度の政策や予算編成の骨格となる「経済財政運営と改革の基本方針」（骨太方針）を閣議決定する。これらをベースに各省は、次年度の政策や予算の策定作業に入る。連合「政策・制度要求」は4月の中執確認を経た段階から、政府・政党への要請行動に入る。それが「骨太方針」、それを踏まえた各省の概算要求に反映されれば、次年度の政府の政策となって実現に向かっていく。

　政策要請のスタートは官邸要請である。官邸要請の手法は、首相との政労会見や、官房長官要請など、その時点での政治情勢や、政権側の連合との対話への姿勢によって異なっている。官邸要請の後は、政策分野別に関係府省への申

表2　重点政策の主な要請先

〈主な要請先〉

内閣官房、内閣府（各担当）、公正取引委員会、消費者庁、復興庁、総務省、法務省、外務省、財務省、
文部科学省、厚生労働省、農林水産省、経済産業省、中小企業庁、国土交通省、環境省、東京オリン
ピック競技大会・東京パラリンピック競技大会推進本部、最高裁判所、各政党など。

〈最重点政策〉

最重点政策	主な要請先（中央官庁）
自然災害からの復興・再生の着実な推進	復興庁、内閣府（防災）、財務省
経済・産業政策と雇用政策の一体的推進および中小企業への支援強化	経済産業省、中小企業庁、公正取引委員会
「公平・連帯・納得」の税制改革の実現	財務省、総務省（地方税）
雇用の安定と公正労働条件の確保	厚生労働省、財務省
すべての世代が安心できる社会保障制度の確立とワークライフバランス社会の早期実現	厚生労働省、内閣府（両立支援）、財務省
教育機会の均等実現と学校の働き方改革を通じた教育の質的向上	文部科学省、財務省
未批准のILO中核条約の批准を通じたディーセントワーク実現	厚生労働省、外務省

資料出所：「連合の2020年度重点政策」

し入れを行っている。重点政策の要請先は表2のとおりである。

　政党では、自民党、公明党、立憲民主党、国民民主党、社民党、日本維新の
会に対し要請を行っている（2020年現在）。政党からは個別政策について連合の
見解を聞きたいとして、ヒアリングを受けることもある。支持協力関係にある
政党や議員を通じた政策実現行動は日常的に行われている。

　秋以降は、次年度に提出する予定の改正法案などの審議会が始まる。連合か
ら選出された委員は、連合政策・制度要求の反映に努める。年末には、次年度
の政府予算案や税制改正大綱が閣議決定される。

　毎年1月に通常国会が召集されるが、そこからは予算案や重点政策課題実現
のための、国会での行動になる。予算審議の際には、国会からの求めに応じて
予算委員会での公聴会で公述人として意見を述べることもある。予算成立後は、
予算関連法案、非予算関連法案などの順に法案審議が行われる。連合は、重点
政策に掲げた法案の審議状況を注視しながら、要求実現に努めていく。通常国
会の会期は150日なので、6月中下旬には会期を終えるが、会期が延長される
ことがあり、重点法案を抱えている場合は会期末まで、法案の成否や、付帯決
議などの内容にも関わりを持つ。通常国会で継続審議となり、臨時国会や翌年

に持ち越される場合もあるが、一応、通常国会の終了を１年の締めくくりとして、「結論と動向」の策定作業に入る。「結論と動向」は毎年夏から秋にかけて取りまとめ、公表している（れんごう政策資料）。

(2)　審議会等への参加

　連合は、財政制度等審議会、税制調査会、法制審議会、産業構造審議会、労働政策審議会、社会保障審議会、中央環境審議会、中央教育審議会など多くの審議会（分科会、部会も含む）に委員を送り、意見反映に努めている。労働法制については、ILO 諸条約において、労使同数参加の審議会を通じて政策決定を行うべき旨が規定され、数多くの分野で、公労使三者構成の原則がとられており、わが国の労働政策審議会は、三者構成原則に基づき審議が行われている。

　1990年代以降、規制改革が政策の大きな方向性を決めるようになった。労働法改革にも、この手法がとられるようになった。これは「規制改革推進計画」などを閣議決定することによって予めその方向性を示し、外堀を埋めたうえで、審議会に諮るというものである。そもそも労働法制は、事業の円滑な運営と適切な労働者保護のバランスを取って立案されるべきものであるが、規制改革路線では、事業者からの一方的な要望や主張を取り入れたものが多くなった。このため、審議会での労使の利益調整機能が働かなくなり、しばしば利害が対立するようになった。このような時には、公益委員が私案を示し、労使の対立を緩和することがあったが、政府の方針が先に閣議決定されている場合は、それに水差すような案も提示できず、三論併記の答申もあった。連合は、政府法案提出後も、国会で野党に働きかけ実質的修正をとる行動もするようになった。

(3)　経済団体との対話

　連合は、日本経済団体連合会（経団連）、日本商工会議所、経済同友会、全国中小企業団体中央会、中小企業家同友会等との定期的な意見交換の場をもち、社会対話に努めている。テーマによっては共同提言や合意文書をまとめ社会にアピールすることもある。

　2008年のリーマンショックによって日本経済は深刻な影響を受けた。雇用危機も深刻化の様相を呈していたなかで、2009年１月15日、連合と経団連は、「雇用安定・創出に向けた労使共同宣言」を結んだ。宣言では、政府に対し雇

用調整助成金の要件緩和や、雇用のセーフティネットの整備、新たな雇用の創出策の実施を求める一方、「長期雇用システムが人材の育成および労使関係の安定をはかり、企業・経済の安定・発展を支えてきたことを再認識し、労使は雇用の安定、景気回復に向けて最大限の努力を払う」ことを宣言した。3月23日には、官邸に麻生首相を訪ね、政府、経団連、日本商工会議所、全国中小企業団体中央会、連合の政労使三者による合意を結んだ。

中央だけではなく、地方連合会も各地域の経済団体と協議を行っている。なお、経済団体ではないが、学者・有識者、経済人、労働組合で構成している日本生産性本部とも内外の諸課題について情報や意見交換の場をもっている。

(4)　国際組織・機関との連携

政策・制度要求にあたってグローバルな視点が欠かせないことは前述したとおりである。ILO条約、勧告は国際労働基準を構成するものであり、採択された条約は、加盟国が批准すれば、条約を実施するための国際的義務を負うことになる。したがって、国際公正労働基準の立法化という観点から、連合は、国際労働運動と連携してILO総会をはじめとする協議の場に積極的に参加している。

OECD-TUACは、OECDに対する政策提言にとどまらず、グローバル・ユニオン（GUFs）の一員として、G7、G20サミットや、IMF（国際通貨基金）、世界銀行など国際機関との社会対話の際に、国際労働運動としての政策や提言を起草する役割を担っている。

連合は、ITUC（国際労働組合総連合）および、ITUC-AP（同アジア太平洋地域組織）の活動を通じて、G7（主要7か国サミット）、G20（金融・世界経済に関する首脳会合）への意見提出を行っている。G7、G20労働・雇用大臣会合が開催される時には、労働者代表もソーシャルパートナーとして参加している。2019年は、G20サミットが大阪で開催され、日本が議長を務めた。これに関連してG20労働・雇用大臣会合が2019年9月1～2日、愛媛県松山市で開催された。これに先立ち労働組合は、東京でG20労働組合会議（L20）を開催し、そこで合意したものをG20労働・雇用大臣会合に反映させた（2019年連合ニュース、https://www.jtuc-rengo.or.jp/news/news_detail.php?id=1537）。

また、連合は米国（AFL-CIO）、英国（TUC）、ドイツ（DGB）、スウェーデン

(LO-SWEDEN)、中国（中華全国総工会）、韓国（FKTU）との定期協議の場をもっており、こうした定期協議において、政策問題などについて意見交換を行っている。

(5) 関係諸団体との連携

連合の姉妹組織としては、先述した連合総研のほかに、（公財）国際労働財団（JILAF）と（公財）教育文化協会（ILEC）がある。

JILAF は、1989年5月、連合によって設立された NGO（非政府組織）であり NPO（非営利団体）である。JILAF はアジア諸国をはじめ、海外の労働組合関係者を日本に招き、相互理解の促進や、開発途上国の労働団体に研修の機会を提供し、現地で行う教育活動、社会開発活動に協力することにより、民主的、自主的な労働運動と労使関係の発展に助力し、それによって開発途上国の健全な経済社会開発に貢献することを事業目的としている。

ILEC は、1995年12月連合によって設立され、労働教育および教育文化活動の振興を通じて、広く勤労者の生涯にわたる学習と、その家族も含めた文化活動を支援することや、社会構造の変化や時代の要請に応えられる人材の育成を図ることなどの活動を行っている。連合が設立に深くかかわった、法政大学大学院連帯社会インスティテュートの運営も行っている。この2団体は、連合の政策・制度要求に直接関わるものではないが、JILAF については開発途上国支援の実践から得られる知見、ILEC については生涯学習の実践を通じた知見を政策立案に提供している。

連合と高齢者・退職者との連携を図る組織としては、日本退職者連合がある。1991年6月20日、連合第5回中央委員会で、「高齢者組織結成準備委員会」の設置を決め、1991年、日本高齢・退職者団体連合が発足し、2015年、日本退職者連合と名称を変更した。退職者連合は、高齢者が、安心・安全で持続性のある福祉社会を目指すために、政府や自治体に対して年金や医療・介護などの政策要求にプラスして、暮らしと生きがい、支え合いのために社会参加の場を創ることを求めて活動している。

労働者福祉中央協議会（中央労福協）は、1949年に結成された「労務用物資対策中央連絡協議会（中央物対協）」を濫觴とするもので、連合と、生協、労働金庫、労働者共済（国民共済 coop）などの事業団体とで、労働者福祉運動を進

めている運動体である。先述したように、労働組合主義の運動の柱の一つとして、共済活動がある。日本においても、労働組合を中心にした生活協同組合も多く設立されてきた。また、労働金庫は労働者のための銀行を求めて、労働者共済は労働者の手による共済制度を求めて、それぞれ労働組合が設立に深く関与したものである。その意味で労働運動と労働者自主福祉運動は密接な関係にあると言える。中央労福協は、福祉政策を中心にキャンペーンや政策要請活動を行っている。最近では、給付型奨学金の導入を求める署名活動を行い、実現への道筋をつけた活動がある。連合は中央労福協とも連携を図りつつ、政策・制度要求を行っている。

　上記以外にも、連合の運動と志を同じくする NPO、NGO とも連携し、政策・制度要求に反映させている。

(6)　対外アピール、世論への訴えかけ

　連合の政策を世論に訴えかける活動として、街宣行動（本部、地方連合会）、集会、大規模キャンペーン、シンポジウム・フォーラムの開催などを行っている。また SNS 発信、テレビ・ラジオ CM、新聞への意見広告、メディアへの記者発表、日常的な情報提供など、さまざまな手法を通じて、アピール活動を行っている。

　街頭行動、集会、デモ、座り込みなどは民主主義の下で許される示威行為であり、労働組合はこうした行動によって自らの主張や政策をアピールする。もちろん、これは、規律ある行動でなければならず、主催者の指揮下で整然と行われるべきものである。

5　労働組合の要求によって実現した政策

　政推会議、全民労協、民間連合、連合になって40年以上が経過する。その間の経済、社会情勢の変化はめまぐるしいものがあり、その中で労働組合が政策・制度要求を掲げ実現してきたものは少なくない。そのいくつかを紹介したい。

(1)　マイナンバー制度の実現

　税制改革は、連合が結成される以前の、政推会議発足当初から取り組んでき

た課題であった。そのキーコンセプトは「不公平税制の是正」である。勤労者
は、給与所得として10割完全に捕捉され、天引きされているのに、中小企業者
や自営業者は所得がそれぞれ6割、4割しか捕らえていないという、いわゆる
クロヨン問題の存在があった。また、富裕層は株の配当や利息等の金融所得の
割合が多いのであるが、この名寄せも十分でなく、一律分離課税になっていた。
そこで、少額貯蓄利用者にはカードを配布して、それで本人確認しようという
ことで、「グリーンカード」（少額貯蓄等利用者カード）が法律も国会を通過し、
施行寸前まで行ったのに、富裕層の反対で廃止されてしまった。1980年のこと
であった。それ以降、納税者番号の導入の要求が、政推会議の政策・制度要求
に掲げられ、全民労協、民間連合、連合の要求に受け継がれてきた。要求当初
は、政府、与党からまともに相手にされなかったが、連合は毎年のように要求
を掲げ続けた。1988年2月、政府税調に「納税者番号制度検討小委員会」が設
置され、その後、累次の答申で検討の必要性に言及された。2007年の年金納付
記録問題の発生、2008年の定額給付金制度の実施などがきっかけとなり、政
府・与野党ともに、番号制度導入の可否が本格的に議論されるようになった。
民主党政権下で、「社会保障と税の一体改革」が俎上に上った。そこでも連合
は、社会保障の給付・サービスへの利用、目的外利用の罰則つき制限、監視・
監督のための第三者機関の設置などを、政府・与党に求めてきた。2012年3月
に「行政手続における特定の個人を識別するための番号の利用等に関する法律
案（マイナンバー法案）」が閣議決定されたが、この国会では廃案となった。
2012年12月に政権は自民・公明に代わったが、法案は2013年5月に成立した。

(2)　育児・介護休業法の制定

　育児・介護休業法の制定は、1989年に結成された連合が政策・制度要求で、
成果を上げたものである。
　「子どもを持ちながら働き続ける、あるいは働き続けたいと願っている女性
が増えているのにも係わらず、仕事と家庭を両立させるための職場環境は大き
く立ち遅れている」。こうした組合員の声を背景に、育児休業法の制定を求め
る運動は、民間連合時代に提起され、官民統一となった連合がこれを引き継い
だ。1990年2月に衆議院選挙が行われたが、連合は立候補者に「賛同要請行
動」を行い、多くの候補者から賛同を取り付けた。同年3月には、社会、公明、

民社、社民連の 4 党に政策・制度要請した際に、育児休業法の 4 党共同提案を
迫り、約束をとりつけた。地方連合会も、地方議会に対し育児休業法の制定を
求める決議採択の働きかけを行った。 9 月末までに581議会が決議を行った。
国会での野党 4 党共同提案に自民党も重い腰を動かし、 6 月22日、参議院育児
休業法検討小委員会で、全会一致で法制定の必要性が決議され、労働省の審議
会答申を受け、1991年 3 月29日に法案が提出され、 5 月に成立した。

　連合は、次に介護休業の制度化に取り組んだ。介護休業制度についての審議
会は1994年 9 月から始まったが、審議会では「法制化すべき」という労働側と、
「法制化反対」を唱える経営側とで意見の対立が続いていた。審議会では膠着
状態を打開するため、公益委員による「たたき台」が提示されたが、労使の意
見の隔たりは埋まらなかった。

　1995年 1 月に政府が国会に提出した法案では、内容面で、連合の主張は取り
入れられず、不満足なものであった。連合は国会でも最後まで修正を求めたが、
与党によって拒否され、原案のまま 6 月 5 日に成立した。しかし、2004年、
2016年の累次の改正で内容の改善が図られた。

(3)　医療費にかかる領収書発行運動

　連合が長年取り組んできて実現に至ったものとして「お医者さんにかかった
ら領収書をもらおう」という運動がある。この運動が始まったのは1997年11月
であった。この年 9 月に患者の自己負担割合が 1 割から 2 割に上がった。その
一方、1995年度の医療機関による過剰請求（不正請求）が3,222億円に上ったこ
とが明らかになった。医療費の不正請求とは、自分はその月に医療機関に行っ
ていないのに、行ったことになっていた（架空請求）とか、実際は 1 回の検査
だったのに、数回に分けて検査したように診療報酬を請求する（水増し請求）
ことなどである。

　「私たちが払った保険料や窓口での支払いが不正に使われるのは許せない」
という率直な怒りから運動は始まった。「お医者さんにかかった時には、必ず
領収書をもらおう、そしてその領収書と医療費通知を照らし合わせよう」と連
合は、組合員に呼びかけた。

　病院の窓口では、露骨にいやな顔をされ、不愉快な思いをする人も多かった。
そこで、「領収書をください」と書かれたカードを作って組合員に配布し、窓

口で保険証と一緒に出すというやり方をとるようにした。診療報酬を決める中医協（中央社会保険医療協議会）の場でも連合推薦の委員が、「領収証発行を義務化すべし」という発言を繰り返し主張した。そうした努力が実を結んで、2006年から、徐々に領収書の無料発行化や、明細書発行が義務づけられ、2016年4月からは全ての病院と薬局での診療明細書の発行が完全義務化された。

(4)　労働審判制度の創設

　1999年7月、司法制度改革審議会が発足した。この審議会は、法律家や法律に深く関与する有識者13名で構成され、労働界からは高木剛連合副会長（ゼンセン同盟会長）が参画した。審議会は2年間に60回を超える調査審議を重ね、2001年6月12日に「21世紀の日本を支える司法制度」と題する意見書をまとめ小泉純一郎首相に提出した。司法制度改革の審議では、法曹養成制度に関わる法科大学院の創設、刑事裁判における裁判員制度の導入などが検討されたが、連合は、労働事件をより簡略に扱う新たな制度の創設を求め、これを実現しようと考えていた。意見書には「労働関係事件への総合的な対応強化」の事項が盛り込まれた。

　これを受けて2002年2月に司法制度改革推進本部に「労働検討会」が設置されることになった。労働検討会は菅野和夫東大教授が座長を務め、労使団体、労働側、経営側の弁護士、法務省、厚労省、裁判所の代表者、労働法と民事訴訟法を専門とする学者で構成された。検討会では途中、かなり緊迫したやりとりもあったが、2003年12月19日に、「労働審判制（仮称）」が提起された。この制度は、①個別的労働関係事件について3回以内の期日で、②裁判官と雇用・労使関係に関する専門的な知識経験を有する者が当該事件について審理し、③調停による解決の見込みがある場合にはこれを試みつつ、④合議により、権利義務関係を踏まえて事件の内容に即した解決案を決することで、事件の解決を図る手続（労働審判）を設け、⑤あわせて、これと訴訟手続とを連携させることにより、事件の迅速・適正、実効的な解決を図る、というものであった。

　労働審判制度は、2006年4月からスタートしたが、処理した事件数は年間3,500件程度となり、しかも大部分の事件が3回以内の期日で、申立て後、平均約80日で迅速に処理され、解決率も8割近くとなっており、申立ての当事者からも高い評価を得ている。

(5)　求職者支援法の制定

　リーマンショックによって、わが国経済においても生産が急減し、雇用情勢が悪化した。とりわけ派遣労働者など非正規雇用で働く労働者の大量雇い止めなどの問題が起った。雇用保険の対象とならないパート・有期雇用者、派遣労働者、フリーランスが失業しても失業給付が受けられないという問題が顕在化した。連合は、雇用労働者でありながらも、それまで雇用保険の適用となっていなかった有期・パート、派遣労働者への適用拡大を求めた。しかし、それだけでは不十分で、フリーランスや自営業のような、そもそも雇用関係にない就労者の救済にはならなかった。

　そこで連合は、雇用保険と生活保護制度の中間に新たな第2のセーフティネット（就労・生活支援制度）の創設を強く求めていった。政府は、2008年秋のリーマンショック後に、派遣労働者等の失業の急増対策として、職業訓練と生活給付金（月10万円程度）をセットにした施策の予算措置（3年間の期限付き）を実施した。2009年の総選挙で民主党中心の政権が成立した。連合は、この制度をベースに求職者支援制度の恒久化を求めた。求職者支援制度とは、雇用保険を受給できない求職者（特定求職者）に対し、①無料の職業訓練（求職者支援訓練）を実施し、②本人収入、世帯収入および資産要件等、一定の支給要件を満たす場合は、職業訓練の受講を容易にするための給付金（職業訓練受講給付金）を支給するとともに、③ハローワークが中心となってきめ細やかな就職支援を実施することにより、安定した就職を実現するための制度である。求職者支援法は、2011年5月13日に成立し、2011年10月から施行された。

　上記の法改正のほか、2012年に、労働者派遣法改正（法の目的規定に派遣労働者の保護を明記するとともに、日雇い派遣の原則禁止、派遣労働者の派遣先同種労働者との均衡待遇の配慮、マージン率の公開、違法派遣の場合の派遣先事業主が派遣元における労働条件で直接雇用したものと見なす規定、グループ内派遣の8割以下条項の新設等）、労働契約法改正（有期労働契約法制整備）など、有期・パート、派遣への対策強化が図られた。

(6)　働き方改革関連法（労働時間関係）の成立

　わが国が抱える長時間労働問題について、連合は、労働時間法制の改正、労使による年休取得率の向上、残業時間の削減などさまざまな取り組みを行って

きたが、それでもなお、過労死・過労自殺者が年間200名に達する状況にあった。この原因として、わが国の労働時間法制は、三六協定による時間外労働の上限に法的規制がなく、特別条項を締結し、それが適用されると事実上、「上限なし」の時間外労働が可能になるという問題が指摘されていた。また、EU諸国で導入されている、一勤務から次の勤務に移る際の間隔（勤務間インターバル）の制度が日本にないことから、深夜業明けにすぐ次の勤務に入ることが可能になるという問題もあった。連合は、長時間労働是正のためには、時間外労働の罰則つき上限規制と勤務間インターバルの法制化を求めていた。

　労働政策審議会労働条件分科会報告（2015年 2 月13日）では、働き過ぎ防止のための法制度の整備策として、①中小企業における月60時間超の時間外労働に対する割増賃金率の適用猶予の見直し、②年次有給休暇の取得促進、③フレックスタイム制の見直し、④裁量労働制の見直し、⑤高度プロフェッショナル制度の創設などが記載されただけで、連合が強く求めてきた、時間外労働の上限規制や、勤務間インターバルの導入は見送られた。労基法等改正案は、2015年 4 月 3 日に国会に提出されたが、全く審議されることなく継続審議となっていた。

　安倍内閣は、2016年 6 月 2 日、「一億総活躍プラン」を閣議決定した。その「働き方改革」の項目に、「同一労働同一賃金の実現など非正規雇用の待遇改善と長時間労働の是正策」が盛り込まれ、労働基準法については、「三六協定における時間外労働規制のあり方について再検討を開始する」と記載された。さらに安倍首相は記者会見で「働き方改革」を内閣最大のチャレンジとして取り組むと発言し、これが重要な政策テーマとなった。

　連合は、2015年の労政審答申に盛り込まれなかった、時間外労働の法的上限規制と勤務間インターバル規制の導入を求めて、「働き方改革実現会議」に参加した。しかし議論はまとまりそうもなかった。そこで、安倍首相から「経団連と連合で議論して、合意を形成するよう」発言があり、これを受けて、経団連・連合の協議が開始された。

　同年 3 月13日「合意案」がまとまった。その骨子は、「 1 、時間外労働の上限は、月45時間、年360時間とする。 2 、ただし、一時的な業務量の増加がやむを得ない特定の場合の上限については、①年間の時間外労働は月平均60時間（年720時間）以内、②休日労働を含んで、 2 か月ないし 6 か月平均は80時間以

内、③休日労働を含んで、単月は100時間未満、④月45時間を超える時間外労働は年半分を超えないこと」というものであった。勤務間インターバル制度については、労働時間設定改善法および同指針に盛り込むこととし、当面は労働協約で制度導入を促進することとした。

　連合は、時間外労働の上限規制の議論と並行して、時間外労働の限度基準告示で適用除外となっている事業・業務の取扱い（自動車運転者、建設等）をはずすよう政府と協議してきたが、建設・自動車運転者については、当面は適用猶予するものの、最終的には一般則を適用する方向が確認された。

　これを受けて、政府は2017年3月28日「働き方改革実行計画」を決定し、法改正の作業に入った。次に課題になったのは、2015年に国会に提出され、審議されない状態になっている労基法等改正案と、働き方改革に係わる「労基法改正案」の一本化であった。

　連合は、継続審議中の法案には、高度プロフェッショナル制度の導入と、企画業務型裁量労働の拡大が含まれており、これには「反対」との立場を堅持しつつも、原案のままで、これがそのまま成立した場合の影響を考えて、経団連との協議を積み重ねながら、双方が受け入れ可能なレベルの修正案を政府に要請した。修正の内容は、高度プロフェッショナル制度については、対象者の健康を確保するための措置を強化する観点から、制度の導入要件である健康・福祉確保措置（選択的措置）について、「年間104日以上かつ4週4日以上の休日を与えることを義務化する」こと。それに加えて、①24時間について継続した一定の時間以上の勤務間インターバルを確保すること、②健康管理時間が1か月または3か月について一定の時間を超えない範囲内とすること、③2週間の連続の休日を与えること（本人が希望する場合には、1週間連続の休日を連続2回与えることも可）、④健康管理時間が80時間を超えた場合または本人から申し出があった場合には健康診断を受けさせること、のいずれかを選択すること。

　企画業務型裁量労働制については、企画業務型裁量労働制に新たに追加する「課題解決型提案営業の業務」については、その対象が営業職全般に拡大されるものではないことを明らかにし、制度趣旨を逸脱した運用が行われないようにするため、対象業務の範囲を明確化すること。同様に、新たに追加する「裁量的にPDCAを回す業務」については、制度趣旨を逸脱した運用が行われることがないようにするため、対象業務の範囲を明確化すること。また、現行制

度についても、制度の適正な運用の確保措置を求めた。

　この行動が、連合が賛成に方針転換したと誤って報道されたため、組織内にも動揺があったが、これは方針転換ではなく、必要最小限の修正であることを明確にするため、労政審労働条件分科会に労働者側の意見を以下のとおり記載した。

> 労働者側委員から、法案要綱全体については、過労死・過労自殺ゼロの実現はもとより長時間労働の是正に向けた罰則付き時間外労働の上限規制の導入という労働基準法70年の歴史の中での大改革をはじめ、中小企業が適用猶予された月60時間超に対する時間外労働の割増賃金率の引き上げ、年次有給休暇について年間5日の時季指定義務を課すこと等、評価すべき内容が多く含まれている一方、企画業務型裁量労働制の対象業務の拡大および高度専門業務・成果型労働制（高度プロフェッショナル制度）の創設については、当分科会で指摘してきた懸念点について、労働者の健康管理の重要性に関する公労使三者の共通認識の下、対象業務の範囲の明確化、健康確保措置の強化といった修正がなされたが、長時間労働を助長するおそれがなお払拭されておらず、実施すべきでないとの考え方に変わりがない、との意見があった。（下線筆者）

　2018年1月22日に召集された第196回通常国会で、安倍首相は「働き方改革関連法案」の成立を目指すことを明言した。一方、野党は、これを対決法案と位置づけ、対決ムードで国会が始まった。1月29日の衆議院予算委員会で安倍首相が裁量労働制について「裁量労働制で働く方の労働時間の長さは、平均的な方で比べれば一般労働者よりも短いデータもある」と発言したが、この発言の根拠とされたデータの整合性について疑義が示され、安倍首相は1月29日の答弁撤回を表明。3月1日、法案から裁量労働制を削除する旨表明した。これにより、企画業務型裁量労働制の対象業務拡大部分は削除され、既存の企画業務型裁量労働者も含めた健康確保措置の部分も削除された。

　法案は与党・自民党の要求により一部が修正され、4月6日閣議決定し、国会に提出された。5月21日、自民・公明・維新の会、希望の党が、高プロ制度法案について、①高プロを適用する際に労使委員会が決議すべき事項に「同意の撤回に関する手続」を追加する、②事業主が他の事業主との取引を行う場合に、著しく短い納期の設定および発注内容の頻繁な変更を行わないよう努める

（労働時間設定改善法改正）ことで修正合意した。法案は6月29日に成立した。

6　政策・制度要求の心構え

　英国の経済学者であるアルフレッド・マーシャル（1842～1924）の言葉に、「冷静な頭脳と温かい心情（Cool head and Warm heart）」というのがある。マーシャルは、冷静な判断力の頭脳と人を愛する温かい心をもって自己の周囲の社会的苦悩と闘うということが、経済学者の心得るべき態度であると説いた。労働組合が実践する政策・制度要求もまさに、「冷静な頭脳と温かい心情」が求められる。抽象的な議論に終始するのではなく、また感情だけが先走って空回りするのではなく、現実を見つめ課題を抽出し、歴史や理論に学びつつ的確な調和のある秩序や解決策を求めていくことが肝要である。

参考文献
シドニー・ウェッブ、ビアトリス・ウェッブ（荒畑寒村監訳、飯田鼎・高橋洸訳）（1973）『労働組合運動の歴史』日本労働協会
篠田　徹（1989）『世紀末の労働運動』岩波書店
稲上毅・逢見直人他（1994）『ネオ・コーポラティズムの国際比較──新しい政治経済モデルの探索』日本労働研究機構
久米郁男（1998）『日本型労使関係の成功』有斐閣
中村圭介・連合総研編（2005）『衰退か再生か：労働組合活性化への道』勁草書房
五十嵐仁（2008）『労働政策』日本経済評論社
伊藤光利・宮本太郎編（2014）『民主党政権の挑戦と挫折』日本経済評論社
岡崎淳一（2018）『働き方改革のすべて』日本経済新聞出版社
菅野和夫（2020）『労働法の基軸──学者五十年の思惟』有斐閣
ものがたり戦後労働運動史刊行委員会（1997-2000）『ものがたり戦後労働運動史Ⅰ～Ⅹ』教育文化協会
ものがたり現代労働運動史刊行委員会（2018-2020）『ものがたり現代労働運動史Ⅰ～Ⅱ』教育文化協会

逢見直人（おうみ・なおと）
日本労働組合総連合会会長代行

第5章　政策闘争

II　労働組合の政治活動

1　なぜ政治活動を行わなければならないのか

　労働組合の役割は、第一義的には働く人々の賃金や労働条件の維持・向上にある。それゆえ、労働組合は経済主体として振る舞うべきであり、政治活動を行うべきではないという声も少なくない。確かに、政党ではない以上、政治活動はその主要な機能ではないし、それによって労働組合の分裂が生じた過去を持つ日本では、そのような声にも一理ある。だが、先進諸国で政治活動を行わない労働組合は存在しない。それは少なくないコストがかかるにもかかわらず、政治活動を実施する必然性を有しているからである。

　第一に、働く人々の賃金や労働条件は、政治から否応なく影響を受ける。例えば、企業との交渉を通じて名目賃金を引き上げたとしても、物価が上昇すれば、実質賃金は低下してしまう。増税が行われた場合も、同様である。雇用保険制度や男女雇用機会均等法を例示できるように、労働組合にとっての労働行政や労働法制の重要性は言うまでもない。また、雇用を確保するためには、財政・金融政策を用いて景気をよくすることが肝要であろうし、産業政策はもちろん、移民政策も、それに関わってくるであろう。

　第二に、働く人々のなかでも特に公共サービスに関わる労働者は、賃金や労働条件が法律や予算に基づいて決定される。そのため、そうした部門の労働組合は、政治活動を行う強いインセンティブを有する。公務員や公企業の労働者のみならず、電力、鉄道、通信など政府の規制が強い産業にも、このことは一定程度、当てはまる。しかも、このような部門の労働組合の組織率は概して高い。

　第三に、労働組合に組織されない労働者の存在である。日本では中小企業などに多い未組織の働く人々は、企業と集団的に交渉したり、ストライキを行ったりする手段を持ちえないが、その結果として生じる低い賃金や労働条件は、組合員のそれを引き下げる効果がある。このため、労働組合が組織化の努力を

払う一方で、政治活動を行い、労働条件の最低基準を定める労働基準法や最低賃金制度などを通じて、未組織労働者の賃金や労働条件を下支えすることが不可欠となる。

　第四に、働く人々の生活も、賃金や労働条件を引き上げるだけでは改善しない。病気になったり、出産・育児・介護を行う必要が生じたり、災害が発生したりと、様々なリスクに晒されているし、誰もが高齢になれば、働くこと自体できなくなる。医療や年金といった社会保障のほか、教育、住宅、交通などは、働く人々の生活の質と緊密に関わっており、国や地方自治体の公共政策の役割は大きい。勤労者の生活にとって平和が大切である以上、外交・安全保障政策も労働組合にとって決して無縁ではない。

　第五に、そもそも労働組合の存在およびその活動が、法律によって支えられている。日本で労働組合法が制定され、日本国憲法に労働基本権が明記されたのは、第二次世界大戦後のことであり、それ以前には労働組合は法的存在ではなく、その活動も厳しい制約の下に置かれていた。また、ILO条約など国際的な取り決めも労働組合の存在とその活動を支えているが、それを締結したり、批准したりするのも、政府や国会である。

2　労働組合の政治活動の多様な形態

　労働組合が政治活動を行うことは当然であるとしても、その形態は多様である。様々な角度からの分類が可能であるが、以下、働きかけを行う対象ごとにみていきたい。

　一つ目に政党である。自由な選挙に基づく民主主義の政治体制では、国家と社会、政府と議会を結合させる役割を果たす政党が、政治の主役となるが、資本主義の下では経済的な自由か、それとも平等かをめぐって主要な対立軸が形成され、使用者と労働者の利益をそれぞれ代表する右派と左派の政党が競合する場合が多い。労働組合は通常、後者と緊密かつ恒常的な関係を構築する。

　ヨーロッパでは、ドイツ社会民主党、イギリス労働党、フランス社会党、イタリア民主党などの社会民主主義政党が代表的であり、アメリカではリベラルな色彩の強い民主党が、労働組合と協力関係にある。日本では、かつては日本社会党や民主社会党（民社党）、現在では立憲民主、国民民主党、社会民主党（社民党）が、それに該当する。これら中道左派のほか、より左に位置する日本

共産党などと緊密な労働組合も存在する。

　労働組合とその支持政党の関係は、国によっても歴史的にも実に様々だが、選挙での支援、資金の提供、人材の供給、政策をめぐる協議など多岐にわたる場合が多い。組織内議員をはじめとして、労働組合が支持政党を通じて自らの代理人となる国会議員を送り込む場合もある。もちろん、政策についての働きかけなどは、一種のロビイングとして、それ以外の政党や国会議員に対してもなされる。

　二つ目が政府である。議院内閣制の国々では、最終的に法律や予算を決めるのは国会だが、政府が法案を作成する場合が少なくない。また、法律の委任に基づいて政省令を定めたり、許認可権に基づく行政指導を行ったりと、行政機関の権限は実質的に大きい。したがって、首相や大臣、官僚などに働きかけを行うことは有効性を持つ。大統領制を採用する国々や地方自治体でも、同様である。

　国や地方自治体には、合議制の諮問機関として審議会が設置されるが、そこに労働組合が代表を送り込み、発言することが行われている。ILOは設立以来、政府（公益）、使用者、労働者の三者構成原則をとるが、ILOの諸条約には加盟国がこの原則を採用することが規定されている。そのため、労働分野の政策決定では、審議会を通じた労働組合の参加が顕著にみられる。

　三つめは組合員である。以上に論じたように、労働組合は自らの政策を実現すべく国会や政府、それらの公職者に働きかける一方で（いわゆる政策・制度要求）、政党や議員などを選挙や資金の面で支援する。そうした政治活動を有効に行うためには、組合員の理解を得た上で、執行部が示す方針に従い、一致結束して行動することが不可欠である。そのためになされるのが、研修会や講演会を実施したり、機関紙・パンフレット・ビラなどで情報を提供したりする政治教育である。

　四つ目は世論である。いうまでもなく、自由な選挙に基づく民主主義の下では、国民一般の世論が極めて重要な政治的影響力を持つ。それは選挙で示されるだけでなく、各種の世論調査によっても明らかになり、さらに国民投票や住民投票が実施されることも増えている。労働組合が望ましい政策を実現しようと考えるならば、既得権勢力などといった批判を跳ね返し、世論の理解を得ることが肝要である。

　世論対策には、テレビの CM を流したり、新聞の広告を打ったり、役員が
記者会見を行ったり、ウェブサイトや SNS で発信したり、オピニオン・リー
ダーに情報を提供したりといった様々な方法がある。集会の開催やデモなどの
抗議行動も、民主主義国では世論に働きかけるための手段という色彩を濃くし
ている。かつてに比べて労働組合の組織が弱まった現在、世論に訴えることは
ますます重要になっている。

3　政党との関係の歴史
⑴　二つのブロックの時代

　以下では特に政党との関係に着目して、第二次世界大戦後の日本の労働組合
の政治活動の変遷をみていきたい。

　第二次世界大戦が終結し、連合国による日本占領が行われ、労働組合法の制
定をはじめとする戦後改革が実施されたが、復活した労働組合でナショナルセ
ンターとして成立したのは、共産党系の産別会議と社会党系の総同盟であった。
産別会議をはじめとする労働組合は、共産党の指導の下、1947年の2・1ゼネ
ストに突き進んでいく。しかし、連合国軍最高司令官総司令部（GHQ/SCAP）
の指令で、それが失敗に終わると、産別会議の民主化運動が開始され、紆余曲
折を経ながらも、次第に共産党の主導権は失われていった。

　ところが、講和問題などをめぐって、社会党の内部では左右両派の対立が深
刻化し、1951年に分裂に至る。1950年、民主化運動を進めてきた労働組合によ
ってナショナルセンターの総評が結成されたが、それが「非武装中立」を掲げ
る左派社会党を支持し、さらに共産党系がなだれ込むことで左傾化すると、
1954年には右派社会党を支持する全労会議が発足した。両派社会党は1955年に
統一したが、1959年に再び分裂し、社会党と民社党が並存する状況に陥った。

　こうして社会党・総評ブロックと民社党・全労（同盟）ブロックの二つが成
立し、固定化していった。政党が支持団体制度を設けて労働組合が組織的に加
盟したり、労働組合に政党の職場支部や党員協議会が設けられたりもしたが、
労働組合が大会での運動方針の採択など機関決定によって政党支持を定め、そ
れに基づいて候補者の擁立や選挙運動、資金提供が行われることを基本とした。
共産党のそれとは違い、政党と労働組合の関係は対等であり、むしろ脆弱な政
党組織を事実上、労働組合が代行する色彩が強かった。

　二つのブロックのうち優位に立ったのは、非共産主義のマルクス主義に立脚しつつ「非武装中立」を唱える社会党・総評ブロックであった。その主力は、政治活動を重視する国労（国鉄労働組合）、自治労、日教組、全逓、全電通などの官公労であり、自民党に対抗する野党第一党の社会党を選挙などで支えた。高度成長が進むにつれ、民間の組合員数ではゼンセン同盟、全金同盟、自動車労連、電力労連などの同盟が総評を上回るようになったが、集票力や資金力などの面で弱く、民社党は結成以来、社会党に対して劣位に立たされた。

　以上のように、外交・安全保障政策と結びついた左翼イデオロギーの強さと、それに起因する労働組合の深刻な分裂が、この時期の日本の特徴であった。アメリカを例外として、イギリス、（西）ドイツ、スウェーデンなどでも社会主義が支配的なイデオロギーの地位を占め、イギリスを除き、それはマルクス主義であった。この点で日本の場合も同様であったが、ドイツなどと比べて社会民主主義への転換が大幅に遅れた。その結果、西側先進国でも共産党が強かったフランスやイタリアと同じく、労働戦線の分裂が続いた。

　他方、組織的にみるならば、イギリスのTUC（労働組合会議）と労働党、スウェーデンのLO（全国労働組合連盟）と社民党は、団体加盟を基礎とする一体的な関係を有した。それに対して、アメリカのAFL-CIO（労働総同盟・産業別組合会議）は民主党寄りながら圧力団体的に行動し、ドイツの場合にもDGB（労働総同盟）は社民党と緊密な関係を実質的には持ちながらも、カトリック系労組への配慮などから独立性を保った。日本にみられた二つのブロックは、これらの中間に位置した。

⑵　連合と民主党の結成

　二つのブロックは、1980年代に解体していく。社会党・総評ブロックでマルクス主義から社会民主主義への転換が進むとともに、総評の主力となってきた国労が国鉄分割・民営化への対応を誤って解体したことで、民間労組の主導で労働戦線の統一が実現し、最終的に1989年に連合が結成された。なお、総評の内部で社会党支持を批判し、「政党支持の自由」を唱えてきた反主流派は同年、共産党と密接な関係を持つナショナルセンターとして全労連を結成したが、周辺的な存在にとどまった。

　ところが、連合の結成にもかかわらず、社会・民社両党の統一は、なかなか

実現しなかった。1993年、両党が加わる非自民連立政権が成立したが、翌年、社会党は自民党と連立を組み、他方で民社党が野党に転じ、さらに新進党に合流すると、連合は与野党間で「股裂き」状態に陥った。それは1998年に民主党が結成されることで、ようやく解消される。翌年、連合は民主党基軸の政治方針を決めるとともに、本部に政治センターを設置し、政治活動を一本化する態勢を整えた。

　もっとも、これによって旧来のブロックが完全に解体したわけではなかった。弱まりながらも、ブロックの枠組みでの選挙協力が続けられ、系列のシンクタンクなども残った。こうしたことは平和運動で特に顕著であり、核兵器廃絶に向けた運動の分裂が継続した。また、民主党の内部でも旧社会党系と旧民社党系のグループが並存し、主導権をめぐって争う状況が続いた。とはいえ、民主党の結成によって連合の政治活動が一本化されたことは、歴史的にみて大きな意味を持った。

　しかし、民主党は連合の支援によって結成されたにもかかわらず、両者の関係は安定したものではなく、摩擦が繰り返し発生した。2002年には、民主党の代表選挙で鳩山由紀夫が労働組合との関係見直しを公約に掲げて当選したのに対して、連合が民主党基軸の見直しを表明し、実際、これに関する決定を政治方針から二年ごとの大会で決める運動方針に移すといった事態に発展した。また、2005年に民主党の代表に就任した前原誠司も、労働組合との関係の見直しに言及した。

　いずれも決裂までには至らなかったが、こうした対立が繰り返し生じた背景には、第一に新自由主義的な風潮を背景に労働組合が既得権勢力として批判されていたこと、第二に労働組合が組織的に弱体化してきたこと、そうしたなかで第三に民主党が政権交代を目指して無党派層からの集票を重視したことがあった。1994年の政治改革によって、衆議院の選挙制度が中選挙区制から小選挙区制を中心とする選挙制度に改革された結果、組織票だけでは勝てなくなり、無党派層の比重が高まったことも影響した。

　組織的にみても、民主党・連合の関係は、かつての社会党・総評、民社党・同盟の二つのブロックとは、大きく異なる。例えば、社会党や民社党にみられた支持団体制度は民主党には存在せず、職場支部や党員協議会の設置も規約で認められていない。また、民主党と連合が国政選挙のたびに政策協定を結ぶの

も、相互の独立性の表れである。一言でいえば、結びつきが弱まった。国際比較でみると、団体加盟を基礎とするイギリスよりも、相互自立的なアメリカの方向に近づいたといえる。

このような労働組合とその支持政党の関係の希薄化は、この時期の世界的な流れであった。例えば、イギリス労働党も1990年代に入って労働組合の権限を弱める組織改革を進めていたが、1994年に党首に就任したトニー・ブレアが、政策を新自由主義の方向に切り替える一方、党大会での労働組合の票決率を7割から5割に削減するとともに、財政面での依存率も低下させた。その成果が1997年の政権交代であった。民主党は翌年、こうしたイギリス労働党をモデルとして発足したのであった。

(3)　民主党政権とその失敗

以上にみたような二つのブロックの解消という変化に加えて重要なのが、1994年以降の一連の政治改革に伴う政策決定過程の変化である。

第一に、官邸主導などと呼ばれるように、政策決定過程の集権化が著しく進んだ。小選挙区制の導入や政治資金制度改革などによって、政党で執行部の権限が強まったことに加え、いわゆる橋本行革などによって内閣機能の強化が行われた。その結果、労働政策の分野でも、首相の下に設置されている各種の政策会議で大枠が決まるようになり、労働政策審議会など厚生労働省に設置されている三者構成の審議会は発言力が減退した。

第二に、政策決定過程の党派化が進展した。中選挙区制の下では自民党の候補者同士が競合し、一部の候補者が野党の支持団体と協力することすらあった。また、自民党の組織も、派閥や族議員が大きな影響力を持つなど、極めて分権的であった。そのため、国対政治にみられるように、野党の政策が受け入れられる余地が大きかった。しかし、小選挙区制の導入は、その余地を狭めたのである。

政策決定過程の集権化と党派化によって、連合の政治的影響力は大幅に減退する。それがピークに達したのが、2001年に始まる小泉政権であり、首相の下に置かれた行政改革・規制緩和のための政策会議から排除されるようになった。また、経済政策の司令塔たる経済財政諮問会議についても、経団連とは違い、連合は代表を送り込めなかった。こうした状況下で、新自由主義的改革が断行

されたのである。その結果、連合にとって、民主党が政権交代を実現すること
が重要になった。

　2006年、選挙などでの連合の役割を重視する小沢一郎が民主党代表に就任す
ると、両者の関係は大幅に改善された。小泉政権が推進した新自由主義的改革
への批判が国民の間で高まり、その線で足並みを揃えたことも後押しした。
2009年に民主党政権が成立すると、トップダウン型の政策決定過程が踏襲され
る一方で、連合との協議が重層的に行われた。行政刷新会議などにも、連合の
代表が加えられた。これは日本のナショナルセンターが歴史上、最も大きな政
治的影響力を獲得した瞬間であった。

　ところが、その政治的影響力を用いて、連合が求めてきた政策を大幅に実現
できたかというと、そうではなかった。労働者派遣法の改正や求職者支援制度
の創設などが実現した一方、例えば長年の懸案である公務員の労働基本権の回
復は見送られた。原因は様々だが、連合が政府との政策協議に力点を置き、集
会やデモなどの運動を通じて圧力を加えることを避けるなど、自制的に振舞っ
たこと、民主党が普天間基地の移設問題などをめぐり政権運営に失敗し、わず
か3年3か月で下野したことが重要である。

　2012年、自民・公明両党の連立による安倍政権が復活すると、連合は経済財
政諮問会議、産業競争力会議、規制改革会議など首相直下の主要な政策会議か
ら排除された。「経済の好循環実現に向けた政労使会議」や「働き方改革実現
会議」には、連合の代表も加えられたが、それらは上記の政策会議の補完的な
役割しか持たなかった。アベノミクスをはじめ経営者寄りの政策をとりつつ、
「官製春闘」など部分的に労働者寄りの政策を採用するという安倍政権の巧み
さも重なり、連合は苦境に追い込まれた。

　他方、民主党は政権運営の失敗の後遺症から立ち直れず、民進党に党名変更
した後、2017年の総選挙の直前、希望の党への合流をめぐって分裂する。そこ
には安全保障法制への賛否、共産党との選挙協力の是非などの問題が横たわっ
ていたが、主として旧総評系が立憲民主党を、旧同盟系が国民民主党を支援し、
かつての二つのブロックが復活したかのような様相を呈した。2020年には連合
本部の働きかけもあり、新たな立憲民主党が結成されたが、改めて国民民主党
も設立され、分裂状態の解消には至らなかった。このように、連合として政治
活動を一本化することが難しくなっている。

図1　連合組織内懇談会の会員数の推移

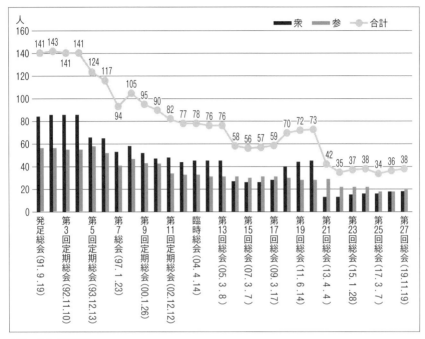

出所：連合本部資料。

4　弱体化しつつも政治的に重要な労働組合

　以上、労働組合と政党の関係を歴史的にみてきた。最後に数量的なデータを用いて、若干の考察を加えていきたい。結論的にいって、それらが示しているのは、労働組合の政治的プレゼンスの低下である。

　第一に、衆参両院の連合の組織内議員数の推移である（図1）。1991年に発足した時点で141人であった連合組織内議員懇談会のメンバーは、2019年に連合フォーラムに発展的に解消された時点では38人にまで落ち込んでいた。この間、組織内議員の性格も大きく変わった。かつては労働組合の出身者で、かつ機関決定で組織内議員として認められた者を指し、産別本部の三役をはじめ当該労働組合の役員経験者がほとんどであったが、現在ではあまり関係が深くない人物までもが認定されるケースが増えている。それでも減少しているのは深刻である。

図 2　社会・民主両党の衆参両院議員に占める総評・連合組織内議員の比率

○衆議院

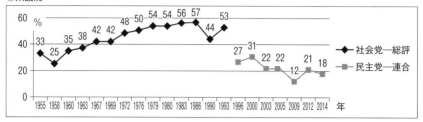

○参議院

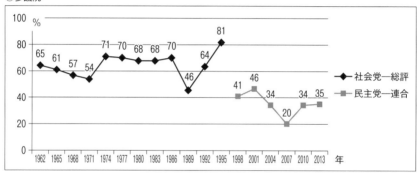

出所：労働省編『資料労働運動史』労務行政研究所、各年版などより著者作成。
注記：比率は、それぞれの年に実施された総選挙・通常選挙の当選者で計算した。

　第二に、民主党の衆参両院議員に占める連合の組織内議員の比率である。中長期的な推移を捉えるために、民主党と同じく野党第一党であった社会党の組織内議員の比率も掲載した（図 2）。衆議院をみると、社会党において総評の組織内議員の比率は徐々に増加し、1970年代半ば以降、5 割を超えた、それに対して民主党では次第に低下し、2 割を切った。また、参議院でも、社会党では 7 割程度の比率であったのに対して、民主党では概ね 3 割にとどまっている。

　第三に、参議院比例区の連合組織内候補の得票数である（表 1）。全国単位の非拘束名簿式で実施される参議院比例区は、政治に関わる各種団体の集票力を計る上で最も有用である。そこで連合の組織内候補が得ている200万前後の票は、現在、700万人程度の連合の組合数と比べてかなり少なく、候補者を擁立している産別の組合員数と比較しても多いとはいえない。組織内議員の数や比率の低下とともに、連合の政治的リソースの限界を示しているとみることが

表1　参議院比例区の連合組織内候補の人数と合計の得票数

	候補者数	当選者数	得票数	比例区の投票に対する割合	比例区の候補者名による投票に対する割合	民主党の比例区の得票に対する割合	民主党の比例区の候補者名による得票に対する割合
2001年	9	6	1,696,628	3.1%	8.7%	18.9%	58.4%
2004年	8	8	1,730,443	3.1%	10.1%	8.2%	45.6%
2007年	7	7	1,826,941	3.1%	10.5%	7.9%	41.3%
2010年	11	10	1,589,546	2.7%	10.9%	8.6%	39.6%
2013年	9	6	1,602,520	3.0%	11.3%	22.5%	69.5%
2016年	12	8	2,110,279	3.8%	15.0%	18.0%	70.3%
2019年	10	8	1,810,564	3.6%	14.5%	—	—

出所：著者作成。
注記：民主党は2016年には民進党へと改称しており、2019年は立憲民主党と国民民主党が分かれていた。

できる。

　だが、別の見方も可能である。連合組織内候補の得票数は、非拘束名簿式が導入された2001年以降、横ばい、あるいは若干ではあるが増加している。もちろん候補者を擁立する産別が増えていることも影響しているが、候補者名での投票総数に対する比率が上昇していることをみても、連合が政治に関わる団体としては比較的よく組織力を保っていることが分かる。実際、連合を構成する産別の組織内候補はそれぞれ、自民党を支援する主な業界団体に拮抗する票を獲得している。

　さらにいえば、政権から転落して以降の民主党では、組織内候補の得票の比重が高まっていることが分かる。このことは、民主党（その後継政党）にとって、厳しい状況下であっても辛抱強く支えてくれる存在が、連合であることを意味する。政権交代を果たすためには移り気な無党派層から集票することが不可欠であるが、その事実は政党を中長期的に支えてくれる組織の重要性を否定しない。したがって、労働組合とその支持政党の関係は、希薄化が進んだとしても、少なくとも当面、決して失われることはないであろう。

参考文献

伊藤光利・宮本太郎編（2014）『民主党政権の挑戦と挫折——その経験から何を学ぶか』日本経済評論社

久米郁男（2005）『労働政治』中公新書
新川敏光・篠田徹編（2009）『労働と福祉国家の可能性——労働運動再生の国際比較』ミネルヴァ書房
『総評四十年史』編纂委員会編（1993）『総評四十年史（全 3 巻）』第一書林
高木郁朗（2018-)『ものがたり現代労働運動史（全 4 巻）』明石書店
同盟史刊行委員会編（1993）『同盟二十三年史（上・下）』同盟史刊行委員会
ものがたり戦後労働運動史刊行委員会編（1997-2000）『ものがたり戦後労働運動史（全10巻）』教育文化協会
Taylor, Andrew J.（1989）*Trade Unions and Politics: A Comparative Introduction*, Houndmills: Macmillan.

中北浩爾（なかきた・こうじ）
一橋大学大学院社会学研究科教授

第6章　世界の労働運動

I　国際労働運動の歴史と展開

1　国際労働運動のあゆみ

(1)　国際労働運動と私たち

　読者の皆さんは「国際労働運動」という言葉に日常的な労働組合のイメージとは異質なものを感じるかもしれない。しかし、グローバル化が加速する現代の社会では、生産や販売の海外依存が高まるなか、日本人の海外就労も日常的となり、国内では外国人労働者の数が増えつつある。労働組合の活動についても国際化が避けて通れない時代となっている。また、日本の労働運動の歩みを振り返ると、海外の労働団体からの励ましと支援があり、それを一つの鏡として活動を築いてきたことが分かる。それを知ることは、今日の運動を理解するカギの一つである。

　なお、「国際労働運動」という言葉の意味について、ここでは、「労働組合が国や地域を超えた連帯をすることにより、労働者の地位と権利を確保し、雇用の安定、労働条件の向上と政策課題の実現をはかり、世界平和をめざす運動」としておく。

　それでは、国際労働運動のあゆみについて、19世紀後半の欧州の情勢から説明を始めたい。

(2)　第一次世界大戦（1914年）までの動き

　19世紀後半の欧州で「国際労働運動」が動き出す。英国にはじまる産業革命により、欧米では産業労働者の数が大きく増加して労働組合の形成がすすみ、国や地域を超えた連携がはじまる。

(a)　業種別の労働者の連帯から

　初期の例として帽子工の労働組合の活動を紹介しよう。1878年のパリの万国博覧会の場で、ドイツ、デンマーク、イタリア3か国の帽子工の労働組合が会合を持った。賃金や労働環境、労使紛争での「スト破り」などの悩みが話し合

われた。当時はストライキの際に隣国の労働者を導入して生産を続ける「国際スト破り」もよく見られた。帽子工は会合を重ね、1889年にパリで国際帽子製造工組合が設立された。1880年代の欧州では、このほか、製靴工、毛皮商、ガラス工、製陶工、製本工、石工、大工、塗装工、理髪師など、業種を対象とする組織の形成が動いた。それは現場の労働者による切実な闘いの一環であった。

　1890年代には、より広く産業をカバーする組織が形成されていく。1890年、ベルギーのブリュッセルで、英国、ドイツなど4か国の鉱山労働者たちにより国際鉱山労連（MIF）が生まれた。このほか、主なものとして、国際金属労連（IMF・1893年）、国際繊維労連（IFTWA・1894年）、国際運輸労連（ITF・1886年）などが知られる。第一次世界大戦の前年、1913年までに、業種別を含む28の産業別組織が形成されたという。

　(b)　社会主義運動との連携

　国際労働運動のもう一つのルーツは社会主義運動である。これには共産主義により革命を求めるものと、民主主義を基盤とする社会改良主義の二つの流れがあった。革命を求める流れでは「共産党宣言」（1848年）などをルーツに、知識人などが「革命による労働者階級の解放」を呼び掛けた。社会改良主義の運動は英国のフェビアン協会（1884年）などが中心である。英国では、当時、労働組合の議会への影響力が欧州大陸より先行しており、民主主義を通じて社会主義をという考え方が有力であった。いずれの場合も、社会主義運動の主要な担い手を労働者、労働組合としており、労働運動に大きな影響を与えた。

　(c)　世界組織・IFTU の始動

　この時期には欧米各国で今日に続くナショナルセンターの設立が続いた。英国（1867年）、米国（1886年）、ドイツ（1891年前身）、フランス（1893年）などである。1886年には、北欧三か国による労働組合会議が形成され、ナショナルセンター間の連携が動き出した。そして、1903年、欧州9か国の労働組合が国際労働組合書記局（ITUS）を組織して、情報の交換や労使紛争の支援などに実績をあげる。1910年には米国労働総同盟（AFL）が加盟、1913年には名称を国際労働組合連盟（IFTU）とする世界組織の設立が決定された（正式な結成大会は第一世界大戦後の1919年）。なお IFTU の記録によれば、1913年の組織規模は19のナショナルセンターから、770万人であり、主要な組織はドイツ労働総同盟（DGB・252万人）、英国労組会議（TUC・223万人）、米国労働総同盟（AFL・199万

人）などであった。なお、日本では1912年にナショナルセンターとしての「友愛会」が生まれている。

(3)　第二次世界大戦終戦（1945年）までの展開

第一次世界大戦を経て、ILO（国際労働機関）が設立され、国際産業別労組と世界組織であるIFTUなど民主的な労働組合が拡大するが、革命とファシズムの影響力も増し、世界は第二次世界大戦に向かう。

(a)　ILO（国際労働機関）の設立

1919年、第一次世界大戦の終結とともに、大戦の反省を踏まえて創設された「国際連盟」（今日の「国連」の前身）の姉妹機関として、国際労働基準の策定と普及を目的とするILO（国際労働機関）が設立された。産業拡大のなかで労働者の保護を求める労働組合や社会活動家の働きかけによるものだが、ロシア革命（1917年）による社会の動揺もその背景にある。ILOは政府、労働組合、使用者の三者（「政労使」）で構成されたことから、労働者の国際的な地位の向上をもたらし、労働組合と労働法制が各国で進展するきっかけとなった。一方、ロシア革命で成立したソビエト連邦（ソ連）は、ILOは社会変革を妨げるものとして非難を行った。これに対してIFTUや国際産業別労組はILOを支持するとともに実効ある国際労働基準を求めた。こうして、1919年の第1回ILO総会で「一日8時間労働制」が第一号条約として制定された。日本はILO設立時の原加盟国である。

(b)　国際産業別労組（ITS）の拡大

第一次世界大戦後の激動の時代に、国際産業別労組の多くは1920年までに再建された。主要な組織では統一的な運動体とするべく体制や運営が整備された。金属、運輸、商業、鉱山、郵便、農業などの分野であり、1921年の末には29の組織が数えられたといわれる。これらの組織は「国際産業別書記局」（ITS）と呼ばれた。日本からは海員組合がITF（国際運輸労連）に加盟している。この時期には、ナショナルセンターが形成途上のところも多く、ITSは各国での組織化への協力や争議の支援などをすすめた。また、ITSは、欧州中心の組織を世界に広げる努力をはじめた。例えば、ITFは1920年代、アジア、アフリカ、南米などでの組織拡大に乗り出している。その後、欧州ではファシズムの脅威が迫り、ドイツに事務局を置くITSなどは他国に移転した。今日でもドイツ

に本部を持つ国際産業別労組がみられないのはこのためである。

　(c)　IFTU の成長と第二次世界大戦

　1919年、労働組合の世界組織・IFTU はスウェーデンで正式な結成大会を開いた。より強固な運動体へと再構成され、ILO など国際機関での労働者代表としての取組み、各国組織への情報提供と支援などの活動がはじめられた。ただ、米国の AFL は協力はするが方針の社会主義的側面は支持できないとし、加盟は1937年、第二次大戦の直前となる。また、1920年には、「国際キリスト教労連」(IFCTU、10か国・350万人) がローマ法王の言葉を受けるかたちでオランダで結成された。1929年、世界大恐慌が発生、米国では労使関係法 (1935年・ワグナー法) により労組活動の保障が進んだ。しかし、欧州ではファシズムが勢いづいて1939年に第二次世界大戦が始まり、国際労働運動は再び難局に向かう。

　筆者は30歳代のはじめに、ベルギーにある国際自由労連 (ICFTU・次項参照) の本部で仕事をしたことがある。企業別労組の現場から出てまだ5年目、戸惑っていた私に幹部は IFTU の闘いを描いた書 (「IFTU の45年」・スケヴネルス1956 (間宮訳2007)) を薦めた。そこには1930年代のファシズムとの命がけの闘いが記されていた。IFTU のベルリン本部にナチスの脅威が迫り、重要資料をフランスの寒村に隠したが発見されてすべて滅却され、しかしそれを回復して記されたものであった。国際労働運動など雲の上と思っていた筆者は目を開かれた思いであった。

(4)　東西冷戦 (1945～1989) と労働運動の分断

　第二次世界大戦後の世界は米国など民主主義の陣営とソ連を中心とする共産主義の世界に二分され、国際労働運動は国際自由労連 (ICFTU) と世界労連 (WFTU) が並び立つ時代となる。

　(a)　国際自由労連 (ICFTU) の結成と展開

　1946年、大戦後の世界組織として、ソ連の労働組合が加わるかたちで、世界労連 (WFTU) が結成された。しかし、ソ連政府は勢力圏の拡大に向かい、東欧などでは共産党政権への転覆が相次いだ。ソ連の労働組合がこれを支持したことから、英国 TUC などは世界労連を脱退、WFTU へ不参加の米国 AFL などとともに、1949年に国際自由労連 (ICFTU) を結成した。ICFTU は、「パン

と自由と平和」をスローガンに、自由で民主的な労働運動の推進、社会正義と
公正な労働条件の実現、多国籍企業対策、世界平和の追求などに取り組むこと
になる。途上国の労働運動への支援も大きな役割であり、1950年代に、アジア
太平洋、アフリカ、米州に常設的な地域組織を設置した。アジア太平洋地域組
織（ICFTU-APRO）では当時の同盟、ゼンセン同盟などが大きく貢献している。

（b）　ITS の活動と OECD 労組諮問委員会（TUAC）

　この時期、国際産業別労組（ITS）は、WFTU から下部組織としての加盟を
求められ、その交渉は決裂した。一方、ICFTU は、ITS の自主性を尊重しつ
つ連携するスタンスを示した。ICFTU の結成大会では、初代書記長にナショ
ナルセンターからではなく、ITS の書記長が選出されている。1951年には ITS
と ICFTU の間に「ミラノ協定」が締結され、産業別組織は自らの産業上の問
題を自主的に処理し、ICFTU は世界的な政治経済問題を扱うこと等の協力の
原則を確認した。

　1948年、大戦からの復興をめざし欧州16か国により創設された欧州経済協力
機構（OEEC）には、労働者の声を反映する労組諮問委員会（TUAC）が設置さ
れた。OEEC は1961年に先進諸国間の政府間組織として発足した経済協力開
発機構（OECD）に統合され TUAC はその諮問委員会に位置づけられた。1975
年から先進国サミットが開催されたが、TUAC は労働組合からの政策提言を
担うことになる。なお、1953年にはパリで欧州生産性本部（EPA）が設立され、
日本生産性本部の設立（1955年）に影響を与えた。EPA はその後 OECD に統
合されている。

（c）　ソ連圏の労働組合の動向

　ICFTU が結成されて以降の WFTU は、事実上、ソ連共産党の下部機関と
なっていく。東欧圏に姿を現した共産主義の労働組合は、「共産党の指導を受
ける」「労働組合は共産主義の学校」など、民主主義社会の労働組合とは異質
なものであった。その後、ソ連と中国との対立が深刻化し、1966年に WFTU
は中国の労働組合を事実上、除名した。ソ連は ILO について、従来の否定的
な姿勢から協力路線に転換、1954年には加盟をして理事を出すに至った。

（5）　グローバル時代（1989～）と労働運動の対応

　1989年のベルリンの壁崩壊は、政治的には民主主義陣営の勝利といわれる一

方、経済や社会のグローバル化が加速し、国際労働運動はそれに立ち向かうか
たちに再編される。

(a)　国際労働組合総連合（ITUC）の発足

ICFTU は2004年に日本の宮崎で「連帯のグローバル化」をスローガンに世
界大会を開催した。グローバル化が加速するなかで、国際労連（WCL）や未加
盟組織に呼び掛け、新しい国際組織を創設することが確認された。WCL は、
1920年に結成された国際キリスト教労連（IFCTU）が1968年に名称を変更し宗
教色を薄めたものである（278頁）。こうして、2006年、ICFTU、WCL そして
8つの未加盟組織が合流し、ウイーンで国際労働組合総連合（ITUC）が結成
された。なお、これらに先立ち、ICFTU は2000年の大会で、21世紀の国際労
働運動のコンセプトとして「グローバルユニオン」を打ち出している。

(b)　国際産業別労組（GUF）の再編

国際産業別労組（GUF：グローバル・ユニオン・フェデレーション）では、グ
ローバル化に対応するための再編が進んだ。代表的な例は、2001年の UNI なら
びに2012年のインダストリオール（IndustriALL）の結成である。UNI は、コミ
ュニケーション（CI）、専門技術職（FIET）、製版印刷（IGF）、芸術マスコミ
（MEI）の4分野の GUF 統合により、サービス産業関係の大産別となった。イ
ンダストリオールは、金属（IMF）、化学・エネルギー・鉱山（ICEM）、繊維被
服（ITGLWF）の3分野が統合し、製造業系の大産別に姿を変えた。産業の変
化への対応、運営と財政の改善、組織の効率的な維持などがねらいである。こ
れにより、かつては30近くあった国際産業別労組は、今日では9組織にまで減
少した（2020年10月）。

(c)　旧ソ連圏と中国の労働組合について

共産主義系の運動では、WFTU はその後も加盟組織が減少し、小規模な国
際団体となり、事務局は従来のプラハからギリシアのアテネに移転した。活動
力も低下したが、グローバル化の負の側面拡大などを背景に組織は維持されて
いる。2016年には ITUC 系の南アフリカの有力労組が加盟している。1960年
代に WFTU から離れた中国の労働組合（工会）は、共産党の指導のもとの唯
一の組織という位置づけを堅持しつつ、「社会主義市場経済」への対応をはか
っている。ILO では2002年に理事のポストを回復した。

2　今日の国際労働運動の組織と活動

(1)　グローバル時代の国際組織

(a)　「グローバルユニオン」について

「グローバルユニオン」は、国際労働運動の新しい構図として、2000年に ICFTU の大会等で確認されたコンセプトである。それは ITUC、9つの GUF（国際産業別労組）、TUAC という3分野の11組織によるパートナシップで推進される。それらを緩やかに調整する組織として「グローバルユニオン評議会」（CGU）が置かれる。筆者はこれを構想する国際会合に出ていたのだが、グローバルユニオン全体をより統合的な組織とする提案に対しては、GUF の代表が「GUF はグローバルユニオンで役割を果たすが、組織の自主性を変更することはない」と強調したことを覚えている。

(b)　ITUC（国際労働組合総連合）

ITUC は各国ナショナルセンターの加盟を前提とする世界組織である。今日では163の国と地域から332の労働組合が加盟し、組合員の総数は2億20万人（2019年11月）、本部をベルギーのブリュッセルに置く。地域事務所はアジア・太平洋（ITUC-AP、シンガポール）、アフリカ（ITUC-Africa、トーゴー・ロメ）、米州（ITUC-TUCA、ウルグアイ・モンテビデオ）にあり、欧州では欧州労連（ETUC）と共同で汎欧州地域協議会（PERC、ブリュッセル）を設けている。活動としては、労働基本権、多国籍企業問題などのはば広い国際的課題に取組むこと、ILO、国連など国際機関で世界の労働者を代表すること、途上国の労働組合を支援することなどがある。日本からは連合が加盟している。

(c)　国際産業別労組としての GUF

GUF は産業別の国際労働団体であるが、今日では前述のとおり9つの組織に集約されている。インダストリオール（IndustriALL）が最大であり、製造業をひろくカバーし、組織人員は約5,000万人である。UNI はサービス産業の労働組合による複合型の構成であり、組合員数は約2,000万人である。IUF は食品の製造、販売、提供を扱う約1,200万人の組織であり、BWI は建設と林業を扱い組合員数は約1,200万人である。運輸の ITF（約1,970万人）は19世紀末から続く組織である。公務系では教員の EI（約3,250万人）と公務員の PSI（約3,000万人）がある。IFJ はジャーナリスト（約60万人）、IAEA は芸術芸能労働者による組織である（連合2020 P9-12）。

表1　国際産業別労組（GUF）の現勢（2020年10月現在）

	名称（略称）	人員	本部所在地	日本加盟組織
1	インダストリオール・グローバルユニオン(IndustriALL)	5,000万	スイス・ジュネーヴ	金属労協、UAゼンセン、電力総連、JEC連合、他4
2	教育インターナショナル(EI)	3,250万	ベルギー・ブリュッセル	日教組
3	国際運輸労連(ITF)	1,970万	英国・ロンドン	私鉄総連、運輸労連、交通労連、他11
4	国際建設林業労組同盟(BWI)	1,200万	スイス・ジュネーヴ	森林労連、日建協、UAゼンセン
5	国際公務員連盟(PSI)	3,000万	仏・フェルネボルテール	自治労、国公連合、全水道、他2
6	国際食品労連(IUF)	1,200万	スイス・ジュネーヴ	フード連合、UAゼンセン、全国農団労、サービス連合
7	国際ジャーナリスト連盟(IFJ)	60万	ベルギー・ブリュッセル	日放労、民放労連、新聞労連
8	UNIグローバルユニオン(UNI)	2,000万	スイス・ニヨン	UAゼンセン、自動車総連、生保労連、JP労組、情報労連、他13
9	国際芸術芸能労組連盟(IAEA)			日俳連、日本音楽家ユニオン

(d)　TUAC（労働組合諮問委員会）

　TUACはグローバルユニオンのなかで政策提言の役割を担う。今日では、OECDへの提言のほか、G7、G20などでの役割も重要である。G7は、1973年のオイルショックを経て1975年にフランスではじまったが、労働組合は、これに対して7か国労組による「レイバーサミット」を組織し、TUACが政策提言をとりまとめることになった。2008年からはじめられたG20でも同様である。このほか、WTO（世界貿易機関）、IMF（国際通貨基金）、世界銀行、あるいはWEF（世界経済フォーラム）、WSF（世界社会フォーラム）等の動向もウオッチし必要な政策提言を行っている。

(2)　グローバルユニオンの主な活動分野

(a)　世界の労働者の状況把握と活動方針

　グローバルユニオンの活動は、まず、労働者の視点から世界の情勢を分析し、闘いの方向を明確にすることである。共通する認識は格差、貧困、人権侵害といったグローバル化の負の側面を克服して、ディーセント・ワーク（働きがいのある人間的な仕事）と社会正義の実現をめざすことである。ITUCは、グローバルな運動課題を設定して展開する。GUFは労使交渉の課題を含む主要な運動テーマを示す。TUACはOECDやG7、G20などへの政策提言をまとめる。

(b)　国際的な労働基準や労働政策の改革

　国連や政府間機関の論議に参加し労働者ための制度改革に向けた取組みである。ITUC は国連、ILO などで労働者を代表して発言するポジションにあり、とくに ILO では三者構成の担い手として労働基準や政策の策定と監視に深く関与することができる。GUF は多国籍企業対策に影響力を持ち、ILO の産業別会議、産業別の国際機関やビジネス団体などでの発言を行う。TUAC はこの分野について国際的な政策提言を行う。

(c)　グローバル企業の問題行動への対応

　グローバル企業の問題行動を適正化する活動である。いくつかの GUF は、1970 年代から、グローバル企業とサプライチェーンによる世界労使協議会（WWC）を主導している。さらに、1990 年代以降、グローバル企業と GUF との間でグローバル枠組み協定（GFA）を締結する動きが広がった。TUAC は「OECD 多国籍企業ガイドライン」を通じてこの問題を扱う。ガイドラインへの違反については、各国にある窓口に訴え審査を受けるメカニズムがある。ITUC は重大な人権侵害などに対するキャンペーンなどを組織する。

(d)　途上国での労働者の組織化と労働組合の強化

　各国の労働組合の組織化や諸活動を支援する取組みである。GUF は産業の現場をかかえる組織として、各国での活動を支援する。また、労使紛争について、GUF や ITUC が当該国の使用者団体や政府に働きかけ、あるいは OECD ガイドラインにより訴えることもある。労働組合の強化に向けての教育活動も ITUC、GUF、その地域組織などが支援している。途上国の労働組合を支援する先進国労組によるサポートも動いている。

(e)　社会的弱者の支援と SDGs への協力

　世界で弱い立場にある女性、青年、高齢者、障がい者、移民、LGBT、インフォーマル労働者などを支援する取組みである。ITUC や GUF、その地域組織などを中心に国際的な女性や青年の集会、LGBT や移民の労働者のイベントなどを組織し、加盟国の取組みを促している。2015 年にスタートした国連の SDGs への参加と協力も国際組織としての重要課題である。

3　日本の労働組合の国際連携活動について

(1)　グローバルユニオンとの連携

(a)　リーディング組織としての責任と参画

　グローバルユニオンを構成する ITUC、GUF、TUAC では、日本の組織から、わが国でいう「三役クラス」の役員が就任することが多く、組織の運営を担ってきた。組織の世界大会の日本開催など、多くの活動で日本からの貢献がみられる。しかし、今日の国際組織の体制や財政が有効に機能しているかといえば問題も少なくない。なかでも、この間の ITUC の形成や GUF の大規模な統合は、組織の再編を運動活性化の起爆剤にしようとの狙いがあり、その実現に向けて日本組織の役割は大きい。

(b)　グローバル企業での労使関係の確立

　日本の組織は、これまでにも、GUF と連携しながら、海外で多国籍企業セミナー等を開催し、労使紛争の予防と解決に努めてきた。また、今日では、GUF が、世界労使協議会（WWC）やグローバル枠組み協定（GFA）への取組みを推進している。しかし、WWC、GFA については、現在のところ日本での事例は少数で、欧州等からは見劣りがする。労使関係は日本の企業別労働組合が力を発揮する分野であり、一層の展開が望まれる。

(c)　国際活動を担う人材の育成

　グローバルユニオンの実務を担う人材の育成は日本組織の重要な課題である。日本からは連合や UA ゼンセンなどの産別組織が、世界やアジアの運動を担う人材を派遣してきた。しかし、今日、グローバルユニオンの世界や地域の組織で活動を仕切る立場にいる日本人はきわめて少数である。労働組合としてのグローバルな人材養成に向けて、取組みの強化を期待したい。

(2)　途上国支援の推進に向けて

(a)　労働組合による現地支援の展開

　労働組合は世界196か国のうち170か国以上に広がり（共産圏の組織を含む）、途上国への拡大が続いているが、基盤が脆弱なものが多い。実効ある支援として現地に拠点を置く活動がある。欧米の労働組合は長年の実績を持つが、近年では日本の組織による支援も拡大している。最近では、企業別労組による進出先事業所での労組結成の支援がみられるようになった。これらの取組のさらな

る展開が望まれる。

(b)　ボランティア活動の推進

　途上国で、NGO ／ NPO とも連携しながら、人権をはじめ、今日の SDGs
や CSR の方向に沿った支援を行う活動である。日本の産業や企業の労働組合
は「学校建設の支援」「井戸を掘る」「木を植える」などの活動をすすめてきた。
これらの事業は労働組合による途上国での連帯活動として評価されている。な
お、一部には「交流」「視察」に近いものもあるので、さらに途上国支援の流
れに沿ったものとすることが望まれる。

(c)　途上国支援と連帯の取組み

　途上国への支援では政府開発援助（ODA）との連携を強めることが望まし
い。代表例はドイツのエーベルト財団で、世界107の国と地域に事務所等を持ち、
年間約1.9億ユーロ（約220億円）程度の公的資金を活用する。日本では連合が
1989年に設立した国際労働財団（JILAF）が事業を展開している。ただし、わ
が国の場合、事業規模や予算ではドイツの２％程度であり、今後、国民の広い
理解を得て、連帯の取組みが拡充することを期待したい。

　今日、途上国では日本の労働組合による国際連携活動に期待する声が高まっ
ている。読者が国際労働運動に関心を持ち、海外に目を向けた活動を広げてい
くとき、皆さんは既にグローバルユニオンの運動の輪に加わっているのである。

参考文献
熊谷謙一（2020）『アジアの労使関係と労働法・増補版』日本生産性本部
国際労働財団（2019）『JILAF 創立30周年記念誌』
W. スケヴェネルス著（間宮繁子訳）（2007）『IFTU45年史』U.I.S（ユニオン・インターナショ
　　ナル・サービス）原 著：Walther Schevenels "Forty-Five Years: IFTU"（1956）The
　　Board of Trustees of the IFTU
白井泰四郎『労働組合読本』（1986）東洋経済
鈴木則之（2019）『アジア太平洋の労働運動』明石書店
西巻敏雄（1981）『国際労働組合運動史』日本労働運動史研究会
W.Z. フォスター（塩田庄兵衛等訳）（1986）『世界労働組合運動史（上・下）』大月書店
堀田芳朗（2002）『世界の労働組合』日本労働研究機構
連合（2007）『ITUC 結成大会報告書』
連合（2020）『ITUC（国際労働組合総連合）』

熊谷謙一（くまがい・けんいち）
日本 ILO 協議会企画委員、国際労働財団講師

第6章　世界の労働運動

Ⅱ　ドイツの労働組合と労使関係

1　二元的労使関係システム

　日本でもよく知られているように、ドイツにおける集団的労使関係は、いわゆる二元的労使関係システムとして構成されている。すなわち、ドイツにおいてはまず、産業レベルにおいて労使関係が存在しており、ここでは労働者側の代表である労働組合と使用者側の代表である使用者団体との間で団体交渉（ドイツでは協約交渉という）が行われ、労働協約が締結される（以下、労働協約システム）。また、これと並んでドイツでは、各企業の事業所レベルにおいても労使関係が存在しており、ここでは各事業所における全従業員による選挙を通じて選ばれた事業所委員会（Betriebsrat）が労働者側の代表となって、事業主たる使用者と当該事業所内の労働条件等について、共同決定（Mitbestimmung）を行う（以下、従業員代表システム）。このように、ドイツにおいては、産業と事業所という2つのレベルにおいて労働者利益代表の担い手が存在しており、使用者側との協約交渉や共同決定という形で労働条件等の決定プロセスに参加しうるシステムとなっている。

　本稿ではまず、このようなドイツの二元的労使関係システムを支える法的基盤について概観し（→2および3）、続いて同システムをめぐる現状と課題を明らかにする（→4）。そのうえで、このような課題に対応することを目的とした、ドイツにおける近時の立法政策上の動向について解説することとしよう（→5）。

2　労働協約法制
(1)　憲法による団結権の保障

　ドイツの憲法に当たる基本法（Grundgesetz）は、その9条3項において、「労働条件および経済的条件の維持・発展のために団結体を結成する権利は、何人に対しても、かつ全ての職業に対して、これを保障する」として、団結権

（団結の自由）を保障している。かかる団結権により、まずは労働者個々人について、団結体である労働組合を結成しまたはこれに加入する権利（個別的団結権）が保障されている。と同時に、ドイツでは、かかる個別的団結権には、労働組合に加入しない自由という意味での消極的団結権も含まれると解されている。したがって、日本で普及しているユニオン・ショップ協定は、特定の労働組合へ加入することへの圧力となるため、ドイツでは憲法違反として無効となる。

　またこれに加えて、基本法9条3項は、労働組合自体に対しても、組合としての活動を行う権利（集団的団結権）を保障している。特に、労働組合が使用者側と労働協約を締結することによって、賃金等の労働条件を規整すること（協約自治〔Tarifautonomie〕）は、労働組合としての活動のなかでも最も中核的なものとして位置付けられている。かくして、ドイツにおける労働協約システムの法的基盤には、まずは憲法の規定があるということができる。

(2)　労働協約法

　そのうえで、ドイツでは、基本法9条3項によって保障されている協約自治をより実効的に機能させるために、労働協約法（Tarifvertragsgesetz）が整備されている。

　同法の内容について簡単にみておくと、ドイツの労働協約法によればまず、労働協約は労働組合と使用者または使用者団体との間において締結されうる（2条1項）。ただし、このうち労働組合側に関しては、判例によって、協約締結能力（Tariffähigkeit）を備える必要があると解されている点には、注意を要しよう。より具体的にいえば、ドイツの労働組合は、(i)民主的組織であること、(ii)社会的実力（soziale Mächtigkeit）を備えていること、(iii)協約締結意思を有していること、(iv)現行の労働協約制度を承認していること、という4つの要件を充たすものでなければ、協約締結能力を認められず、労働協約を有効に締結することができない。なかでも、(ii)の社会的実力の要件によって、労働組合は、協約交渉に際して、その組織規模の大きさ等を背景に、組合側の要求を受け入れるよう使用者側に対して圧力を行使できるだけの交渉力を備えていることが必要となる。このために、ドイツでは、組織規模が小さく交渉力が脆弱な労働組合は、社会的実力の要件を充たさないことから労働協約を締結できないこと

となっている。

　次に、労働協約の締結をめぐる協約交渉についてみると、日本とは異なり、ドイツでは協約自治の尊重という観点から、協約交渉に関する法規制は存在しない。そのため、ドイツにおける協約交渉の形態は、専ら労働組合と使用者（団体）間での自治に委ねられている。

　そして、かかる協約交渉を経て、労働協約が締結された場合には、労働協約法3条1項および4条1項（規範的効力）により、まずは当該協約を締結した労働組合に加入している労働者（組合員）のみが、その直接的な適用を受けることとなる（また、協約締結の相手方が使用者団体である場合には、当該使用者団体に加盟している使用者のみが、労働協約の適用を受ける）。したがって、日本と同様にドイツでも、非組合員に対しては、労働協約は直ちには適用されない。

　ただし、ある労働協約が一定の要件を充たす場合には、連邦労働社会省（BMAS）は、当該協約の締結当事者の申請に基づいて、協約委員会（Tarifauss-chuss）の同意を得たうえで、一般的拘束力宣言（AVE）を発令することができ、かかるAVEが行われた協約については、その適用範囲内にいる非組合員に対しても、直接的に適用されることとなる（労働協約法5条）。そして、上記にいう「一定の要件」として、従来は、ａ）当該協約に拘束される使用者が、当該協約の適用範囲内にある労働者の50％以上を雇用していること（50％基準要件という）、およびｂ）公共の利益のためにAVEが必要であると思料されること、が必要とされてきた。もっとも、このうちａ）の50％基準要件については、2014年協約自治強化法によって現在では削除されている。この点は、後ほど5(1)(a)で、改めて採り上げることとしたい。

　なお、日本ではその存否について議論がある、労働協約の有利原則（Gün-stigkeitsprinzip）および余後効（Nachwirkung）については、ドイツでは労働協約法上明文をもって規定されている。すなわち、前者については同法4条3項後段において規定されており、これによって、労働者が労働協約の適用を受けている場合であっても、個別の労働契約等によって労働協約が定める水準よりも有利な労働条件を合意することが可能となっている。また、後者は同法4条5項において規定されており、これによって、労働協約の有効期間満了後も新たな労働協約等が締結されるまでは、従前の労働協約が引き続き適用されることとなる。

(3)　労使団体の社会的役割

　ところで、労働協約の締結（協約自治）のほかにも、ドイツの労働組合および使用者団体（またはそれぞれのナショナルセンター）には、個別の法令によって、様々な社会的役割が期待されている。このようなものとしてまず挙げられるのは、労働行政への関与であり、例えば先ほどの労働協約法との関係でいえば、BMAS が同法に関わる施行規則を定める際には、労使のナショナルセンターとの協働のもとでこれを策定することとなっている（11条）。また、先ほどみた AVE の発令に対して同意を与える協約委員会の委員についても、労使のナショナルセンターの代表者によって構成されることとなっている（5条1項等：また、最低賃金委員会における委員の提案について 5(1)(a)を参照）。

　加えて、労働紛争解決システムにおける役割も重要である。この点、ドイツにおける労働関係紛争は、職業裁判官と名誉職裁判官によって構成される労働裁判所（Arbeitsgericht）において処理されるところ、このうち名誉職裁判官については、労働組合および使用者団体がそれぞれ提案したリストのなかから選任されることとなっている（労働裁判所法20条以下）。また、これら労使団体には、労働裁判所において訴訟代理を行う権限も認められている（同11条2項2文4号）。

3　従業員代表法制

(1)　事業所組織法

　続いて、従業員代表システムについてみると、ここでのアクターは、従業員代表機関たる事業所委員会と使用者であり、かかる労使関係の運営は、事業所組織法（Betriebsverfassungsgesetz）によって網羅的に規律されている。

　同法の内容についても簡単にみておくと、まず事業所委員会は、常時5名以上の選挙権を有する労働者（＝18歳以上の全ての労働者）を雇用し、そのうちの3名が被選挙権を有している労働者（＝勤続6か月以上である全ての労働者）である事業所において、選挙手続を実施することで設置される（事業所組織法1条、7条1文、8条1項1文）。事業所委員会は、当該事業所に適用される法令や労働協約等の遵守に関するモニタリング（同80条1項1号）、労働者からの苦情処理（同85条）等、幅広い任務を負っているが、その活動のなかで最も重要なのは、当該事業所内の労働条件等について、使用者と共同決定を行い事業所協定

図表1　事業所委員会との共同決定事項

事項	関与権	共同決定権
人事計画	人事計画等について情報提供と協議義務(92条1項) 計画導入の提案(92条2項) 優先的社内募集の要求権(93条)	
採用	管理職の採用についての予告義務(105条)	応募書類・質問事項・評価基準の作成(94条、同意権) 人事選考指針(95条1項、同意権) 労働者の採用(99条、同意拒否権)
配置転換		対象者選考基準(95条2項、同意権) 個別配置転換(99条、同意拒否権)
賃金		支払時期、算定原則等、能率給(87条1項、同意権)
格付け・査定	情報提供義務(99条)	一般的評価原則策定(94条2項、同意権) 選考基準(95条1項、同意権) 格付け(99条、同意拒否権)
労働時間		始業・終業時刻、週日への労働時間配分、時間外労働、年休計画、年休時期調整(87条1項、同意権)
職場規律・安全衛生		懲戒処分制度、労働者の行動または労務提供を監視するための技術的設備の導入と利用、労働災害と職業疾病の防止のためまたは法令もしくは災害防止規則に基づく健康保持のための規定の作成（87条1項、同意権）
福利厚生		福利施設の形態等、社宅割当(87条1項、同意権)
解雇	意見聴取義務(102条1項) 異議申立権(102条3項) 解雇確定までの継続雇用義務(102条5項) 任意的事業所協定による同意項可(102条6項)	解雇の一般的選考基準の作成(95条1項、同意権)
職業教育訓練	訓練の必要性につき協議義務(96条1項) 訓練施設・提供につき協議義務(97条1項)	職務変更に伴う訓練(97条2項、同意権) 職業訓練措置の実施(98条1項) 職業訓練措置への参加(98条3項)
雇用調整・促進	促進の提案(92a条1項)	操業短縮(87条1項、同意権)
職場等編成	職場等編成について情報提供と協議義務(90条)	特別な負荷を除去する措置についての修正的共同決定権(91条)
事業所変更	事業所閉鎖・縮小・統合等の場合の情報権と協議権(111条) 経済委員会を通じての情報権(106条)	事業所変更の際の社会計画(112条、同意権)

出典：久本憲夫「ドイツにおける従業員代表制の現状と課題」日本労働研究雑誌703号（2009年）39頁をもとに、一部筆者加工。

(Betriebsvereinbarung）を締結することである。事業所委員会との共同決定の対象となる労働条件については【図表１】を参照されたいが、なかでも事業所組織法87条１項が定める労働条件（いわゆる社会的事項：懲戒処分制度、始業・終業時刻、賃金支払方法、計画年休等）に関しては、使用者側が一方的に決定することはできないこととなっている。すなわち、これらの労働条件の決定に当たっては、まずは事業所委員会との合意（共同決定）が必要であり、合意に至った場合には、事業所協定が締結される。一方、合意に至らなかった場合には、使用者または事業所委員会の申立てに基づいて、仲裁委員会（同76条：委員は使用者と事業所委員会により任命される）が設置され、かかる仲裁委員会が下す裁定が、両当事者の合意に代替することとなっている（同87条２項）。そのうえで、締結された事業所協定ないし仲裁委員会の裁定には規範的効力が認められるため、それらのなかで定められた労働条件は、当該事業所における全ての労働者に対して、直接的に適用されることとなる（同77条４項１文）。

　なお、以上のような事業所委員会の一連の活動について、それにかかる費用を全て負担するのは使用者であり、事業所委員会がその活動のために、労働者から会費等を徴収することは禁止されている（同40条１項、41条）。また、使用者は、事業所委員会の会議や日常的業務等の遂行のために、必要な範囲内で、部屋、物品、情報・通信機器等を提供しなければならないこととなっている（同40条２項）。

(2)　労働組合との関係

　このように、ドイツの二元的労使関係システムのもとでは、労働組合と事業所委員会という２つの労働者利益代表が存在するが、両者は法的にはその性格を峻別されている。

　すなわち、労働組合は労働者個々人が自発的な加入意思に基づいて結成する団結体であるのに対して、事業所委員会は、このような労働者の加入意思を問題とせず、当該事業所内における民主的選挙によって設置され、それによって当該事業所に所属している労働者全体を自動的に代表する従業員代表機関である。そして、両者の関係性については、ドイツでは基本法９条３項によって、労働組合こそが憲法上の労働者利益代表として位置付けられていることから、事業所委員会が労働組合の地位を侵食することのないよう、事業所組織法上も

労働組合の優位性が保障されている。このようなものとして最も重要であるのが、同法77条3項1文が定める協約優位原則（Tarifvorrangsprinzip）であり、これによって、労働協約のなかで規定されている（あるいは、規定されるのが通常である）労働条件について事業所協定を締結することは、当該協約自体がそのことを認める規定（開放条項〔Öffnungsklausel〕という）を置いていない限り許されないこととなっている。

　またこのほか、当該事業所において1人以上の組合員を擁している労働組合（代表的組合という）には、事業所委員会の設置や活動について、様々な形で支援や監督を行う権限が認められている。例えば、代表的組合には、それまで事業所委員会が存在していなかった事業所に新たにこれを設置する場合に、選挙手続を主導する権限が認められている（事業所組織法17条3項等）。

　このようにみると、ドイツの従業員代表システムは、労働協約システムの優位性を前提に、その支援や監督を受けつつ展開されることが法制度上期待されているといえよう。実際にも、事業所委員会委員の約7割は、次でみる産業別労働組合の組合員であり、ドイツにおける事業所委員会は、機能的には産別組合の企業別組合支部としての役割を果たしているのがその実態となっている。

4　集団的労使関係システムの現状と課題

(1)　労働協約システム

(a)　産業別労働組合

　ドイツの労働組合は、戦前の時期においては職業別に組織されており、またイデオロギー的にも分裂傾向にあったが、このような状態は、戦時中のナチスによる労働組合の解体をもたらすこととなった。このことへの反省に立ち、戦後、労働組合を再建するに当たり、ナショナルセンターであるドイツ労働総同盟（DGB）は、いわゆる産業別組織原則（Industrieverbandsprinzip）のもと1つの産業を管轄する労働組合を1つに限ることで、組合組織力の強化を図った。このような歴史的背景に基づいて、ドイツの労働協約システムにおいては、産業別に組織された労働組合が伝統的に中心的なアクターとなっている。現在では、【図表2】に列挙されている8の産別組合（組合員総数約600万人）が、DGBの傘下で活動を行っている（なお、DGB以外の労働組合のナショナルセンターとしては、ドイツ官吏同盟〔傘下組合数40、組合員総数約131万人〕と、キリスト教労働組合

同盟〔傘下組合数13、組合員総数約28万人〕がある）。

　かかる産別組合と組合員との関係性について、ドイツで最大の組織規模を有する金属産業労働組合（IG Metall）の規約（Satzung）を例にとってみると、IG Metall においては、金属電機産業をはじめ、同組合が管轄する産業分野で働く労働者であれば、同組合へ加入することができる（規約3条：なお、組合側は正当な理由がある場合に限り、加入を拒否することができる）。組合費の額は月収（税込）の1％に設定されており、原則として口座振替によって徴収されることとなっている（同5条）。このように、IG Metall では、チェック・オフによる組合費の徴収は行われていないが、食品・飲料・旅館業労働組合（NGG）のように、組合員が口座振替と並んでチェック・オフによる組合費徴収を選択できる組合もある。

　また、既に2⑵でみたように、労働者は組合に加入することによって当該組合が締結した労働協約の直接的な適用を受けることとなるが、ドイツの産別組合はその他にも、組合員に対して様々なサービスを提供している。例えば、IG Metall においては、組合員であれば、労働災害以外の私生活上の事故等を補償する共済制度（同26条）や、労働関係紛争が生じた場合における無料の法律相談および訴訟代理（同27条：いわゆる権利保護サービス）、職業訓練やセミナーの受講等のサービスを受けることが可能となっている。

　なお、近時のドイツでは、経済・社会のデジタル化の進展（いわゆる第四次産業革命〔Industrie 4.0〕）が労働組合にとっても重要なテーマとなっており、このような動きに対応して、IG Metall では2016年1月以降、デジタルプラットフォームで就労するクラウドワーカーのような独立自営業者（Soloselbstständige）も同組合に加入できるよう、規約が改正されている。これにより、上記でみた組合サービスのうち特に権利保護サービスに魅力を感じて、クラウドワーカーが IG Metall に加入する例も、既に一定数みられるようである。

⑵　産業別労働協約の機能と伝統的特徴

　先ほど⑴でみたように、ドイツにおいては戦後、労働組合が産業別に組織されたことで、使用者側もこれに対応する形で、産業別に使用者団体を組織していった。これによって、ドイツの協約交渉は、産別組合と使用者団体との間において、各産業ごとに全国または一定地域を締結単位として行われ、労働協約も産業別労働協約（Branchentarifvertrag）として締結されることとなった。か

図表2　産業別労働組合の組合員数の推移（2001年〜2019年）

単位：人

年	建設・農業・環境産業労働組合（IGBAU）	鉱業・化学・エネルギー産業労働組合（IGBCE）	教育学術労働組合（GEW）	金属産業労働組合（IGMetal）	食品・飲料・旅館業労働組合（NGG）	警察官労働組合（GdP）	鉄道交通労働組合（TRANSNET、2010以降はEVG）	統一サービス産業労働組合（ver.di）	合計
2001	509,690	862,364	268,012	2,710,226	250,839	185,380	306,002	2,806,496	7,899,009
2002	489,802	833,693	264,684	2,643,973	245,350	184,907	297,371	2,740,123	7,699,903
2003	461,162	800,762	260,842	2,525,348	236,507	181,100	283,332	2,614,094	7,363,147
2004	424,808	770,582	254,673	2,425,005	225,328	177,910	270,221	2,464,510	7,013,037
2005	391,546	748,852	251,586	2,376,225	216,157	174,716	259,955	2,359,392	6,778,429
2006	368,768	728,702	249,462	2,332,720	211,573	170,835	248,983	2,274,731	6,585,774
2007	351,723	713,253	248,793	2,306,283	207,947	168,433	239,468	2,205,145	6,441,045
2008	336,322	701,053	251,900	2,300,563	205,795	167,923	227,690	2,180,229	6,371,475
2009	325,421	687,111	258,119	2,263,020	204,670	169,140	219,242	2,138,200	6,264,923
2010	314,568	675,606	260,297	2,239,588	205,646	170,607	232,485	2,094,455	6,193,252
2011	305,775	672,195	263,129	2,245,760	205,637	171,709	220,704	2,070,990	6,155,899
2012	297,763	668,982	266,542	2,263,707	206,203	173,223	213,566	2,061,198	6,151,184
2013	288,423	663,756	270,073	2,265,859	206,930	174,102	209,036	2,064,541	6,142,720
2014	280,926	657,752	272,309	2,269,281	205,908	174,869	203,875	2,039,931	6,104,851
2015	273,392	651,181	280,678	2,273,743	203,857	176,930	197,094	2,038,638	6,095,513
2016	263,818	644,944	278,306	2,274,033	201,623	180,022	192,802	2,011,950	6,047,503
2017	254,525	637,623	278,243	2,262,661	199,921	185,153	189,975	1,987,336	5,995,437
2018	247,182	632,389	279,389	2,270,595	198,026	190,931	187,396	1,969,043	5,974,951
2019	240,146	618,321	280,343	2,262,571	197,791	194,926	185,793	1,955,080	5,934,971

出典：ドイツ労働総同盟（DGB）のHP（http://www.dgb.de/uber-uns/dgb-heute/mitgliederzahlen）

　かる産別協約は、締結単位内において企業横断的に適用される広域協約（Flächentarifvertrag）であり、また労働協約法が有利原則（→2⑵）を規定していることと相まって、当該産業において広く最低労働条件を設定する機能を果たすものであった。そして、従来のドイツにおいては、産別組合・使用者団体ともに比較的高い組織率を保持しており、また、法定の要件のもとで非組合員に対しても労働協約を直接的に適用することを可能とするAVE（→2⑵）も一定程度利用されてきたことから、ドイツの産別協約は伝統的に高いカバー率を誇ってきた。このことを背景に、ドイツでは長らく、法律上の最低賃金制度（→5⑴⒜）は不要とされてきた。

　そしてさらに、DGB が採る産業別組織原則は、1 つの事業所に適用される労働協約を当該事業所が属する産業を管轄する産別組合が締結した産別協約に限定する機能をも果たしてきた（1 事業所 1 協約）。また、このような産別組合の優位性は、小規模組合について協約締結能力を否定する判例（→ 2⑵）によっても支えられてきたといえる。

　かくして、「高い協約カバー率」および「1 事業所 1 協約」という 2 つの柱によって、ドイツにおいては伝統的に、産別協約を中心とした安定的な労働協約システムが形成されていたのであった。

(c)　1990 年代以降の変容

　しかしながら、1990 年代に入ると、このようなドイツの労働協約システムには弱体化の傾向がみられるようになる。

　この点についてまず挙げられるのは、産別協約のカバー率の著しい低下である。労働市場・職業研究所（IAB）の調査（【図表 3】）によれば、旧西ドイツ地域でみると、1990 年代には 70％前後を維持していた産別協約のカバー率は、2019 年には 46％にまで落ち込んでいる。その原因としては、産業構造のサービス業化や非正規雇用の増加等により、先ほどの【図表 2】が示す通り、産別組合の組織率が全体として低下していること、またそれを受けて使用者団体においても組織率が低下したこと、さらにそれに伴って AVE が発令されるための 50％基準要件（→ 2⑵）を充足できない産別協約が増えてきたこと等が挙げられる。その結果、ドイツにおいては、産別協約によっては保護されず、低賃金で就労する労働者層が増加することとなった。

　またこのほか、ドイツにおいては 2000 年に入ると、パイロットや機関士、あるいは医師のような高度の専門職に就く労働者によって結成される専門職労働組合（Spartengewerkschaft）が、それまでの DGB 傘下の産別組合との協調路線を変更し、自組合員の利益のために、産別協約よりも高い労働条件水準での労働協約の締結を求める動きが出てきた。これらの専門職組合は、各事業所において占める組織率自体は必ずしも高くないものの、とりわけストライキを実施する場合には、各組合員が担う職務の重要さとの関係で、使用者に対して強い圧力を発揮する点に特徴があり、判例も、このような専門職組合については協約締結能力（→ 2⑵）を認める方向へとシフトしていった。これによって、ドイツでは、1 つの事業所において、産別組合と専門職組合との競合が発生し、

図表3　産別協約のカバー率（従業員比）の推移（2001年～2019年）

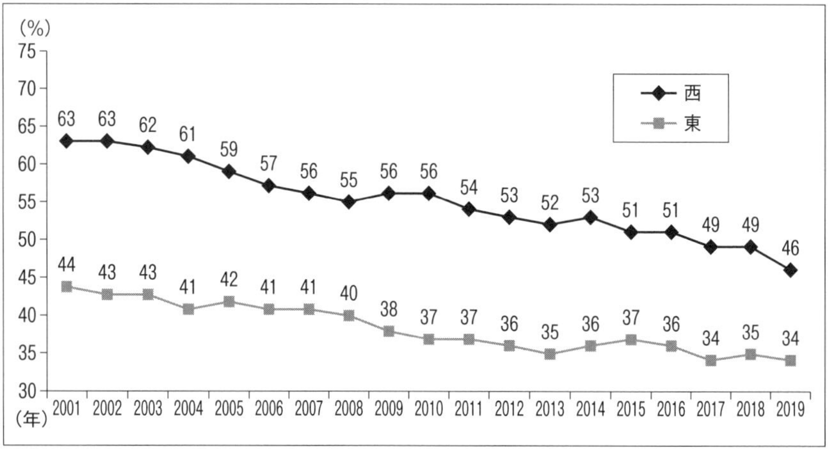

出典：IAB-Betriebspanel

それによって協約交渉（さらに、それに付随するストライキ）が複線化し、その結果、内容の異なる複数の労働協約が併存しうるという、伝統的な1事業所1協約が大きく揺らぐ事態が生じていた。

(2)　従業員代表システム

　一方、従業員代表システムについても、近年、事業所委員会の設置率が低下し、事業所委員会が存在しない事業所が増加しているという変化が生じている。

　この点、IABの調査（【図表4】）によれば、旧西ドイツ地域において事業所委員会が設置されている事業所で就労する労働者の割合は、1993年の時点では全体の51％であったのが、2004年になると50％を下回るようになり、2019年には41％にまで低下している。また、事業所規模別でみると、従業員数501人以上の大規模事業所だと、事業所委員会が設置されている事業所で就労する労働者の割合は90％であるのに対し、従業員数51名～100名の事業所だとかかる割合は33％にまで低下し、さらに従業員数50人以下の小規模事業所においてはわずか8％にとどまっている（いずれも旧西ドイツ地域）。このことは、産業分野でいえば、自動車・金属・化学のような大規模事業所が多い産業においては高い設置率が維持されている一方で、小売や建設等のように中・小規模の企業が

図表4　事業所委員会設置率（従業員比）の推移（1996年〜2019年）

	旧西ドイツ地域	旧東ドイツ地域
1996年	50%	42%
2000年	50%	41%
2004年	47%	40%
2008年	45%	37%
2012年	43%	36%
2014年	43%	33%
2016年	43%	34%
2018年	43%	35%
2019年	41%	36%

出典：IAB-Betriebspanel をもとに一部筆者加工

多い産業においては、事業所委員会の設置率は相当に低いことを示している。

　このように、事業所委員会の設置率が低下している背景には、先ほどみた労働組合組織率の低下（→ 4 ⑴(c)）によって、これまで事業所委員会が無かった事業所へこれを新たに設置することが困難となりつつあるという事情がある。すなわち、ドイツでは事業所組織法上、ある事業所へ事業所委員会を新たに設置する場合には、代表的組合に対して選挙手続を主導する権利が認められているところ（→ 3 ⑵）、組合組織率が年々低下するなかでは、それに伴って、かかる主導権にとっての要件となる事業所内での代表性を獲得できる場面（＝当該事業所における1名以上の組合員の組織化）も減少することとなったためである。またこのほか、事業所員会の設置に必要な選挙手続を面倒に感じる労働者が少なくないこと等も、設置率の低下に拍車をかけていることが指摘されている。

5　集団的労使関係をめぐる法政策

　以上のような集団的労使関係システムの弱体化に直面して、ドイツ連邦政府は、特に2013年にキリスト教民主社会同盟（CDU ／ CSU）と社会民主党（SPD）との大連立政権（第三次メルケル政権）が発足して以降、現在に至るまで、同システムの強化に向けた法政策を立て続けに打ち出している。

(1)　労働協約システムの強化

(a)　2014年協約自治強化法

　このような法政策としてまず挙げられるのが、2014年8月に成立した協約自治強化法（Tarifautonomiestärkungsgesetz）である。先ほど4(1)(c)でみた通り、従来ドイツの産別協約が高いカバー率を誇っていた背景にはAVEの存在があったわけであるが、90年代以降その要件を充足できない場面が増えてくるようになったことを受けて、協約自治強化法によって労働協約法5条が改正され、AVE発令のための要件が緩和された。具体的には、従来定められてきた50%基準要件（→2(2)）が削除され、単に「公共の利益のためにAVEが必要であると思料されること」という要件を充たせば、AVEを行うことが可能となった。これによって、まずはAVEの一層の活用を通じた産別協約のカバー率の向上、ひいてはそれによる低賃金労働者の保護が期待されたといえる。

　もっとも、かかるAVEは、あくまで労働協約が存在することを前提とした制度であるため、逆にこれが存しない産業分野では、もはやAVEにより低賃金労働者を保護することはできない。そのため、2014年の協約自治強化法は、AVEの改正と並んで最低賃金法（Mindestlohngesetz〔MiLoG〕）の導入を定めており、これに基づいて2015年1月以降、ドイツでは初めてとなる、法律に基づく最低賃金制度が施行されている。これにより、現在では、労働者を雇用する全ての使用者は、同法が定める最低賃金額以上の賃金を支払わなければならない。かかる最低賃金の額は全国一律で定められており、当初は1時間当たり8.50ユーロからスタートしたが、この間段階的に引き上げられ、2021年1月からは1時間当たり9.50ユーロとなっている。

　このような法律に基づく最低賃金制度は、その水準を下回る賃金額を定める労働協約の締結をも禁じており、その点では、労働組合と使用者（団体）による伝統的な協約自治に介入する側面があることは否めない。もっとも、かかる最低賃金の額は、連邦政府の最低賃金委員会（Mindestlohnkommission）において審議されることとなっているところ、その委員については労使のナショナルセンターに提案権が認められているとともに（最低賃金法5条1項）、最低賃金額の引き上げに当たっては、過去2年間における労働協約による賃上げ率の平均を基準とすることとされている（同9条2項2文等）。このようにみると、ドイツの最低賃金制度は、協約自治へ介入する性格を持ちつつも、それを内部に

組み込む形で制度設計することで、協約自治（産別協約）が従来担ってきた機能を補完するものと位置付けることができよう。

(b)　2015年協約単一法

一方、1事業所1協約をめぐる問題（→ 4 (1)(c)）については、2015年 5 月の協約単一法（Tarifeinheitsgesetz）に基づいて新設された労働協約法4a 条によって対処が図られている。すなわち、同条は、1 つの事業所について、複数の労働組合により内容の異なる労働協約が重畳的に締結された場合（協約衝突〔Tarifkollision〕状態という）には、当該事業所においては、より多くの労働者を組織している労働組合（多数組合）が締結した協約のみが適用され、それ以外の組合（少数組合）の協約についてはその適用が排除されるというルールを規定するものである。これは、まさに立法政策によって、1 事業所において通常は多数組合となる産別組合の優位性を確保し、伝統的な 1 事業所 1 協約の復活を企図するものといえる。

しかし同時に、各事業所において少数組合となることが多い専門職組合にとってみれば、労働協約法4a 条によって、締結した労働協約の適用排除をはじめとする様々な不利益が生じうることとなった。そのため、同条に対しては、その施行後直ちに複数の専門職組合から、協約自治を保障する基本法 9 条 3 項違反を理由に違憲訴訟が相次いで提起され、2017年 7 月には連邦憲法裁判所において、これを一部違憲とする判決が下された。かかる判決を受けて、2018年12月に労働協約法4a 条は早くも改正され、それによって現在では、多数組合の協約が締結される際、少数組合に属する労働者層の利益が真摯に（ernsthaft）かつ効果的な（wirksam）形で考慮されていない場合には、少数組合が締結した労働協約も当該事業所において引き続き可能である旨が、同条において規定されている。これにより、多数組合（産別組合）には、1 事業所のなかでその優位性を認められる条件として、少数組合に対する関係で、一種の公正代表義務が課されることとなったといえよう。

(c)　今後の展望

そして、このような労働協約システムの強化に向けた立法政策上の動きは、今後も続いてゆくことが予想される。

例えば、BMAS が2019年 9 月に公表した政策文書（"ANPACKEN"）のなかでは、組合組織率を引き上げることを狙って、労働者が労働組合に支払う組合

費を所得税法上優遇することで、組合加入へのインセンティブを与えるといった提案が行われているほか、4(1)(a)でみたように、デジタル化の進展によってプラットフォームを通じた働き方（特にクラウドワーク）が拡大すると、従来の対面型での組合勧誘活動が困難となることから、労働組合に対してプラットフォーム上で組合勧誘をなし得る権利（デジタル立入権〔Digitales Zugangsrecht〕と称される）を認めるべきといった提案もなされている。同政策文書によれば、これらの提案については今後、第二次協約自治強化法として BMAS により法案化されることとなっている。

更に、上記政策文書のなかでは、AVE に関しても、2014年協約自治強化法による規制緩和（→5(1)(a)）にもかかわらず、その利用数には未だ増加傾向がみられないことから、協約カバー率を引き上げるための AVE の活用について、労使団体とともに再度見直しを行うとの方向性も示されている。

(2) 従業員代表システムの強化

また、BMAS は、従業員代表システムの強化についても、ここ数年のいくつかの政策文書のなかで、立法政策上の提案を行っている。

この点、労働組合の組織率が向上すれば、労働組合が事業所内での代表性（→3(2)）を獲得し、事業所委員会設置のための選挙手続を主導できる場面が増加しうることになるから、先ほどみた組合費の所得税法上の優遇策等は、従業員代表システムの強化につながるものであるともいえよう。また、それに加えて、例えば BMAS が2016年11月に公表した政策文書（"労働4.0白書"）のなかでは、事業所委員会を新設する際の労働者側の負担軽減を目的として、選挙手続の簡易化が提案されている。これは、現在の事業所組織法上、従業員数50名以下の事業所においては、簡易な選挙手続によって事業所委員会を設置することが可能となっているところ（14a 条）、この範囲を従業員数100名以下の事業所にまで拡大すべきとの提案である。かかる提案については、2018年2月にCDU／CSU と SPD が再び大連立政権（第四次メルケル政権）を発足させる際に策定した連立協定（Koalitionsvertrag）や、先ほど(1)でみた2019年9月の政策文書にも盛り込まれており、今後実現する公算が大きいと思われる。

【追記】

　なお、本稿脱稿後の2021年3月31日に、ドイツにおいて「事業所委員会現代化法〔Betriebsrätemodernisierungsgesetz〕」の政府草案が閣議決定された。同法案は、5(2)でみた事業所委員会選挙手続の簡易化をはじめ、デジタル化の進展を背景に、従業員代表システムを量的・質的に強化することを目的として、複数の観点から事業所組織法を改正しようとするものとなっている。

　同法案の詳細について関心のある方は、山本陽大「≪ JILPT リサーチアイ第59回≫第四次産業革命と集団的労使関係──ドイツにおける"事業所委員会現代化法"案を素材として」（JILPT の HP から閲覧可能）を参照されたい。

参考文献

岩佐卓也（2015）『現代ドイツの労働協約』法律文化社

植村　新（2019）「労働協約の法的規律に関する一考察(1)～（３・完）」季刊労働法265号202頁、同266号189頁、同267号186頁

桑村裕美子（2017）『労働保護法の基礎と構造』有斐閣

藤内和公（2009）『ドイツの従業員代表制と法』法律文化社

名古道功（2018）『ドイツ労働法の変容』日本評論社

久本憲夫（2019）「ドイツにおける従業員代表制の現状と課題」日本労働研究雑誌703号38頁

山本陽大（2017a）『労働政策研究報告書№193・ドイツにおける集団的労使関係システムの現代的展開』労働政策研究・研修機構

山本陽大（2017b）「ドイツ──第三次メルケル政権下における集団的労使関係法政策」『JILPT 第３期プロジェクト研究シリーズ・現代先進諸国の労働協約システム』（労働政策研究・研修機構

山本陽大（2021）『労働政策研究報告書 No.209・第四次産業革命と労働法政策』労働政策研究・研修機構

山本陽大（やまもと・ようた）
労働政策研究・研修機構副主任研究員

Ⅲ　イギリスの労働組合と労使関係

1　イギリス労働運動の歴史

⑴　団結禁止法の撤廃

　イギリスの労働運動は、18世紀半ばから起きた産業革命とともに始まったものであり、初期には、職人や労働者による「機械打ち壊し（ラダイト）」運動が度々勃発した。当時、労働者の団結は、コモンロー上の共謀罪となるだけでなく、1799年・1800年団結禁止法によっても禁止され、制定法上も違法とされていた。しかし、労働者は政府から厳しい弾圧を受けながらも、団結を固めた。団結禁止法は、労働者の団結を阻止するどころか、かえってその炎を燃やした。これらのことを背景に、1824年に同法が撤廃されることになった。

⑵　刑事免責と民事免責の実現

　ところが、団結禁止法の撤廃のみでは、労働組合には特別の法的地位も法的権利も保障されないため、長い年月の間、組合の組織形態としては、限られた地域の職業別組合が支配的であった。やがて1850年以降、労働組合運動の範囲は広がり、全国的組織への発展を遂げた。その背景としては、共済機能をもつ協会に一定の保護を与える1855年「友愛協会法」、賃金や労働時間をめぐる労使紛争に伴う平和的ピケッティングに「妨害」罪を適用しないことを定めた1859年「労働者妨害排除法」の制定が大きい。

　1868年に、イギリス最初のナショナルセンターである TUC（Trade Unions Congress）が設立された。TUC は、労働組合の合法化を最優先課題として位置づけ、それの実現に真っ先に取り組んだ。その結果、1871年に労働組合法が成立し、4年後に成立した共謀法と刑法改正法と併せて、組合活動に対する刑事罰の除去を実現することができた。さらにこの頃、生産現場の大規模化により、非熟練労働者が増加し、一般組合や産業別組合も徐々に増えた。そのため、団体交渉も次第に職場レベルを超え、産業レベルで行われるものが支配的となっ

た。

　しかし、コモンロー上、労働組合の団体行動に対して民事上の不法行為責任を問うことはなお可能であった。1901年のタフ・ヴェール判決は、労働組合に争議行為による損害賠償責任を課したものとして大きく注目された。これに対し、労働組合側は、政治の力も借りてこのような判決を覆す立法をめざす戦略を採った。具体的には、TUCと社会主義諸団体との間では既に1900年に「労働代表委員会」の結成が合意されたが、1906年に労働党へ名称変更された。また、その勢いで同年に労働争議法の制定も成就した。同法により、争議行為に関して民事共謀理論の適用が排除され、労働組合の不法行為一般からの免責も確立した。このようにして、労使が自主的な団体交渉と労働協約の締結を通じて、労働条件の改善を図るための仕組みは整備されたとともに、国家が労使紛争に対して法的介入をしないという中立的な立場（「集団的自由放任主義」）も明らかになった。また、こうして築かれたTUCと労働党の親密な関係は、時には綻びが生じながらも、1970年代まで続いた。

(3)　政治への参入と労働運動の高揚

　20世紀に入ってから第1次世界大戦前後まで、鉄道・運輸・炭鉱などの基幹産業の労働者を中心に、労働組合員は急増した。1914年には400万人強であったが、わずか6年後の1920年には、約2倍と大幅に増えた。一方、戦時中に政府に協力的な姿勢を示した労働組合への不満が募り、機械工場等を中心に職場委員（ショップスチュワード）による非公認活動も頻発していた。

　労働組合は、政府との関係の浮き沈みに動揺しながらも、次第に政府機能の中に食い込んでいき、1926年のゼネストにおいてその頂点に達した。このゼネストは、保守党政権のデフレ政策により生活苦に陥った炭鉱労働者のストライキから始まったが、労働組合の敗北で終わった。その影響により、1927年に労働争議・労働組合法が制定され、ゼネストや同情ストは違法となるだけではなく、これらへの参加を煽動する者にも刑事罰が科されることになった。

　ところが、第2次大戦後に始まったアトリー政権から1970年代まで、労働組合は賃上げ圧力をかけ続けてきたため、政府は、再び労働組合との協調が不可欠と判断するようになった。これを背景に、労働組合は、政策形成過程での発言力の向上をはじめとして、政治的影響力を絶えず高めていた。労働党政権の

下のみならず、1951年から1964年まで続いた保守党政権の下でも、労働組合は、政府との交渉チャンネルの維持を重視する現実主義路線（いわゆる「ウッドコック主義」）をとり続けた。こうした路線は、ホワイトカラー労働者の間で多くの賛同を得られたため、彼らの組織化が進んだ。

その後、1964年から始まったウィルソン労働党政権は、インフレを緩和するための所得政策を導入したため、労働組合も一時的に賃上げを自粛した。しかし、かかる所得政策の効果は長期に及ばず、1960年代後半からの物価高騰により、労働組合は再び大幅な賃上げを要求するようになった。ただ、賃金水準は政府が示した基準によって決められていたため、団体交渉が形骸化し、職場交渉が事実上増えた。この頃、労働組合は、団体交渉を有利に展開するためにストライキという武器を頻繁に用いた。年間のスト回数が2,000回を超えることもしばしばあり、そのうち非公認ストの割合が非常に高く、1960年代半ばには約95％を占めていた。これに対し、労働組合は、表面上では非公認ストに参加しないよう組合員に呼びかけるという使用者への懐柔策をとりながら、実際には組合員の職場復帰を促す努力を全くせず放任していた。

(4) 混迷深まる政府との関係

こうした状況が続く中で、政府内部では労働組合に警戒心を抱く傾向が次第に強まった。それを反映したのは、1971年にヒース保守党政権の下で制定された労使関係法であった。同法は、クローズド・ショップ制とピケッティングの制限、労働組合登録制度の導入、非登録組合への差別的処遇等を規定することにより、労働組合の弱体化を図った。これに対し、TUCをはじめとする労働組合は、強く反発し、一方で、第1次石油危機による原油価格の高騰を背景に自らの交渉力を回復させ、他方で、経営側と国民生活に大きな打撃を与えた1973年〜1974年の全国規模の炭鉱ストに対して、政府がうまく収束できなかったことを大きく宣伝し、1971年労使関係法が十分に機能しないという強い印象を国民に与えた。

その結果、1971年労使関係法の撤廃と労使関係の安定を訴えた、第2次ウィルソン労働党政権は、1974年から保守党政権にとってかわった。また、労働党とTUCは、労働組合は賃金抑制を受け入れる代わりに、政府は国有化、所得政策など労働組合に有利な政策を実施することを内容とする社会契約を交わし

た。しかし、こうした社会契約には法的強制力がないこと、その後の景気後退に伴い物価が上昇し、失業が増えたことを背景に、非公認ストを含むストライキが再び頻発するようになった。とりわけ1978年末から1979年始めにかけて、病院などを含む公共部門の労働組合は民間部門の昇給要求達成を見て、大規模なストライキを繰り広げた結果、社会全体が麻痺状態に陥った。これにより、国民もついに戦闘的な労働組合とまったく現状打破できなかったキャラハン労働党政権に対して信頼を失い、「不満の冬」となった。

2　1980年代以降の労働運動

(1)　労働組合の弱体化と集団的自由放任主義の崩壊

その結果、1979年の総選挙で労働党が敗れ、サッチャー率いる保守党が政権をとった。サッチャー政府は、イギリス経済の再建を目指し、新自由主義政策の一環として反労働組合的な労働政策を徹底して展開した。一方で、一連の立法により、組合承認制度の廃止、ストライキ、ピケッティング、クローズド・ショップへの規制、複雑な手続を伴う組合員投票制度の導入などを実現し、労働組合の弱体化を図った。他方で、「組合民主主義」というスローガンの下で、組合員個人の権利を拡張し、個別主義に基づく労使関係への転換を図っていた。こうして集団的自由放任主義に立脚したイギリスの伝統的な労使関係が崩壊し、外部規制と内部規制が同時に強められたため、1980年代は、労働組合にとって存続すら危うくなる暗黒の時代となった。

そうした中、使用者は、19世紀以来イギリスの労使関係において支配的であった産業別交渉の形骸化を図りながら、職場交渉の公式化により職場での協調的労使関係を築こうとした。とりわけ1980年代半ば以降、多くの大企業が使用者団体から撤退し、産業別全国交渉が終焉を迎えることになった。これに対し、戦闘的な路線を続けた労働組合もあったが、多くの労働組合は生き残るために、労働力活用や生産性向上を唱える経営者の提案に協力する姿勢に転じた。

(2)　パートナーシップ路線とTUCの改革

こうした労働組合弱体化の政策は、1990年から始まったメージャー政権にも引き継がれた。メージャー政権は、長い歴史をもつ最低賃金制度を廃止したとともに、組合員資格やチェック・オフ等に関する組合員の個別的権利をさらに

拡大し、組合の内部運営の隅々まで法的規制を強化した。

　他方で、従来の福祉国家路線に拘ったことで党勢が低迷し続けた労働党は、その苦境を打ち破るためには、労働組合の代表という基本路線を変更する必要性を感じた。そこで、1997年に登場したブレア政権は、「ニュー・レーバー」をキャッチフレーズとして、労使の「パートナーシップ」に基づく新しい労使関係を提唱した。具体的な労働政策は、1999年雇用関係法の成立により、組合承認手続を復活させ、チェック・オフに対する制限を緩和するなど、労働組合に有利な改革をなした一方、1980年代の労働政策を引き継いだ部分も多く、従来の労働党の政策とは一線を画している。

　このなかで、特筆すべきなのは、組合承認手続の復活であった。というのは、1980年代から1990年代まで、労働組合の弱体化を背景に、経営者による組合不承認が急増し、団体交渉が機能しにくくなり、労働組合のさらなる弱体化に拍車をかける、という悪循環が繰り返されていたため、法定承認手続の復活は労働組合にとって大変重要な意味をもっていた。

　しかし、1980年代から始まった労使関係の個別主義化により、労働組合は未曾有の存続の危機に直面し、組織率が大幅に低下した。ブレア政権の下でも、これは劇的に改善されることがなかったため、労働組合は改革を余儀なくされた。TUC は、まず、労働政策および労使関係において、政府・経営者の「社会的パートナー」となることを掲げ、労働党との緊密な関係を維持しながらも、他の政党との関係を強化した。次に、1998年に TUC 組織化アカデミーを設立し、専従オルガナイザーの育成と増員を通じて、労働者への個別的な勧誘に意欲的に取り組むようになった。とりわけ若年者、女性、非熟練労働者、非正規労働者、ホワイトカラー労働者に重点を置いて組織化を進めた。さらに、小規模の労働組合の合併推進により、財政的・組織的安定を確保することを図った結果、組合数が減少する一方、大型組合は増えることとなった。たとえば、公共部門労働者を組織する UNISON と民間部門労働者を組織する UNITE は、合併によって誕生したイギリス最大の2つの労働組合であり、それぞれ130万人、123万人以上の労働者が加入している。

⑶　さらなる試練

　こうしたなか、イギリスの労働組合、とりわけ公共部門の労働組合は、近年

でも大規模のストライキを打つことによりその戦闘的姿勢をアピールしている。たとえば、2014年10月に、国民健康サービス（NHS）の公的医療労働者がキャメロン政権の民営化や賃金抑制策に抗議し、32年ぶりに決行したストでは、前述のイギリス最大の公共部門労組 UNISON を含め 7 労組40万人が参加した。また、同年には100万人の公共部門労働者によるゼネストもあった。

　他方で、2016年 5 月に成立した労働組合法は、労働組合に対して様々な規制強化を図った。その一部を紹介すると、第 1 に、争議行為の手続要件は大きく強化された（4⑷も参照）。第 2 に、政治基金について、組合員が拠出しないとの意思表示をしない限り、自動的に拠出される仕組みから、組合員が選択して参加しない限り、拠出されないことへと改正された。第 3 に、労使関係を監査する役割を果たす認証官の調査権限は強化された。このように、いま、労働組合は一段と厳しくなった試練にどう対応するかが問われている。

3　イギリスにおける労働組合の概要

⑴　ナショナルセンターとしての TUC と加盟組合

　前述の TUC は、イギリス唯一のナショナルセンターである。現在48の組合が加盟しており、総組合員数は550万人以上に達している。労働組合は産業レベルと職場レベルのいずれにおいても活動できるが、1980年代以降は、職場レベルで活動しているのがほとんどである。職場レベルで活動する職場委員は、工場や事業所の従業員により選出されることが多いが、主な役割は新入社員の紹介、組織勧誘、組合費の徴収などであり、使用者との非公式な交渉を担う場合もある。

　なお、複数の労働組合の間に、不正な手段による組合員の横取りを防ぐために、TUC は複数組合間の紛争を処理するためのルールを設けている（いわゆる「ブリドリントン原則（Bridlington Principles）」）。

⑵　労働組合の組織率の推移

　前述の通り、第 2 次大戦後、イギリスの労働組合は高い組織率を維持することができた。しかし、1980年代の労働組合弱体化の政策により、組合員が長期的に減少し続けた。ピーク時（1979年）の55.4％に比べて、1990年代の初めには大きく衰退したが、40％近くを維持することができた。しかし、これは2017

図1　労働組合組織率の推移（1995年～2019年）

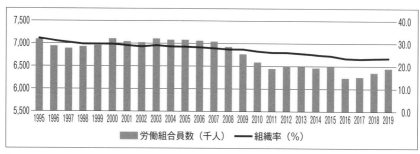

Department for Business, Energy & Industrial Strategy, "Trade Union Statistics 2018"（2019年5月公表）に基づき作成

年に23.3％にまで落ち込んでおり、その後微増傾向にあるものの、2019年には23.5％に留まっていた（図1参照）。

(3)　労働組合員の構成

　イギリスの労働組合員の構成と推移には、以下のような特徴が見られる。

　第1に、公共部門の労働者が高い割合を占めている。2019年の総組合員数644万人のうち、民間部門の組合員数は約267万人であり、組織率は13.3％に過ぎなかったのに対し、公共部門の組合員数は約377万人であり、組織率は52.3％となっていた。また、職場に労働組合員がいる労働者の割合から見ても、民間部門は32.2％に過ぎないものの、公共部門は88.2％にも達している。

　第2に、若年層が少ない傾向は顕著に現れている。2019年には35歳以上の労働組合員は全組合員数の76.1％（50歳以上は40.1％）を占めているのに対し、16歳から24歳までの労働組合員は全体の4.4％しかなかった。

　第3に、加入者の性別からみると、男性よりも女性が多い。組合に加入した女性が女性労働者全体に占める割合は2002年から、人数では2005年から男性を上回るようになり、それ以降、この傾向は年々強まっている。2019年時点では、女性組合員数は3,690,000人（女性労働者全体の27％）に上っているのに対し、男性組合員数は2,750,000人（男性労働者の20.1％）であり、男女間で大きなギャップが生じている。

　第4に、専門職や技術職などホワイトカラー労働者の割合が高い（図2参照）。

図2　2019年度における組合員の構成（職種別）

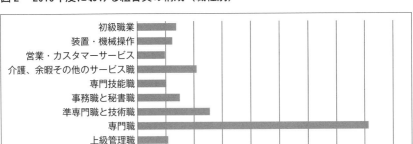

Department for Business, Energy & Industrial Strategy, "Trade Union Statistics 2018"（2019年5月公表）に基づき作成

また、業種でみれば、教育のほか、行政機関、社会保障、医療機関、運輸と物流、水道・電気・ガス・ごみ処理などライフラインを守る公共事業に従事する労働者の組織率が高い。

⑷　組合費とチェック・オフ

　労働組合費は、各労働組合の裁量によって決められるが、一般には定額制か、収入による決定方法が多い。また、全国レベルの組合費に加え、地方組織のために使われるローカル組合費が加算されることもある。

　給与から組合費を天引きするチェック・オフを開始するに際して、使用者は労働者から書面による同意を得なければならない。また、労働者は、書面で予告通知すれば、いつでも中止の申し入れができる。2016年労働組合法により、公共部門のチェック・オフは、労働者がほかの手段により組合費を支払うことができ、かつ、労働組合がチェック・オフに関して使用者に適正な手数料を支払う用意がある場合にのみ認められることになり、規制が一層厳しくなった。

⑸　任意による組合登録手続

　労働組合は、認証官（Certification Officer）において独立性を有する労働組合として登録することができる。これは法的な義務ではなく、任意の手続であるが、登録することにより、法律上の様々な権利を享受できるようになる。2018

年〜2019年の認証官年報によれば、現在142の労働組合が登録リストに含まれている。

4 団体交渉と争議行為

(1) 労働組合の「法定承認」

イギリスの労使関係では、団体交渉の前提は使用者による労働組合の「承認」であり、また、「承認」が自発的になされるのは原則である。使用者は、同じ職場で複数の労働組合を団体交渉の相手として承認することもしばしばある。これに対し、使用者に「自発的な承認」をしてもらえなかった労働組合にも、一定の法定要件を満たせば、承認しなければならず、これを「法定承認」という。

前述の通り、この制度は、労働組合に有利な労働政策として、1976年〜1980年までの短い間に労働党政権に認められていたが、1980年雇用法の制定により廃止された。ところが、その後、経営者側による組合の不承認が各職場で拡大したことが問題視されるようになったため、1999年より再び導入され、現行の「法定承認」制度となった。

「法定承認」制度の下であっても、「自発的な承認」は労使双方にとって多くのメリットがある。第1に、団体交渉事項については、「自発的な承認」がなされた場合、労使の合意により自由に決められるのに対し、「法定承認」よる場合は、賃金、労働時間および休暇といった限られた事項に限定される。第2に、「自発的な承認」は、労働組合にとっては、承認条件を整える手続上の煩雑さを避けられる一方、使用者にとっても、裁量の範囲を確保することができる。したがって、「法定承認」の判断を行う中央仲裁委員会（CAC）は、労働組合による法定承認の申請を受理した後でも、労使を「自発的な承認」の方向へ誘導する方針を採っている。

労働組合は、「法定承認」を得られるためには、独立性を有していること、投票または組織率から交渉単位の過半数の労働者の支持を得ていることを中央仲裁委員会に示さなければならない。また、中央仲裁委員会は団体交渉のために「法定承認」を宣言した後、当事者は交渉手続について合意しなければならないが、こうした合意に至らない場合、中央仲裁委員会は代わりに交渉手続を課することになる。

⑵　団体交渉のための情報開示

　使用者は、承認された労働組合との間で、団体交渉の方法についても合意した場合、かかる労働組合に対して団体交渉のための情報提供をしなければならない。どのように情報提供すべきかについては、助言・斡旋・仲裁局（ACAS。労使紛争に対して様々な支援サービスを提供する独立行政法人である）は、行為準則を公表している。労働組合は、使用者がこうした情報提供義務を果たしていないと判断した場合には、中央仲裁委員会に申立てることができる。かかる申立てについて、中央仲裁委員会は斡旋が可能と判断した場合には、まず助言・斡旋・仲裁局に斡旋を依頼し、うまくいかなかった場合にのみ、審問と決定を行う。ただ、実際に中央仲裁委員会に申立てられたケースが非常に少なく、2015年～2016年の間は9件であり、その翌年は7件のみであった。

⑶　労働協約の法的効力

　イギリスでは、労働協約はいわゆる紳士協定であり、労働契約を直接規律する規範的効力が認められていない。具体的に言えば、第1に、労働協約は法的効力を持つためには、労働契約に労働協約の組入れを認める橋渡し条項がなければならない。第2に、労働契約に橋渡し条項があれば、組合員か否かを問わず労働協約の適用を受けることが可能となる。第3に、使用者と労働者は、労働協約で定めた労働条件に拘束されないことを合意することもできる。そして、実態としては、2019年時点では、賃金その他の労働条件が労働協約によって決定されている労働者は、雇用労働者全体の26.9％を占めている。そのうち、民間部門では15.1％、公共部門では60.1％をそれぞれ占めている。

⑷　争議行為を行うための事前投票

　最後に、イギリスでは、労働組合が争議行為に関して法的免責を受ける手続条件として、事前に投票を実施しなければならず（1984年導入）、また、投票において賛成多数も求められる（1992年労働組合・労働関係統合法）。これらの要件だけでも十分厳しいと言えるのに、2016年労働組合法は、より多くの規制を新たに加えた。たとえば、第1に、投票資格を有する組合員の最低50％が投票に参加しなければならない。これを下回る場合、労働組合は免責を受けることができず、使用者は争議行為による損害賠償を請求できる。第2に、医療、義務

教育、消防、交通機関、原子炉施設の廃止、放射性廃棄物と使用済み燃料の管理、出入国管理といった「重要な公共サービス部門」については、追加的な要件として、組合員の4割以上の賛成も得なければならない。第3に、最低でも14日前（従来は7日）に争議行為を使用者に事前通告しなければならない。第4に、ストライキに参加しない労働者に対する嫌がらせを防ぐため、ピケッティングの際には、代表者の連絡先を警察当局に登録しなければならない。そのほかにも、投票に有効期限（通常なら投票日から6か月）を設けること、投票用紙に極めて詳細な情報を記載することなど、様々な規制を課している。これにより、労働組合が合法な争議行為を実行するハードルはますます高くなっている。たとえば、公共商業サービス組合（PCS）が2018年7月23日にストライキのために投票を実施した例を見よう。ストライキについて投票者の85.6％は賛成したにもかかわらず、ストライキの実行に至らなかった。その理由は、投票資格を有する組合員142,673人のうち、投票に参加した者は41.6％に過ぎず、上記50％要件を満たさなかったからである。

5　シングル・チャンネルの今後

　イギリスの伝統的な労使関係において、複数組合主義と自発的な団体交渉が大きな特徴の一つであるうえ、少なくとも1990年代頃まで承認組合が労働者代表の地位を独占した。しかし、こうした労働組合による代表を基軸とする「シングル・チャンネル・アプローチ」は、政府の労使関係への介入強化、労働組合の衰退とEUの労使協議システムの影響の下に終焉を迎えた。たとえば、1995年集団剰員整理および企業譲渡規則には、労働者の選挙で選ばれる従業員代表が規定されている。また、EU指令に基づく2004年労働者情報協議規則も、労働者への情報提供・協議義務を課しているものの、承認組合には限定されていない。

　とはいえ、イギリスにおける従業員代表制度は、断片的に法律に定められているに過ぎず、労働者の利益を十分に代表できる第2のチャンネルからは程遠い。また、イギリスは企業・事業所レベルでの団体交渉が中心となるため、従業員代表による交渉の「余地」が少ない。しかし、他方で、前述のように、労働組合は2016年労働組合法により手足が縛られたまま労働運動を続けるしかないという厳しい状況に置かれている。従来のシングル・チャンネル・アプロー

チは、今後どのような変容を見せるのか、労働者の「代表される権利」はどのように保障されるのか、実に興味深い。

参考文献

神吉知郁子（2017）「イギリスの1950年当時の労働組合法制」季刊労働法257号4〜14頁

キャサリン・バーナード（2006）「イギリスにおける労働者代表制度」日本労働研究雑誌555号40〜52頁

鈴木　隆（2016）「イギリス2016年労働組合法の成立」季刊労働法255号140〜149頁

田口典男（2007年）『イギリス労使関係のパラダイム転換と労働政策』ミネルヴァ書房

TUC のホームページ（https://www.tuc.org.uk/）（最終閲覧日：2020年10月30日）

David Carbrelli（2018）Employment law in context: Text and Materials; 3rd ed, Oxford, OUP.

濱口桂一郎（2013）『団結と参加：労使関係法政策の近現代史』労働政策研究・研修機構

PCS のホームページ（https://www.pcs.org.uk/）（最終閲覧日：2020年10月30日）

ヘンリー・ペリング著、大前朔郎訳（1965）『イギリス労働組合運動史』東洋経済新報社

龔　敏（きょう・びん）
久留米大学法学部教授

第6章 世界の労働運動

Ⅳ スウェーデンの労働組合と労使関係

1 労使自治

　スウェーデンの特徴として、労使自治の原則が挙げられる。スウェーデンでは労働市場に関する事柄は、基本的には、法律によらずに労使自身が、交渉や協議を通じて解決することとしている。労使双方とも国の介入は基本的には望んでいない。また、国も同様に介入には消極的である。その典型的な例として、スウェーデンには法定最低賃金がないことが挙げられる。最低賃金は、各産業レベルで締結される団体協約によって定められており、これが諸外国で言うところの法定最低賃金の役割を果たしている。

　しかしながら、1970年代に入り共同決定法や雇用保護法など労働者の権利を保護する法律がいくつか制定されている。ただし、法律のいくつかの規定については、労働協約によって法が定めた規定を逸脱することが認められている。協約によって法律を逸脱できる特徴から、スウェーデンの労働立法は「準強行法規（quasi-mandatory legislation）」と特徴付けられている（両角2009）。

2 スウェーデンの社会・経済モデル（スウェーデン・モデル）

　スウェーデンの社会政策と経済政策を組み合わせた社会・経済モデルは、スウェーデン・モデルと呼ばれている。このモデルの目的は、経済成長、完全雇用、平等の同時実現である。競争力の向上と平等を同時に目指すことはこの国の伝統となっている。

　スウェーデン・モデルは、連帯主義的賃金政策、積極的労働市場政策、抑制的経済政策の三つから成り立っている。連帯主義的賃金政策は、労働市場全体の賃金の標準化を目指す政策である。この政策であるが、ブルーカラーのナショナルセンターであるLOは、業種や企業規模の違いによらない産業横断的な同一労働同一賃金の実現を当初は目指していた。LOはその実現のために、産業横断的な職務評価基準の設計を通じて、産業横断的な賃金表を作成しようと

した。しかし、職務評価によって賃金が下がる可能性のある労働者が協力に応じないといった困難に直面した結果、この試みは失敗に終わり、労働市場全体の賃金の標準化へとその運動の方向性が転換されていく。1960年代後半以降から賃金の標準化を目指す動きが強まっていき、その後1980年代に入り、当時の金属産業組合が提案した「良い労働政策」、すなわち、企業内でのキャリアラダーの形成とその技能の向上に応じた処遇の改善という視点も加わり運動が展開されている。

　積極的労働市場政策は、失業者を公的サービスを中心とした職業訓練や職業紹介によって労働需要のある仕事に移していくことを目指す政策である。そして、最後の抑制的経済政策とは、政府が低生産性セクターを延命させるために需要喚起的な政策を実施しないことを意味している。

　ところで、賃金政策と労働市場政策の間には、次のような社会契約のようなものが政労使の間で存在している。すなわち、労使は自主的な賃金決定において、過度のインフレを引き起こさないように努め、その一方で、政府は、需要喚起的な政策ではなく、積極的労働市場政策を通じて労働者の雇用の維持に努める、という合意である（宮本2001）。ただし、近年、労働市場政策の展開においても労使当事者の果たす役割が増加しつつある。特に経済的な理由による整理解雇によって発生した失業者への支援については、労使の自主的な支援の充実が図られている。

　上記の政策の実現に向けて、スウェーデンはナショナルレベルから企業レベルに渡る三層構造からなる労使関係を構築している。それぞれのレベルにおいて、経営側と労働者側で労使交渉が展開され、雇用のルールが作られている。

3　歴史的経緯

　スウェーデンの労使関係の実質的な始まりは、1906年にLOと経営側のナショナルセンターであるSAF（現在のSN）の間で行われた「12月の妥協」からである。SAFは労働者の団結権や団体交渉権を認めた一方で、LOは、採用、解雇、配置などを経営の専決権として認めた。労使のお互いの譲歩によって、スウェーデンの労使関係はスタートしていくことになる。

　そして、1938年にLOとSAFの間でサルチオバーデン協約が締結される。これはスウェーデンの労使関係の基本的性格を規定したものであり、労使自治

の原則、経営権の範囲、組織化の自由、労使協調的で平和的な交渉手続の重視などが定められた。

　その後、経営権の範囲については、1970年代の一連の法改正において修正されることになる。代表的なものとして共同決定法や雇用保護法などがある。共同決定法では使用者に対する組合への情報提供や組合との交渉の義務に関する規定が設けられている。それに加えて、使用者に対して、「労働者の働き方に影響を及ぼす変更」を行う際には事前に組合に通知し、話し合いを行わなければならないことも定められている。例えば、経済的な理由による整理解雇はこれに該当する変更である。

　もっとも、「労働者の働き方に影響を及ぼす変更」に該当する具体的な項目リストがあるわけではない。そのため、対象となる事柄については、企業内の労使関係の状況に左右される部分がある。例えば、管理職の採用についても、「組合員の働き方に影響を及ぼす」と見なし、経営側に対して意見を述べている組合がある一方で、それについては発言できていない組合もある。

　雇用保護法も経営権の範囲に影響を及ぼした法律である。戦前は解雇の実施や人選は経営の専決事項とされていた。雇用保護法はこの点に関して規定を設けたものであり、例えば、整理解雇の人選においては、勤続年数の短い者からその対象となることを定めている。ただし、この規定は労使が合意すればそのルールを逸脱しても良いことになっており、実際に企業内の労使交渉を通じてルールからの逸脱が行われている。

4　労使関係の構造

(1)　労働組合と経営者団体

　スウェーデンの特徴として高い組織率と協約の適用率が挙げられる。2017年時点のデータとはなるが、組織率は69％、適用率は90％となっている。組合員数は約297万人となっている（Eurofound2020）。もっとも、経年的な推移を見ると組織率は低下傾向にある。とはいえ、先進国の中では高い水準を維持している。そのような特徴を持つスウェーデンでは、職種によって組織している組合が異なっている。ブルーカラー、ホワイトカラー、大卒エンジニア、管理職のそれぞれに組合がある。

　スウェーデンには三つのナショナルセンターがあり、ブルーカラーはLO

表1　代表的組織と組合員数

組織名	主な職種	加盟組織数	組合員数
LO	ブルーカラー	14組織	1,232,800
TCO	ホワイトカラー	14組織	1,097,400
SACO	大卒エンジニア	23組織	538,900

注：2018年時点の数値。組合員数は失業者を含む。年金受給者は含まない。
出所：Kjellberg（2019）

（スウェーデン労働組合総連合）、ホワイトカラーは TCO、大卒エンジニアは SACO となっている。管理職はナショナルセンターを持たない独立系の組合となっている。ナショナルセンターの概要を示したものが表1である。

　組合費は組織によって若干の違いはあるが、組合員の賃金に応じて決められている。LO 傘下の民間最大組織の機械金属産業組合（IF-Metall）では平均で1.5％となっている。民間ホワイトカラーの産別組合である職員組合（Unionen）は1％前後となっている。なお、Unionen は加入して3か月は無料期間となっている。

　一方の経営者団体については、2016年のデータではあるが、従業員数でみると経営者団体加盟率は88％となっている（Eurofound2020）。民間のナショナルセンターとして SN（スウェーデン企業連盟）があり、民間の産業レベルの経営者団体の多くが加盟している。加盟団体にはボルボや SKF などの代表的な製造企業が加盟するエンジニアリングセクター経営者連盟（Teknik Företagen（TF））の他、サービスセクターの Almega、流通セクターの Svensk Handles などがある。約60,000の企業を代表する組織であり、それらの企業で働いている従業員数は約170万人に上る。

　スウェーデンの労使関係は、大きく3つの層からなっている（図1）。ブルーカラーについて見てみると、労働者側の組織として、①中央（国）レベルに LO があり、その下の②産業レベルに各産業別組合（例えば IF-Metall））がある。LO には、IF-Metall の他、製紙産業組合、流通産業組合、地方公務員組合など14の民間部門と公共部門の産業別組合が加盟している。

　企業内に目を向けてみると、「クラブ（Klubb）」と呼ばれる組合組織がある。通常、ボルボや SKF など大手企業には「クラブ」が組織されている。企業規模が小さくなると「クラブ」が組織されていない場合が多い。なお、この「ク

図1　労使関係の構造

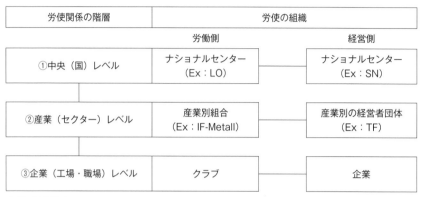

出所：筆者作成

ラブ」の活動にかかわる費用は企業が負担している。例えば、「クラブ」の役員の給料は企業が支払っている。また、労使交渉のための事前準備や組合内での討議などの組合活動中の賃金も、会社が支払うことになっている。

　企業内におけるもう一つの特徴として、企業が複数の組合に組織されている点が挙げられる。通常、職種ごとに4つの組合に組織されている。例えば熱交換機器などを製造するアルファラワ社では、ブルーカラーをIF-Metallが、職長を管理職組合（Ledarna）が、ホワイトカラーをUnionenが、大卒エンジニアを大卒エンジニア組合（Sveriges Ingenjörer）がそれぞれ組織している。企業内の組合組織である「クラブ」も、ブルーカラー、ホワイトカラー、大卒エンジニアなど職種ごとに組織されている。このように、1つの企業は職種を軸に作られた複数の組合によって組織されている。スウェーデンの労使関係の構造上の特徴として、各職種では産業レベルから企業レベルまでを単独の組織が組織しているが、職種間では分断されていることが挙げられる。

　経営側にもそれぞれ対応する組織がある。全国レベルの経営者団体として、SNがあり、その下に産業レベルの経営者団体（例えばTF）がある。さらにその下に加盟企業がある。

表2　労働協約が締結されるレベル（ブルーカラー）

項目	締結団体（労働側／経営側）	労働協約の適用の範囲
正規雇用の賃上げ、最低賃金、労働時間など	労働側：産業別組合 経営側：産業レベルの経営者団体	個別の産業ごとに適用
派遣労働者の賃上げ、最低賃金、労働時間など	労働側：ナショナルセンター 経営側：労働者派遣業の経営者団体	産業を横断して適用
整理解雇対象者への支援	労働側：ナショナルセンター 経営側：ナショナルセンター	産業を横断して適用

出所：筆者作成

(2)　団体交渉の構造：テーマによって異なる協約締結団体

　スウェーデンの特徴は、交渉テーマによって協約締結団体が異なっていることである（表2）。例えば正規雇用の賃上げ、最低賃金、労働時間などの基本的な労働条件については、産業レベルで交渉が行われ産業別協約が締結されている。一方、非正規雇用のうち、派遣労働者はナショナルセンターであるLOと派遣業界の経営者団体（Kompetensföretagen）が交渉を行い、製造業や小売り・流通業など異なる産業に対して産業横断的に適用される全国協約が締結されている。また、整理解雇となった労働者の再就職支援サービスに関する事柄は、労使のナショナルセンターが「再就職支援協約（omställnings avtal）」を締結している。このように、雇用形態やテーマに応じて最適だと考えられるレベルで協約が締結されている。

5　組合の活動内容

　本節では実際の活動内容について、組合の活動において特に重要だと考えられる労働条件決定（賃金決定）と雇用維持（失業者支援）に関する事柄について取り上げる。その際、柔軟性と安定性をキータームとしてスウェーデンの現状を紹介する。例えば、産別交渉のような企業横断的な労使交渉は、労働者の処遇の安定性を高める一方で、経営の柔軟性を低下させるリスクがある。また、事業の統廃合は、企業に対して経営環境の変化に対する柔軟な対応を可能とし、企業の競争力を高める一方で、労働者の雇用の安定性を低下させる。スウェーデンはいかなる方法を通じて柔軟性と安定性の両立を目指しているのであろうか。

⑴　賃金決定

⒜　産業別協約の内容

　スウェーデンの産業別協約は、職種別の賃率を設定しているわけではない。スウェーデンの賃金決定の実際は、企業の枠を超えた賃金交渉という交渉形態から想像されるようなものではなく、企業内での交渉余地が残されたものとなっている。

　スウェーデンでは産業レベルと個別企業の2つのステージにおいて賃金交渉が行われている。産業レベルにおける賃金に関する規定には大きく「①産業別協約の規定が例外なく適用」、「②最低基準として適用（上回る分は良い）」、「③企業で合意できなければ、産業別協約の規定が適用」、「④産業別協約において規定無し」の4つのパターンがある。同一企業においても組合によって適用されるルールが異なっており、ボルボやエリクソンなど民間製造企業が属するエンジニアリングセクターを例にとると、ブルーカラーと大卒エンジニア以外のホワイトカラーが「③企業で合意できなければ、産業別協約の規定が適用」であり、大卒エンジニアや職長を含む管理職が「④産業別協約においては規定無し」となっている。

　産業別協約の規定が例外なく適用されるのは、スウェーデン全体で8％、民間部門においても13％程度となっている（西村2020）。このことから、多くの企業において、労使の間で何らかの交渉が実施され、産業別協約の内容が変更されていることが分かる。

　産業別協約のルールは、企業の規模や収益状況にかかわらず、協約適用下の全企業に適用される。産業別協約で定められている賃上げ率の水準は、いかなる理由であっても企業は下回ってはならないことになっている。その意味では厳格な賃上げ相場を形成している。ただし、ここで定められている賃上げ率は、企業や事業所における平均賃上げ率のことであり、個々人の賃上げ率を定めたものではない。例えば産業別協約において3％の賃上げ率となっている場合、事業所全体での賃上げ率は3％以上である必要があるものの、個人への分配については4％の者がいれば2％の者がいても問題はない。企業内の労使交渉によって、個人への分配を決めることができる。また、賃金制度についても各社が自社にあった制度を構築している。スウェーデンでは、産業別協約で資格等級と等級ごとの賃金が設計されているわけではなく、企業において資格等級や

評価制度が設計され、等級ごとの賃金が設定されている。

　このように、産業別協約はあるものの、賃金制度や賃上げの分配は、企業内の労使交渉に委ねられている。産業レベルの労使双方とも、産業別協約で詳細な規定を設けることには消極的である。例えば IF-Metall は、組合活動はメンバーに近い場所で行われる方が良いという考えから、産業別協約で賃金について詳細な規定を設けることには消極的である。

　「この違いは、我々のカルチャーから来ている。我々は、全てのことを（産業別協約で…筆者）決めないんだ。（中略）ドイツは、（産業レベルで…筆者）多くのことを決めている。我々は、クラブと使用者に大きな自由を与えようと試みている。（中略）我々は、現状で良いと考えているんだ。（中略）組合活動は、メンバーの近くで行うべきだと考えている。メンバーはショップフロアーにいる。こう言えるだろう。クラブに協約を締結するだけの力を与えようと思えば、産業別協約で全てを決めてしまうのは良くないことだ。組合活動を組合員の近くで行おうとすれば、（産業別協約で詳細な取り決めを行うことは…筆者）正しいことだとは言えない。職場の投票で選ばれた者に、より多くの交渉力を与えなければならないと考えているんだ」。

　一方、経営者側である TF も現在の協約について一定の満足を示している。

　「柔軟でない項目は、僅かしかありません。（中略）ほとんどは、ローカルレベルに交渉が開かれているのです。（中略）賃金は完全に柔軟ではありません。ただ、ブルーカラーの賃上げに関する規定は、パーセンテージです。（中略）そして、その分配について交渉が行われます。この人は幾ら、この人は幾らと。」

　以上より、産業別協約は、①企業の経営状況にかかわらず企業に厳格な賃上げの相場を設ける一方で、②個人の分配については企業に自由を与えていることが分かる。スウェーデンなりの安定性と柔軟性の両立である。

（b）　企業内での賃金交渉
　企業内の賃金交渉には二つのパターンがある。スウェーデンは、企業内に組

合組織である「クラブ」が組織されている場合とされていない場合がある。組織されている場合「クラブ」が賃金交渉を担当し、されていない場合には、産業別組合の地域支部の「交渉人」が交渉を担当する。組合は、交渉に必要な情報を経営側から提供される権利を有している。これは、「共同決定法」が定める情報提供の義務によって保障されている。

　企業内の交渉であるが、賃上げの分配に関する交渉では、特定の職務への重点的な賃上げや特定の手当の賃上げなどが主たるテーマとなる。ところで、スウェーデンでも人事考課が行われている。その際、各評価の賃上げ率（額）についても毎年交渉している「クラブ」もある。加えて、分配に影響を与える評価の決定についても組合は関与している。上司と部下の面談について同席するなどして、納得のいく評価が行われるように努めている。面談に直接参加するかどうかは「クラブ」の代表や職場委員の性格による部分もあるが、評価結果について、時には上司に対して発言し、時には評価結果に納得していない組合員の説得にあたる。上記のようなやり取りを経て、個々人の昇給額は「クラブ」の代表（設立されていなければ地域支部の「交渉人」）の承認を得た上で確定する。

　組合の交渉戦術であるが、次のような形で行われている。まず、売り手市場になっている職務に従事している社員やパフォーマンスの高い社員、つまり、企業からの自発的な退職の可能性がある社員をターゲットに、「このままの賃金水準では社員が自社から逃げていく危険がある」といった主張を行い賃上げに繋げる。その上で、翌年に「各職務間や労働者間の賃金格差が広がり過ぎており、これではその他の社員のモチベーションが下がってしまう」と主張し、全体の賃上げをはかっていくという。

　このように、企業の競争力への貢献度が高い人材の賃上げを優先しつつ、その水準を目安として他の労働者の賃上げが実施されている。以上のような方法によって、企業の競争力向上のための柔軟性の確保（成果の処遇への反映）と労働者の生活水準向上のための安定性の確保（持続的な賃金上昇）の両立が目指されている。

　ただし、「クラブ」に提供される情報の質や量は企業によって濃淡があると共に、交渉の範囲や内容も企業によって異なっている。交渉の範囲や内容は、職場の組合組織の交渉力に左右される面があり、こうした相違が生じる要因の

一つには企業内での組織率の違いがある。9割の組織率を維持している「クラブ」がある一方で、2割程度に留まるところもあり、スウェーデンにおいても組織拡大は課題になっている。産業別組合の地域支部を中心に、組合加入者の増加および「クラブ」設立に向けた活動が展開されている。

(2)　失業者対策

　不採算事業の整理など企業の構造改革と労働者の雇用維持を両立させることは、どの国であっても困難なことだと思われる。この難問に対して、スウェーデンのではどのような取り組みが実施されているのか。

(a)　雇用保障協議会

　スウェーデンには、公的機関である雇用仲介庁（Arbets Förmedlingen）が提供する公共職業安定所以外に、労使当事者が提供する再就職支援サービスがある。職種や雇用主に応じて再就職支援サービスを担う団体が設けられており、雇用保障協議会と呼ばれている。雇用保障協議会は、使用者団体と対応する労組の間で締結される「再就職支援協約」に基づいて設立されている。最も古い再就職支援協約は1970年代に締結されており、その後様々な職種において同様の協約が締結され、今日ではスウェーデンの労働市場の大部分がこの協約によってカバーされている。

　雇用保障協議会は2015年時点で13団体あり、約300万人の従業員をカバーしている。そのうち、カバーしている従業員の規模が大きい上位3つは、地方公務員を主な対象とした「移動基金（Omställningsfonden）」（約110万人）、民間ブルーカラーを対象とした「TSL（Trygghetsfonden TSL）」（約90万人）、民間ホワイトカラーを対象とした「TRR（Trygghetsrådet TRR）」（約95万人）である。TSLは約10万の企業をカバーしており、TRRは3万5,000程度の企業をカバーしている。以下では民間のブルーカラーを対象としたTSLと民間のホワイトカラーを対象としたTRRについて紹介する。

(b)　システムの概要

　TSLやTRR設立の主要な目的は、企業のスムーズな構造改革の実現と労働者の雇用維持の実現にある。このように、相反する事柄を同時に実現しようとするのが団体の目指すところとなっている。設立の背景には公的サービスが上手く機能していなかったという理由がある。例えば、ブルーカラーに比べると

ホワイトカラーでは公共職業訓練の効果が低かった。このことは、ホワイトカラーが独自の再就職支援サービスを開始するきっかけの一つとなっている。

　それぞれの組織の概要について簡単に説明すると、いずれの組織も国レベルの労使団体が共同で所有している。労働者側の組織は、ホワイトカラーはPTK（ホワイトカラーの産業別組合の連合体）、ブルーカラーはLOとなっている。使用者側の組織はどちらもSNとなっている。それぞれの労働者団体とSNの間で締結された「再就職支援協約」に基づいて、就職支援を実施する組織が設立されている。TRRは1974年に、TSLは2004年に設立されている。

　そして、その運営資金は、企業によって賄われている。拠出金額は、「自社の労働者に支払う賃金総額×労働協約によって定められた掛け率」となっている。この掛け率は、労使交渉によって改定することが可能となっている。もっとも改定は頻繁には起こらないという。

　二つの組織が行うサービスは大きく2つである。1つは失業中の所得補填である。スウェーデンにも失業保険制度はある。日本とは異なり、任意加入の失業保険金庫（a-kassa）に国庫補助金を出す「ゲント制」と呼ばれる失業保険を展開している。そして、労働組合はその運営に深くかかわっている。ただし、ホワイトカラーに比べると賃金水準の低いブルーカラーにおいても、その支給水準は満足のいくものではない。IF-Metall イエテボリ支部によると、税金などを考慮すると、失業保険の支給水準は就業時の収入の5割程度にとどまるという。一定の条件を満たす者を対象に、失業保険への上乗せ部分として、雇用保障協議会による所得補填が行われている。

　もう一つは、再就職支援サービスである。再就職支援サービスは、雇用保障協議会の主たるサービスとなっている。主な対象者は、経済的な理由で整理解雇された労働者である。その概要についてまとめたものが表3である。

　TRRとTSL双方とも、サービスの利用資格は、組合と労働協約を締結している企業で働く無期雇用の労働者である。対象者であれば、本人が希望すればサービスを利用することができる。民間ホワイトカラーを対象とするTRRは、TRRが雇った職員が再就職支援サービスを提供する。一方、民間ブルーカラーのTSLは、TSLに登録した外部のサプライヤーがサービスを提供する。現在34のサプライヤーがTSLに登録している。サプライヤーには大手の民間人材サービス企業やTSL専用に作られたサービス提供団体などがいる。

表3　サービスの概要

	TRR	TSL
サービス利用条件① （企業）	労働協約の適用下にある企業	労働協約の適用下にある企業
サービス利用条件② （労働者）	①の条件を満たした企業で1年間以上 継続勤務した無期契約社員	①の条件を満たした企業で1年間以上 継続勤務した無期契約社員
サービス提供期間	雇用の終了後から2年	雇用の終了後から1年
サービス提供主体	TRR	登録している外部のサプライヤー
主なサービス	・コーチング／カウンセリング ・職業訓練の提供	・コーチング／カウンセリング ・職業訓練の提供

出所：西村（2020）。

　これら2つの団体が行っている主な再就職支援サービスは、サービス利用者に対するコーチングとマッチングの場の提供である。失業者が保有しているスキルの棚卸しを行い、労働市場での現在の正確な価値を利用者に知らせるとともに、CV（履歴書）の書き方や面接でのスキルなども教えている。それに加えて合同就職説明会の開催などを通じて、利用者の再就職を支援している。TRRやTSLが直接求人企業を求職者に紹介することは稀だという。求職者である利用者自身が職を見つけることを基本とし、そのための支援を行うことを主たる業務としている。

　加えて、このサービスでは、自営業者への転換に対する支援も実施している。例えばTRRでは労働者として再就職を目指すコースと自営業者を目指すコースの2つが用意されている。自営業者を目指すコースを利用して、エリクソンで働いていた社員が、翻訳業務を受託する自営業者となった例もある。自営業者となるのはサービス利用者の1割弱ではあるものの、多様なキャリアの選択肢を提供することにも一役かっている。

　(c)　再就職後の状況

　再就職後の状況について、西村（2020）を参考に確認すると、サービス利用者の8割程度は、TSLやTRRを利用して再就職している。このことは、公的サービスではなく、労使が提供しているサービスを通じて次の職場に移っている者が一定数いることを意味している。再就職までに要する期間は、6か月から1年程度となっている。その際、賃金については、現状維持、もしくは、上昇が6割程度となっている。移動先の雇用形態であるが、TRR利用者の7割

弱は正規雇用となっている。TSL の場合は、3 割強となっている。TSL 利用者の 3 年後を追跡調査した TSL（2014）によると、有期雇用から無期雇用となった者は、5 割程度に上っている。移動経路は不明であるが、非正規雇用の一定数は、正規雇用に転換していることが窺える。

　以上で確認したように、所得保障と再就職支援の双方について、労使の自主的な取り組みが展開されている。雇用保障協議会は、不採算部門の統廃合など事業の構造転換に伴う整理解雇によって発生する失業者を対象とした再就職支援団体と言える。設立の趣旨にある企業の事業構造転換の円滑化と雇用の維持の同時達成について、企業の構造転換に伴う人材の入れ替えの円滑化（柔軟性）と企業間の移動を通じた雇用維持（安定性）によって実現しようとしている。このように、失業者への所得保障に留まらず、労働移動それ自体についても労使が仕組みを構築している。その際、ナショナルセンターレベルで労働協約を締結することによって産業横断的なシステムを構築している。

6　スウェーデンの労働運動

　以上、本稿ではスウェーデンの労働運動について基本的な理念、歴史的経緯、実際の活動を中心に確認してきた。まず、労使関係の構造は、ナショナルセンターから個別企業まで労働組合が労働者を代表する組織として位置付けられている。その一方で、職種別の組織となっており、個別企業は、各職種の労働組合によって分断される形で組織されている。タテの面での一気通貫した構造とヨコの面での分断が労使関係の構造上の特徴となっている。こうした構造の下、労働条件決定を巡る交渉や失業者対策は、職種毎に展開されている。

　表 4 は、本稿で紹介したルールメイキングの特徴をまとめたものである。ここから、労働運動の特徴として、テーマに応じて協約締結団体を柔軟に変更していることが挙げられる。労働条件は産業レベルで、失業者対策はナショナルセンターレベルで協約が締結されている。そして、運動を展開する際には、柔軟性と安定性の両方の側面が考慮されている。労働者の生活の安定（安定的な昇給の実施／移動を通じた雇用の維持）と企業の競争力の向上（企業に任されている分配／事業構造転換における人材の入れ替えの円滑化）の両立が目指されている。スウェーデン・モデルの目的である競争と平等の両立を目指すことは、運動の中で維持され続けていると言えよう。その中での変化としては、労使自ら行う

表4　労働条件決定と失業対策におけるルールメイキングンの特徴（正規雇用）

	協約締結レベル	柔軟性と安定性の確保
労働条件（賃金）	産業レベル	柔軟性：産別協約で企業内での自由な分配を認める 安定性：産業別協約で厳格な賃上げ相場を設定
失業者対策	中央（国）レベル	柔軟性：事業構造転換に伴う人材の入れ替えを円滑にする 安定性：企業を移動する形で、労働者の雇用を維持していく

出所：筆者作成

活動の範囲が拡大していることが挙げられる。失業対策にかかわる運動はこの点をよく表している部分だと思われる。

参考文献

西村　純（2020）「スウェーデンにおける労働移動を通じた雇用維持システム」石塚史樹・加藤壮一郎・篠田徹・首藤若菜・西村純・森周子・山本麻由美『福祉国家の転換——連携する労働と福祉』旬報社所収

宮本太郎（2001）「雇用政策の転換とスウェーデン・モデルの変容」篠田武司編著『スウェーデンの労働と産業—転換期の模索』学文社所収

両角道代（2009）「変容する「スウェーデン・モデル」？——スウェーデンにおける EC 指令の国内法化と労働法」日本労働研究所雑誌590号

Eurofound（2020）"Country Report Sweden"（https://www.eurofound.eur-opa.eu/country/sweden 2020年 3 月31日閲覧）

Kjellberg, A.（2019）"Sweden: collective bargaining under the industry norm" In Müller, T., Vandaele, K. and Waddington, J. eds. *Collective bargaining in Europe: towards an endgame*, European Trade Union Institute.

TSL（2014）Tre år efter omtällning, TSL.

西村　純（にしむら・いたる）
労働政策研究・研修機構副主任研究員

第6章　世界の労働運動

Ⅴ　韓国の労働組合と労使関係

1　なぜ韓国の労働組合運動を学ぶのか

　なぜ韓国の労働組合運動を学ぶのか。その答えは、大きく二つにまとめられる。一つは、韓国は日本を追う形で成長してきており、現に日本と似ているところが多いからである。たとえば、ヨーロッパと違って、企業規模間格差が大きく、正規・非正規間の格差も大きいことなどがそれである。労働組合運動においても企業別組合が主流をなしており、産業別あるいは地域別取り組みは相対的に弱い。このように類似しているからこそ、韓国の経験は、日本の現状と課題を正しく認識するのに役に立ち得る。もう一つは、後進的でありながら、日本を追い越そうと試みているからである。たとえば、企業別組合の限界を乗り越えようと、産別組合への転換に取り組んでいることなどがそれである。これは、日本に対し、一方では刺激として、他方では反面教師として働き得る。

2　韓国労働組合運動の歩み

　韓国は、短いうちに産業化と民主化をともに成し遂げた数少ない国の一つである。ここでは民主化に向けた動きが本格化した1980年以降を主に検討する。1980年からの40年間は、労働者大闘争をきっかけとして自主的・民主的労働組合が結成され飛躍を遂げた前期と、アジア通貨危機を契機として労働組合運動が停滞し、それから抜け出すために様々な模索をする後期とに分けられる。前期からみよう。

⑴　自主的・民主的労働組合運動の台頭

　1945年、日本の植民地支配から解放されて以降長い間、韓国は独裁政権のもとにあった。特に5.16クーデターで軍部が政権を握った1961年から1980年代後半までは、朴正熙、全斗煥、盧泰愚に引き継がれる軍事政権が韓国社会を支配した。この時期、労働組合活動は大きな制約を受けた。政権に協調的な組合だ

けが存続を許された。後でみるが、これが韓国労総の「原罪」となる。韓国労総は、5.16クーデターで労働組合が一時解散してからすぐ再建され、その後、30年間近く唯一のナショナルセンターという地位を享受することとなる。

　四半世紀に及ぶ軍事独裁は、1987年の6月民主抗争で実質的には終わりを告げた。この年の6月から全国的に行われた集会・デモに屈し、盧泰愚政権が大統領直選制を約束したのである。この民主化の成果を引き継ぐ形で労働者大闘争が勃発した。1987年6月29日から10月31日まで3,235件のストライキが打たれ、その参加人数は122万5千人に達した。労働者たちは、「人間らしく生きたい」というスローガンを掲げ、賃金引上げや労働条件改善のほか、労働基本権の保障と職場の民主化を要求した。この時期、ストライキは法的に「違法」のものであり、妥協的な労働組合執行部はストを回避しようとしたこともあって、労働者大闘争が組合の新規結成や既存組合の民主化に向かったのは必至であった。

　1986年に2,658組合、103万6千人であった労働組合と組合員の数は、1989年には7,861組合、193万2千人となった。従来は公的部門を除くと、規模的には中小、職種的にはブルーカラー労働者が組合員の多数を占めた。しかし、大闘争を転機として、財閥系の大企業や公企業に多くの労組が結成され、事務技術職や専門職などホワイトカラー労働者も新たに組合活動に参加した。当初、新設・改組された組合は、例外なく韓国労総を上部団体にしていた。しかし、組織の防御から組合の運営および労働条件の改善にいたるまで、新たに誕生した組合同士の経験共有や連帯が求められていた。こうして、勢いづいた運動は、韓国労総とは異なるナショナルセンターの創設に向かった。1995年、全国民主労働組合総連盟（民主労総）が創設された。当初、民主労総は非合法の状態におかれていたが、1999年に法的に認められた。

　一方、労働者大闘争は韓国労総にも大きな衝撃を与えた。1991年、韓国労総は、自分の運動路線を「民主福祉社会を実現するための労働組合主義」と新たに規定した。従来の露骨的な「反共主義」は運動路線から削除したが、階級闘争的な運動も同時に排除し、全体的には経済的組合主義を理念的基礎にしたのである。

　民主労総の創設と韓国労総の民主化という韓国労働組合の変貌は、1996・97年の労働法改正をめぐって、その成果の一端を遺憾なく見せた。この時期、争

点となったのは、労働基本権の一部拡充と引き換えに出された、整理解雇など労働の柔軟化であった。当時の金泳三政権は、1996年12月、使用者側の要求に近い内容で改正案を整え、国会で労働法改正案を強行採決・成立させた。これに対し、民主労総と韓国労総は共同闘争を推し進め、最初かつ最大の政治ゼネストを決行した。これに屈した金政権は、ついに国民に陳謝し、成立したばかりの労働法を廃止し、それを再改正せざるを得なかった。これは、組合の力で法律を変えたという点で、韓国労働組合運動史上画期的な出来事であった。

(2)　労働組合運動の「危機」と様々な模索

　金泳三政権終了間際の1997年11月、アジア通貨危機が訪れた。金大中大統領当選者は「IMF体制克服のための労使政委員会」を発足し、1998年2月には、「経済危機克服のための社会協約」を引き出した。この通貨危機とそれへの対応は、韓国社会に大きな変化をもたらした。リストラの嵐が吹き荒れるなか、短期的には、組合の対決姿勢あるいは「戦闘的」な性向を強めた。現に、上記社会協約の承認をめぐって開かれた民主労総の臨時代議員大会では、鉄パイプが飛び交うなか、それは否決され、民主労総第1期指導部は総辞職に追い込まれた。以後、整理解雇と労働者派遣の法制化に反発して、民主労総は労使政委員会から脱退し、なお韓国労総も金大中政権との政策連合を破棄することになる。

　通貨危機とそれへの対応がもたらした影響は、しかしより深刻でより長期的なものであった。それは、一言でいえば、韓国社会の「両極化」であった。以前は高成長の時代であり、企業も量的成長とシェアの拡大を追求し、国民一般は、財閥系大企業を頂点とした「トリクルダウン効果」にあずかることができた。それが、危機後は構造調整が最優先の課題となり、企業はもっぱら利益率を追求し、労働市場においても柔軟化が重視されることで、全般的に周辺労働者の数が増え、なお彼ら・彼女らは成長の恩恵になかなかあずかれないようになったのである。現に、非正規労働者は毎年急増し、2003年には全労働者の55.4%を占めるにいたった。

　このような構図は、政権を超えて続いた。金政権の次の盧武鉉政権は、「社会統合的労使関係」の構築を掲げ、2006年にはいわゆる非正規保護法を成立させた。2年を超えて使用される非正規労働者は、事業主が正規労働者として直

接雇用しなければならないとしたのである。しかし、「自由化」が時代的流れと認識されるなか、非正規の労働条件改善や正規・非正規間格差縮小、そして両極化解消に目立った進展は見られなかった。

　2008年から政権の座についた李明博・朴槿恵政権は、「ビジネスフレンドリー」な政策を掲げ、労使関係においてはより厳格な労働統制を意図した。一般解雇制の導入や使用者による就業規則変更権の認定などがそれである。しかし、経済は伸び悩み（「保守」政権期の年平均成長率は3.2％で、以前の「進歩」政権期の5.2％より２％ポイントほど低かった）、トリクルダウン効果も見られず、社会の両極化はさらに進んだ。これに対抗し、労働者はさまざまな運動を展開した。特に中小零細企業の労働者と非正規労働者は、正規労働者に比べればはるかに厳しい闘争を強いられ、高空籠城・ストリート籠城・断食など極端な方法に依拠し、疲れ果てたすえに自ら命を絶つ事例も少なからず生じた。2016年の総選挙において、野党が無気力さを露呈したにもかかわらず、与党が敗北した最大の理由は、このような大衆の不満が鬱積したためであった。

　このなか、二大労総は労働者の利益を代弁すべく努力を続けたが、限界をも露呈していた。韓国労総は、労使政の社会的対話にこだわり続けたが、その結果、労働市場の柔軟化に道を開いてしまうきらいがあった。一方、民主労総はいつも総力闘争を叫んだが、「空スト」に終わってしまい、組織労働者の無気力ぶりをむしろ際立たせる傾向があった。にもかかわらず、「敵の失策」により転機は訪れた。2016年、公務員・公共部門への成果年俸制の導入などに反発して、韓国労総は労使政委員会を脱退し、抵抗へ旋回した。二大労総のストライキが続くなかで、朴政権の不正が発覚され、大規模なキャンドル・デモが勃発した。これに押されて朴政権は2017年３月、ついに弾劾され、同年５月の大統領選挙で文在寅政権が誕生した。文政権は、「反民主的積弊の清算」とともに、「所得主導成長」「包容成長」を掲げ、雇用優先政策と労働尊重社会の実現を宣言した。

3　韓国労働組合の組織

(1)　労働組合に関する制度

(a)　企業別組合

労働組合に関する韓国の制度は、日本と類似した点が少なくないが、近年は

違うところも目立つようになっている。企業別組合からみよう。韓国の組合は基本的に企業別に組織される。日本と異なる最大の特徴は、日本のような「工職混合組合」ではないことである。たとえば、製造業の組合は、ブルーカラーを中心に組織・運営され、非製造業の事務技術系・専門系の組合は、ホワイトカラーを中心に組織・運営される。これは、学歴に沿って社会階層を編成する原理が強いことや、企業のなかにおいて「ホワイトカラーは計画、ブルーカラーは実行」という垂直的分業が根強いことに起因する。

(b) 複数労組

複数の組合の存在を認めるかどうかが、長い間争点となってきた。労働者の自律と国家の統制がぶつかり合っていたからである。ただし、全国・産業かそれとも企業かによって、複数労組に向けたベクトルは多少異なることに留意する必要がある。労働者側としては全国・産業レベルの複数労組は強く求めたものの、企業レベルの複数労組はそれほど要求しなかった。一方、国側としては、可能な限り統制しやすい方向に労組の組織形態をもっていこうとした。現に、1961年の5.16クーデターで複数労組が禁止されてから、国によるこの縛りは、1987年の民主化まで続いた。以後、ナショナルセンターや産別組織に対しては、徐々に解禁された。ただし、李明博政権のもとで2011年に企業レベルの複数労組が認められたのは、企業内組合間の競合をテコとして労組の対決姿勢を和らげようとする国側の思惑が一定程度働いた結果といえる。韓国労働研究院の調査によると、2015年現在、30人以上の有労組事業所のうち複数労組が存在する事業所の割合は15％程度である。なお、同研究院によると、2014年現在の団体協約において唯一交渉団体条項を有するものは全体の47％で、複数労組許容前の2009年の95％に比べて大幅に減少した。

問題は、企業単位で複数の労働組合が設立された場合、労使間の交渉をどのように進めるのかである。これについて、韓国では日本と違って、交渉窓口単一化制度を導入した。原則、すべての労働組合は、交渉窓口を一本化して交渉代表労働組合を定めなければならないのである。その手続は、次の順序による。①自律単一化→②過半数労働組合→③共同交渉代表団（a.労使自律で構成→b.できない場合は労働委員会が決定。ただし、全組合員の10％以上を占める労働組合だけが参加可能）。一方、例外措置として、使用者側が交渉窓口単一化の手続をとらなくてよいと同意した場合には、個別の労使交渉が認められている。

(c)　ユニオン・ショップ

　ユニオン・ショップも団結権をめぐる重要な争点の一つであった。1980年に全斗煥政権のもとで一度廃止されたが、1987年以降復活させられた。現在、ユニオン・ショップは、「労働組合が当該事業所に従事する労働者の３分の２以上を代表する場合」に限って認められている。韓国労働研究院の「2014年団体協約実態調査」によると、ユニオン・ショップ規定を有するのは調査対象の30％を占めるに対し、オープン・ショップ規定を有するのは全体の35％を占めている。

(d)　労働時間免除制度

　どこまで組合専従者を認め、なおその給与を誰が負担するかも、古い争点の一つであった。韓国は、日本同様、法制度上では組合活動に対する使用者の支援を基本的に認めない。しかし、専従者の給与は、実際は使用者が支払う慣行が長い間存続してきた。1997年に金泳三政権は専従者給与支給禁止規定を設けた。ただし、この規定は３度にわたり13年間猶予された。使用者側と政府はそろそろ実施したいという意向が強かった反面、専従者給与支給禁止を強行すると、特に中小規模の労働組合活動が委縮されるという懸念も強く出された。その妥協策として李明博政権の下で導入されたのが、労働時間免除（タイムオフ）制度である。今まで続いているこの制度の主な内容は、労使共同の利害関係に属する労働組合活動（協議・交渉、苦情処理、産業安全、健全な労使関係の発展のための労組の維持・管理業務）については有給を認めるということである。有給と認定される時間の限度は、企業規模によって異なる。たとえば、99人以下は2,000時間、300人～499人は5,000時間、1,000人～2,999人は10,000時間、10,000人～14,999人は28,000時間、15,000人以上は36,000時間などである。

(e)　労使協議会

　韓国では労働組合の有無を問わず、企業レベルで労使協議会を設置することになっている。以前、労働者団結が抑圧された時代には、労働者統制の手段として使われる傾向が強く、労使協議会に対する批判が少なくなかったが、団結が基本的に保障されている今次は、労働組合の役割を補完するものとして注目されている。現在、「勤労者の参加と協力増進に関する法律」により、常時30人以上の労働者を使用する企業または事業所においては、労使協議会の設置が義務づけられている。労使協議会は、各３人以上10人以内の同数の労働者およ

び使用者委員で構成され、主要事項について「協議」あるいは「議決」することになっている。協議事項としては、「生産性の向上と成果配分」など17項目が、議決事項としては、「労働者の教育訓練と能力開発基本計画の策定」など5項目が定められている。

　ちなみに、取締役会・監査役会等への労働者・労働組合の関与をみると、2015年、ソウル市は「労働取締役制導入」の公論化に乗り出した。そして2016年、全国で初めて「ソウル市勤労者（労働）取締役の運営に関する条例」を制定・施行した。2018年現在、16の投資・出捐機関において22人の労働取締役が活動中である。ただし、ソウル市のほかにはあまり普及せず、依然として手探りの状況にあるといえる。

(2)　労働組合組織の実態
(a)　組織化の概要

　企業別組合が組織の基本形態であるゆえ、企業別組織を中心として、上部に向けては、「企業別組織—産別組織—ナショナルセンター」という構成を、下部に向けては、「企業組織—事業所組織—職場組織」という構成をなしている。

　このような組織形態のもと、韓国の労働組合は、どのような労働者をどの程度組織しているのか。〈図１〉は、1977年から2018年までの韓国における組合員数と組合組織率の推移を示したものである。組合員数は、1987年の大闘争をきっかけとして大幅に増加して後、アジア通貨危機まで減少を続けたが、一応V字回復を遂げた以降は傾向的に増加している。一方、組合組織率は、大闘争期に上がったことを除けば、趨勢的に減少を続けている。ただし、最近、組合員数が急激に増え（2016年197万人から2018年233万人に36万人増）、組織率も増加に転じていることは注目に値する。

　雇用労働部「2018年全国労働組合組織現況」によって、最近の組織概要をみると、労働組合組織率は11.8％で、前年に比べて1.1％ポイント増加した。組合員数は233万人で、前年比24万人強（11.6％）が増加した。この組織拡大は、二大労総がともに戦略組織化事業を推進しているなか、特にキャンドル・デモをきっかけとして、民主主義と人権に対する認識が高まったことに負うところが大きい。一方、公共部門における政府主導の非正規労働者の正規転換プロセスで、多数の労働者が組合に新規加入した結果でもある。

図1　韓国における組合員数と組合組織率の推移

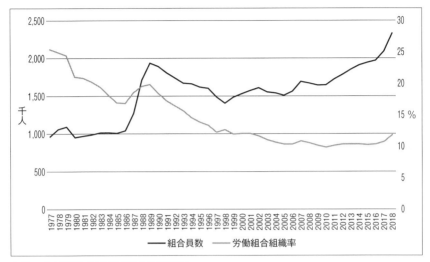

出所：雇用労働部「全国労働組合組織現況」

（b）　組織化の内訳

2018年末現在、上部団体別には、民主労総所属が全体の41.5％（968,035人）と、最も大きな割合を占める。次は、韓国労総所属で40.0％（932,991人）である。ほかに、上部団体なしが16.1％（373,844人）を占める。1995年の民主労総創設で複数のナショナルセンター体制が構築されて以降、組合員数においてはいつも韓国労総が優位を占めてきたが、今度初めて逆転された。今後、組織化をめぐる二大労総間の競争は激しさを増すものと予想される。

一方、部門ごとには、民間部門の組織率が9.7％であるのに対し、公共部門のそれは68.4％である。両部門間格差は大きく、民間部門が相対的に苦戦していることがわかる。なお、企業規模別には、規模が大きいほど組織率が高くなっている。300人以上事業所の組織率は50.6％であるのに対し、100〜299人は10.8％、30〜99人は2.2％で、30人未満は0.1％に過ぎない。組合員の数を基準にすると、全体組合員の87.5％が300人以上事業所に勤めている。最後に、所属単位（すなわち組織形態）別にみると、超企業労組に所属する組合員数は全体の57.9％を占め、前年（56.6％）に比べてその割合が増加した。ナショナルセ

ンターごとには、民主労総の場合、超企業労組所属が全体組合員の86.8%を占めるのに対し、韓国労総の場合はそれが56.5%で、やや対照的な姿を見せている。

　ちなみに、組合費は基本給の1％程度とされる。超企業労組所属の場合は、まずは組合費を超企業労組に納入し、それから一定比率を企業別組織に返してもらうことになっている。ただし、産別労組の場合、大企業支部は財政的余力が大きい反面、産別中央の財政は余裕がないという。さらに、ナショナルセンターの財政は産別より脆弱なのが現状である。

(c)　企業内組織の実態

　ここではよく知られている現代自動車労組の例をとる。現代自動車労組の正式な名称は、全国金属労働組合現代自動車支部である。以前は企業別組合であったが、2006年に正式に産別転換し、全国金属の支部となった。上部団体は、民主労総である。2020年現在、組合員総数は50,576人で、そのうち本拠地のある蔚山本組所属は27,131人である。

　現代自動車支部は、蔚山工場に「本組」を置くほか、支部の下に地域および部門委員会を設置することにしている。全州工場、牙山工場、南陽研究所など地域ごとの工場・事業所のほか、販売部門と整備部門および「現代モービス」（モジュール生産を行う、現代自動車の系列会社）にそれぞれ委員会を設けている。組合規程により、各委員会の自律的運営は最大限保障・支援することになっている。たとえば、重大事案が発生した場合、各委員会は、それぞれの総会あるいは代議員大会において、労働争議発生を決議することができる（ただし、直ちに金属労組本部と現代自動車支部に報告しなければならない）。

　一方、蔚山工場はその規模が大きいゆえ、傘下の第一工場など事業部ごとに事業部委員会を設けている。その代表が、事業部単位の労使関係において組合側の代表となる。現に、事業部という単位は大きな意味を持つ。たとえば、2017年11月、第一工場の労使は、小型SUV「コナ」の増産（既存の生産ライン外のラインへの投入）をめぐって協議を進めたが、意見の差を縮めることができず、第一工場に属する二つの生産ラインが稼動を停止する事態となった。この場合も、組合は、支部が有する争議権を第一工場事業部代議員会に委任する体裁をとったとされる。一方、事業部の傘下の職場組織としては、現場組織委員会を置くことになっている。日本の職場委員に当たる「現場（組織）委員」は、

選挙区組合員数の10％の範囲内で、原則希望者を登録するが、希望者が定員を超えた場合は選挙で決めることになっている。

現代自動車支部の意思決定機構は、組合員総会―代議員大会―拡大運営委員会―常務執行委員会の順となる。組合員総会は最高決定機関で、特に団体協約と賃金協定は組合員総会で賛否を問うことになっている。ただし、組合員総会は頻繁に開催できないゆえ、通常は代議員会がそれに代わる。代議員は基本的に上記地域・部門委員会および事業部委員会ごとに組合員200人あたり２人を選出することになっている。

4　韓国労働組合の機能

(1)　団体交渉

(a)　労働条件決定メカニズム

一般的に、労働者の労働条件は、企業レベル・産業レベル・国レベルの労使交渉や制度的枠組みによって決定される。このうち、韓国の場合は日本同様、基本的に企業レベルの労使交渉によって労働条件が決定される。産業レベルや国レベルの労使交渉あるいは制度的枠組みによる決定度合いが比較的小さいのである。

むろん、労働時間は「勤労基準法」の規制を受け、賃金においても最低賃金は法定されるゆえ、制度の影響は無視できない。特に賃金一般に対する最低賃金の影響の程度は、日本に比べて大きい。韓国の最低賃金は、日本と違って地域別最低賃金が全国一律で決定され（すなわち、大都市も農村も同じ賃金額）、最低賃金決定の要素として「所得分配率」が考慮され（つまり、所得分配率を改善するために最低賃金額を引上げることができる）、１年ごとの引上げ率も高いゆえ（たとえば、2018年16.4％、2019年10.9％、2020年2.9％）、その影響は日本よりはるかに大きいのである。一方、日本とは異なり、法律によって設置・運営される社会的対話（全国レベルの労使政委員会）が労働条件に及ぼす影響も無視できない。現に、労働時間の「弾力化」は、労使政委員会で合意を得る事項となっている。しかし、労使政委員会で賃金事項は取り扱わないし、次にみる産別で賃金等が決まる度合いも低いゆえ、韓国における賃金を含めた労働条件は、基本的には企業レベルの労使間交渉で決定するとみて差し支えない（ただし、組合のある場合）。

　ところで、韓国では1990年代末以降、産別労組を立ち上げるための運動が起こり、やがて産別交渉も始められた。2000年、金融労組が産別交渉を試みたのを皮切りに、2003年には金属、2004年には保健医療がその後を継いだ。いくつかの産業では、交渉相手となる使用者団体の結成を要求し、強引にその結成までことを運ばせたケースもあった。なお、産別交渉をとおして、産業に属するすべての非正規労働者を保護し、産別最低賃金を獲得するような事例も増えてきた。これらは、既存の企業別労使関係の枠組みのなかでは困難だったことであり、産別交渉の成果といえる。

　しかし、韓国労総系（上記の金融労組）を含め、特に民主労総系（上記のほかの労組）の場合は、産別転換に多大なエネルギーを注いだものの、韓国の労働組合が産別運動において必ずしも成功を収めたとはいえない。現に、産別労組運動は、2006年の自動車大手企業労組の産別加入をピークとして、その後は全般的に下火となっている。

　(b)　企業における交渉

　現代自動車労組を例にとって、企業単位で行われる労使交渉を観察しよう。現代自動車労組は、運動理念としては「労働解放」を掲げているにもかかわらず、その現実的な行動様式は、賃金引上げを含む組合員の経済的な利益の追求が中心とされる。この傾向は、1998年に整理解雇を経験することで一段と強くなった。労使間の信頼が崩れることで、「使用者から取れるまでは取っておこう」という考え方（いわゆる物取り主義）が広がったという。この実利追求の手段としては、長期間に渡る交渉に限らず、ストライキのような「戦闘的な」方法が多用された。

　2019年8月27日、現代自動車労使は、この年の賃金と団体協約の暫定案に合意した。ストライキなしで暫定案に合意したのは、2011年以来8年ぶりであった。暫定案の内容は、〈表1〉のなかで示したとおりである。この案は、前述した組合規約にしたがって、9月3日に組合員総会にかけられ、賛否を問うた結果、56.4％の賛成多数で可決された。

　さて、表からわかるように、5月30日に交渉が始まって以来、妥結まで3か月以上もかかっている。このプロセスは、中央労働委員会への争議調整申請、ストライキ賛否投票の実施を含むなど、かなりタフなものである。2019年は「韓日間の経済葛藤を考慮」のうえ、ストライキを留保したというが、例年で

表1　現代自動車労使の2019年団体交渉経過

日時	労使の動向
5月30日	交渉始まる。労組、要求案提出。基本給12万3,526ウォン（定昇分を除く）引上げ、当期純利益30%のボーナス支給、64歳までの定年延長など。
7月19日	労組、交渉決裂を宣言。
7月23～24日	労組、臨時代議員大会にて争議発生を決意。
7月26日	労組、中央労働委員会に争議調整を申請。
7月29日	労組、ストライキ賛否投票を実施、全組合員の70.5%の賛成多数で可決。
8月13日	労組、1次争議対策委員会開催。「韓日間の経済葛藤を考慮」のうえ、ストライキを留保し、8月20日までの集中交渉を決定。
8月20日	労組、2次争議対策委員会開催。再びストライキを留保し、8月27日までの集中交渉継続を決定。
8月21日	労組、金属労組のゼネストに、拡大幹部だけが2時間参加。
8月23日	会社、1次賃金引上げ案を提示。基本給4万ウォン（定昇分を含む）引上げ、成果給150%、妥結一時金250万ウォン、在来市場で使える商品券20万ウォン。
8月27日	労使、延べ22回の交渉のすえ、暫定合意案に合意。基本給4万ウォン（定昇分を含む）引上げ、成果給150%＋300万ウォン、在来市場で使える商品券20万ウォン、ほかに激励金の名目で勤続年数別に200万～600万ウォン＋自社株15株の支払い。
9月3日	労組、組合員総会にて暫定合意案の賛否投票を実施。全組合員87.6%の投票、うち56.4%の賛成多数で可決。

出所：新聞などから筆者整理。

あれば、ストは打たれた可能性が高い。このタフな交渉をどのようにみるべきかは、単純ではない。企業別労使関係の「内部者」に当たる現代自動車支部の組合員は、確かに実利を獲得したに違いないが、「外部者」に該当する非正規労働者や下請労働者などは、そのような恩恵にあずかっていないとする見解がある。場合によっては、もともと非正規や下請労働者に還元されるべき付加価値の一部が、彼らに対する賃金単価・部品単価の抑制を介して、現代自動車支部の組合員に横取りされたという見解まで出ることになる。このような見解が妥当性をもつ場合は、企業別交渉は労働者の団結や連帯に貢献できないものとなる。

　(c)　産別交渉

　企業別交渉が主流をなす韓国労使関係のなかで産業別交渉の経験を蓄積してきた数少ない産業のなかに金融がある。そのなかでも銀行業界は短くない歴史を有する。2000年に産別転換を果たし、2018年6月現在、34組織・10万組合員を傘下におさえている金融労組を例に挙げれば、基本的に産別交渉によって銀

行業の内での「最低基準」を設定し、そのうえで、企業支部と各企業間に補充交渉を行うこととなっている。

　2019年の交渉をみると、金融労組は、4月に「低賃金職群の賃金現実化、派遣・コントラクト非正規の処遇改善、賃金ピーク制の改善」などを要求に掲げた。7月には交渉決裂を宣言して中央労働委員会に調整を申請するなど4か月余り交渉を続け、8月19日に金融産業使用者協議会との間に暫定合意にいたった。その主な項目は、「賃金2.0％引上げ、正規職群と低賃金職群との間の賃金格差を縮めるための具体案策定、社内勤労福祉基金の適用範囲を派遣・コントラクト非正規にまで拡大、社内下請労働者保護ガイドラインの順守」などである。全般的に非正規の保護と処遇改善に重点が置かれていることがわかる。なお、金融の労使は、2018年にも9か月以上勤務した期間制労働者の正規転換を行うとしたほか、全体の賃金を2.6％引上げるが、そのうち0.6％に当たる金額を労使それぞれが出捐して、計2千億ウォン規模の公益財団を設立し、非正規の処遇改善などに使うとし、社会的連帯を強める活動を続けてきている。

(2)　政策・制度要求

　韓国において労働組合の政策・制度要求は、個別的な事案（たとえば、最低賃金を審議するための最低賃金委員会に公労使の一員として参加することや、各省庁の審議会にメンバーとして参加することなど）を除けば、基本的には全国レベルで制度化されている労使政委員会を中心に行われてきた。ここでもそれを中心にみる。

　1997年のアジア通貨危機をきっかけとして1998年に正式に発足して以降、労使政委員会はいくつか重要な社会的合意を作り上げてきた。前述した「経済危機克服のための社会協約」（1998年）のほか、「労働時間短縮関連基本合意」（2003年）、「雇用創出のための社会協約」（2004年）、「経済危機克服のための労使民政合意」（2009年）、「長時間労働慣行の改善と労働文化先進化のための合意」（2010年）などがそれである。アジア通貨危機と世界金融危機という緊急事態を乗り越えるための対策と労働時間関係事項が主な案件であったことがわかる。ただし、2010年以降主要な合意がない事実にみられるように、韓国の社会的対話は必ずしも実り豊かなものではなかった。

　2017年に発足した文政権は、「韓国型社会的対話機構の創設」を公約したこともあって、労使政委員会の低調ぶりを改善するために二つの改革を行った。

　一つは、社会的対話の主体を広げたことである。従来は政府のほか二大労総と経営者団体が参加していたが、これを変え、既存の労使代表とともに、若者・非正規労働者・女性の代表、および中小企業と小商工人の代表が参加するようにしたのである。もう一つは、取り扱う議題の範囲を広げたことである。従来は主に雇用労働にかかわる事案であったが、それを変え、産業や経済、福祉と社会政策までを含めるようにしたのである。これをふまえ、名称も「経済社会労働委員会（経社労委）」に変更した。しかし、こうして再出発をはかったものの、経社労委はすぐ岩礁に乗りかかることとなる。

　長い間労使政委員会に参加しなかった民主労総も、文政権の発足初期には復帰意思を示していた。しかし、週52時間労働制（2018年2月）をめぐる駆け引きが問題を複雑にした。時短の実施には弾力的労働時間制の適用拡大が必要とみた文政権が、その具体案の作成を、スタートを切ったばかりの経社労委に託したのである。弾力的労働時間制は、労働時間だけでなく賃金にもかかわり、敏感な事案であった。従来、残業手当の賃金に占める比重が高かった分、弾力的労働時間制の適用範囲拡大は賃金減少を招きかねないからである。これには反対ということで、民主労総の社会的対話への復帰は結局実現しなかった。執行部は意欲をみせたものの、代議員がそれを承認しなかったからである。これは、民主労総のリーダーシップ問題と内部分裂を如実に示す事件となった。

　しかし、民主労総だけでない。韓国労総と政権も打撃を受けた。政権は、韓国労総の協力を得て、弾力的労働時間制の適用拡大を押し通そうとしたが、新たに社会的対話の主体として付け加えられた若者・非正規・女性代表の反対で、それが否決されてしまったのである。結局、これらの委員を解嘱し、新たな委員会を立ち上げることでようやく原案を通すことができたが、この一連の事件は、経社労委の正当性とその推進力を著しく低下させた。

　以上の経緯でもわかるように、韓国の社会的対話は大きな課題を抱えている。その一つは、二大労総をはじめ各主体が、社会的対話の議題を発掘・精緻化し、話し合いをとおして有効な政策・制度にまとめ上げる力量が足りないことである。もう一つは、政権が自らの政策を推進するためのツールとして社会的対話を利用するきらいがあることである。これからはそのような「過剰政治化」は避け、中長期的な視野をもって、社会経済的に重要な政策・制度づくりのためのコンセンサスを目指さなければならない。

(3)　政治活動

　うえでみた政策・制度要求における問題は、政治活動の不振と深くかかわっている。本来、労働組合にとって政治活動は、大衆の利益を広い範囲で代弁し、それを貫徹するための重要な活動である。しかし、韓国では労働組合の政治活動は長い間禁じられてきた。その意味で「労働者の政治勢力化」は、民主化以降、労働組合運動の追求した重要な目標の一つであった。ただし、二大労総のとった路線と方針は異なった。大まかにいえば、民主労総は独自政党の創設を目指した反面、韓国労総は既存政党との政策連合という路線をとったのである。

　2000年、民主労総は、ほかの団体とともに「民主労働党」を発足させた。民主労働党はその年の総選挙で1.2%の政党得票率を獲得し、4年後の総選挙では計10人の国会議員を当選させた。そして、2012年の総選挙では「統合進歩党」の党名で11.4%の得票率を記録し、13人の国会議員を輩出させた。独自政党としての可能性を一定程度示したのである。しかし、ここまでであった。その後まもなく内部の分裂で破綻し、最終的には憲法裁判所の判決で党そのものが解散された。このような挫折は、一つには、民主労総自体が政治的派閥で内部的に分裂し、組合としての団結を保てなかったことと、二つには、労働組合と政党との関係を適切に設定せず、労働組合の独自性を維持しながら政党をけん引できなかったことの帰結である。

　一方、韓国労総の場合は、基本的に政策連合を進めるという立場から、1997年には国民会議、2007〜2012年にはハンナラ党、2013年と2017年には民主党との間に政策連合を行った。大まかに言って韓国労総のスタンスは、自治体選挙・総選挙などにおいて所属政党に関係なく自分の政策を支持してくれる候補を当選させ、なお与党と野党を問わず基本的に自分の政策と連携のとれる政党との間に政策連合を行うというものであった。これは現実的であったが、しかし、そもそも「政策連合」とは、自分の独自の政策があってからこそ意味を持つ。労働者の利益を広い範囲で代弁できる、労働組合ならではの政策・制度要求の能力をより高めるべきといえよう。

5　日本への示唆

　では、以上のような韓国の経験から、どのような示唆を得ることができるのか。少なくとも1990年代以降、日本と韓国が経験したことには多くの共通点が

ある。社会主義の崩壊に伴う国際秩序の再編、それに対応したグローバル化の進展と通貨危機の襲来、それをきっかけとした構造調整の展開と企業戦略およびコーポレートガバナンスの転換、急速に進む技術革新のなかでの「雇用なし成長」、雇用システムの変貌と労働および社会の「両極化」などがそれである。

　ただし、これらの共通点を、「情勢の変化」と「主体的な対応」という二つの側面に分解してみると、日本と韓国の経験は互いに異なることとなる。非正規問題を例にとってみよう。非正規の増加と正規・非正規間格差の拡大という情勢の変化は同じだったとしても、それに対する主体的な対応は両国において異なった。非正規を保護するための法律は、韓国で先に制定された。非正規を産別という枠組みで包容するための運動も、韓国で先に進められた。

　しかしながら、これは、韓国が優れていることを意味しない。むしろ、日本より問題が深刻だから韓国のほうで先に対応せざるを得なかったといったほうが正しい。実際、非正規の比率は韓国が高いし、正規との格差も韓国のほうが大きい。同様のことは、産別労組・産別交渉についてもいえる。日本と違って、韓国で産別を積極的に模索するのは、韓国労働者の置かれている状況が日本より劣悪だからである。

　ただし、われわれにとって重要なのは、このような情勢の差ではない。直面している課題を自ら解決しようとする意志と能力である。その意味で韓国から学ぶべきは、変化を感じ取る感覚と、素早く対応する行動力である。韓国でも依然として非正規問題は解決ができておらず、産別交渉もいまだ成功を収めているわけではないが、重要なのは、主体的な取り組みを積み重ねることである。そして、その先に明るい社会の到来を展望することである。日本においても、非正規問題を解決するために、そして労働者団結の範囲を広げ社会的な連帯を強めるために、いま行動を起こすべきではなかろうか。

参考文献

배규식 외（2008）『87년 이후 노동조합과 노동운동：한국 노사관계 시스템의 변화와 미래전망』한국노동연구원

（裵ギュシクほか（2008）『87年以降の労働組合と労働運動——韓国労使関係システムの変化と将来展望』韓国労働研究院）

崔章集著、磯崎典世訳（2007）「岐路に立つ韓国労働運動　上・下」生活経済政策126号31-37頁、127号40-46頁

김금수（2004）『한국노동운동사 : 민주화 이행기의 노동운동』지식마당.
（金グムス（2004）『韓国労働運動史──民主化移行期の労働運動』知識マダン）
金元重（2007）「韓国の労働運動──現状と課題」世界の労働57巻1号40-52頁
이정희（2020）「2019년 노사관계 평가 및 2020년 쟁점과 과제」『노동리뷰』2020년1월호, 7-33.
（李ジョンヒ（2020）「2019年の労使関係の評価と2020年の争点および課題」労働レビュー
　　2020年1月号7-33頁）
呉学殊（2014）「企業別から産別への転換：韓国の労働運動における取り組みと課題」労委
　　労協692号2-19頁
朴昌明（2006）「経済危機以降の韓国労使関係」大原社会問題研究所雑誌572号17-32頁
孫昌熹（1995）『韓国の労使関係──労働運動と労働法の新展開』日本労働研究機構
横田伸子（2011）「1990年代以降の韓国における労働力の非正規化とジェンダー構造」大原
　　社会問題研究所雑誌632号18-39頁。
禹宗杬編著（2010）『韓国の経営と労働』日本経済評論社

禹宗杬（ウー・ジョンウォン）
埼玉大学人文社会科学研究科教授

あとがき

　本書は産業別労働組合 UA ゼンセンの機関誌「コンパス」に2020年冬号から21年冬号にかけて連載した「労働組合の基礎シリーズ」を元にしている。編集委員の先生方より、本企画発案の思いをあとがきに記すようにとの言葉をいただいた。若干、私事、私見も含まれるがお許しいただきたい。

　私が労働組合に関心を持った1990年頃、日本はバブル経済の絶頂期にあった。経済的成功の主な要因の一つは、年功賃金、終身雇用、企業別組合の「三種の神器」を備えた日本的雇用慣行であると喧伝された。一方で、バブルの負の側面として、企業中心社会、長時間労働、地価高騰、格差拡大などが指摘されたが、その理由も同じく日本的雇用慣行にあると主張された。どちらの立場においても、雇用のあり方が社会の質に大きな影響を与えるという前提があった。
　英語に「民主主義は工場の門で立ち止まる」という表現がある。学校では民主主義の大切さを教えられるが、職場ではそれはありがたられない。そんな感覚を覚えたことのある方も多いのではないだろうか。近年の労働相談で一番多いのはパワハラとなっている。自由平等で民主的な市民社会とドアを隔てて、厳しい労働の現実がある。そして、団体交渉やストライキを行う労働組合の世界がある。それは資本主義経済公認のゲームのルールなのである。そこには、日本社会を理解するための秘密、より良くしていくための鍵があると感じた。

　現代社会の労働の多くは、賃金と交換に使用者の指揮命令のもとに働くという労働契約の形をとる。しかし、それだけでは労働はうまく回らない。好不況の波、技術革新、生活様式や人口構成の変化がある。大きな戦争もあった。労働という人間の営みには、その成果物をイメージすること必要で、働く人の理解と納得が欠かせない。労働者は労働の現実に自らの意志を反映させるために

労働組合を結成し、その行動を法認させた。その過程で、普通選挙を実現し、労働者が支持する政党が政治の場でも大きな役割を持つようになった。労働組合が経済、政治の両面において労働者の声を代表する民主的な役割を果たすことにより、経済成長と適正配分の好循環、福祉国家建設が進み、豊かな社会が誕生することとなった。

　しかし、それは先進諸国に限られた成果であった。オイルショック後の経済成長の鈍化の中で一国福祉国家体制は壁にぶつかった。そして、その打開策として新自由主義に主導されたグローバル経済の拡大深化が進められ、不安定雇用が増大し、労働組合は力を弱めていった。

　2019年に100周年を迎えたILOは「Trade Unions in the Balance（岐路に立つ労働組合）」という報告書を公表した。労働組合は、世界150か国に５億1,900万人（中国を除くと２億1,400万人）の組合員がいる世界最大の自主的組織であり、開発途上国を中心にその数を増やしている。しかし、組織率はほぼ全世界で減少傾向にある。報告書は労働組合の未来の４つのシナリオを検討している。周縁化（組織率の継続的な低下が続き社会的影響力のない組織となる）、二極化（製造業大企業や公務などの労働者だけを守る組織となり、不安定雇用労働者と二極化する）、代替化（使用者主導の従業員参加や法による従業員代表制、NPO等の組織に労働組合の機能が代替される）、再活性化（労働組合が自ら変革し、デジタル経済において労働者を包括的に代表する組織となる）である。現状は、この４つのシナリオが国により産業により跛行的に競い合っているという。

　再活性化のポイントの一つは労働組合のグローバル連携のさらなる進化であろう。労働組合は多くの国で輸入品であり、生い立ちからグローバルな性格を持っている。労働者の連帯でもあるが、労働ダンピングを防ぐためでもあった。現在、グローバル企業は生き残りをかけて巨大化し、世界中にサプライチェーンを張り巡らしている。持続可能な世界をめざす中で、労働組合の理想をグローバルに実現しない限り、一国内でも実現できない。2020年は新型コロナウイルスのパンデミックが起き、世界中の労働者が共通の試練にさらされた。流行が先行した欧米各国の労働組合の行動を日々オンラインで知ることができ、日本での雇用調整助成金の拡大や店舗等での感染対策の要請に生かすことができた。グローバルな連携の中で現場の活動を進めていく必要性がより高まってい

る。

　日本の労働組合の特徴は企業別組合とされ、その限界がしばしば指摘される。しかし、いずれの国の労働組合にも個性があり、一方で、労働組合としての共通点も大きい。どの国の労働組合も職場レベル、産業レベル、国レベルの組織が連携して活動している。日本においても、本書に描かれているとおり労働条件交渉で発揮される業種ごとの連帯、新しい企業別組合の結成や倒産対策、中小労働組合への支援、政策要請等において、産業別組合やナショナルセンターが重要な役割を果たしている。何であるかよりも何をするかである。

　私は、自分の経験から、労働組合がない企業よりはある企業、弱い社会よりは強い社会が、働く人にとってより良い企業、社会になると感じている。しかし、労働組合は自発的な組織であり、望ましいからといって現実に組織されるとは限らないし、組織されてもよく機能するとは限らない。発起人、賛同者、あるいは、リーダー、組合員、一人ひとりが選択と決断をしなくてはならない。選択には、現場に身を置くことが第一であるが、歴史や他国の経験、理論から可能性を想像する力が助けとなる。

　昭和の時代は労働組合に関する本が書店に多く並んでいた。私自身、そうした本から関心をもち、平成の時代に労働組合の世界に飛び込んだ。しかし、失われた10年、20年といわれる長期の経済低迷の中で、倒産・合理化対策など守りの活動が主となり、その間、労働組合の組織率は低下を続けた。そして、令和となった現在、労働組合に関する本をみかけることはすっかり少なくなった。労働組合にひっかかりを感じた学生、働く人に考えるための材料を残すことが責務と考え、本書を企画した。

　編集委員を引き受けていただいた仁田先生、中村先生には、学生時代に「企業別組合」といった観念ではなく、現実を調査し考えることの重要性を教えていただいた。野川先生には、労使の実務担当者と労働法学者の研究会において、現場の課題に切り込む労働法の使い方をお教えいただいた。3人の先生の強力なリーダーシップにより多彩な執筆者にご協力いただき本書ができることになった。また、出版を現実のものとしていただいた日本評論社の中野芳明氏のお力による。

　そして、UA ゼンセンの全面的なバックアップである。UA ゼンセンは製造業から流通業、そして、サービス、レジャー、介護等の産業にも新しい組合をつくり、パートタイマー、派遣労働者、外国人労働者も含めて組合員180万人の規模へと拡大し、労働組合の可能性を追求し続けている。困難な現実の中でも多くの職場に労働組合の理念が継承され、リニューアルされている。私は職場での経験なく労働組合の活動を始めたが、労働組合の基礎から実践まで、全てのことは現場の組合員、リーダーから教えられた。

　本書が労働組合へのかかわりを一歩進めるきっかけとなれば望外の喜びである。

松井　健

索引

索引の対象は本文とし、図表、引用・参考文献は対象としていない。
特定の国の事項については、(英)＝イギリス、(独)ドイツ、(瑞)＝スウェーデン、(韓)＝韓国、(米)＝アメリカと記す。

団体名索引

人名索引

事項索引

356

執筆者紹介（執筆順）

仁田　道夫（にった・みちお）　　東京大学名誉教授
　　　　　　　　　　　　　　　　　[はしがき、第1章ⅠⅡ]

野川　　忍（のがわ・しのぶ）　　明治大学法科大学院教授
　　　　　　　　　　　　　　　　　[第2章]

前浦　穂高（まえうら・ほたか）　労働政策研究・研修機構副主任研究員
　　　　　　　　　　　　　　　　　[第3章Ⅰ]

中村　圭介（なかむら・けいすけ）法政大学大学院連帯社会インスティテュート教授
　　　　　　　　　　　　　　　　　[第3章Ⅱ]

栗本　　昭（くりもと・あきら）　連帯社会研究交流センター・特別参与
　　　　　　　　　　　　　　　　　[第3章Ⅲ]

久本　憲夫（ひさもと・のりお）　京都橘大学経営学部教授・京都大学名誉教授
　　　　　　　　　　　　　　　　　[第4章Ⅰ]

松井　　健（まつい・たけし）　　UAゼンセン副書記長
　　　　　　　　　　　　　　　　　[第4章ⅡⅤ、あとがき]

李　　旼珍（い・みんじん）　　　立教大学社会学部教授
　　　　　　　　　　　　　　　　　[第4章Ⅲ]

玉井　金五（たまい・きんご）　　大阪市立大学名誉教授、愛知学院大学客員教授
　　　　　　　　　　　　　　　　　[第4章Ⅳ]

水島　郁子（みずしま・いくこ）　大阪大学大学院高等司法研究科教授
　　　　　　　　　　　　　　　　　[第4章Ⅵ]

首藤　若菜（しゅとう・わかな）　立教大学経済学部教授
　　　　　　　　　　　　　　　　　[第4章Ⅶ]

神吉知郁子（かんき・ちかこ）　　東京大学大学院法学政治学研究科准教授
　　　　　　　　　　　　　　　　　[第4章Ⅷ]

青木　宏之（あおき・ひろゆき）　香川大学経済学部教授
　　　　　　　　　　　　　　　　　[第4章Ⅸ]

逢見　直人（おうみ・なおと）　　日本労働組合総連合会会長代行
　　　　　　　　　　　　　　　　　[第5章Ⅰ]

中北　浩爾（なかきた・こうじ）　一橋大学大学院社会学研究科教授
　　　　　　　　　　　　　　　　　[第5章Ⅱ]

熊谷　謙一（くまがい・けんいち）日本ILO協議会企画委員、国際労働財団講師
　　　　　　　　　　　　　　　　　[第6章Ⅰ]

山本　陽大（やまもと・ようた）　労働政策研究・研修機構副主任研究員
　　　　　　　　　　　　　　　　　[第6章Ⅱ]

龔　　敏（きょう・びん）　　　久留米大学法学部教授
　　　　　　　　　　　　　　　［第 6 章Ⅲ］
西村　　純（にしむら・いたる）　労働政策研究・研修機構副主任研究員
　　　　　　　　　　　　　　　［第 6 章Ⅳ］
禹　　宗杬（ウー・ジョンウォン）埼玉大学人文社会科学研究科教授
　　　　　　　　　　　　　　　［第 6 章Ⅴ］

編者

仁田道夫（にった・みちお）　1948年生まれ、東京大学大学院経済学研究科博士課程単位取得、経済学博士。東京大学社会科学研究所教授などを経て、東京大学名誉教授
主著：『日本の労働者参加』（東京大学出版会、1988年）、『日本的雇用システム』（ナカニシヤ出版、2008年、共編著）

中村圭介（なかむら・けいすけ）　1952年生まれ、東京大学大学院経済学研究科博士課程単位取得、博士（経済学）。法政大学大学院連帯社会インスティテュート教授
主著：『衰退か再生か——労働組合活性化への道』（勁草書房、2005年）、『壁を壊す——非正規を仲間に』（教育文化協会、2018年）

野川　忍（のがわ・しのぶ）　1954年生まれ、東京大学大学院法学政治学研究科博士課程単位取得。明治大学法科大学院教授
主著：『労働協約法』（弘文堂、2015年）、『労働法』（日本評論社、2018年）

<ruby>労働組合<rt>ろうどうくみあい</rt></ruby>の<ruby>基礎<rt>きそ</rt></ruby>
——働く人の未来をつくる

2021年6月20日　第1版第1刷発行
2021年7月20日　第1版第2刷発行

編　者——仁田道夫・中村圭介・野川　忍
発行所——株式会社日本評論社
　　　　　〒170-8474　東京都豊島区南大塚3-12-4
　　　　　電話03-3987-8621　FAX03-3987-8590　振替00100-3-16
印　刷——精文堂印刷株式会社
製　本——株式会社難波製本

Printed in Japan © NITTA Michio, NAKAMURA Keisuke, NOGAWA Shinobu　2021
装幀／有田睦美
ISBN 978-4-535-52562-7